中央高校基本科研业务费专项资金资助

全球文化力量消长与中亚政局变化研究

汪金国　著

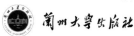

兰州大学出版社

图书在版编目(CIP)数据

全球文化力量消长与中亚政局变化研究/汪金国著.
—兰州:兰州大学出版社,2010.8
(中亚与西北边疆研究系列/汪金国主编)
ISBN 978-7-311-03586-0

Ⅰ.①全⋯ Ⅱ.①汪⋯ Ⅲ.①政治—研究—中亚
Ⅳ.①D736

中国版本图书馆 CIP 数据核字(2010)第 151941 号

责任编辑 高燕平
封面设计 张友乾

书　　名 **全球文化力量消长与中亚政局变化研究**
作　　者 汪金国 著
出版发行 兰州大学出版社　(地址:兰州市天水南路 222 号　730000)
电　　话 0931－8912613(总编办公室)　0931－8617156(营销中心)
　　　　　0931－8914298(读者服务部)
网　　址 http://www.onbook.com.cn
电子信箱 press@lzu.edu.cn
印　　刷 兰州残联福利印刷厂
开　　本 710×1020　1/32
印　　张 18
字　　数 333 千
版　　次 2010 年 12 月第 1 版
印　　次 2010 年 12 月第 1 次印刷
书　　号 ISBN 978-7-311-03586-0
定　　价 35.00 元

目 录

1

导　论

中亚独立近20年,各国政局变化突显全球文化力量的消长。苏联解体,中亚各国独立,这一地区丰富的自然资源、潜在的经济和政治利益成为全球力量"追逐"的对象。反过来,所有这一切又无不影响着中亚政局的变化及其外交政策的趋向。

近年来,国内对中亚地区的突发性事件,诸如2005年吉尔吉斯斯坦的"颜色革命"、乌兹别克斯坦的"安集延骚乱"和2010年的"吉尔吉斯骚乱"等表现出极大的关注,有关这方面的报道和评论层出不穷,某些观点和结论对于我们进一步研究中亚问题有很好的借鉴和参考价值。然而,所谓的突发性事件,看似偶然,其实必然,它们是全球文化力量在该地区多年碰撞和较量的集中体现。从表面看,如系列"革命"、"骚乱"不能不说是突发性事件,但是如果将其置于整个中亚近20年政局变化的大框架之下,那么我们就会发现,中亚政局的变化就是由这大大小小的诸多突发性事件综合连贯而成的。如果再将中亚政局的变化置于全球文化力量消长的大背景之下,那么我们就会更加理性、理智地认识到,这种变化是全球文化力量在后苏联空间消长的必然结果,是一种长期的存在。

系列"革命"、"骚乱"可以说是中亚国家政局变化中的大事。这些"革命"、"骚乱"也在中亚引起了广泛的震动,同时也使中亚周边国家民众的心理产生了波动。然而,就其实质,我们可以肯定,这是中亚国家独立以来政局走势的一个阶段,是全球文化力量与中亚各国政局在后苏联空间互相作用的具体反映。这是因为,在每次突发性事件之后,我们都可以看到外界不同力量,尤其是以美国为代表的西方和俄罗斯两种力量的公开或暗中较量。

本书对文化力量进行了重新定义,认为文化力量是一种文化的吸引力和感染力、政治制度的生命力、价值观的感召力、民族的凝聚力、国际的影响力和控制力。在此定义基础上,本书分六章围绕着如下几个中心问题进行了论述并提出了自己的观点。

一、影响中亚政局变化的全球文化力量因素

中亚各国独立近20年,全球文化力量在该地区的消长已非常突出地表现了

出来。

（一）俄罗斯文化力量。中亚近代史可以说是一部"俄罗斯化"的历史，是俄罗斯（包括前苏联）将其引领到了现代化（尽管是畸形的）的发展轨道；"俄罗斯化"作为中亚内在的一种文化力量因素已经浸入其社会生活的方方面面。尽管中亚继续"俄罗斯化"的外力业已消失，但是各国政局的变化无不与俄罗斯文化力量的消长密切相关。

（二）西方文化力量。在目前整个人类社会的发展进程中，追随西方文化，向西方力量靠拢，效仿西方社会的发展模式，无疑在很长时间内仍将是全球最"流行"的一种趋势。在这样一种面向西方的全球大背景下，处在文化交接点上的中亚各国同样也不会也不想"免俗"。这是因为，靠拢西方可以得到现实的好处（如资金和技术支持等），接受西方所谓的民主理念则可以捞取更多的政治资本。

（三）伊斯兰文化力量。中亚各国是传统意义上以信奉伊斯兰教为主的国家。尽管各国都宣布自己是世俗国家，禁止宗教参与和干涉国家政治生活，但是民众回归伊斯兰世界的心理和外部穆斯林国家的"青睐"与慷慨"赠予"，使得它们与穆斯林国家之间存在着割舍不断的精神和情结联系。

（四）突厥语民族文化力量。中亚各国独立以来都把恢复和发展本民族传统文化作为一项重要国策付诸实施，因此在其社会发展中，借鉴外来突厥语民族相对成功的发展经验便具有比较现实的意义。尤其是在中亚独立之初，各国领导人都对建立所谓的泛突厥语国家联盟表现出过极大的兴趣。

（五）中国文化力量。中国是中亚的东方近邻，双方有3000多公里长的边界线。中国古老而充满生机的文化和30年改革开放取得的成就，在很多方面值得中亚各国借鉴和学习，加之中国与中亚国家具有自然天成的地缘优势，使其不能不对中亚局势产生强有力的影响。当然，中亚各国近20年的政局变化自然也会影响到中国对外政策的导向。

（六）在开发和输出中亚能源，联合打击分裂主义、恐怖主义、极端主义和毒品犯罪等方面，中亚国家与西方、俄罗斯、中国以及伊斯兰世界的一些国家有合作的共同基础和契合点，这也是全球文化力量可以对其产生长久作用的最直接原因。

二、影响中亚政局变化的消极文化力量因素

在全球文化力量不断对中亚政局产生影响的同时，各种文化力量中隐含着的一些消极甚至具有危害性的文化力量也会突显出来，对中亚政局乃至其他地区安全产生负面影响。假设这些影响因素从中亚"溢出"，无疑会危及包括中国在内的国家的周边安全乃至整个国家的安全。这些消极的文化力量因素主要表现在如下几个方面,需要我们密切关注。

(一)泛突厥主义与某些分裂主义思潮。在很大程度上,冷战后中国新疆境内外出现的分裂主义思潮是受中亚操突厥语民族国家的独立"鼓舞"而兴起的,当然这其中不可避免地夹杂着泛突厥主义思想。

(二)泛伊斯兰主义和宗教极端主义。泛伊斯兰主义和宗教极端主义时刻都在窥视中亚政局的变化,它们企图利用全球文化力量在中亚争夺的"有利时机"趁势跟进,以求在中亚地区建立一个政教合一的伊斯兰国家。

(三)大俄罗斯主义和俄罗斯大国沙文主义。大俄罗斯主义和俄罗斯大国沙文主义在近现代中亚及其周边国家的历史上扮演过恶劣的角色,它们既会在俄罗斯强大时出现,也会在俄罗斯力量削弱时激发。

(四)以美国为首的大国霸权主义。西方文化作为目前影响力最为强大的一种力量因素,其影响无处不在,而且是全方位的。在中亚所谓的公民社会建设中,其国家建设、经济发展等诸多方面都需要借鉴西方的经验和来自西方的资金支持,这种源于内部对西方文化的需求和来自外界对中亚霸权的渴望使得两者一拍即合。

(五)中国文化的非确定性与"中国威胁论"。从地缘优势分析,中国文化在中亚地区产生影响将是持久的和互动的。只是目前我们还处在自身文化的重新审视和再认识阶段,尚不明确以传播什么样的文化为最好的切入点,这是目前对外文化传播中最致命的弱点。焦点集中在:最能够为他人接受的中国文化是与现代思想相结合的传统文化思想,而我们在很大程度上仍然对传统文化持有非理性的偏见甚至否定态度。另外,在俄罗斯和中亚国家相当数量的民众和上层人士中始终蔓延着"中国威胁论";还有活动于中亚的一些分裂主义组织经常在大众媒体进行反华宣传,攻击中国的对内对外政策,使不明真相的民众甚至上层人士产生厌华、排华和反华情绪,并进而发展到同情和支持分裂主义分子的活动。显然,以上几点无疑都会对中亚国家与中国关系的发展、中国文化在中亚地区的传播产生消极、恶劣的影响。

三、"颜色革命"的实质及其经验教训

回顾发生在独联体国家的系列"颜色革命",它们都有这样一些共同点:第一,革命都发生在前苏联边界地带,都处在几大文化力量板块的结合部。如格鲁吉亚位于欧亚交界处,是目前西方、俄罗斯和伊斯兰等几大文化力量的交汇点;乌克兰位于欧俄地缘政治的交叉点,是欧洲和俄罗斯文化力量直面交流的平台;吉尔吉斯斯坦是中国经中亚通往欧洲通道的重要组成部分,是中国、伊斯兰、俄

罗斯和西方等多种文化力量均可触及的地方;乌兹别克斯坦位居东西、南北交流的十字路口,目前处在伊斯兰、俄罗斯和西方文化力量的直接影响之下。整个中亚则是全人类现有强势文化力量北上南下、东进西出的集散地。从以上几点分析可以得出这样一个结论:谁控制了这些结合部,谁就打开了向前推进其文化力量的突破口。第二,"颜色革命"都发生在俄罗斯想极力保持其传统势力范围而西方欲千方百计推进其战略目标的敏感地带。第三,政治腐败、官僚主义盛行,经济落后,贫富悬殊,民众不满日渐上升,而原有领导人又无力找到解决问题的途径,所有这些都很容易使国内民众受到外界的操纵或蛊惑进而反对原有政权及其领导人。

那么系列"颜色革命"爆发的深层次原因和实质究竟何在?究其原因,第一,苏联解体后,人类发展史上现有几大文化力量的大交流、大较量时代业已开始。第二,美俄对势力范围、能源的争夺和价值观的较量已经具体到了各国的政治层面,这将关乎两国甚至伊斯兰极端势力日后能否在这些地区继续施加影响;第三,具体到各国新老政权交替这样一些事实,那么可以说这既是各种文化力量多年来暗中较量的一次集中爆发,同时也是新生代领导人接替原有政权领导人的一次总演练。究其实质而言,系列"颜色革命"表明,多年来西方价值观的渗透已颇具成果,俄罗斯的影响力继续下降,伊斯兰极端势力从未放弃在费尔干纳乃至整个中亚地区创建伊斯兰国家的"宏伟目标"。

四、文化及文化力量概念在本研究中的界定

(一) 文化的含义

文化是人类在长期的历史发展进程中积累并传承下来的劳动成果。文化作为人类社会的重要组成部分,有着与人类本身同样古老的历史。人类自从脱离了"茹毛饮血"的动物时代,从其打造第一件石制工具起,便开始了文化的创造和传承过程。人类一方面改造着自然,使其不断的"人化",另一方面又不断地改造并提升着自身。无论是"自然的人化",还是人类自身的不断发展,都是与人类文化的创造、积累和发展分不开的。正是基于这种认识,可以认为,整个"人类社会的发展史"就是一部"人类文化的发展史"。至于"文化"的定义,古今中外,可谓仁者见仁,智者见智。很多学者从各自所从事的学科角度出发,给予"文化"这一概念以丰富多彩的界定和阐释。

在中国古代,"文化"一词泛指"文治教化"。西汉刘向《说苑·指武》云:"圣人之治天下也,先文德而后武力。凡武之兴,为不服也,文化不改,然后加诛。"晋束皙《补亡诗·由仪》称:"文化内辑,武功外悠。"两者均取文化的教化含义。在西方,"文化"一词源于拉丁文 cultura。原意为土地耕耘和作物培育,指

农耕和园艺类的物质生产活动,后逐渐引申到精神生活和制度领域,用于人类自身心灵、智慧、情操、德行和风尚的培养教育,最终扩及一切知识乃至全部社会生活内容。19世纪中叶以来,"文化"一词成为学术和生活中使用最为频繁的术语之一,同时也成为歧义最多的用词之一。不仅各门学科对其定义不尽相同,即使同一学科对它的定义往往也是大相径庭。

目前,国内学者对文化有如下一些认识:从广义角度看,文化包括物质、精神、制度和生活方式等多种因素,是人的社会生活实践及其产物的同义语。从狭义角度看,文化主要是人类社会实践活动的同义语。①所谓文化,从广义上讲,是指人类社会在历史实践中创造的物质财富和精神财富的总和;从狭义上讲,则专指社会意识以及与之相适应的制度和组织机构,即政治、法律、道德、哲学、艺术和宗教等社会意识的各种形式。②文化是关于人生和社会关系的意识,主要包括价值观、社会思想和道德。社会经济与政治实践是文化的基础与载体,一定的社会经济与政治状况形成与之相适应的文化。③

《中华文化辞典》谓:"文化,或称人类化,它是人类价值观念的对象化,即人们创造的效用价值在传播中实现为财富的普遍过程;包括与纯自然现象对立的全部人类化现象,故又称'大文化'。文化是人类的本质显现,人类在改造自然的同时改造着自身,在改造文化的同时把自身创造成具有思维—劳作机能的'文化动物',从而区别于消极适应自然的其他动物。"④

《大英百科全书》援引美国文化人类学家克罗伯和克拉克洪《文化:一个概念定义的考评》一书的定义,较具权威性和综合性。该书共收集了166条有关文化的定义(其中162条为英文定义),这些定义由世界知名的人类学家、社会学家、心理学家、哲学家和政治学家等界定。在这些定义中,主要涉及八个方面的内容:(1)社会组织、政治制度和经济关系;(2)积累起来的学问知识;(3)人们的全部生活模式;(4)个人从自己和其他群体中所获得的社会遗产;(5)思想感情、信仰方式;(6)历史沉淀;(7)伦理道德、价值观念及标准;(8)行为方式等等。

马克思、恩格斯关于文化有以下一些基本思想:第一,文化与劳动相联系,劳动是文化的基础。第二,文化是社会劳动的结果,劳动只有成为一般的社会劳动,才是财富和文化的源泉。第三,劳动者只有把自己进行劳动的主观前提(自由支配自己的劳动)与客观前提(劳动对象、劳动资料)结合起来,才成为文化的

①　沈壮海:《先进文化论》,高等教育出版社,2003年版,第126页。
②　宋新宁、陈岳:《国际政治学概论》,中国人民大学出版社,2003年版,第263页。
③　孙富江:《文化的定义、内容与作用》,《国际关系学院学报》,2003年第3期。
④　冯天瑜主编:《中华文化辞典》,武汉大学出版社,2001年版,第1页。

源泉。第四,把"社会的""财富"与"文化"并用,都表明文化决非指狭义的精神文化,而是一个广义的文化概念。[①]

综上所述,对于"文化"这一概念,可以从广义和狭义两个方面来理解。广义的文化是人类在社会历史实践过程中所创造的物质财富、精神财富和介于这两者之间的制度财富的总和。狭义的文化特指精神方面的成果,即精神财富,是指以政治和经济为载体的全部精神生产的成果,包括文学、艺术、教育、科学、道德、宗教和哲学等方面的内容及社会意识的形式。鉴于研究之需要,本书对"文化"取广义概念。

(二)文化力量的界定

文化是"自然的人化",是人类智慧成果的积淀并流传下来的时代精华,是人类生生不息的动力源泉。文化的本质就是"人化"和"化人"(哺育、教化),即人类改造客观世界,将自然状态加以人化,而后再以其经验和成果化人,提升人自己改造社会和自然的能力。文化具有认识功能、控制功能、教化功能、审美功能、凝聚功能、调节功能、传播功能、交际功能和适应功能等等。随着时代的发展,当今世界已经进入信息化时代,文化的重要性越发突显出来,国家综合国力的较量已不再仅仅是经济和军事实力的较量,文化力量的对比已提上议事日程。当今世界的竞争是综合国力的竞争和较量,综合国力是一个国家所有力量的总和,包括政治实力、经济实力、军事实力和文化力量(实力)等。随着冷战的结束,两极世界的瓦解,文化的力量日益突显,它贯穿于政治、经济、军事实力之中,是一种隐形的东西。一种文化一旦形成,它便会稳固地发挥作用。

20世纪80年代末和90年代初,美国学者约瑟夫·奈提出"软权力"(Soft Power)概念。他是在与20世纪80年代风行一时的美国"衰落论"的辩论中提出这一概念的。在这场以历史学家保罗·肯尼迪于1987年出版的《大国的兴衰》为代表的"衰落论"的辩论中,约瑟夫·奈提出美国力量并未衰落的结论。此后,他分别在《政治学季刊》和《外交政策》等杂志发表题为《变化中的世界力量的本质》和《软权力》等一系列论文,并在《注定领导:变化中的美国力量的本质》一书中,明确提出软权力概念。此后,他在《硬权力和软权力》、《软力量——世界政坛成功之道》等著作中逐渐完善了有关软权力的理论。顾名思义,软权力是相对于"硬权力"(Hard Power)而言的。若将硬权力视为常数,则软权力就是变数或乘数,它倍增或递减综合国力。继此,这一概念日益为学者所关注。约瑟夫·奈将软权力定义为"当一个国家使得其他国家以其预期目标为目标时的同化权力",继而认为"这种权力造就一种情势、使其他国家仿效该国发展倾向并

[①] 孙晶:《马克思恩格斯的文化与文明概念考察》,《南昌大学学报》(人社版),2001年第1期。

界定其利益的能力,这一权力往往来自文化和意识形态吸引力、国际机制的规则和制度等资源。"①

　　自从约瑟夫·奈提出软权力(软实力、软力量、软国力)这一概念以来,国际关系学界对于软实力的讨论就一直非常热烈,但是学者们并未能就软实力的含义及其构成要素达成一致看法,他们各抒己见,从多角度对软实力展开研究。据汇总,中国学者在2007年之前对软实力的研究可归为四类,即"Soft Power"的汉译问题、软实力的由来与发展、软实力的基本内涵和软实力理论的缺陷等。其中关于软实力基本内涵的讨论为最多,学者们在软实力的定义、来源、分类、特性、作用及其与硬实力的关系等方面做了大量研究。他们认为:"软实力为一国国际吸引力、国际动员力和政府国内动员力的总和。"②"通过吸引别人而不是强制它们来达到你想要达到的目的的能力。"③软力量的核心是文化,而且主要是文化中的核心,即价值观。软力量是民族文化影响力在国际关系中的反映。④ 软权力是一个国家通过吸引而得到期望的结果的能力,它是通过说服其他国家追随或使它们赞同可以产生出期望的行为的制度的能力。软权力的资源包括:文化吸引力,意识形态吸引力,制度化的国内体系和竞争性的领导,适当的国际战略,确立国际机制的能力。⑤

　　在1993年,美国国际政治学者亨廷顿在《外交》季刊夏季号上发表了《文明的冲突?》一文,提出了"文明冲突论"的观点。"文化"和"文明"的重要性在国际政治学界愈发突显出来。亨廷顿将世界划分为"七大文明"或可能意义上的"八大文明",即西方基督教文明、伊斯兰教文明、儒教文明、东正教文明、日本文明、印度文明、非洲文明和拉丁美洲文明。他进一步认为儒家文化和伊斯兰文化会联合起来对抗西方的基督教文化,冲突不可避免。冷战结束后,两大阵营土崩瓦解,意识形态不再是国际社会的国家之间亲疏的主要标准,时代呼唤新的理论解读国际社会。正是在此背景下,亨廷顿从文化的角度分析国际社会,开辟了解读国际社会的新篇章。但是,对于亨氏的观点,我们应该批判地来看待:其实文明之间不仅仅是冲突、矛盾,不仅仅是"零和博弈",而更多的应是共处、共存和共赢。当今的社会是多元社会,在全球化的背景下,多元文化主义日趋明显,世界是丰富多彩的,不可能用统一标准、同一模式要求所有国家整齐划一,每个国家都有权利独立自主地选择自己的发展道路。

①　[美]约瑟夫·奈:《硬权力与软权力》,北京大学出版社,2005年,第106-108页。
②　阎学通、徐进:《中美软实力比较》,《现代国际关系》,2008年第1期。
③　章一平:《软实力的内涵与外延》,《现代国际关系》,2006年第11期。
④　俞新天:《软力量建设与中国对外战略》,《国际问题论坛》,2007年秋季号。
⑤　朱峰:《浅析国际关系理论中的"软权力"》,《国际论坛》,2002年第2期。

当今时代,文化的重要性日益为世人所关注。国家在制定内外政策时,也越来越注重文化因素。软权力,又称软国力、软力量、软实力,因为是个音译词,加之学者们从各自研究的需要出发,所以用词各异。本书对这些称呼不作具体区分,把它们作为本质意义上的同一概念。当今社会,文化更多的是一种力量,不仅仅是一种软力量,而且越来越多的表现为一种硬实力,重视文化力量的建设对于一个国家立足于国际社会至关重要。与此相适应,文化安全也就日益引起人们的重视。但是,文明之间不仅仅是"冲突",而更多的是"共存"、"共处"和互相借鉴。文化力量之间的此消彼长有其特定的历史文化背景,作为爱好和平的中国,在面对多种文化力量"集聚"中亚地区的情势,应立足现实、放眼未来,进一步加深对文化建设重要性和紧迫性的认识,加快自身文化力量的提升和加强在中亚地区传播文化的能力。

本书所涉及的"文化力量",与"软权力"既相联系又有区别。本书以诸多专家学者关于"文化"、"文明"和"软权力"、"软实力"等概念的界定为基础,将"文化力量"界定为:文化力量是一种文化的吸引力和感染力、政治制度的生命力、价值观的感召力、民族凝聚力、国际的影响力和控制力。

第一章　冷战后全球文化力量的消长变化

东欧剧变,苏联解体,中亚各国独立,所有这一切本身就是全球文化力量在一个特定历史阶段此消彼长的一种表现。它突出的表现在俄罗斯文化力量不可遏止的下降,最终导致社会主义阵营的坍塌;西方文化力量的一路飙升,以美国为代表的西方势力在全球范围内甚嚣尘上;全球宗教文化(包括伊斯兰文化)的复兴和民族、民族主义意识的不断强化,导致全球范围内再次掀起争取所谓民族独立的民族主义浪潮。中亚五国独立,这既是全球文化力量在当今时代消长的直接产物,同时它也将成为多种文化力量竞相展现自我和角逐的一个舞台。因此中亚政局的变化不能不受到外界各种文化力量的影响,而外界多种文化力量的此消彼长又必然会在其政局变化中表现出来,其政局的变化同时也将影响到外界各种文化力量的调适与整合。

第一节　苏联的解体与俄罗斯文化力量的总体下降

俄罗斯这个国家以其广袤的领土、独特的地理环境、气候,以及强悍的民族而著称,它曾经创造了灿烂的文化和艺术。自莫斯科公国建立以来,随着其领土的不断向外扩张,俄罗斯自身实力不断增强,在国际上的地位与日俱增,至苏联时代可谓达到了顶峰。但是,随着东欧剧变、苏联解体,今日的俄罗斯已是今非昔比:国内发展所面临的重重矛盾和问题,国家定位的不明确,统一的意识形态和为人民所认可的国家思想的缺乏,独联体国家独立意识的加强,以及欧盟和北约东扩的压力,使得俄罗斯的战略空间大为压缩。目前的俄罗斯已不再是超级大国,充其量只能算得上是一个"地区性大国",其文化力量总体呈下降态势。从全球文化力量消长的总的趋势来看,俄罗斯文化力量的下降态势还将持续很长一段时间。尽管它在中亚地区占尽了天时地利和"人脉"等多方面的优势,但"欲进却退"(有时还有前进的表现,只能说明它在中亚原有势力的强大)仍将是其文化力量在中亚地区的总体表现。

一、苏联及其解体

（一）苏联的历史回顾

苏联是苏维埃社会主义共和国联盟的简称,曾有 15 个加盟共和国。存在时间自 1922 年 12 月 30 日至 1991 年 12 月 26 日,但人们习惯于将苏联历史从 1917 年十月革命后开始算起。1922 年 12 月,全俄第十次苏维埃代表大会召开,俄罗斯联邦、乌克兰、白俄罗斯和南高加索联邦等四个苏维埃社会主义共和国的全权代表在联盟成立条约上签字,苏维埃社会主义共和国联盟正式成立。

苏联最高领导人前后共计有七位,他们分别是列宁(在职 7 年)、斯大林(29 年)、赫鲁晓夫(11 年,政变下台)、勃列日涅夫(18 年)、安德罗波夫(2 年)、契尔年科(1 年)和戈尔巴乔夫(6 年,政变下台)。苏联历史共计 74 年,其中斯大林在位时间最长,达 29 年之久,曾一度形成斯大林模式,或称为苏联模式。

毫无疑问,苏联曾经取得过巨大的历史成就。这主要表现在:第一,它在人类历史上建立了第一个社会主义国家,创立了全民所有制和集体农庄所有制的社会主义公有制经济基础,增强了工农联盟和各民族人民联盟,改变了原有的社会阶级结构。世界上第一个无产阶级专政国家得到巩固,这与当时动荡不安的国际形势形成了鲜明的对照。社会的稳定和国家的巩固,为社会主义建设提供了保障。从 1928 年到 1940 年间,苏联共建成约 9000 个工业企业,工业增长 9 倍,年平均增长达 16.8%。这样的增长速度,在世界工业发展史上实为罕见。第二,在两个五年计划之下,苏联一跃成为世界工业强国,之后又完成农业集体化,这使得它在极短的时间内赶上了当时发达的资本主义国家。1932 年,第一个五年计划完成,苏联从一个农业国转变成为一个工业国。1937 年,第二个五年计划完成,苏联的工业生产总值跃居欧洲第一,世界第二。在这期间,苏联建立起了完整独立的工业体系,一系列对国民经济技术改造和国防建设具有重大意义的重工业部门,如汽车、拖拉机、发动机、机床和发电机等制造业应时而生。截至 1937 年,苏联已经实现了机器设备的自给并开始出口。毋庸置疑,苏联在高科技领域的发展也是极为突出的:它在人类历史上第一次把宇宙飞船送入了太空,建立了太空站等等。第三,在第二次世界大战中,苏联和反法西斯联盟国家一道战胜法西斯德国,取得卫国战争的伟大胜利。这场战争的胜利使苏联的威望得到空前提高,苏联社会主义制度的优越性日益突显。社会主义的规模和总体实力得以迅速扩大,全世界社会主义国家的数量从一个国家发展到 16 个国家。显然,苏联的胜利改变了人类的历史进程。战争不仅没有削弱苏联,反而促成了它的崛起。苏联以其巨大的贡献和牺牲,不仅在战争中居于主要地位,而且在战后世界安排中也争得了巨大的发言权。第二次世界大战后形成的雅尔塔体系就是这段历史的产物,而社会主义阵营的出现则既是中东欧国家共产党反法西斯抵抗运动胜利的成果,也是苏军解放行动的结果。随着红军在欧洲的推进,东欧地区出现了一批新生的社会主义国家,这些国家后来组成了以苏联为首的社会主义阵营。可以说,苏联卫国战争的胜利,为人类的和平进步事业做出了巨大的贡献。这场战争的胜利使得苏联以世界两大强国之一的姿态出现在世界舞台上。所有这些,推动了战后世界民族解放运动的高涨和世界进步事业的发展。①

(二)苏联的解体

苏俄自 1917 年成立起,就受到来自国内外各种势力的压力:国内有叛军的颠覆活动,国外有西方势力不择手段的敌视活动(政治上的不承认,经济上的封锁和军事上对苏俄境内叛军的扶植等),它们妄图将新生的苏维埃政权扼杀在萌芽状态。面对紧张的国际国内形势,以列宁为首的布尔什维克党,在经济上先后实行了战时共产主义政策和新经济政策,战胜了国内叛军,发展了国民经济。1924 年 1 月 21 日列宁病故,斯大林在战胜国内反对派后掌握了党和国家的实际领导权。随后,斯大林放弃了新经济政策,随即发动高速工业化、农业全盘集体化和政治上的大清洗运动,从而形成所谓的斯大林模式,即社会主义苏联模式。这一模式在那个特定时期的某些方面适应了当时苏联国内社会发展和国际环境变化的需要,取得了很大的历史成就,但是也为日后留下了巨大的隐患。苏联模式在特定的历史条件下曾经一度发挥了重要的作用,但是随着时间的推移却变得日益无法适应社会进一步发展的需要。苏联的悲剧就在于它不能根据不断变化的国内外形势和已经变化了的条件及时调整、完善和改革既有模式,兴利除弊,而是抱残守缺,从而致使这种模式日趋固定和僵化,直至最后丧失生命力。苏联的解体,确非偶然,它是多种因素交互作用的结果,有着深刻的政治、经济、文化、民族和对外关系等等方面的原因。

1. 苏联解体的政治经济原因

第一,高度集中的党和国家领导体制,臃肿的国家机构和官僚主义。国家权力过度集中于党,党的权力过度集中于中央,中央的权力过度集中于个人。② 第二,干部任命采取自上而下的任命方式。干部的任免权均归于中央,下级只有服从的义务,选举制虽然被保留,但基本流于形式,其候选人主要由党组织内定,实行等额选举,没有差额,没有竞选。党政干部的委任制、终身制滋生了干部的特权化思想,造成了党与群众的疏远。党组织缺乏凝聚力,党的威信日渐下降,以

---

① 高放主编:《科学社会主义理论与实践》,中国人民大学出版社,2005 年版,第 122 页。
② 高放主编:《科学社会主义理论与实践》,中国人民大学出版社,2005 年版,第 123 页。

致在苏联解体时,人们无动于衷,很少有人出来抗争。第三,缺乏有效的监督机制和监督手段。苏联实行立法和行政权相对统一的原则,即政行合一体制。但是,在实践中,苏维埃的权力却日益萎缩。联共(布)中央和国家机关都可以代行苏维埃立法机关颁布法律。最高苏维埃无法行使它对执政党监督和制约的职责。第四,国家安全机关地位特殊。克格勃可以不通过法律手续逮捕人、枪毙人,其权力甚至凌驾于党和国家机关之上。

在所有制关系上,国家所有制占绝对优势。由于苏联始终将所有制公有化程度看作社会主义成熟程度的基本标志,因而不断人为地加速所有制关系的改造,追求"一大二公",以便向更高的发展阶段迅速过渡。在经济管理体制上,实行指令性计划经济体制,部门管理高度集中。在经济结构上,优先发展重工业和军事工业。苏联不仅将"生产资料优先增长"理论绝对化,而且还错误地将是否优先发展重工业看作是社会主义与资本主义工业化道路的基本区别,因而无条件地奉行优先发展重工业的方针,其结果是导致经济结构畸形、比例失调,轻工业和农业长期滞后,使得一个领土面积居世界首位的大国最后竟落到连谷物都不能自给的境地。在经营方式上,实行粗放型经营。为了急于向共产主义过渡,苏联始终实行以高投入、高消耗追求高速度,造成社会财富的极大浪费和生产效益的低下。由于实行的是高度集中的计划经济体制,其经济增长是一种拼消耗的粗放型方式,由此而导致经济效益低下,缺乏国际竞争实力。至1980年代初,其经济发展已陷入停滞状态。

2. 苏联解体的思想文化原因

在思想文化方面,社会主义苏联模式的特点表现为:过度集中的思想文化管理体制;领袖言论成为真理与错误的唯一标准;公共舆论一律。① 所有这些都促成了国家对思想文化的严格禁锢并导致个人崇拜盛行,整个社会陷入思想僵化,这就是苏联解体在思想文化方面的原因。我们对此表示赞同,但是还想有所补充,苏联之所以解体,还与以下几点有关:党没有把握好意识形态问题,思想上没有做到与时俱进,丧失了代表先进文化前进方向的资格;文化专制主义窒息了人民群众的自主性和创造力;错误的知识分子政策使广大知识分子走向了其对立面,最终抛弃了这一政权;西方的和平演变,加速了苏联解体的步伐。

在意识形态领域方面,前期的苏联共产党代表了先进的社会文化发展方向,但是后期却丧失了代表先进文化前进方向的资格,思想逐渐僵化教条、因循守旧、安于现状和不思进取,最终陷入不能自拔的绝境而被人民所抛弃。在对待马克思主义方面,苏联共产党先是采取教条主义的态度,后又跳到了彻底背离和抛

---

① 高放主编:《科学社会主义理论与实践》,中国人民大学出版社,2005年版,第126页。

弃马克思主义的立场,遂致在西方资本主义文化攻势面前迅速溃败。与此同时,西方趁着苏联东欧改革之际,发动强大的"和平演变"攻势。它们通过宣扬西方的人权、民主和自由等价值观,实行思想文化渗透。即使是当时的苏联领导人戈尔巴乔夫也未能幸免于这一文化攻势,接受了西方价值观念,成为西方文化的俘虏。至此,否定社会主义的西方文化成为苏联社会舆论的主流,一时之间,搞垮苏共、摧毁社会主义基本制度的舆论甚嚣尘上。外因通过内因发挥作用。应该说,苏联这座堡垒是从内部被攻破的,但是内部的混乱又是从思想文化的混乱开始的。①

在政治文化方面,是文化专制主义最终腐蚀了社会主义的文化肌体,严重束缚和压制了人们对科学文化的创新,从内部瓦解了苏联。20 世纪 20 年代,列宁反对过分强调无产阶级文化,主张吸取人类文明的优秀成果,十分重视旧知识分子和专家。因此,苏联这一时期的文化政策还是比较能"代表先进文化的前进方向"的。但是,30 年代以后,苏联则出现了意识形态的"大转变",文化专制主义盛行。经过几次大批判和大斗争,思想文化领域"左"的理论、政策和文化专制主义路线、方针和体制逐渐得以确立。学术问题和政治问题的界限被混淆,盲目崇拜,真理与党的领导人的言论被混淆。苏共对权力和意识形态的垄断以及官僚主义体制,形成了一种忽视民主、践踏法制、个人专断和个人迷信等不良的政治文化,压抑了千百万劳动群众的积极性、独立性和创造精神,从而导致人民群众对理想信念和对党、政府的不信任。另外,人民对政治参与的积极性日益降低。道德是政治文化的内容之一,它对于维系社会、稳定人心起着重要作用。在苏联高度集权体制和大规模肃反运动的环境中,由于鼓动公民告密和大规模揭批活动,造成人际关系的极度不信任,因而不可避免地导致道德体系出现危机。整个社会离心离德,难以形成一股合力,国家凝聚力被严重削弱。②

在对待知识分子的政策上,苏联不"以人为本",对知识分子采取打压,无法充分调动知识分子的主动性和创造性。知识分子向来都是国家的重要财富,在国家的政治、经济和社会生活中发挥着举足轻重的作用。这是因为,知识分子往往掌握着先进丰富的科学文化知识,往往和先进的科学技术紧密联系在一起。"科学技术是第一生产力",掌握先进技术的广大知识分子在社会建设中起着不可或缺的作用。社会主义国家要提高综合国力,改善人民生活,就一定要依赖知识分子、相信知识分子,充分发挥他们的劳动积极性,保障他们应该享受到的待遇。但是,在苏联时期,知识分子的作用和地位始终没有得到苏共领导人应有的

---

① 肖枫:《苏联解体的几点启示》,《俄罗斯研究》,2002 年第 1 期。
② 张骥、齐长安:《苏联解体的文化原因分析》,《社会主义研究》,2003 年第 6 期。

重视。苏联通过思想控制、经济控制、社会流动控制以及克格勃和告密等方式，使得知识分子在多次的政治运动中遭到压制和批判，甚至被肉体消灭。

在理论上，苏共领导人没有充分认识到知识分子在建设社会主义事业中的地位和作用。在对待十月革命后旧社会遗留下来的知识分子问题上，列宁和斯大林有着明显的区别。列宁主张全面、广泛、迅速地利用旧时代留下来的科学技术专家，并一度取得了一定的成效。而斯大林则主要是以怀疑的态度对待留用专家，一些旧知识分子与资产阶级被同等看待，很多知识分子因此不受信任，其中的一些人还被判刑。在劳动报酬待遇上，苏联知识分子的工资待遇长期低于工业工人的劳动报酬。总之，在苏联历史上，知识分子一直受到"左"倾政策路线的影响，始终处于被轻视、受歧视和受压制、被控制的情形之下。待遇和体力劳动者趋于平均，甚至还相对降低，这和他们的付出不成比例。"哪里有压迫，哪里就有反抗"，知识分子于是开始思考自己的处境，开始在政治、经济、社会和意识形态等方面公开发表自己的观点，并迅速走向激进化。激进的知识分子绝对地否定现存的精神和道德，力图推翻专制制度和习俗，破坏官方的意识形态和文化，动摇公认的评价标准和尺度。"凡是在发生社会危机、暴动和改革的年代里，知识分子特别是年轻的知识分子，都是最先走向激进的人……他们在考虑用激进的替代方式取代现行制度和信仰方面，比别人开放许多。"①苏联对知识分子的阶级属性定位不准，长期把知识分子当作批判、打击和防范的对象，动不动就扣上"资产阶级分子的帽子"，这势必造成知识分子对苏共态度的根本转变。因此可以说，苏联解体的直接原因是"苏联领导人放弃从文化上同化各民族的精英分子，培育各民族的特殊性……苏联的问题在于，中央政权没有同化各民族的精英分子，而是相反，培育了这些精英分子。这些精英分子最后终于吞噬了帝国"。②

3.苏联解体在民族方面的原因

苏联的解体在很大程度上并非社会主义的失败，而是民族政策的失误，是由于民族自决理论的不恰当运用造成的。其次，超越社会发展阶段，过早地宣布民族问题"已经解决"，导致民族关系中的消极现象日益增多。历史实践表明，无产阶级革命胜利后，社会主义制度从建立到完全实现共产主义理想，需要经历相当长的历史时期，加之社会主义制度本身也需要逐步发展和完善，这就决定了在多民族的社会主义国家中，民族问题也将长期存在。第三，民族政策的失误引起

①　[美]大卫·科兹、弗雷德·威尔著，曹荣湘、孟鸣岐等译：《来自上层的革命：苏联体制的终结》，中国人民大学出版社，2002年版，第89页。

②　李兴耕等编：《前车之鉴：俄罗斯关于苏联剧变问题的各种观点综述》，人民出版社，2003年版，第229页。

了各民族之间的关系紧张。苏联民族政策失误主要表现在用阶级斗争方式处理民族问题和维护大俄罗斯民族沙文主义两个方面。马克思主义认为,民族与阶级、民族问题与阶级问题是两类不同的概念,虽然它们之间存在一定的联系,但是在任何历史时期都不能将其完全等同。在社会主义国家中,民族问题一般属于人民内部性质的矛盾,只能通过宣传、教育、疏导和协调等方法妥善加以解决。然而,列宁之后的苏联领导人却忽视了民族问题和阶级问题的区别,混淆了两类不同性质的矛盾,把民族矛盾和民族纠纷归结为阶级矛盾和阶级斗争,把任何谋求本民族利益的努力不加分析地斥之为"资产阶级民族主义",以阶级斗争的方式处理民族问题。

俄罗斯在历史上是一个面积不是太大,民族不是太多的国家,但是它通过几百年的侵略扩张,从一个莫斯科公国发展成为面积达 2 200 多万平方公里,地跨欧亚并由 100 多个民族构成的帝国。苏联是由以俄罗斯族为核心的共 15 个加盟共和国构成的,有 130 多个民族的联邦制国家,国家结构相对比较松散。在这样一个多民族国家中,在由多个加盟共和国构成的国家体制中,一定要妥善处理好民族间的关系,要统筹兼顾各加盟共和国经济的协调发展。而苏联政府在这方面犯了致命错误:它以俄罗斯为中心,形成了"大俄罗斯主义",没有促进各民族的共同繁荣,没有解决好共和国之间经济协调发展的问题,最终导致了民族分离主义的恶性膨胀。

4. 苏联解体在对外关系方面的原因

第一,苏联对第二次世界大战之后"所处的历史环境"把握不好。在这样一场世界性灾难之后,要"与民休息",着力发展生产力。而苏联却打着"支援无产阶级世界革命"、"支援被压迫民族"的旗号,推行扩张主义政策,并与美国展开霸权争夺战。苏联以"世界革命"为借口,立足于领导世界革命,充当国际共产主义运动的指挥中心、统治中心和控制中心。为此,它推行全球扩张战略,以美国为主要对手,与西方国家搞军备竞赛,尤其是争夺核优势,造成巨额军费开支。在此期间,它优先发展重工业,导致国民经济结构严重失衡,造成重工业重、轻工业轻、农业落后状况长期无法理顺且畸形发展的局面。高额的军费加重了国民负担,最终拖垮了苏联的国民经济。苏联社会主义制度建立后,在对待资本主义的政策上,采取了"世界革命"战略。所谓"世界革命"战略,就是指 20 世纪初期和十月革命胜利前后,以列宁为首的布尔什维克党提出的关于推动和实施世界范围内无产阶级社会主义革命的学说。在十月革命后的 70 多年时间里,以"世界革命"理论为指导的"世界革命"战略一直是苏联对外政策的重要方面之一,它以不同的形式和方法时隐时现地将其予以贯彻和实施。然而,十月革命以后,世界革命的形势事实上很快就过去了。第二,以意识形态和社会制度划线,对资本主义的文明成果加以排斥。斯大林时期苏联对外关系从 20 年代新经济政策的对外开放转向对外封闭,从社会主义国家与资本主义国家和平共处转向冷战对峙,甚至准备并进行热战对抗。特别是斯大林执政以后,大国主义和大党主义得以迅速发展。还在 30 年代,苏联就提出了资本主义总危机理论,认为以苏联为代表的社会主义在全世界代替资本主义并不是遥远的事情,并把对待苏联的态度看成是无产阶级国际主义的试金石。这实际上是要让国际共产主义运动服从于苏联的一国利益。可以说,30 年代的第三国际在某种程度上成为苏联干涉别国共产党内部事务的工具。① 社会主义建设和改革的发展,需要大胆吸收和借鉴人类社会创造的一切文明成果,特别是正确认识和充分利用资本主义已经取得的有益成果,因为那是人类文明的共有成果,并非资本主义所独有,如市场经济,资本主义可以用,社会主义也可以用,它是现代化大生产的产物,不是"姓社姓资"的标准。列宁在领导苏维埃俄罗斯建设社会主义的实践中,对此进行了有益的探索,并进行了许多重要的论述。但是,长期以来,由于苏联对马克思列宁主义的教条化理解,从而导致思想僵化,没有做到在理论上与时俱进,再加上极"左"思想的干扰,习惯于把资本主义和社会主义抽象地对立起来,把资本主义的许多文明成果当作资本主义制度的范畴加以排斥,使社会主义现代化建设错过了一些极好的发展机遇。

5. 西方"和平演变"对苏联解体的催化

从外部因素来看,西方的"和平演变"加速了苏联解体的进程。"和平演变"战略是西方资本主义国家针对社会主义国家的一项长期的战略,是任何社会主义国家不能掉以轻心的。西方国家实施"和平演变"战略所凭借的,归根结底是其所拥有的经济实力。社会主义国家的改革首先是从东欧开始的,东欧国家建立了社会主义制度后,都套用了苏联模式,从而形成了一种高度集中的管理体制。苏联模式本来是一种在非常状态下实行的特殊模式,但是苏联领导人在战后却不假思索地"输入"到了东欧,其弊端日益显露,因而也就陆续出现了改革苏联模式,走自己的道路的改革现象。因此,包括苏联在内的苏东地区先后都不同程度地卷入了社会主义改革的浪潮之中,并形成了不可逆转的态势。然而,苏联东欧的改革并没有达到完善社会主义的目的,相反却使改革走进了死胡同,各种矛盾的激化达到了不可收拾的地步,最终使社会主义失去了生存和发展的基础,共产党政权丧失。1988 年夏,苏联的改革面临复杂形势。一方面经济改革陷入停滞状态,另一方面左翼激进势力有了较快的发展。到 1990 年苏共第 28 次代表大会后,苏联形势急剧变化,各种政治势力纷纷进行组合,基本形成了以

---

① 高放主编:《科学社会主义理论与实践》,中国人民大学出版社,2005 年版,第 128 页。

叶利钦等为首的"激进派",以戈尔巴乔夫为首的"中间派"和以利加乔夫为首的"传统派"三种势力。在此背景下,"8·19"事件爆发。应当说,亚纳耶夫等发动的"8·19"事件旨在阻止苏联发生演变。但是,"8·19"事件的迅速失败,却加速了苏联演变的步伐。具有93年党史、执政长达74年的苏共顷刻间土崩瓦解,曾在苏联各地飘扬的苏共党旗降落了,苏共的瓦解是苏联被演变的"里程碑"。没有苏共的苏联,必将走上解体之路。

二、俄罗斯文化力量的总体下降

(一)俄罗斯的国际影响力下降

苏联解体,昔日的超级大国苏联不复存在,其继承者俄罗斯则今非昔比,自身面临许多问题,整个社会处于转型时期,无法与以美国为首的西方相抗衡,充其量只能算是一个地区性大国。目前的俄罗斯国内问题繁多,如经济发展问题、政治转轨问题、意识形态问题、国家的历史定位问题和民族宗教问题等等,使得它不得不花费大量时间和精力进行处理。

1. 国内问题制约着国际影响力的发挥

目前的俄罗斯国内问题繁多,如在经济方面,经济发展虽然取得了很大成就,但也带来很多无法解决的问题。经济力量是一个国家国力的基础。没有经济力量的发展和壮大,就没有军事力量和外交力量等其他国力的发展和壮大。经济力量对其他力量的影响是绝对的、基础性的。物质上的成功会使文化和价值观产生一定的吸引力,经济和军事失败则会导致自我怀疑和身份认同危机。同样,经济还是对外交往中极为重要的工具,一个国家可以通过经济购买或援助等经济支付方式达到影响或控制他国的目的。这其中较为典型的事例就是,某些国家可以通过向联合国或其他国际组织多缴会费以求获得更多的表决权或其他方面的权利,以及发达国家对发展中国家有条件的经济援助等等。例如,在2002年联合国经费预算中,各国分摊比例排在前几位的分别是:美国(22%)、日本(19.67%)、德国(9.85%)、法国(6.51%)、英国(5.58%)、意大利(5.10%)和加拿大(2.58%)。分摊比例大的国家在联合国领导机构(如秘书处、财政部门、法律解释部门、人权和难民事务、人权以及维和活动)中担任要职的比重一般也就比较高。[①] 与此相适应,由于俄罗斯无论是在经济力量还是在对外援助方面,其能力都比较低下,所以其表现出的相应的国际影响力也就不强。据2004年世界主要大国国内生产总值统计数据显示,俄罗斯位居所有这些大国的

---

① 李慎明、王逸舟主编:《2006年:全球政治与安全报告》,社会科学文献出版社,2006年版,第260页。

末位,其国内生产总值只有 5 887 亿美元。而美国则以 11.73 万亿美元之巨遥遥领先,其国内生产总值占到了全球国内生产总值的 29.6%(见表 1.1)。

表 1.1 2004 年各大国的国内生产总值(GDP)及基本国情

国家	美国	日本	德国	英国	法国
GDP(亿美元)	117 335	46 678	27 043	21 209	20 190
人口(百万)	297.29	127.68	82.66	59.63	60.06
国土面积(万平方公里)	980.9	37.8	35.7	24.5	55.7
国家	中国	加拿大	韩国	印度	俄罗斯
GDP(亿美元)	16 494	9 941	6 799	6 310	5 887
人口(百万)	1299.88	31.91	48.2	1091	144.2
国土面积(万平方公里)	960.0	997.6	10.0	316.6	1707.5

资料来源:世界银行,《世界发展指标》,http://devdate wordbank.org / dataonline

注:国内生产总值(GDP)以当年汇率折算为美元。

目前,俄罗斯经济取得了较快增长,但其经济增长的主要动力是能源的贡献(主要是原料的提供和加工)和军事武器的出口。俄罗斯是个能源大国,石油天然气储存量非常丰富,能源价格的飞涨让俄罗斯获利颇丰,从而拉动了国内经济的快速发展。但是,俄罗斯事实上并未真正实现现代化,其经济发展仍然面临着许多制约性因素,诸如发展模式、经济结构不合理,对外部发展行情的高度依赖,国内地区及城乡经济发展的不平衡,人口危机(人才流失、劳动力短缺等)和贫富差距的进一步扩大等等,所有这些都是俄罗斯经济发展所必须面对和需要妥善处理的问题。另外,由于多年来地区冲突不断,俄罗斯的武器出口力度有所加大。2004 年俄罗斯武器出口占全球武器出口的 32%(见表 1.2),这成为拉动俄

表 1.2 2004 年世界前五大武器出口国(%)

国家	俄罗斯	美国	法国	德国	英国
占全球比重	32	31	8	6	5

资料来源:Stockholm International Peace Research Institute, YEARBOOK 2005 ARMAMENTS, DISARMAMENT AND INTERNATIONAL SECURITY, 2005, SIPRI.

罗斯经济发展的又一动力。仔细考察俄罗斯经济我们可以发现,其经济结构仍然不是十分合理:偏重于工业,市场经济发育不够成熟,仍处于经济的转型阶段;

尽管其经济取得了一定的增长,但是增长质量却有所下降;通货膨胀至少要比发达国家高出一倍;投资规模仍显不足。另外,税收环境不佳、熟练劳动力匮乏、贷款利息过高、腐败和经济犯罪现象严重、司法体系运行不利;还有,相当数量的俄罗斯企业,管理落后,经营乏术,国际竞争力低下。

美国学者安·库钦斯根据世界银行提供的数据推测,就经济规模而言,今后20年俄罗斯最佳状况也仅只能达到巴西或印度(这还要看后两国自己的增长率)的水平,德国的 1/4 或 1/3,法国或英国的一半稍多。20 年后,俄罗斯在全球经济排名中有可能进入十强,但仍然几乎没有进入前八名的可能。①

在政治方面,俄罗斯国内政治处于转型时期,总体呈现一种从苏联传统的社会主义模式向西方资本主义政治模式转变的趋势,但转型远远没有结束。三权分立、议会民主、多党政治、自由选举和思想多元化已成为俄罗斯政治生活的主要方面。但是,俄罗斯的政治体制和西方国家还是有很大差别的。俄罗斯是强总统弱议会,这与西方国家不尽相同。俄罗斯联邦自成立以来,其政党体系和市民社会一直处于发育阶段,而普京执政以来,其政治转型表现出以权威主义为导向的发展趋势,特别是别斯兰恐怖事件之后,普京更是加强了对总统权威主义的巩固。

俄罗斯政治的转型时期远未结束,真正意义上的、实质性的转型才刚刚进入议事日程。在此我们通过对转型时期俄罗斯的行政改革和政党制度加以解读即可见一斑。2002 年,俄罗斯总统普京在国情咨文中再度郑重重提行政改革,称俄罗斯国家机关的当前职能是无法适应战略任务的完成的,掌握现代科学管理知识的官员凤毛麟角,解决之道只有进行行政改革,让国家机关精简、紧凑和高效,以符合现代的要求和俄罗斯发展的需要。1993 年 12 月 12 日通过的俄罗斯联邦新宪法规定,俄罗斯是共和制民主联邦法治国家,实行立法、行政和司法三权分立。但是,宪法中规定的许多特殊原则却相应地带来了诸多问题。第一,执行权力机构的二元化带来了职能的重叠和矛盾。政府管理财政和物流,总统对政府经济活动产生的后果负责。这种双重性导致总统办公厅和政府职能的重叠。执行权力机构内部的若干决策中心和权力中心并存,这与全球化和现代化市场经济条件下"小政府、大社会"的客观要求并不相符。第二,俄罗斯是联邦制国家,中央和地方职能划分仍然存在很多盲点。由于种种主客观原因,俄罗斯行政体制仍然未能摆脱过去为适应高度集中的计划经济体制而形成的格局,不能适应俄罗斯当前经济发展的需要,国家行政体系弊病丛生:首先,国家执行权力系统职能转换滞后,跟不上市场经济需求的变化。其次,国家执行权力系统构

---

① ［美］安·库钦斯:《俄罗斯在崛起吗?》,新华出版社,2004 年版,第 325 页。

成不合理,各级政府之间的职权划分不科学,结构不平衡,其合理配置有待进一步探索。再次,没有建立完善的职业公务员制度,贪污腐败现象严重,威胁着俄罗斯的国家利益。①

俄罗斯政党制度转型的主要内容是从苏联时期的一党制转向西方式的多党制。俄罗斯多党制的确立经历了一个从混乱无序状态走向规范化和法制化的过程。普京执政以来,为了巩固中央权威,对政党制度进行了一系列的改革,特别是《政党法》的制定和实施,使政党活动逐步走上了正常的法制化轨道,政党在国家政治生活中的作用有所提高,各类政党和政治组织经过重新组合,初步形成了左中右多派组成的多党制格局。但是,与西方的多党制相比,俄罗斯的政党制度仍然不够成熟,仍然存在不少问题,具体表现为:(1)俄罗斯还没有实行议会多数派党派组织政府的制度。在西方国家,通常由议会选举中获胜的多数派政党组阁,经议会批准后行使职权。在俄罗斯不是这样。按照现行的俄罗斯联邦新宪法,政府总理由总统提出人选,但须经过国家杜马的同意。如果杜马三次否决总统提出的人选,总统可以任命总理,同时解散国家杜马,进行新的大选。可见,俄罗斯实行的实际上是"总统集权制",有的学者称之为"超级总统制"。政府总理名义上同时对总统和议会负责,但实际上只对总统负责。在俄罗斯没有真正意义上的"执政党"。目前"统一俄罗斯党"虽然已成为议会第一大党,许多人把它称为"政权党",但其多数党地位并不是在选举中获得的,而是通过在杜马中的各种政治运作形成的。俄罗斯的政党制度要完成向西方式多党制的转型,必须对宪法中的有关条款进行修改。普京总统本人也曾表示,在条件成熟时会实行"按政党原则组阁"。但是,什么时候条件才算成熟?普京对此没有做出明确回答。(2)俄罗斯目前存在的政党除了少数几个党有严密的章程、明确的纲领、健全的组织系统和稳定的群众基础之外,其他党派组织都比较松散,党员流动性很大,不能正常开展组织活动。有些党派的章程和纲领只是为了在司法部登记而写,缺乏认真的讨论。有些党派只有领导人,没有多少基层组织和党员。有的党派则主要依靠寡头支持。(3)尽管俄罗斯已初步形成了由左中右多派政党组成的多党制格局,但是每个派别都有几个党派,即使是在同一个党派内部也存在着不同的派别。例如,"统一俄罗斯党"由"统一党"(原译团结党)、"祖国运动"和"全俄罗斯运动"联合而成,而这三个组织的政治倾向是有差别的:"团结党"属于"中中派","祖国运动"和"全俄罗斯运动"则属于"中左派"。它们虽然实现了联合,但在纲领、政策和组织人事等问题上仍然存在分歧。②

---

① 杨成:《俄罗斯加速推进新一轮行政改革》,《俄罗斯研究》,2002年第3期。
② 李兴耕:《转型中的俄罗斯政党制度》,《俄罗斯研究》,2002年第3期。

在意识形态方面,俄罗斯还没有统一的意识形态,缺乏为民众所认可的国家思想。俄罗斯民族是一个相对极端化和情绪化的民族。俄罗斯民族在文化方面与西欧有着本质的区别,它是一个更为直爽和更富有灵感的民族,它不懂得方法而好走极端。这种极端恰好是东西方文化在其身上并存的表现。一位德国史学家这样说过:"俄罗斯人和蔼而残忍,活泼而野蛮,热情而忧郁,生活有朝气,好学习而不求甚解,计划深远而大多有始无终。"①他们看待问题、分析问题的角度常常是极端主义的,采取的行动往往是极端的,这种情绪的极端化体现出俄罗斯人精神的两极分化。尼·别尔嘉耶夫在其《俄罗斯思想》一书中,对俄罗斯民族个性作过如下表述:"在俄罗斯人身上可以发现矛盾的特征:专制主义、国家至上和无政府主义、自由放纵;残忍、倾向暴力和善良、人道、柔顺;信守宗教仪式和追求真理;个人主义、强烈的个人意识和无个性的集体主义;民族主义、自吹自擂和普济主义、全人类性;世界末日—弥赛亚说的宗教信仰和表面的虔诚;追随上帝和战斗的无神论;谦逊恭顺和放肆无理;奴隶主义和造反行动。"②俄罗斯民族精神中之所以会出现这种矛盾的情况,别尔嘉耶夫认为:"俄罗斯精神所具有的矛盾性和复杂性可能与下列情况有关,即东方与西方两股历史之流在俄罗斯发生碰撞,俄罗斯处在两者的相互作用之中。俄罗斯民族不是纯粹的欧洲民族,也不是纯粹的亚洲民族。俄罗斯是世界的完整部分,巨大的东方—西方,它将两个世界结合在一起。在俄罗斯精神中,东方与西方两种因素永远在相互角力。"③

作为俄罗斯民族精神象征的俄罗斯思想,在俄罗斯社会生活的各个领域起着决定性作用。面对苏联解体后的意识形态真空,作为民族精神实质和根本价值代表的"俄罗斯思想"起到了唤起民族精神、增强民族凝聚力和解决俄罗斯现实问题的重要作用。那么,什么是"俄罗斯思想"?俄罗斯《哲学小百科词典》定义为:"俄罗斯思想是一个具有象征意义的概念。从该词最广的意义上说,它指的是俄罗斯文化和俄罗斯精神在全部历史过程中所固有的各种独特特点的总和;从较为狭义上说,它指的是在历史的每一特定时期民族自我意识所达到的水平;从更为狭义上(即从社会学意义上)说,它指的是俄罗斯的社会、文化、政治等发展中各种旧的和新的成分存在的方式。"④也有的学者认为:俄罗斯思想,从广义上说,作为历史范畴,它是一个庞杂的、多元的思想观点体系,其中包含了统治俄罗斯民族精神长达许多世纪的哲学、历史、文化、宗教和伦理等原则,它是俄罗斯民族灵魂、民族利益和价值取向的集中表达。狭义地讲,作为现实概念,它

---

① 引自朱达秋:《人文俄罗斯》,重庆出版社,2004 年版,第 5 页。
② 引自张焕文:《俄罗斯》,世界知识出版社,1999 年版,第 182 页。
③ 庞大鹏:《中美关系中的俄罗斯因素》,《俄罗斯研究》,2005 年第 4 期。
④ 引自白晓红:《"俄罗斯思想"的演变》,《俄罗斯中亚东欧研究》,2005 年第 1 期。

意指新俄罗斯国家的治国理想和各派政治力量的某种相同的思想倾向,它是以强烈的民族意识和宗教意识为主要内涵的潜在的国家意识形态。① 冷战后,由于实力急剧衰落,俄罗斯民族的帝国情结渗透了更多的历史怀念和渴望复兴的色彩。由于旧的意识形态已经崩溃,而新的统一的社会意识尚未形成,因而使俄罗斯社会陷入了某种程度的思想混乱,从而也使俄罗斯失去了推行"救世主义"的信念。推行"救世主义",通过对外政策向外推广和传播自己的意识形态和文明体系,"需要一个重要的条件,这就是该文明自认为是人类文明最优秀的代表,自认为负有拯救和改造世界的'天赋神职'。这时,意识形态就融合为国家利益的一部分,价值观念就成为国家利益的一种化身"。② 沙皇时代的东正教和苏联时期的共产主义思想都曾是这种意识形态的体现。冷战结束后,共产主义意识形态在俄罗斯彻底崩溃,东正教在经过苏联70多年的压制后也不可能重新成为俄罗斯社会的主流意识,世俗化的进程已将宗教的作用限定在一个狭小的空间。1988年至1992年,莫斯科曾试图在某种"全人类价值"的基础上确立自己的对外政策,结果证明太富于幻想。此后,出现了诸如"自由主义"、"左翼社会主义"、"西方主义"、"民族主义"、"欧亚主义"、"激进主义"、"新保守主义"、"政治权威主义"、"平民主义"、"国家主义和强国思想"、"经济实用主义"等十几种社会思潮,但却始终没有形成一个能够为全社会所接纳的统一意识形态和国家思想。叶利钦曾号召俄罗斯学者和政治家们为寻找和创造新的国家思想而奋斗,俄罗斯半官方机关报《俄罗斯机关报》还为此悬赏2000美元,但是都未找到能为国家和民众普遍所接受的国家思想。俄罗斯人认为,在上述各种思潮多姿多彩的表面下,国家实际上处于意识形态的"真空状态",许多重大问题,社会无法做出回答。但是,没有一个统一的意识形态,俄罗斯势必陷入精神危机。塞缪尔·亨廷顿甚至形容俄罗斯已成了一个精神分裂和精神"沙漠化"的民族。与思想领域的窘状相对应,俄罗斯的对外政策也就失去了意识形态的动力。③

最后,俄罗斯还面临着许多复杂的民族和宗教问题。俄罗斯是一个多民族和多宗教的联邦制国家,由89个大小不一、实力不等的联邦主体构成。这里生活着135个民族,其中俄罗斯族占全国人口的4/5强。较大的少数民族有鞑靼人(550万)、乌克兰人(440万)、楚瓦什人(180万)、白俄罗斯人(120万)、车臣人(90万)和德意志人(80万)等。在俄罗斯,很多人都信奉宗教。特别是苏联解体后,由于共产主义意识形态的"破产",很多人找不到精神支柱,于是纷纷转

① 吴嘉佑:《"俄罗斯思想"简评》,《东欧中亚研究》,2002年第4期。
② 学刚、姜毅主编:《叶利钦时代的俄罗斯》(外交卷),人民出版社,2001年版,第264—265页。
③ 马凤书:《俄罗斯对外政策的政治文化背景及其影响》,《现代国际关系》,2002年第2期。

向宗教,让受伤的心灵在宗教信仰中找到归宿,获得慰藉。据俄罗斯"社会舆论"基金会提供的一份调查报告显示:俄罗斯全国有 56% 的国民信奉东正教,3% 的国民信仰基督教其他派别,5% 的国民为穆斯林,1% 的国民信仰其他宗教。此外,约有 31% 的国民申明自己为无神论者,其余 4% 的国民宗教态度不甚明朗。①

众所周知,曾经的俄罗斯是一个富于扩张的帝国。它的前身是面积仅为 280 万平方公里的莫斯科公国,经过几个世纪持续不断的扩张和兼并,最终形成了面积达 2 200 多万平方公里、横跨欧亚两大洲的大帝国。由于俄罗斯独特的地缘环境和历史因素,其周边大多为开阔的草原,在其民族历史上亦曾遭受邻国的入侵,加之文明起步较晚,其周边国家不是比它先进就是比它强大,遂导致俄罗斯始终有一种安全上的危机感,故只有通过不断的扩张,在周边建立大量缓冲国才能缓解它这种安全危机感。在侵略、扩张和征服的过程中,大俄罗斯主义思想日益滋生和发展。苏联成立后,由于对民族问题认识上的偏差和民族政策上的失误,导致苏联在民族问题上陷入危机。可以说,民族问题处理的不当也是苏联解体的重要原因之一。列宁之后的苏联历任领导人在民族问题上要么盲目乐观,要么视而不见,要么不敢触及,要么无所适从。1924 年列宁刚刚逝世,俄共(布)就在十三大报告中认为自己已基本解决了各民族的权利、经济和文化平等问题。斯大林在 1939 年也认为自己的民族问题"已基本解决",因而"根本谈不到民族权利会受到伤害"。赫鲁晓夫时期也断言民族问题已解决,今后的任务就在于促进国内各民族"更加全面地接近",以"使各民族达到完全的一致"。勃列日涅夫公然宣称民族问题在苏联已"完全、彻底、一劳永逸地解决了"。这种对民族差别和民族矛盾的盲目乐观态度最终酿成了大患。除此之外,由于苏联宪法明确规定各加盟共和国有保留自由退出联邦的权利,所以这也为后来的国家分裂留下了隐患。

苏联在民族和宗教问题上的历史遗留问题,使得独立后的俄罗斯联邦也深受民族和宗教问题的困扰,这主要表现为"三股势力"的威胁,即民族分离主义、宗教极端主义和恐怖主义。民族是一个历史范畴,是人类历史发展到近代阶段突出表现出来的产物。民族往往都有各自的宗教信仰,所以民族问题往往和宗教问题交织在一起。2004 年俄罗斯国内先后发生了一系列恐怖事件,先是民航客机被劫持坠毁,接着是莫斯科公共汽车站和地铁站遭到爆炸袭击,然后又是震惊中外的别斯兰人质事件。这些与民族和宗教问题交织在一起的恐怖主义事件导致数百平民丧生,近千人受伤。在俄罗斯境内,集"三股势力"于一身的车臣

---

① 戴桂菊:《俄罗斯的宗教与现代化》,《东欧中亚研究》,2002 年第 3 期。

问题是俄罗斯政府最为头疼的一个问题,也是最棘手、最难处理的一个问题。车臣位于高加索山脉北侧,与格鲁吉亚隔山为邻,面积1.5万平方公里。车臣首府格罗兹尼是在1818年建立的格罗兹尼城堡基础上发展起来的。19世纪沙俄经过40多年的高加索战争,于1895年将车臣并入帝国版图。1934年,车臣与其西邻的印古什合并,成立了车臣—印古什自治共和国。第二次世界大战末期,前苏联以车臣人与德国人勾结为由,将车臣人迁往中亚和西伯利亚等地。直至1957年,苏联决定恢复车臣—印古什自治共和国的建制。车臣人以穆斯林为主。他们素以骁勇善战著称,具有十分强烈的民族意识和分离倾向。①

总而言之,俄罗斯内部面临的种种困境(当然俄罗斯最近几年也取得了很大的进步,这也是不可否认的事实)大大限制了其国际影响力的发挥。俄罗斯在国际舞台上的"话语权"大为降低,整个社会处于转型时期,已无法同以美国为首的西方相抗衡,充其量只能算是个地区性大国。

2. 外交时陷窘境,处于调整恢复阶段

外交是内政在国际舞台上的表现和延续。鉴于在国内政治、经济、意识形态、转轨束缚和民族宗教等方面突显出来的诸多问题,俄罗斯的国际影响力与前苏联不可同日而语。俄罗斯的国际影响力明显下降,它正处在各方面的调整恢复时期。俄罗斯在外交方面影响力的下降具体表现在:

第一,俄罗斯仍然在探寻自己的历史方位,寻找自己的民族国家身份,摸索适合自己的国家定位。在国际舞台上少了许多"话语",少了以往的许多霸气,更多的是寻求"融入"现有的国际秩序,少了许多外交倡导力。

民族国家身份的识别,或称之为国家定位的问题,其实质是一个关于民族国家未来前途的问题。这个问题的核心回答的是这样一些问题,即我是谁?我从哪里来?我到哪里去?这是那些伴随着资本主义生产方式在西欧起源并向世界各地不断扩展过程中被迫卷入现代化进程的民族国家对自己传统文化价值和功效而进行的一种深刻思考,是一个带有普遍性的问题,在许多国家都出现过这种关于民族国家身份识别的思考活动。有关俄罗斯民族国家身份识别的问题,实际上就是关乎俄罗斯未来前途的一个问题。关于这个问题,俄罗斯在历史上的思路充满了两极化矛盾:某个时期俄罗斯化会占据上风,但是另外一个时期西方化又会有所抬头。由于这两种矛盾使然,俄罗斯在国内外政策上往往会表现出诸多的不连贯和行动上的左右摇摆,从而严重影响到其现代化的进程及其在国际上的形象。

俄罗斯是一个地跨欧亚两大洲的国家,它究竟属于欧洲国家还是亚洲国家,

---

① 杨江涛:《论俄罗斯在车臣的反恐战略》,《俄罗斯研究》,2003年第1期。

这是一个无法回避的问题。从18世纪初彼得大帝的欧化开始到21世纪初的普京总统执政,在将近300年的时间里这成为一个经久不衰的话题。每当国家处于关键时期,就一定会引起对这一问题旷日持久的激烈讨论。然而,令人遗憾的是,俄罗斯那种缺乏辩证法精神的非此即彼、非黑即白的思维方式,是十分不利于这一问题的讨论的。① 在关于民族国家身份识别的问题上,19世纪上半期曾形成过针锋相对的两大派别,即斯拉夫派和西方派。斯拉夫派强调民族国家和社会历史发展的唯一性和独特性。他们坚信俄罗斯民族具有超凡脱俗的特性,并承担着最高历史使命。因此,他们把西方社会和西方文化描绘成是颓废与堕落的、充满矛盾没有前途的,并把西方的理性看成是邪恶的根源。他们极力反对西方文化所推崇的个人主义,坚决反对西方工业主义的理念。而与此相反,西方派则极力强调俄罗斯必须走西方发展道路。西方派的领军人物恰达耶夫认为,为了不再脱离世界潮流,不再陷入一种死气沉沉的萧条,俄罗斯应该转向新的道路,转向与欧洲共同进步的道路。后来,斯拉夫派演变成为民粹派和苏联解体后的保守派,而西方派则转化为自由派和苏联解体后的改革派。尽管时代不同、观点亦有所变化,但其精神实质却有内在的惊人相似之处,即一方主张走西方道路,另一方则主张走俄罗斯自己的道路。迄今为止,两派争论仍然在持续,这极大地影响着俄罗斯内政外交的决策,制约着其国际影响力的发挥。

俄罗斯学者弗拉季米尔·舍甫琴科认为,国家定位是指一个国家在世界或在一个较好的、理想的社会中其文化所处的位置。其中,这个国家可以看到它的未来,并能运用其智力与物质资源去实现这一目标。② 美国学者乔纳森·瓦尔迪兹认为,国家定位的界定有两个层面:第一是原生的、固定不变的因素,集中于国家既定的因素,如宗教、语言和习俗等;第二是现代化的可变因素,国家定位主要是一个现代化的现象,要根据现代化的要求来促进群体的凝聚力。中国有学者提出了两种国家定位观,一是国家定位的外部性问题,即如何处理与外部世界的关系;另一是国家定位的内部性问题,即如何处理与社会的关系。有学者认为,国家定位是一国对自身性质、实力、地位、优先发展方向以及与国际社会的关系等属性的一种总体概括。还有学者认为,国家定位有广义与狭义之分,广义形态上的国家定位,是指国家对其在政治、经济、文化、军事以及对外战略等方面的一种认同与规范;狭义的国家定位则特指对外战略意义上的国家定位,即一国对外战略发展的优先方向与战略目标的规划。这是对外政策制定的根据,也是对

---

① 陈新明:《俄罗斯关于民族国家身份识别的误区》,《俄罗斯中亚东欧研究》,2004年第1期。

② Vladimir Shevchenko. *Russia's Role in Setting a Conflict of civilization between the West and the Rest of the World*. Social Science. 2004. vol. 35. Issue 3.

外战略得以实施的根本所在。① 他进一步认为,冷战结束后,俄罗斯丧失了帝国地位,但是并没有形成新的国家定位。俄罗斯国家定位的缺失,是俄罗斯在社会转型过程中出现社会动荡、经济滑坡和对外关系紧张等一系列后果的重要原因之一。因此,解决国家定位的缺失问题是实现俄罗斯强国之路的首要问题。但是,俄罗斯国家定位的选择注定是非常艰难的,这是由俄罗斯独特的地缘环境和特殊的民族性格所决定的。俄罗斯地跨欧亚大陆,它既不属于欧洲也不属于亚洲,但其自身又无法摆脱欧洲的经济和亚洲的文化观念,从而导致其经常处于摇摆不定的状态之中。加之东正教普世的使命感和根深蒂固的帝国思维模式,所有这些都成为制约俄罗斯形成新的国家定位的障碍。"俄罗斯国家定位选择的艰难也导致今日俄罗斯国际角色的模糊。舍甫琴科认为,从彼得改革开始,俄罗斯的角色一直是东西方文化对话中的调节者。但是,今日的新俄罗斯已经不再充当东西方之间的调节者。伊拉克战争后这种现象更为明显,俄罗斯变得沉默不语。俄罗斯还没有决定好是否要有一个对国家的整体规划来适应当前时代,以及在一个全球化的世界中扮演何种角色的意识也是模糊的。现在西方与非西方之间互动的主要路径已经转向亚洲太平洋地区,俄罗斯很难成为这个中心与边缘之间的主要联系点。"②

此外,在迈向民主和自由的道路上,俄罗斯民族的自相矛盾性再次重现,即它一方面选择了西方的自由民主道路,另一方面又沉湎于对帝国及其权威的怀旧,有向传统的、权威主义的和保守的民族主义回归的倾向。其次,在确定与西方国家的关系时,俄罗斯表现出了巨大的摇摆性,即它一方面想融入西方,但另一方面又保持着高度的警惕;一方面不断靠拢西方,但另一方面又不时地表现出要摆脱西方的影响。在历史上,俄罗斯曾经有几次与西方的近距离接触。"在俄罗斯漫长的历史上曾有过三次大规模地学习西方的历史性进军,一次是以基辅罗斯接受东正教为标志的早期西方化进程,一次是彼得大帝'把整个俄罗斯提降到染缸里去浸染'之后的俄罗斯近代化进程,最后,是俄罗斯革命力量以欧洲先进的社会主义思想为榜样,登上世界前列的大进军。"③"在俄罗斯民族灵魂的铸就中,公元988年受西方基督教(即东正教)洗礼和公元13—15世纪受蒙古人统治,有十分重要的作用。这两件大事为俄罗斯民族社会带来了两大精神支柱,即东正教与沙皇专制制度(真正意义上的)。自此,俄罗斯的民族精神中便具有真正的文化两栖性特征。之后,俄罗斯社会历经18世纪初向西方学习的

---

① 刘军:《俄罗斯国家定位:从帝国到面向欧亚的民族国家》,《俄罗斯研究》,2006年第4期。

② 刘军:《俄罗斯国家定位:从帝国到面向欧亚的民族国家》,《俄罗斯研究》,2006年第4期。

③ 冯绍雷:《论近代以来俄国历史发展的结合部文明特征》,《华东师范大学学报》(哲社版),1990年第4期。

彼得一世改革,18—19世纪农奴制度的加强,19世纪60年代的农奴制度改革,1917年十月革命后苏联时代专制主义的加强,直至1991年苏联解体转向东西方寻求突破等等,足以证明俄罗斯社会始终徜徉在东西方文化的海洋中,吸收着取之不尽用之不竭的人类文化养分。"①同样,今日之俄罗斯仍然在采取面向欧亚的"双头鹰"外交政策。

除此之外,外交倡导力也是一个国家综合国力强大的重要标志。如今的俄罗斯,更多的是"融入"而不是"倡导"现有的国际体系。限于自身实力,俄罗斯提不出与西方的人权、自由和民主相对应的国际理念。俄罗斯在历史上曾经充当过"欧洲宪兵",组织过"神圣同盟",联合绞杀过法国革命;苏联时期曾提出"两个平行市场论"、"世界革命论"和"资本主义总危机论"等等理念,虽然不尽正确,但却从另一个方面说明了苏联当时力量的强大。再看今日俄罗斯,它在国际舞台上丧失了许多"声音"。即使它偶尔提出一些理念,也少了国际社会对它的响应,这从一个侧面证明俄罗斯的国际影响力的确出现了相当程度的下降。

第二,在外交上,俄罗斯更多采取的是一种寻求平衡的政策,以期最大限度地维护自身利益。东欧剧变、苏联解体,旧的两极体系瓦解,但是新的世界格局仍然没有形成。尽管多极化趋势有所发展,但却经常受到美国"单极霸权"的挑战,世界仍不太平。南斯拉夫战争、"9·11"事件、阿富汗战争和伊拉克战争等一系列国际事件充分表明正在形成中的世界体系还不稳固和稳定。

外交是内政的延续。今日俄罗斯,其综合实力大为下降。在一些学者看来,如果不考虑核力量和苏联的影响的话,那么今日的俄罗斯在许多方面都不占有普通强国所具有的地位,俄罗斯应该被列入发展中国家的行列。在外交政策上,俄罗斯将合纵连横、利用各方矛盾和维持多极均势的策略同时运用于东西两个方向,在东西方之间寻求一种最佳平衡点,即在东西方之间实行均衡外交和制约外交,以求最大限度地维护自身利益。

转型时期俄罗斯的对外战略表现出一条清晰可见的发展主线,即维护、发挥和争取俄罗斯在国际舞台上的大国地位。伴随着国际形势的变化和俄罗斯国内政治、经济和社会的变迁,俄罗斯的对外战略也经历了探索、调整和再定位的过程。20世纪90年代初,叶利钦政府将俄罗斯大国地位的维持寄托于融入西方和建立俄美"伙伴关系"之上,其主要特点在于"维护";90年代中期之后,俄罗斯选择的是注重发挥其在前苏联地区的影响力以及与其他重要国际力量互为倚重的一条路径,其侧重点在于"发挥";伴随着新世纪初国际环境的巨变,普京政府意识到国家内部的发展对于俄罗斯国际地位的提升至关重要,强调对外政策

---

① 汪金国:《多种文化力量作用下的现代中亚社会》,武汉大学出版社,2006年版,第25页。

首先应该"服务"于国内发展,所以俄罗斯在这一阶段对大国地位的诉求定位在"争取"这个层次上面。①

尽管俄罗斯对西方国家的打压和遏制外交表现出不满和抗争,但是20世纪90年代下半期以来俄罗斯在许多国际事务中谋求与西方平等地位和大国制衡的"双头鹰"和"全方位"外交,揭示出了俄罗斯的虚弱和力不从心。俄罗斯外交言辞上的强硬终究无法弥补和抵消外交行动中的软弱,这除了进一步加重俄罗斯与西方的敌意和恶化双方关系之外,根本无法改变事件的性质和进程。普京执政时期,俄罗斯在与西方接近的过程中表现出了以往政府所不具有的耐心和决心,并且淡化了20世纪90年代俄罗斯多极化外交中意识形态的对抗性,普京及时抓住"9·11"事件后国际反恐时机主动向西方示好,默许北约第二次东扩和美国退出反导条约,支持阿富汗反恐和允许美国进入中亚和格鲁吉亚,普京的一系列外交决策似乎在突破传统的帝国地缘思想。② 由此可见,尽管自身力量确已下降,但是为了不被国际社会遗忘,俄罗斯只好采取"借力打力"的措施,即借助别国的力量、国际社会的力量以期达到为自己服务的目的,以维护俄罗斯在国际上的地位和利益。

(二)俄罗斯控制世界的力量明显不足

今日的俄罗斯已不再是昔日的俄罗斯帝国和苏联,由于自身实力的下降,限于国内政治、经济、恐怖主义和民族宗教等国内问题的羁绊,其控制世界的能力大为削弱。面对北约在政治和军事上的东扩、欧盟在经济上的东扩,俄罗斯的抗争已然显得心有余而力不足。它只能眼睁睁地看着自己昔日的"势力范围",即独联体国家一个个转向西方。随着与西方战略缓冲地带的消失,来自西方的压力已近在咫尺,周边的安全环境更是不容乐观。

首先,俄语在许多前加盟共和国的地位受到严重挑战,这使得俄罗斯在独联体国家的传统优势和心理上的亲近感日渐丧失。语言文字是思想的有效载体,它不仅仅是一种交际工具,更是一个国家和民族的精神家园。语言文字对于民族的凝聚力、战斗力至关重要,法国作家都德的《最后一课》中就表达了这样一种思想,即战败的、沦为殖民地的国家只要掌握自己的民族语言,不忘使用自己的语言文字,就可以不被入侵者打败,最终赢得国家的独立。抗日战争期间,日本侵略者在我国沦陷区采取的是语言奴化政策,学校取消汉语课,用日语教学,唱日本国歌,妄图使中国人民忘掉自己的民族属性,忘掉自己是中国人,从而实

---

① 袁胜育、朱泾涛、刘军、毕洪业:《反思、探索、前瞻——〈转型时代〉(丛书)评介》,《俄罗斯研究》,2005年第3期。

② 张文茹:《俄罗斯的"世界新秩序"论与外交选择》,《俄罗斯研究》,2004年第4期。

现所谓的"大东亚共荣",达到永远奴役中国军民的目的。由这两个事例可以看出,语言文字的功能绝不仅仅在于交流和书写,还在于国家认同和统一。纵观历史可以发现,世界上因语言文字差异而造成国家分裂隐患的事例屡见不鲜。最典型的例子是加拿大的魁北克,这是一个主要讲法语的地区,曾经是法国的殖民地。它要求从加拿大分离出去,而且其内部还要分出法裔区和英裔区,主要的原因是两区居民讲的不是同一种语言。

第二次世界大战结束直至1991年苏联解体,俄语作为世界上两个超级大国之一——苏联的官方语、全民通用语和联合国六大工作语言之一,在全球有着相当高的普及率。据资料统计,截至1980年,全世界有3.5亿人懂俄语,而仅在1989—1990学年度,苏联各类学校中就有约18万人在学习俄语。可以毫不夸张地说,20世纪70—80年代是俄语在全球传播最为广泛的一个时期。可是,当历史的车轮刚刚驶入20世纪90年代,俄语却由曾经的辉煌走向了衰落。俄语之所以衰落,其主要原因有:(1)受苏联解体及其导致的俄罗斯在经济、技术和地缘政治等方面巨大损失的影响,俄语受到空前的冲击。(2)俄罗斯国内对俄语的错误认识。在俄罗斯多民族语言共存的条件下,作为国语兼官方语的俄语有时会被简单地看作仅仅是一种族际交流语,而不可忽视的事实是,它还是一种民族语。对任何一个国家来说,尽管承认所有语言的平等性及其自由发展的必要性并不一定会导致国语(官方语)的破坏,但削弱国语的地位则不可避免地会降低国家在各国民众心目中的地位。目前,俄罗斯在国际舞台上难以迈开提升自我威望的步伐,正是与俄罗斯联邦的某些主体民族因盲目追求"独立"而使俄语边缘化及其周边不少其他独联体国家推行排斥俄语的语言政策分不开的。(3)西方语言文化的影响。随着世界范围内全球化进程的推进,俄语受西方语言文化的冲击和影响越来越大。在英美影视作品、广告、畅销书和网络信息的狂轰滥炸之下(据统计,国际互联网95%以上的信息是用英文表达的,而国际协议等文本所采用的第一语言也是英语),大量的英语流行语进入俄语。不仅"新潮"的年青一代流行讲一口流利的英语,而且商界、文化界乃至政界也以会讲英语为荣。据有关俄语专家称,在当代俄罗斯要找到一个能讲一口优美而正确的俄语的人已不是那么容易。他们做过一个测试,某电视台曾经邀请几位记者、官员做一个名为"我爱俄语"的脱口秀节目,每人作一个即兴发言。结果一小时下来,竟然没有一个人在讲话中不犯语法错误。①

俄语衰落的具体表现有:第一,讲俄语的人数急剧减少。东欧各国已将俄语拒之门外,独联体的很多国家普遍使用主体民族语言,俄语的地位一落千丈。哈

---

① 萧净宇、李亚龙:《非传统安全视角下的俄语安全问题》,《俄罗斯研究》,2007年第5期。

萨克斯坦、吉尔吉斯斯坦和乌克兰这些已经独立的国家,在苏联时期一直采取本民族语和俄语的双语制。前者主要用于日常生活和部分非国立大、中、小学教育,而后者广泛用于族际交流、文化教育事业、官方事务和各国政府间交往。独立前后,这些国家纷纷推出自己的国语法。哈萨克斯坦在独立前夕就颁布了以哈语为国语的《语言法》,独立后又在 1993 年通过了第一部宪法,规定哈语是哈萨克斯坦的国语,俄语是族际交流语。哈萨克斯坦政府并且于 1996 年 11 月 6 日在《哈萨克语政策构思》中强调指出:"要优先发展国语,在一切正式场合都要使用哈萨克语,并要采取行政手段推行哈萨克语。"吉尔吉斯斯坦在独立后也把发展吉尔吉斯语提到了议事日程。从 2002 年起,吉尔吉斯斯坦开始实施"双语教学"方案,规定儿童从幼儿园起即必须把吉尔吉斯语和俄语作为两种平等的语言来学习。在乌克兰,尽管有半数居民视俄语为自己的母语,但是独立后,乌克兰开设俄语和用俄语授课的学校一下子减少了近两倍,俄语被视为少数民族语言。据 2008 年 1 月 8 日俄罗斯独立电视台(HTP)新闻报道,乌克兰宪法法院决定,从 2008 年元旦起乌克兰境内的所有电影都必须用其国语——乌克兰语演播。除此之外,土库曼斯坦《语言法》尽管规定俄语是族际交流语,但是俄语实际上完全被排除在了所有生活领域。在格鲁吉亚,俄语也几乎被彻底排挤出日常生活,几近成了一门外语。如今的格鲁吉亚已经没有多少人能够听懂俄语了,能够用俄语回答简单问题的人少之又少。在乌兹别克斯坦,尽管俄语是族际交流语,但随着乌兹别克语被宣布为国语,俄语的使用范围逐年减少。在国家机关中,所有文件都用乌兹别克语书写。在波罗的海沿岸三国,俄语早已成为了一门外语。当地所有公文和官方信函都用母语书写,各级学校的俄语教学也受到严格的控制。总之,在前苏联各加盟共和国(当今的独联体各国和波罗的海沿岸三国),俄语只有在俄罗斯和白俄罗斯还被视为国语,而在其他国家的地位已经明显下降。第二,俄罗斯联邦的某些联邦主体,因自身狭隘的民族主义情绪上升,片面强调民族语言对于民族主权的重要意义,因而不适当地夸大了民族语言独立的重要性,陆续进行了一系列以强化本民族语言,弱化或淡化俄语为宗旨的语言改革,纷纷推出自己的"语言法",以达到提升自己民族语言的地位。第三,由于俄罗斯昔日超级大国地位的丧失,学习俄语的外国人士越来越少。俄语的吸引力正江河日下,这甚至让俄罗斯人自己有时也感到低人一等,学习俄语的积极性不高,有的人干脆把主要精力放在学习西方语言,特别是英语上,从而造成恶性循环。

其次,欧盟和北约东扩使俄罗斯传统的战略空间被大大压缩,面对西方咄咄逼人的进攻态势,俄罗斯显得力不从心。欧盟是欧洲联盟的简称,它的前身是成立于 1952 年的"欧洲煤钢共同体",后来演变为 1958 年的欧洲经济共同体。欧洲煤钢共同体由六个创始国组成,即法国、联邦德国、意大利、比利时、荷兰和卢森堡。截至目前,欧盟已进行了六次东扩,其中 2004 年和 2007 年的两次东扩让十二个前共产党执政的国家加入了欧盟。2004 年 5 月 1 日,欧盟正式接纳波兰等十国为其成员国,完成了历史上最大规模的第五次东扩,引起世人的广泛关注,这不仅从根本上改变了欧洲的政治格局,而且对大国关系的发展产生了重大而深远的影响,特别是对俄罗斯的战略利益产生了重大影响。欧盟东扩对俄罗斯形成了严峻的挑战,即在十个新成员国中,除了塞浦路斯和马耳他距离俄罗斯较远之外,其他八个国家都是前苏联的盟友,而拉脱维亚、爱沙尼亚和立陶宛更是前苏联的加盟共和国。在心理上,俄罗斯的民族自尊心受到了一定程度的伤害和冲击。在战略上,俄欧在欧洲的地位此消彼长,东扩使俄罗斯失去了昔日的盟友和回旋的地盘,有可能在欧洲造成新的分界线。在经济上,俄罗斯也将蒙受损失,十国加入欧盟后,俄罗斯与它们原定的关税优惠将一笔勾销,波兰和斯洛伐克等国家的产品可以利用欧俄之间的伙伴关系以更低的关税长驱直入俄罗斯市场。据俄罗斯估计,仅此一项,每年的损失就在 3 ~ 15 亿欧元。更令俄罗斯不满的是,欧盟东扩后,那些昔日的"小兄弟"可以依靠欧盟这座靠山对自己发威。①

北约是北大西洋公约组织的简称,是欧洲乃至世界范围内极为重要的军事政治组织。截至 2004 年 3 月 29 日,北约成员国共计有 26 个,其宗旨也逐渐演变为缔约国实行"集体防御",任何缔约国与他国发生战争时,成员国必须给予帮助,包括使用武力。北约在历史上最大规模的扩大不仅从根本上改变了欧洲的政治格局,而且还对大国关系的发展产生了重大而深远的影响。北约是军事、政治组织,它的东扩对俄罗斯的安全构成了直接威胁。北约东扩之后,俄罗斯受到的冲击和负面影响非常之大。首先,北约东扩直接剥夺了俄罗斯昔日的势力范围,恶化了俄罗斯的地缘政治形势。北约的防务范围向东一直推进到俄罗斯边界,中东欧地区不再是美俄双方的军事缓冲地带,北约的军事触角伸向俄罗斯"柔软的腹部"。被北约紧密包围的态势使俄罗斯感到了深深的不安。北约的不断推进使俄罗斯在欧洲的地位进一步削弱,重振大国雄风的愿望实现起来难度更大。其次,北约东扩对俄罗斯国内政局产生了重大影响。在北约东扩问题上,俄罗斯对西方国家做出了相当大的妥协与让步,但其政治诉求并未得到全面的落实。在俄罗斯国内,国家杜马、在野党和军队都存在着强烈反对北约东扩的力量,成为反对现政权的、有可能引起俄罗斯国内政局动荡的政治力量,为俄罗

---

①　王宏禹:《欧盟东扩背景下的俄罗斯对欧战略决策分析》,《河北科技师范学院学报》(社会科学版),2005 年第 2 期。

斯的发展增加了更多的不确定因素。再次,北约东扩使独联体的内部形势更加复杂,俄罗斯的南部边境安全问题更趋严重。此外,北约东扩对俄罗斯地缘军事政治战略同样影响深远。但是,随着俄罗斯—北约各自在自身范围内改革的推进,双方的合作领域也正在不断扩大,敌对情绪有所缓和。俄罗斯亦欲争取将不利变为有利,在夹缝中寻求利益的最大化。①

第二节　社会主义阵营的坍塌与西方文化力量的飙升

第二次世界大战结束后,随着美苏争霸的深入,"冷战"爆发,形成了以美苏为核心的两大军事集团,即资本主义的"北约组织"和社会主义的"华约组织"。两大集团在全球范围内进行争夺,对世界进行再划分。但是,随着东欧剧变,苏联解体,华约解散,社会主义大厦也随之坍塌,以美国为首的西方世界赢得了"冷战"的最终胜利,这也是西方长期实施和平演变战略的一个重要"成果"。其结果,以美国为首的西方世界,更加相信所谓的西方"普世价值",文化实力得到空前的加强,具体表现为:科学技术、信息和文化产业等方面的领先地位、民主制度的输出、文化外交的推行、国际舞台上的强势话语权,以及极强的全球外交倡导力等。

一、社会主义阵营及其坍塌

1917 年 10 月 25 日,随着停泊在冬宫不远处尼古拉耶夫桥边的"阿芙乐尔"号巡洋舰向临时政府所在地冬宫打响第一炮,人类历史上第一个社会主义国家诞生了。这是一个全新的制度、全新的事物,与资本主义制度有着本质的区别,它的最终目标是实现人人自由平等、建立马克思和恩格斯所设想的自由人联合体,进入共产主义社会。由于是新生事物,西方的资本主义将其视为洪水猛兽,欲置之于死地而后快,采取了政治上不承认、经济上封锁和军事上支持叛军进攻新生苏维埃政权的做法。但是,新生苏维埃政权人民斗志昂扬,紧紧团结在以列宁为首的布尔什维克周围,粉碎叛军,挫败西方阴谋,保卫了新生的人民政权,并成功地实行了新经济政策,发展了生产力。

1922 年 12 月,全俄第十次苏维埃代表大会召开。俄罗斯联邦、乌克兰、白俄罗斯和南高加索联邦等四个苏维埃社会主义共和国的全权代表在联盟成立条约上签字,苏维埃社会主义共和国联盟正式成立。之后,又有一些加盟共和国加

---

①　刘邦凡、王宏禹:《论北约东扩与俄罗斯的欧洲战略》,《邢台职业技术学院学报》,2005 年第 2 期。

入,共计有十五个加盟共和国。

列宁去世后,以斯大林为首的联共(布)中央采取了优先发展重工业,特别是军事工业的策略,在短短的时间里建立起了门类齐全的工业体系,经济实力大为增强,国民生产总值在欧洲排名第一,世界排名第二,并在反法西斯战争时期成功打败德国法西斯。从此,苏联的国际威望得到了极大的提高,社会主义的国际吸引力日益增强。在苏联红军的直接解放或帮助下,依靠本国人民的英勇奋战,一些发展中国家也纷纷走上了社会主道路,社会主义国家因此而由一国发展为十六国。至此,社会主义国家在地理上连成一片,拥有世界 1/3 人口和 1/4 土地的强大社会主义世界体系——社会主义阵营最终得以形成。"这些社会主义国家,在意识形态上都以马克思列宁主义为指导,在政治形态上都是以共产主义政党为领导的人民政权,在军事上通过双边条约和《华沙条约》组成共同防御同盟,在经济上通过双边条约和经济互助委员会组织互助合作,建立起社会主义世界市场。"①

总之,面对西方资本主义阵营挑起的"冷战",社会主义阵营针锋相对,团结起来打破资本主义的经济封锁、政治包围和军事威胁,维护了社会主义政权的稳固。然而,由于苏联的特殊贡献,导致了人们对它的盲目崇拜。与此同时,苏联国内也滋生出了大党主义和大国主义。俄罗斯大国沙文主义得以重新抬头,表现为在国际事务上控制共产国际和工人党情报局,视其他国家为小伙伴而非平等的朋友。动辄指手画脚,颐指气使,蛮横地干涉他国事务,这为后来的东欧剧变、社会主义阵营的坍塌埋下了隐患。

1989 年波兰在苏东剧变中首当其冲,随后"多米诺骨牌"效应随之发生。截止到 1991 年苏联宣布解体,社会主义阵营彻底瓦解,轰轰烈烈的国际共产主义运动陷人低谷。

二、西方文化力量的飙升

(一)冷战结束,华约解体,北约一枝独秀

所谓"冷战",是指 20 世纪 40 年代中后期至 80 年代末 90 年代初,以美苏两个超级大国以及分别以它们为首的两大集团之间在政治、经济、军事、外交、意识形态、文化乃至科学技术等一切方面,进行既非战争又非和平的对峙与竞争的状态。这场冷战持续了四十多年,成为第二次世界大战后近半个世纪的国际关系的主旋律。② 冷战爆发的主要原因包括,美苏两国在国家大战略方面相互对立;

---

① 高放主编:《科学社会主义理论与实践》,中国人民大学出版社,2005 年版,第 134 页。
② 牛军主编:《冷战时期的美苏关系》,北京大学出版社,2006 年版,第 20 页。

在社会制度和意识形态上存在巨大差异;美苏两国历史上形成的根深蒂固的互不信任,战后双方国内政治形势的演变;美国在冷战形成过程中的推波助澜,如遏制战略的出炉等。冷战的标志是杜鲁门主义的出台,冷战的经济基础是马歇尔计划,冷战交战的双方是以美国为首的西方资本主义阵营和以苏联为首的社会主义阵营,冷战双方的交战舞台是围绕北约和华约展开的。

北约是北大西洋公约组织的简称,1949年4月以美国为首的十二个国家签订的《北大西洋公约》标志着这一组织的成立,这一组织的目的主要是针对以苏联为首的社会主义国家。这使苏联和东欧国家感到自身安全受到极大威胁,于是在1954年由苏联提议召开由捷克、波兰、匈牙利、罗马尼亚、保加利亚、阿尔巴尼亚和民主德国等共8个国家的第二次华沙会议,签署《友好合作互助条约》,即《华沙条约》,这标志着华约组织的最终成立。北约和华约都是冷战时期的特殊产物,成立之后两派组织针锋相对,除了直接的军事对抗"热战"外,还在经济、政治、意识形态和外交等方面展开了殊死的较量,互有胜负,开始时是苏攻美守,后期是美攻苏守。由于与美国争夺世界霸权和自身的扩张,苏联背上了沉重的负担,加之国内发展模式僵化,经济发展停滞,最终导致苏联于1991年走上了解体的道路,华约组织亦随之解散。东欧剧变、苏联解体标志着冷战的最终结束,作为冷战时期产物的北约从理论上说已经终结了它的历史使命,退出了历史舞台。但是北约非但没有解散,反而在国际舞台上更为活跃,美国把它变成了制约俄罗斯重新崛起的桥头堡,通过北约东扩蚕食前苏联的势力范围,挤压俄罗斯的战略空间。综观冷战后的全球形势,但凡有地区冲突的地方,我们总会时常看到北约的身影。

(二)西方文化力量突显的表现(以美国为例)

1.以美国为首的西方世界在科学技术、信息和文化产业等方面处于领先地位,这是西方文化力量突显的最基本表现。当今时代,随着经济全球化的发展,世界正逐渐由工业经济时代向知识经济时代转变。国家之间的竞争更多地表现为科技的竞争、知识的竞争和人才的竞争等,所有这些更多体现的就是文化力量的角逐。今日美国在科技、信息和文化产业等方面都处在世界的前列。

(1)美国的科技优势。当今的美国是一个科学技术领先的国家,在许多重要的科学技术领域,特别是高科技领域,处于世界前列。例如电子计算机、半导体集成电路、原子能的利用、激光技术、新材料技术、生物技术、航空与航天技术、卫星通信与光纤通信技术等。美国的科技实力十分雄厚,无论从科技投入、科研规模和科学发展指标等方面来看,当前的美国仍然是科学技术领先的国家。具体表现在:美国是世界上科技研究开发规模最大的国家,其科技研究开发经费的投入和科技人员队伍远远高于世界上其他任何一个国家。美国公民在国内外获得的专利最多。美国科学家在世界主要科技文献上发表的论文最多,所占比例最大。美国是世界上诺贝尔奖获奖人数最多的国家。在高技术领域,美国拥有明显的优势,科技意识在美国公民中十分强烈。美国公众越来越多地认识到科学技术对国家和社会所起的作用以及科学技术可能给国家和社会带来的巨大利益。美国的研究生教育仍然是世界上最优秀的。[①] 美国的军工企业遥遥领先,其中富含了很多高科技成分;它还成功地进行了火星探测;最近几年,美国重新夺回被日本占领的国内汽车市场,重新坐回第一把交椅。以生产软件为主的微软公司享誉全球,其创始人比尔·盖茨成为世界首富;全球五百强企业,2007 年美国占了 162 家,2008 年美国有 153 家。除此之外,美国拥有世界一流的高科技园区,诸如位于加利福尼亚州的硅谷、波士顿“128 号公路”高科技园区、科罗拉多州的“硅山”、北卡罗来纳州“硅三角”高科技园区、佛罗里达州的“电子工业带”、田纳西州技术走廊、得克萨斯州的硅原、亚特兰大高科技园区和奥斯汀市高科技中心等等。所有这些都是美国科技领先的无形资本,造就了其科技的领先地位。

(2)冷战后,美国的信息技术优势日趋明显。由于信息技术的迅速发展使美国实现了信息化,率先进入了知识经济社会。何谓信息与信息技术?一般认为,信息是客观事物的运动状态、时空特性、能量大小和相互联系方式等一切反映事物客观属性的总称。而信息技术,就是对这种信息进行生产、加工、储存、转换、传递、市场交易以及信息资源管理等方面的技术,包括计算机技术、电子网络技术、通信技术、数字技术、卫星技术和光纤技术等。1993 年美国把信息高速公路的建设列入了美国的高科技发展计划,2000 年又提出了大力发展纳米技术的倡议。[②]

(3)在文化产业方面。随着文化贸易的迅速发展,文化产业的全球化趋势日趋明显。但是,文化产业是一把双刃剑,它一方面促进了全球文化市场的繁荣,增进了不同种族和民族之间的交流和了解;另一方面又导致了文化帝国主义和文化霸权的产生,从而进一步加剧了文化的鸿沟和贫富的差距,导致了“文化例外”的发生。在全球文化产业中,美国的文化产业是程度最高的产业之一,在文化产品的国际贸易中一直位居前列,其中在出口方面居世界第二,进口方面居世界第一(见表 1.3、表 1.4)。

---

① 国家科委政策法规与体制改革司、中国科学技术信息研究所编:《九十年代世界科技纵览》,地震出版社,1995 年。

② 刘国平:《美国民主制度输出》,社会科学文献出版社,2006 年版,第 172 页。

表 1.3　1980—1998 年文化产品主要出口国

按 1998 年排名	1980		1990		1998	
	亿美元	%	亿美元	%	亿美元	%
1.日本	132.08	27.8	251.34	20.4	248.75	14.3
2.美国	67.58	14.2	152.55	12.4	218.76	12.6
4.英国	41.11	8.7	119.34	9.7	149.49	8.6
5.德国	57.87	12.2	140.20	11.4	141.29	8.1
四大出口国合计	298.65	62.9	663.43	53.8	758.29	43.5
3.中国(包括香港)	24.42	5.1	68.16	5.5	167.17	9.6
新五大出口国合计	323.06	68.0	731.59	59.3	925.46	53.1

资料来源:International flow of selected cultural goods 1980—1998,UNESCO Institute for Statistics.

表 1.4　1980—1998 年文化产品主要进口国

按 1998 年排名	1980		1990		1998	
	亿美元	%	亿美元	%	亿美元	%
1.美国	106.77	22.3	305.52	21.5	600.80	28.1
3.英国	46.01	9.6	131.15	9.2	175.11	8.2
4.德国	53.94	11.3	138.52	9.7	155.26	7.3
5.法国	40.49	8.5	104.11	7.3	109.64	5.1
四大进口国合计	247.21	51.7	679.31	47.8	1040.81	48.7
3.中国(包括香港)	10.47	2.2	98.53	6.9	178.01	8.3
新五大进口国合计	257.68	53.9	777.84	54.7	1218.81	57.0

资料来源:International flow of selected cultural goods 1980—1998,UNESCO Institute for Statistics.

　　以上材料充分说明,美国无愧为世界文化产业的超级大国,在文化市场享有名副其实的巨擘地位。随着经济全球化的不断扩大,其文化产品出口迅速辐射和影响到世界的各个角落,形成强大的文化强势和话语霸权地位;其文化产品的进口则主要是利用国外,特别是发展中国家廉价的劳动力和低廉的制作成本以降低成本和提高利润。1996年美国的文化产品（主要是电影、音乐、电视节目、书籍、杂志和电脑软件）第一次超越了其他所有传统产业（包括汽车制造、农业、航空航天和国防）成为美国最大的出口产品。根据国际知识产权联合会1998年的报告，从1977年到1996年，美国核心版权产业的年增长速度是美国经济增长的3倍，1996年的版权出口达到了601.8亿美元。在400家最富有的美国公司中，有72家是文化公司。1995年，在世界文化市场的三个实体中，美国在整个世界文化产业的市场份额占到了将近53%，欧洲不到28%，亚洲仅占19%。到2000年，美国仍然占有世界文化市场的半壁江山，但比1995年下降了7个百分点，即占全部文化市场份额的46%。而欧洲和亚洲的市场份额则都有所上升，其中欧洲上升了1个百分点，占到整个文化市场的29%；亚洲上升了6个百分点，达到将近25%。尽管如此，这些数据还是说明，美国仍然是世界文化产业第一大国。①

以全球文化产业中的视听产业为例，在全球最大的10家私人视听公司中，美国的迪斯尼和时代华纳分别排在前两位，这两家公司1995—1996年的收入分别达到189.5亿美元和177亿美元。特别是电影产业，尽管印度的电影产量是美国的7倍，但无论从利润、出口还是影响力方面看，美国的电影产业都居世界第一。好莱坞的利润有一半是来自海外市场。今天，美国电影已经占领了绝大部分的国际市场，占全球电影出口的78%。在1985—1993年间增长了20%，2000年更是占到了全球电影市场份额的92%。非洲国家平均每年自产电影仅42部左右，其他大部分都依赖于进口，非洲大陆是美国电影最大的出口对象。②除此之外，美国电影还占到拉丁美洲票房收入的85.8%，而拉丁美洲地区自产电影的收入仅占1%，电影产量也只占5.2%。根据联合国教科文组织对20世纪80年代末的统计显示，美国控制了全球75%电视节目的生产和制作；许多第三世界国家的电视节目有60%～80%的栏目内容来自美国，几乎成了美国电视节目的转播站。美国电影产量占全球影片产量的6.7%，但却占领了全球影片总放映时间的50%以上。这种状况导致美国生活方式、思维方式和价值观念在一些发展中国家泛滥。

显然，正是由于信息技术和文化产业的迅速发展，美国才有了对外扩展的巨大优势和动力。如奥托·纽曼所说："由于美国在信息时代的所有领域都占优势地位——软件与硬件、产品与工艺、数字化与微型化、银行、金融、通讯、时尚和

---

① 李惠斌、薛晓源主编：《中国现实问题研究前沿报告（2005—2006）》，华东师范大学出版社，2006年版，第476页。

② 参见联合国教科文组织网站 http://www.portal.unesco.org/culture, "A Focal for Culture in the Future"。

实际专有知识,尤其是在新闻、娱乐和传媒业方面长期居于领先地位——所以任何想加入后工业社会进程的国家都必须与美国合作。美国人推崇和喜欢的东西,全世界都会马上喜欢与追捧。"①

2. 输出民主制度,推行文化外交,是西方文化力量突显的最重要表现。美国的全称是美利坚合众国,国体是联邦制,实行的是"三权分立"的总统制。不可否认,美国的政治制度具有很大程度的完备性,但那是特殊时代的产物,美国没有经过封建社会,所以很少受到消极的封建因素的羁绊,加之远离纷乱的欧洲,可以一心发展自己的经济。近代以来,美国基本上远离战场,特别是两次世界大战,非但如此,它还出售武器,大发战争财。美国在历史上有输出民主制度的传统,这与美国的基督教文化传统和清教思想的影响有关。基督教文化主张用其文化衍生出来的自由民主价值观影响整个世界,它把在全世界推广基督教信仰、推广这种价值观看作是自己的"天定使命"。由于北美大陆优越的地理位置、丰富的自然资源和独特的人文环境,加之拓殖的成功,使得他们更加坚信:北美大陆是上帝赐予他们的新的"耶路撒冷",他们在北美的伟大试验,是秉承上帝的旨意,他们作为上帝的使者,在全世界传播基督教文明,征服"落后民族"和"落后文明"以拯救整个世界。②

美国是个移民国家,大量的欧洲、非洲、亚洲移民怀着一个共同的理想——发财来到美国,除了信仰基督教,大家还怀着一个共同的意识形态——资本主义,因此在美国民主制度形成的过程中,个人主义、实用主义和自由竞争等思想深入人心。美国民主制度的基本特征包括以下几点:法律至上的宪政制度;两党(民主党和共和党)竞选,轮流执政的政党制度;立法权、司法权和行政权三权分立制衡的制度;自由企业制度和管理科学民主制度。进行资本和制度扩张既是美国资本的本性,也是美国民族与生俱来的本性。把美国的制度、信仰、思想和文化扩展到全世界,这是美国人思想和信念中固有的。从建国那天起,在经济扩张的同时,就进行着民主制度的输出和扩张。

有学者认为,美国民主制度的输出包括四个方面的内容,即经济制度的输出、政治制度的输出、思想文化的输出和宗教的输出。经济制度输出的目的是主宰世界市场,主要途径是输出自由市场经济制度;政治制度输出是为了主导世界秩序,主要途径是移植美国宪法,输出人权观念;思想文化输出是为了控制人们的心灵,其途径是通过广播、电视、电影、报纸、期刊和杂志等媒体宣传美国的社会制度、生活方式和价值观念。通过资助出版、教育机构、研讨会和学术组织,积

---

① [美]奥托·纽曼:《信息时代的美国梦》,社会科学文献出版社,2002年版,第193页。

② 刘国平:《美国民主制度输出》,社会科学文献出版社,2006年版,第94页。

极推广美国的文化;宗教输出的目的是为了获得强大持久的认同力量,其主要途径是通过传教士的传教活动和布道,兴办教堂、教会学校和医院,建立各种慈善和服务机构,传播《圣经》。

随着冷战的结束,第三次民族主义浪潮的兴起,美国认识到通过殖民手段开疆拓土的时代已经过去了,单纯依靠军事力量的时代也已成为过去。对当今世界的控制力不再仅限于昔日的军队、殖民贸易和黄金等权力资源,更多地则体现为制度、机制、科技文化和意识形态等方面的权力资源(见表1.5)。

表 1.5　1500—1900 年主要支配国及其权力资源

时期	支配国	主要权力资源
16 世纪	西班牙	黄金、殖民地贸易、雇佣军、王朝联系
17 世纪	荷兰	贸易、资本市场、海军
18 世纪	法国	人口、乡村工业、公共管理、陆军
19 世纪	英国	工业、政治凝聚力、财政与信贷、海军、自由规范、岛国位置(易于防守)
20 世纪	美国	经济规模、科技领先地位、普世性文化、军事实力与联盟、自由国际机制、跨国传播中心

资料来源:约瑟夫·奈著:《硬权力与软权力》,北京大学出版社,2005 年版,第 119 页。

结合上表可知,在信息时代,当今时代文化的重要性日益突出,文化力量的较量日益突显。由于深受"天定命运论"、"民主和平论"、"霸权稳定论"、"文明冲突论"和基督教"普世的使命感"等思想的影响,美国推出"文化外交"战略,顺理成章。美国学者在总结美国文化交流的四个目的时特别提到了美国对世界"文明化"的使命感:美国人认为本国的制度和生活的优越;对文明程度不够的世界要进行文明的移植;美国要承担领导世界的责任;美国政府要促进美国人民对其他国家文化的更好了解。所谓文化外交,是指政府或非政府组织以教育文化项目交流、人员往来、艺术表演与展示以及文化产品贸易等手段为促进国家与国家之间、人民与人民之间相互理解与信任,构建和提升本国国际形象与软实力的一种有效外交形式,是外交领域中继政治、经济之后的第三支柱。[①] 美国文化的宗教使命感以及自身的优越感,导致其在文化外交中不可避免地炫耀美国的政治文化,并促使其加大力度宣传美国的信仰及其价值观。

美国在文化外交领域的具体表现有:(1)注重文化的宣传、输出和改造。早

---

① 胡文涛:《解读文化外交:一种学理分析》,《外交评论》,2007 年第 3 期。

期的文化外交注重的是宗教文化的国际交流与传播;到国家使命感与文化大国意识逐步形成后,美国的文化外交则主要致力于政治文化的长期输出和对其他国家政治文化的改造;冷战结束后,世俗文化成为美国文化的主要活动内容,尤其体现在文化产品的出口上,全世界在消费美国文化产品的同时,也在感知美国的文化价值观。① (2)发动"和平演变",推行"西化"、"分化"战略,最终实现"美国化"。所谓的"和平演变"主要是指通过经济、文化和意识形态等方面的渗透,颠覆一些对美敌视国家,扶植亲美政权。所谓西化就是企图在政治上用西方的多党制和议会制取代某些国家现有政权的领导地位和现行的国家制度,在经济上推行资本主义私有制,在思想文化上用资本主义意识形态取代现行主权国家的意识形态。所谓分化,就是利用一切手段和各种机会,企图分裂某些国家、民族和政党,使之陷入四分五裂、一盘散沙的状态。② 所谓"美国化",是指用美国的思想文化、美国的价值观念、美国的社会制度和美国的生活方式改造整个世界,把世界变成"美国村";就是要把美国的思想文化、价值观念、社会制度和生活方式作为世界上的唯一标准和模式。"美国化"的内容,不仅包括经济领域,而且还包括政治和思想文化领域;不仅包括资本输出、经济制度和政治制度的输出,而且包括思想文化、价值观念和生活方式的输出。③ (3)干预其他国家的历史文化事务。从建国伊始,美国的政治文化中就存在着一种与生俱来的干预其他国家事务的冲动。首先,作为一个在革命中诞生的新国家,美国具有很多"革命国家"所普遍具有的那种输出革命的激情,投身于独立战争的人普遍把自己的事业看成是为全人类的自由而战,相信美国革命所捍卫的原则具有普遍性。其次,在建国之初,美国是当时世界上唯一的共和国,处于欧洲专制制度的包围之中。对专制制度的疑惧和担心使美国人相信在一个专制的世界里,作为唯一共和国的美国是无法生存下去的,美国自由的命运在相当程度上取决于世界其他地区自由的生长和发展,美国必须在全世界范围内捍卫和推广自由。再次,美国文化的清教根源和美国例外论的自我形象赋予美国一种强烈的使命意识,传播民主与捍卫自由不仅是出于自身安全的需要,也成为美国国家使命的一部分。同时,美国作为一个依靠普世自由主义意识形态建构国家身份和建立国家认同的国家,极易在对外关系中表现出意识形态的狂热,传播民主往往成为国家自豪

---

① 胡文涛:《美国文化外交的思想与实践的特征及其对中国和平发展的启示》,《世界经济与政治论坛》,2008 年第 2 期。

② 《江泽民文选》(第 1 卷),人民出版社,2006 年版,第 573 页。

③ 刘国平:《美国民主制度输出》,社会科学文献出版社,2006 年版,第 104 页。

感和国家凝聚力的来源。① 最后,美国自十月革命以来所形成的反共意识,及其历史所孕育的自认为美国集西方文明之大成的天生优越感,以及由此产生的所谓"天定使命观",即美国有责任将其民主制度和自由的价值观向全世界移植的思想,成为美国向全球扩张的重要的内在动力。②

美国前总统艾森豪威尔曾讲过这样一句话:"自由恰好是这样一种东西:如果它只在地球上某一地方实行,则在那里恰恰得不到实行。"③在威尔逊看来,美国是基于弥赛亚的理由扮演国际角色:美国的义务不是维持世界的均势,而是向全世界传播美国的原则,"使民主在世界享有安全"。为此,美国在建国后不久就于1898年挑起了美西战争,开始了对外军事干预的历程。冷战时期,美国在世界上奉行的高度意识形态化的目标是"让世界远离共产主义",发动了与苏联长达半个多世纪的冷战。

3.在国际舞台上的强势话语权以及强大的全球外交倡导力是西方文化力量最突出的表现。美国是一个很独特的国家,从1783年宣布独立以来,迄今不过200多年的历史,但就是这样一个国家,却从一个"不关世事"的北美国家发展到如今的"世界警察",到处可见其身影的"超级大国"。约瑟夫·奈认为:"在信息时代,有可能获得软权力的国家包括:该国的主导文化和理念更接近于普遍性的全球规范;该国拥有最多的传播渠道,因而对如何解释问题拥有更大的影响力;该国因其国内外所作所为而获得信誉的增强。"④美国恰恰具备了这些特点,因而具备很强的文化力量。"文化帝国主义"也在美国身上得到了淋漓尽致的展现,当今世界发生的任何一件事都会马上引起美国的关注,并不时地提出自己对国际问题的看法,表现出极强的外交倡导力。

布热津斯基在《大棋局》中谈到:"美国在全球力量四个具有决定性作用的方面居于首屈一指的地方。在军事方面,它有无可匹敌的在全球发挥作用的能力;在经济方面,它仍然是全球经济的火车头……;在技术方面,美国在开创性的尖端领域保持着全面领先的地位;在文化方面,美国文化虽有些粗俗,却有无比的吸引力,特别是在世界的青年中。所有这些使美国具有一种任何其他国家都望尘莫及的政治影响。这四个方面加在一起,使美国成为一个唯一的、全面的全球性超级大国。"⑤波士顿大学国际关系学教授安德鲁·巴切维奇在"9·11"袭

---

① 王立新:《试论美国外交史上的对外干预——兼论自由主义意识形态对美国对外干预的影响》,《美国研究》,2005年第2期。

② 牛军主编:《冷战时期的美苏关系》,北京大学出版社,2006年版,第24页。

③ [美]斯蒂芬·安布罗斯著,徐向铨等译:《艾森豪威尔传》(下册)1989年版,第393页。

④ [美]约瑟夫·奈:《硬权力与软权力》,北京大学出版社,2005年版,第140页。

⑤ [美]兹比格纽·布热津斯基:《大棋局》,上海人民出版社,1998年版,第32-33页。

击事件发生前就说:"无论你喜欢不喜欢,我们现在已经是美利坚帝国了……问题的关键不是美国会不会成为全球霸权国家,而是将成为哪种霸权国家。"①由此可以看出,在美国人的心目中始终有一种做超级大国的情结。

以美国为首的西方在国际舞台上表现出了很强的国际话语权。美国共有电视台近1 300家,有线电视网约8 000家,广播电台近9 000家。《纽约时报》、《华盛顿邮报》等报纸的文章被其他国家媒体的转载率长期高居世界前列。有学者统计,美国控制了全球75%的电视节目的生产和制作,而在美国本土的电视中外国节目的占有率只有1.2%;美国的电影产量占全球影片产量的不足10%,却占领全球电影总放映时间的一半以上。② 美国的两大通讯社——美联社和合众社,使用100多种语言向世界100多个国家和地区的2亿多家用户昼夜发布新闻,每天的发稿量约700万字,并拥有一个世界范围的图片网。美国政府的海外电台"美国之音"每周播放时间超过1 200小时,其中对华普通话广播8小时,藏语广播8小时,粤语广播14小时,用来宣传美国的对外政策和社会文化。1996年3月11日正式开始运作的"自由亚洲电台"主要针对的是中国内地、缅甸、柬埔寨、老挝、朝鲜和越南的听众。美国利用资金和技术,牢牢控制着互联网上的优势,一直扮演着输出者的角色,大力进行政治宣传和政治输出,企图把自己的政治意识、政治观点强加于人,广大发展中国家是其接受者。③ 目前,美国文化占据了网上信息的90%,使人们一旦进入因特网就几乎是进入了美国文化的环境之中。

长期以来,人们普遍认为国际传播格局已经严重失衡。"从某种意义上说,传播的全球化就是一个信息流量自由满溢的过程,这使得拥有强大经济、技术乃至语言等优势的欧美国家得以实施一种单向的传播强势,肆意传播西方文化及其价值观,压制甚至剥夺其他国家舆论宣传的权利,造成国际传媒分布不均匀,资源利用不合理及信息量不对称等严重后果。西方学者诺斯顿特伦曾估计称,从数量上看,从工业国家(居住着人类1/3的人口)流向第三世界(占世界人口的大约2/3)的信息总量,相当于从后者向前者流动的信息总量的至少100倍之多。"④李希光认为,在国际传媒途径上,"美国有线电视新闻网(CNN)、福克斯电视、《华尔街日报》、《时代》等全球媒体迅速制作和流通的画面,在全球范围内形成了一个以美国为中心的中央化政治权威,达到在思想和意识形态上全球化

---

① 引自王开明:《美利坚帝国治下和平实验的初步解析》,《太平洋学报》,2003年第4期。
② 许华:《"颜色革命"背景下媒体之争与俄罗斯形象问题》,《俄罗斯中亚东欧研究》,2005年第6期。
③ 于炳华、郝良华:《全球化进程中的国家文化安全问题》,《哲学研究》,2002年第7期。
④ 马丽蓉:《西方霸权语境中的阿拉伯—伊斯兰问题研究》,时事出版社,2007年版,第86-87页。

不同民族,最终会形成一个新的帝国"。其结果,"在国际新闻的报道上,由于全球媒体强大的新闻垄断,特别是国内网络的自由畅通和发展,国际上重大新闻议题的框架设置权正在悄悄从宣传部和外交部手里转移到美国媒体和美国政府手中。"①

从华盛顿总统告诫不要卷入欧洲事务并奉行孤立主义政策时起,美国就开始了全球外交的倡导。从"门罗宣言"到"马歇尔计划",从威尔逊总统的"十四点纲领"到里根的"遏制战略"、"星球大战计划",从老布什总统的"超越遏制战略"到克林顿政府的"参与和扩展战略"、"人权外交"再到今天的"小布什主义",美国在特定历史时期总能提出一些外交原则,虽然不乏霸权主义和强权政治的因素,但是总能使美国在国际事务中占据主动地位、领导地位,最大限度地维护美国的国家利益。美国不仅给世界提供了大量的科技发明、先进的管理制度,而且给国际社会贡献了庞大的国际认同体系,这些体系中的很多原则后来成为当今国际社会的基本行为准则,美国也因此在相当长时期内掌握了国际政治的主流话语权。比较来看,美国在其大国崛起的过程中提出的国际新规范和认同体系,可能是昔日几个时代法国、英国和俄罗斯等大国的总和(见表1.6)。②

表1.6　美国在大国成长过程中提出的国际认同与规范

序号	国际原则	文本渊源	备　注
1	反殖民主义原则	门罗宣言	第一次世界大战后变为民族自决原则
2	不干涉国家独立原则	门罗宣言	
3	区域合作自治原则	门罗宣言	即"美洲是美洲人的美洲"原则
4	公开外交原则	威尔逊"十四点纲领"第1条	反对"秘密外交",与苏俄观点一致
5	航海自由	威尔逊"十四点纲领"第2条	该原则适用于"不论平时还是战时"
6	贸易自由原则	威尔逊"十四点纲领"第3条	包含着"门户开放"政策
7	裁军与军控原则	威尔逊"十四点纲领"第4条	

① 李希光:《畸变的媒体》,复旦大学出版社,2003年版,第207页。
② 郭树勇:《大国成长的逻辑——西方大国崛起的国际政治社会学分析》,北京大学出版社,2007年版,第160页。

续表 1.6

序号	国际原则	文本渊源	备　注
8	民族平等与自决原则	"十四点纲领"第 6、10、12 条	"和平方案"之首
9	集体安全原则	"十四点纲领"第 14 条	
10	共同利益原则	威尔逊"和平方案"第 2 原则	后上升为"全人类共同利益原则"
11	国际经济合作原则	威尔逊"和平方案"第 4 原则	后建立"关贸总协定"和布雷顿森林体系
12	多边"非战"原则	美国国务卿凯洛格和法国外长白里安于 1928 年共同提出	1928 年 8 月至 12 月，共有 60 个国家签约
13	不承认主义原则	美国国务卿史汀生针对日本发动"9·18"事变扩大侵略中国的行动	又称"不承认主义"
14	根除纳粹主义原则	雅尔塔会议的主要原则	分割占领德国，对日本进行民主改革
15	五大国一致原则	雅尔塔会议的主要原则	大国在确保世界和平上采取共同行动

资料来源：王绳祖主编：《国际关系史》(1－7 卷)，世界知识出版社，1995 年版。郭树勇：《大国成长的逻辑——西方大国崛起的国际政治社会学分析》，北京大学出版社，2007 年版，第 161 页。

　　国际倡导力是反映一个国家综合国力的重要指标，美国作为一个超级大国掌握了很大程度上的全球外交倡导力。今天的很多国际组织都是由美国倡导成立的，相应的，美国在这些组织中掌握着领导权或实际上的控制权。如第一次世界大战之后，美国倡导成立了国际联盟，但是后来发现它并不符合美国的利益而未加入。第二次世界大战之后，美国倡议成立了联合国，并曾一度控制联合国，发动了对朝鲜的战争。除此之外，它还倡议并实际控制了北约组织。早在 1943 年美国就提出了建立一个国际性贸易组织的设想，后来在其努力下成立了世界贸易组织。1944 年倡议成立了国际货币基金组织，还有后来的世界银行集团，包括国际复兴开发银行(也称世界银行)、国际金融公司、国际开发协会等。在这些金融组织中都可以见到美国"忙碌的身影"。

　　尽管美国倡导建立了一些国际组织(如联合国)，但是随着一些国家纷纷加入，美国的领导地位也受到了削弱，感觉到自身的利益和权威受到了挑战，于是又走上了一条"例外主义"的道路。美国"例外主义"认为：鉴于美国出于崇高的促进自由价值的意图,又有完善的政权,因而有权用自己的道德判断去评判别国国内制度的善恶并奖善惩恶;不承认美国法律之外的任何法律权威,不容忍任何外界将适用于他者的标准应用在美国身上;反对通过多边国际合作以保障美国的安全和争取世界和平,坚持认为美国作为有着领导世界使命的民主大国,应该利用自己的实力在国际体系中按照自己的原则行事,而只有这样才能真正保障美国的安全和世界的和平。① 美国的例外主义具体表现在以下几个方面:主权领域,反对主权让渡。拒绝接受别国的法律和国际的法律,当国际法与国内法发生冲突时,奉行国际法服从国内法的原则;经济领域,奉行以美国利益为中心的原则。凭借自身的经济实力,在世界贸易组织条款已经生效的情况下仍然奉行自己的贸易保护性条款,即"301"条款。另外,美国采取单边壁垒,实施世界贸易组织目前不允许的针对加工和生产过程的环境标准。在将国际劳工标准纳入世界贸易组织体制受阻后,单方面采取劳工壁垒以限制进口。② 人权领域,奉行双重标准,推行"新干涉主义"。在国际上美国宣扬普遍人权,动辄指责别国侵犯人权,捍卫"人类普遍的价值观"。这里所谓的"人类普遍的价值观"实际上只是西方的价值观。打出"人权高于主权"、"主权有限论"、"主权过时论"和"人权无国界"等旗帜,认为人权不仅仅是一个国家内部的事务,更是关系国际安全的大事,宣传所谓的"自由、民主、人权",干涉别国的内政。常常把外交政策与人权、经济和政治民主紧密结合起来,对外援助附带苛刻的人权条件,每年都要发表一份人权记录,对别国指指点点。殊不知,在美国国内也存在着极为严重的人权问题。诸如黑人受到白人的歧视,黑人受到的不公平待遇,同工不同酬;贫富差距日益拉大;历史上妇女没有选举权等等。而且美国是唯一一个没有批准《1979年消除对妇女一切形式歧视公约》的西方大国;拒绝批准《1989年联合国儿童权利公约》;对1992年批准的《公民及其政治权利国际公约》持有许多保留和很大的解释权;拒绝签署《国际刑事法院规约》、拒绝遵守有关对待战俘的《1949年日内瓦公约》等等。所有这些都是对以"人权卫士"自居的美国的极大讽刺。在反恐领域,美国拒绝道德相对主义,奉行"非友即敌"的原则,采取"先发制人的战略",绕过联合国,不经授权擅自行动,如2003年对伊拉克的战争就是很好的例子;在军事领域,奉行"单边主义"、"先发制人"和"人道主义干预"等战略。一方面要求别的国家禁止核试验,削减战略核武器;另一方面自己却率先宣布退出《反弹道导弹条约》,单方面建立导弹防御体系,并把它部署到远离本土的海外军事基地。另外,美国1997年拒绝签署《地雷协定》,1999年拒

---

① 曾丽洁:《国际法领域的美国例外主义》,《当代世界与社会主义》,2006年第4期。
② 曾丽洁:《国际法领域的美国例外主义》,《当代世界与社会主义》,2006年第4期。

绝签署《1996 年全面禁止核试验条约》、《生物及有毒武器公约》、《小型武器条约》等；在环境领域，奉行的是"免责主义"，即推脱该自己负的责任。不顾世界反对，执意退出《京都议定书》，认为发展中国家环境的治理要依靠自身的力量，要依靠国家的良知。一方面强调保护环境，一方面又把污染企业向发展中国家转移，另外还限制环保技术向发展中国家的转让，否认自己在经济发展过程中是全球环境问题的主要制造者以及转移高污染企业本应该负起的责任。

第三节　宗教复兴运动与伊斯兰文化力量的上升

2001 年 9 月 11 日，恐怖分子劫持民航客机撞击了美国纽约世界贸易中心和华盛顿五角大楼，造成数千人死亡。这起事件被疑为基地组织头目本·拉登策划实施，一时间整个国际社会笼罩在恐怖主义的阴影之下。尽管宗教与恐怖主义无关，但是世界还是将目光再次聚焦到了中东地区，宗教问题特别是"伊斯兰教"和"穆斯林"问题日益成为广大专家、学者以及政府官员关注的课题，人们开始深入思考这些问题背后深层次的东西。

一、冷战结束后宗教日益复兴

（一）冷战后宗教复兴的表现及其原因

冷战结束后，在两极对峙时期隐藏和压制的民族宗教矛盾日益突显出来。各种宗教组织打着各自的宗教信仰旗帜频频活动在国际政治舞台上（其中尤以伊斯兰教表现最为活跃），掀起了一股复兴的势头。宗教复兴主要表现在：

1. 宗教复兴声势浩大。从北美到南美，从东欧到西欧，从亚洲到非洲，从前现代社会到现代社会乃至后现代社会，佛教、基督教、伊斯兰教以及各种部族宗教、新兴宗教风起云涌，早已废弃的教堂及祭坛再度响起雄浑的钟声和祈祷声。[1] 世界三大宗教人数激增，大批新兴宗教活跃在不同国家和地区，令人眼花缭乱。据不完全统计，新兴的宗教派别或新兴宗教在非洲就达到 8 000 个，在拉丁美洲有 3 000 个以上，北美、欧洲各有 2 000 个以上，南亚、东亚、大洋洲和东欧等地区的新兴宗教数以亿计，新兴宗教达到约 1.23 亿个之多。[2]

2. 无论学历高低，有很多人相信宗教中的"神灵"存在。学历较低的人倾向于认为神灵是一个人，而学历较高的人则更多地认为神灵是一种精神力量。英国市场研究公司对 60 个国家的民众进行过社会调查，对象涉及 7 个具有宗教

---

① 高长江：《从全球化视角看全球宗教复兴运动》，《世界宗教研究》，2002 年第 1 期。
② 金宜久主编：《当代宗教与极端主义》，中国社会科学出版社，2008 年版，第 54－55 页。

（新教、天主教、东正教、伊斯兰教、佛教、犹太教和印度教）背景的民众，调查主题为"对神的存在及与其关系"等。据该项社会调查显示，87% 的被访问者相信神灵的存在，13% 的被访问者认为这个世界没有神。而在西非，约有 99% 的被访问者相信神灵存在，其中主要是穆斯林和天主教徒。在东南亚地区则有 77% 的人相信有神存在。①

3. 全球信教人数日益增多。据 20 世纪 90 年代《大不列颠统计年鉴》和美国《教会研究公报》的统计，在全世界 52 亿左右的总人口中，信仰各种宗教的人数大约在 35 亿至 41 亿之间，占全世界总人口的 70% ~ 90%；其中基督教徒约 17 亿，占世界总人口的 33%，分布于世界 251 个国家和地区；伊斯兰教徒约 9 亿，占世界总人口的 17.8%，分布于 88 个国家和地区；佛教徒约 3.2 亿，占世界总人口的 13%，分布于 88 个国家和地区。② 进入 21 世纪，世界人口已达 60 多亿，信奉各种宗教的人数加起来已有 48 亿之多，占世界总人口的 81%。这其中尤以各种新兴宗教的发展最为迅速，其信仰团体达到两万多个，信徒人数亦超过 1.3 亿。③ 而据 2005 年的统计资料显示，世界总人口达到了 64.53 亿，以此为据，当年信奉基督教的人数为 21.33 亿，占世界总人口的 33.1%；信奉伊斯兰教的约为 13.08 亿，占 20.3%；信仰佛教的约有 3.78 亿，占 5.9%。此外，信奉民族宗教的教徒中，印度教约 8.60 亿，占 13.3%；锡克教徒约 2 537.7 万，犹太教徒约 1 507.3 万。信仰新兴宗教的约 1.23 亿，还有大批的原始宗教信仰者。一般认为，宗教信仰者约占世界总人口的 4/5。④ 综上所述，我们可以很清晰地看到，全球信仰宗教的人数在不断增长。

4. 世界宗教日益世俗化、公民化和现代化，日益普世化、多元化和本土化。所谓世俗化，即"非神圣化"，意指传统神圣观念的"祛魅"，神圣象征的退隐和神圣符号的破解。宗教的"公民化"，亦称宗教的"国民化"或"市民化"。当前，"政教分离"正成为世界各大宗教发展的主要趋势，与之相适应，宗教"公民化"的现象已经开始出现。宗教的"现代化"是指其现代意识和对社会现代化进程的积极适应，而宗教的"普世化"则强调宗教应在世界每一个地方和所有地方存在和发展。从宗教的目前发展情况来看，它正在向普世化、多元化和本土化方向发展。

5. 传统宗教，包括世界宗教和民族宗教都在复兴。全球宗教的复兴不仅表现在教徒绝对人数增加，教派组织层出不穷，宗教思想和信仰日益深入人心，以

---

① 金宜久：《伊斯兰教与世界政治》，社会科学文献出版社，1996 年版，第 19 页。
② 黄心川：《经济全球化与东西方宗教》，《世界宗教研究》，2001 年第 4 期。
③ 卓新平：《全球化与当代宗教》，《世界宗教研究》，2002 年第 3 期。
④ 金宜久主编：《当代宗教与极端主义》，中国社会科学出版社，2008 年版，第 17 页。

及向多元化和现代化方向发展,更重要的是世界性宗教、民族性宗教和地区性宗教都在向着世界的不同方向、不同地区和不同层面扩展,各种形式的原教旨主义也是潮起云涌。

冷战后宗教复兴的主要原因有:(1)信仰危机。信仰危机多种多样,其中一种重要的信仰危机是民众对政府及政治制度丧失信心,不相信政府,并对主流价值观念体系产生怀疑。在这种情况下,许多人对未来感到渺茫,对政治失去兴趣,不愿适应政党及其纲领和社会规范的约束,对一切意识形态抱有成见,表现出看破红尘、听天由命和麻木不仁的态度。(2)这场宗教复兴运动是一些非西方国家利用宗教这种文化形式对西方全球文化扩展的一种抗拒,是本土化对异邦化的一种反击,是重新确认与强化民族文化认同,重建民族精神家园的一种努力;是对全球化所造成的文化同质化的一种逆反,是一种"差别普遍性"的形式,也可以说是复兴民族文化,重构民族文化身份,重塑民族个性的一种民族文化运动;是对全球化体系中被压抑、被销蚀和失败了的民族国家权力的复苏;全球化创造的风险社会,尤其是风险的普遍化,是这场宗教复兴运动的精神/心理动因。① (3)宗教的世俗化,这是宗教复兴的重要原因之一。所谓"宗教的世俗化"是指宗教组织对自己的教规和教义作适应社会的解释并在实践方式上加以调整,使之日益关心现世事物,重视近期即可预见的未来的利益,而不再将彼岸世界或超脱现实的来世作为信仰的唯一目标。产生于现代社会中的多数新兴宗教都具有明显的世俗性。它们有的源自传统宗教,但是采取了抛弃正统信仰的新形式或在信仰中增添了接近现实生活的新内容,如巴哈伊教就摒弃了伊斯兰教的传统教规,它反对"圣战",讲求博爱,提倡妇女解放和"地球乃一国,人类皆其民"的地球村思想;有的则完全是社会世俗化的伴生物,如科学教会和统一教会都是在商品经济飞速发展的现代社会中产生的。它们把"赚钱"当作宗教活动的唯一目的,因而发展了庞大的产业,其影响波及商业、金融业、医疗、教育和政治等诸多领域。②

(二)宗教复兴对国际政治、国际关系的影响

20世纪90年代以来,经济全球化的进程日益加快,世界相互依赖、相互影响的程度逐渐加深。随着信息技术的高度发达,宗教开始利用高科技手段宣传其思想,宗教现代化的历程得以开启。宗教日益走出本土,其影响随之日益国际化。世界上某些热点地区,局势动荡不安,这其中或多或少都与宗教的复兴有着千丝万缕的联系,特别是宗教极端主义的兴起,严重影响着国际局势的安全与稳

① 高长江:《从全球化视角看全球宗教复兴运动》,《世界宗教研究》,2002年第1期。
② 戴桂菊:《俄罗斯的宗教与现代化》,《东欧中亚研究》,2002年第3期。

定。因此,冷战后宗教的复兴越来越受到人们的关注,其对国际政治和国际关系的影响主要表现在以下几个方面:

1.宗教复兴,特别是宗教极端主义的兴起,激化了历史上某些曾是热点地区的矛盾,使局势进一步恶化。当今世界上的这些国际热点地区,往往都与宗教联系在一起,而且往往都能看到宗教极端主义的影子,如中东地区的阿以冲突和领土争端,主要涉及耶路撒冷归属问题、以色列从阿拉伯领土上撤军问题和巴勒斯坦建国问题等等。尽管曾经一度达成"以土地换和平"的解决方案,表面上看并不涉及宗教问题,但是由于耶路撒冷牵涉犹太教、伊斯兰教和基督教的"圣地"问题(这三大教派都把耶路撒冷看做自己的圣地),所以其宗教因素是无法避免的。加之巴勒斯坦伊斯兰圣战组织和哈马斯的暴力抵抗,使得中东和平进程常常搁浅。

2.宗教极端主义成为冷战后民族冲突或战争的强劲精神支柱。例如,波黑冲突,在某种意义上是东正教和伊斯兰教之间的斗争,科索沃危机的起源是信仰东正教的塞族和信仰伊斯兰教的阿族穆斯林之间的斗争;其他如车臣问题、东帝汶问题、斯里兰卡僧伽罗人和泰米尔人的内战、中东问题和北爱问题等地的冲突都与宗教背景有着千丝万缕的联系。美国学者亨廷顿也曾提出了"文明冲突论"的观点,认为将来世界上注定会发生基督教、伊斯兰教和儒教三大宗教、三大文明之间的冲突。

3.宗教极端主义对国际社会的安全和稳定构成严重威胁。宗教极端主义对国际社会安全和稳定的威胁,是与国际恐怖主义和民族分裂主义分不开的,这其中尤以打着伊斯兰教旗号的宗教极端主义最具代表性。20 世纪 80 年代末 90 年代初,宗教极端主义在国际恐怖主义和民族分裂主义的基础上,进而发展成为圣战主义和教权主义。所谓圣战主义,就是主张"为一场世界范围的圣战做准备",随时随地为伊斯兰信仰而战,其典型代表是阿富汗本·拉登的基地组织。此类组织(圣战主义者组织)先后从事的恐怖活动主要有 1993 年 2 月纽约世界贸易中心爆炸案、1996 年 6 月沙特宰赫兰美国空军基地爆炸案、1998 年 8 月美国驻肯尼亚和坦桑尼亚大使馆爆炸案、2000 年 10 月美国"科尔"号驱逐舰于也门亚丁湾爆炸案等,其中尤以 2001 年的"9·11"事件最具代表性。所谓教权主义,是指在宗教名义下对国家最高权力的一种诉求。如果一时还难以达到对国家最高权力的诉求,则会退而求其次,对地区权力提出最大限度的要求。由于圣战主义者和教权主义者的活动,同样具有暴力恐怖和分裂活动的特色,所以也就严重威胁到了世界各地的安全和稳定。①

4.宗教和宗教极端主义问题往往成为国际斗争的一个重要方面。西方国家,特别是美国,出于实用主义和功利主义之目的,往往利用宗教问题作为干涉他国内政的借口和惯用手法。在其所谓人权问题中,往往包含着宗教问题,如他们在指责中国的人权问题时,就会涉宗教问题,如所谓的"迫害"基督教人士问题、"西藏"的宗教人权问题和新疆地区的伊斯兰教问题等等。另外,美国等西方国家对伊斯兰宗教主义采取既打击又支持的双重标准,其出发点就是对美国是否有利,如本·拉登本身就是在阿富汗抗苏战争期间由美国和一些国家一手扶植起来的反苏的同伙,只是在苏联从阿富汗撤军之后才与之反目并开始鼓动反美的。②

二、伊斯兰文化力量的上升日益引起世界的关注

(一)伊斯兰文化力量上升的原因及其具体体现

伊斯兰教作为在中东与欧亚文明的广泛交往中产生、形成和发展起来的世界性宗教,其特点主要有:首先,具有强烈的政治参与性和入世性传统。伊斯兰教在文明交往中形成的政教合一性和教族合一性是其他宗教不可比拟的,伊斯兰教与其说是一种文化,不如说是一种政治。其次,具有深义性和边义性兼容的文化传统。伊斯兰教不仅是一种信仰、一种文化,它还是一种社会实体,这种多重兼容的特性不仅在宗教哲学、教育和艺术等方面形成了伊斯兰特色,赋予了人文社会科学和自然科学技术以伊斯兰精神,而且还成为沟通东西方的巨大文化纽带。再次,具有公平的商业性传统。社会正义是伊斯兰经济观的重要原则,它强调远行经商,勤劳致富,诚实交易。最后,具有交往的世界性传统。伊斯兰教的目标是将该教传播到全世界,让全世界都皈依它。为此,在长期的历史进程中,它采取种种措施不断向更广阔的范围拓展,从而也给世界的发展带来了巨大变化。③

冷战结束后,随着生产要素在全球范围内的自由流动和重新配置,全球化进程加快,各国在经济、文化和政治之间的联系日益紧密,其相互依存、相互联系和相互影响的状态日益突显。全球化挑战了民族国家,削弱了民族国家的政治文

---

① 中国现代国际关系研究所、民族与宗教研究中心:《世界宗教问题大聚焦》,时事出版社,2003年版,第32-35页。

② 中国现代国际关系研究所、民族与宗教研究中心:《世界宗教问题大聚焦》,时事出版社,2003年版,第36-39页。

③ 王泰:《宗教复兴与大众政治——"文明交往"视野下近代中东民族主义的类型与道路》,《世界民族》,2008年第2期。

化权威;全球化也终结了一个相对稳定的时代,开启了一个危险与机遇并存的时代。随着两极世界的瓦解,长期以来遭受压制的民族宗教矛盾突显出来,特别是中东地区,地理位置非常重要,加之拥有非常丰富的石油天然气资源,历来是大国争夺的焦点。以美国为首的西方大国在这个地区奉行双重标准,加剧了冲突的爆发。1979 年霍梅尼推翻巴列维世俗王朝,建立了政教合一的伊斯兰共和国,并于 1979 年 12 月初举行全国投票,通过了有史以来第一部《伊斯兰宪法》。这次革命使 60 年代末 70 年代初在伊斯兰世界兴起的宗教复兴运动达到了高潮,同时也对其他国家和地区的伊斯兰复兴起到了示范作用,影响深远。中东之所以成为伊斯兰复兴的主要地区,是因为:从外部看,美国支持以色列且以双重标准对待阿拉伯世界,激起阿拉伯世界的普遍反对;从内部看,有关国家政治专制、腐败,造成了人民的不满。① 另外,伊斯兰原教旨主义者认为穆斯林世界正在被外来的异教徒和穆斯林中的叛逆者引入歧途,具体表现在放弃了伊斯兰教法及其原则,而接受了世俗的法律和价值观点。为了拯救伊斯兰社会,要首先在国内发动圣战,反对叛逆者,推翻他们的统治,建立以传统伊斯兰教法为原则的社会,然后再进行拯救兄弟国家和民族的圣战,恢复伊斯兰教往日的光荣。

冷战后的伊斯兰复兴运动实质上是一场以宗教文化为精神支柱的社会政治运动,具有鲜明的时代特征和深刻的历史文化内涵。伊斯兰复兴运动的兴起主要表现为两种趋势:第一,这是对西方试图将其文化渗入伊斯兰价值观的一种反应。它表现为试图通过将宗教作为生活的一种方式,重建一种真正的伊斯兰社会、政治和经济秩序,并按照伊斯兰的教义评价国际事件和形成对外政策。第二,这是对外部势力的政治影响和控制进行的伊斯兰式的反对。其复兴的主要原因有:第一,旷日持久的巴勒斯坦危机和阿以冲突。第二,20 世纪 70 年代的石油革命。石油财富增强了穆斯林的自信,沙特把利用巨额石油美元推广瓦哈比主义作为其外交政策的一项工具。通过沙特资助的学校、清真寺、慈善团体甚至伊斯兰银行使社会完全伊斯兰化,从而为伊斯兰运动的发展提供了丰富的土壤。第三,阿富汗抗击苏联战争的胜利。这场战争的胜利鼓舞了穆斯林的士气,验证了伊斯兰作为抵抗武器的重要性,穆斯林们重新发现了真主的正路。除了象征意义之外,阿富汗一度还被作为阿拉伯和伊斯兰世界广大年轻人接受军事训练的基地,然后将他们所学到的东西传播到自己的人民中去。第四,伊朗革命。伊朗革命成功地推翻了巴列维王朝,加强了这一信仰,即回归伊斯兰能够使穆斯林改变他们的内外条件,扭转内部压迫和外部控制这一长期建立起来的模式。此外,为了防止出现类似伊朗革命的事件,许多伊斯兰国家政府也尽可能通

---

① 刘元春:《全球化趋势下的民族与宗教问题学术研讨会综述》,《世界宗教研究》,2002 年第 2 期。

过支持伊斯兰的一些激进组织,来疏导和整合伊斯兰力量,以避免它们将矛头指向自身。这种政策也有助于伊斯兰运动的兴起。①

从总体来看,从 60 年代末 70 年代初直至冷战结束,伊斯兰文化力量都表现出了某种上升的态势,其具体表现有如下几个特点:

1. 伊斯兰世界的国家经济取得了长足的发展,在国际舞台上变得越来越活跃,中东地区越来越受到世界的关注。这主要得益于这些地区丰富的石油天然气资源和近年来开放、融入世界的政策。伊斯兰世界的石油资源主要分布在中东的海湾地区和中亚的里海地区。该地区油质优良,石油探井成功率高,开采成本低。截至 2003 年底,中东已探明石油储量为 990 亿吨,占世界总储量的 63.3%,产量为 10.93 亿吨,占世界总产量的 29.6%,储采比为 88.1 年。2003 年,中东共出口原油 9.394 亿吨,占世界出口总量的 53.07%,②可见其经济发展速度较快(见表 1.7)。

表 1.7　中东国家国内生产总值实际增长率

年　份	2001	2002	2003	2004	2005
中东国家生产总值实际增长率(%)	3.2	4.3	6.6	5.4	5.9
土耳其	-7.5	7.9	5.8	8.9	7.4
突尼斯	4.9	1.7	5.6	6.0	4.2
沙特阿拉伯	0.5	0.1	7.7	5.2	6.5
阿尔及利亚	2.6	4.7	6.9	5.2	5.3
埃及	3.5	3.2	3.1	4.1	5.0
叙利亚	3.6	4.1	1.3	2.5	3.5
中东国家通货膨胀率(%)	5.5	6.3	7.1	8.4	8.4
中东国家中央政府财政收支差额/国内生产总值(%)	-0.5	-3.4	-1.1	1.3	5.9
中东国家国际收支经常项目差额(10亿美元)	39.8	29.5	59.0	103.4	196.0
中东国家外债还本付息额/货物和劳务出口额(%)	10.2	6.6	7.6	6.6	7.0

资料来源:国际货币基金组织:《2006 年 4 月世界经济展望》附表,华盛顿,2006 年版。转

---

① 李伟健:《伊斯兰文化与阿拉伯国家对外关系》,时事出版社,2007 年版,第 70 - 71 页。
② 杨光主编:《中东非洲发展报告(2004 - 2005)》,社会科学文献出版社,2005 年版,第 6 页。

引自杨光主编:《中东非洲发展报告(2005—2006)》,社会科学文献出版社,2007年版,第10页。

2.伊斯兰国家之间彼此加强了在国际上的合作,协调行动,尽可能"用一个声音说话",表达对国际问题的共同和相似的关注。冷战结束以来,中东国家利用石油输出国组织——欧佩克这个平台,协商一致行动,利用石油这种稀缺的战略资源同西方国家讨价还价,"以石油换政治","以石油换取更多的话语权"和"以石油换取空间"。在美国发动伊拉克战争后,伊斯兰国家纷纷谴责美国的侵略行为,在很大程度上表现出了外交口径的一致性。

3.伊斯兰文化波及的范围越来越广,信奉伊斯兰教的人越来越多,形成了民间的宗教复兴和官方的宗教复兴。从地区上看,冷战后伊斯兰复兴运动高涨不仅出现在伊朗、阿拉伯半岛和北非等伊斯兰教的心脏地区,同时也出现在中亚、印度和东南亚等伊斯兰教发展的边缘化地区。民间的宗教复兴主要是在中下层群众中,特别是在青年学生中兴起了新的信仰热潮,昔日这些学生从来不参加或很少参加宗教活动,如今斋戒、念经和礼拜成为他们的必修功课;昔日男女青年大多着西式服装,如今很多则穿上了阿拉伯长袍,还有许多男青年蓄起了胡须,女青年则裹起了头巾。到了礼拜时,纷纷涌向清真寺,在礼拜大殿容纳不下更多人群时,有的只能排在大街上礼拜。自伊斯兰复兴运动以来,世界各地每年约有200万不同民族的穆斯林前往麦加朝觐。所谓的官方宗教复兴是指一些伊斯兰国家的统治者,为维护自身的统治地位,对宗教复兴持支持或鼓励的态度,有的则出于政治的需要,加入到宗教复兴的行列。对内,他们极力支持甚至赞助国内的宗教复兴;对外,则极力主张所有伊斯兰国家团结、联合和统一起来,甚至拿出"石油美元"的巨额钱款资助世界各地的伊斯兰复兴事业,希望复兴世界的伊斯兰信仰。

根据2005年最新的统计资料显示,全世界穆斯林约为13.08亿,占世界总人口的20.03%,分布在172个国家和地区,已经超出了伊斯兰的大本营——中东地区,向世界各地蔓延。以中亚为例,中亚地区伊斯兰教会和社会宗教组织在周围穆斯林国家的支持下,在一些地方行政部门的默许和支持下,动用大量资金和建筑材料,修建清真寺、麻扎(圣墓)和宗教聚会场所。从1987年到1992年,几年的时间里中亚地区的清真寺就由160座增至5 000多座(见表1.8)。①

---

① 沈翼鹏:《中亚五国的宗教问题及其对政局的影响》,《东欧中亚研究》,1994年第3期。

表 1.8　中亚五国独立前后清真寺数目统计表

乌兹别克斯坦	87 座(1987 年)	3 000 座(1991 年)	5 000 座(1993 年)
哈萨克斯坦	25 座(1987 年)	63 座(1990 年)	4 000 座(1997 年)
塔吉克斯坦	70 座(1989 年)	90 座(1990 年)	2 870 座(1992 年)
土库曼斯坦	4 座(1987 年)	115 座(1991 年)	200 座(1994 年)
吉尔吉斯斯坦	30 座(1985 年)	60 座(1990 年)	2 000 座(1996 年)

中亚穆斯林人口和宗教组织剧增。据《伊斯兰世界百科全书》载,截至 1992 年,中亚五国的穆斯林占该地区总人口的 69.8 %。[1] 此外,穆斯林人口比例还在迅速上升(见表 1.9)。[2]

表 1.9　中亚五国穆斯林人口的具体分布情况

国　别	穆斯林占该国 总人口的比重(％)	占中亚穆斯林 总人口的比重(％)
乌兹别克斯坦	87.2	50.1
哈萨克斯坦	56.8	19.9
塔吉克斯坦	89.1	13.5
土库曼斯坦	84.0	8.4
吉尔吉斯斯坦	56.3	8.1

注:乌、哈情况分别引自英国经济学家情报部之《国家概况——乌兹别克斯坦》,1998 — 1999 年,第 18 页和《国家概况——哈萨克斯坦》,1998—1999 年,第 22 页。其余三国情况引自王沛主编:《中亚四国概况》,新疆人民出版社,1993 年版,第 242、300 – 301、145 – 146 页。

4.伊斯兰文化力量越来越受到广大民众的支持,并有意识地夺取政权,出现了伊斯兰政治化和政治伊斯兰化。所谓伊斯兰政治化,无外乎是极力揭示经训中有关经文训示的政治内容和政治含义,阐释伊斯兰教的教义主张与政治关系,进而利用伊斯兰教的政治特性渲染、强调它的超地域、超国家和超民族的普遍有效性。政治伊斯兰化,往往是一些有着政治目的的政界人士、什叶派和逊尼派内的政治反对派,竭力强调政治的伊斯兰性,使政治披上伊斯兰教的外衣,极力应

---

① 《光明日报》,1991 年 12 月 23 、24 日。
② 邓浩:《伊斯兰教与当代中亚政治》,《国际政经形势总论》,1999 年第 3 期。

用伊斯兰的词句,贴上伊斯兰的标签,摆出虔诚的样子,进而赋予政治以伊斯兰的内容、为其政治主张寻求经训根据或伊斯兰教史上的例证,甚而仿效历史上的某些做法,目的在于维持其在穆斯林中的威信,或是为攫取政权做必要的准备。所以,伊斯兰政治化是从伊斯兰教内部揭示并强化其固有的政治特性,而政治伊斯兰化则是从外部赋予政治以伊斯兰教的特性,并通过各种手段来强化这种特性。两者的出发点不管是宗教的还是政治的,其最终归宿则都是政治而不是宗教。① 举例说明,1990 年阿尔及利亚举行地方选举,有 11 个政党参加竞选。政治伊斯兰组织伊斯兰拯救阵线得票率为 55.42%,在全国 48 个省人民议会选举中有 32 个省领先。2004 年 3 月 21 日,马来西亚举行第 11 届全国大选,伊斯兰教党未获得选民的支持。该党长老会主席聂阿兹为拉选票,提出了"天堂论"的竞选口号。所谓"天堂论",即"谁投伊斯兰教党的票,谁就会进天堂"。在 1999年全国大选期间,伊斯兰教党曾提出过"投伊斯兰教党一票即可上天堂"的竞选宣言,影响了大批乡村选民把票投给了伊斯兰教党,使它保住了吉兰丹州的政权。②

5. 向其他国家输出伊斯兰文化,使之伊斯兰化。中东地区兴起了泛伊斯兰主义思潮和伊斯兰原教旨主义主义思潮,并出现了向周边国家和地区蔓延的趋势。广义的泛伊斯兰主义是指伊斯兰教由阿拉伯民族宗教转变为世界宗教过程中形成的泛伊斯兰文化的共性因素,包括"认主独一"的宇宙观、政教合一的国家观、族教一体的民族观和宗教律法的指导作用等,这一潮流日益引起人们的重视。

所谓伊斯兰文化,是指以独一真主信仰和伊斯兰精神为基础的,包括精神文化和物质文化两大方面的一种活动方式及其成果的总和。伊斯兰文化是伴随着伊斯兰教诞生而开始的,其定型与整合经历了约两百年的时间,至阿巴斯王朝前期最后形成并走向繁荣,其基本特征包括宗教性、强调天人和谐、以人为重、政治性、伦理道德至上、群体性、兼收并蓄和多元一体。③ 这种文化的输出具体表现为政治伊斯兰化和经济伊斯兰化。在政治领域,即所谓"不要东方,不要西方,只要伊斯兰"、"不要政府,不要法律,只要《古兰经》"和"伊斯兰是解决办法"等口号;经济伊斯兰化,在经济领域陆续出版了一批关于伊斯兰的经济理论和著作,强调经济生活应极力贯彻有关经文精神或内容,期望经济活动应受伊斯兰精神或伦理原则的指导。一些国家建立了取消利息的伊斯兰无息银行和伊斯兰银

---

① 金宜久:《伊斯兰教与世界政治》,社会科学文献出版社,1996 年版,第 279 - 280 页。
② 金宜久主编:《当代宗教与极端主义》,中国社会科学出版社,2008 年版,第 92 页。
③ 杨光主编:《中东非洲发展报告(2005 - 2006)》,社会科学文献出版社,2007 年版,第 129 - 133页。

行等。全球化的发展使伊斯兰文化超出地区范围,日益成为影响世界局势的重要力量。冷战的结束,使穆斯林世界在地域上得到扩充(如中亚国家纷纷独立)。在中亚:90年代初,中亚五国独立,伊朗、沙特、土耳其和埃及的经济援助滚滚而来,其"绿化"中亚所要达到的宗教—政治目的是使受援国成为伊斯兰属性的国家,使之伊斯兰化而非别的。这也是经济伊斯兰化的实例;①在非洲:沙特和其他阿拉伯国家利用手中掌握的"石油美元"(即阿拉伯世界的产油国从石油生产中获得的巨额财富),对非洲国家进行援助和宣教布道。如今,在非洲一些地区出现了这样一种舆论:基督教是白人殖民者的宗教,伊斯兰教是黑人自己的宗教。一些国家的总统或部落首领为获得"石油美元"援助,先后皈依伊斯兰教,甚至成为"伊斯兰国家"。很多昔日皈依基督教信仰的部落成员,不少放弃了基督教信仰,也跟着信仰了伊斯兰教,还有一些原始部落宗教的信仰者,也信仰了伊斯兰教。这样一来,那些石油外援受益国的国内伊斯兰教获得了发展,进而伊斯兰教在非洲很大一部分地区取代了基督教。②

穆斯林在西方大国如美国、英国、法国和德国等国的人数近年来明显增多,且增长势头强劲。以美国为例,据1990年中叶到2005年中叶的人口数据比较,基督教徒有所增加,从2.18亿增加到了2.50亿,约占美国2005年人口的83.3%,增加了8.75%。而在同一时期内,穆斯林人口从1990年中叶的347万增加到2005年中叶的474万,增加了36%。犹太教则从533万增加到2005年中叶的576万,增加数字不到5%。③另外,伊斯兰极端势力在西方大国诸如美国、英国、法国、德国、加拿大、西班牙和意大利等国家建立起基地,利用当地的清真寺招募、训练"圣战"战士,影响了西方乃至国际社会的稳定和安全,这从反面说明了伊斯兰力量是一股不可忽视的力量。

另外,甚至还有一些穆斯林走出国门,进入西方社会。根据20世纪末的粗略估计,目前大约共有180万穆斯林定居在西方各主要国家。在目前的欧共体中,伊斯兰教已成为仅次于基督教的第二大宗教,各种层出不穷的伊斯兰教社会团体与组织也遍布欧美各地。④

(二)伊斯兰文化力量日益增强对国际社会的影响

有人曾经对世界三大主要宗教进行过一个形象化的比喻:佛教就像是一位老人,基督教就像是一位中年人,而伊斯兰教则更像是一位年轻人,充满朝气和活力。伊斯兰文化是穆斯林的一笔宝贵的精神财富,伊斯兰文化在当今能够有

---

① 金宜久:《对当代国际政治中伊斯兰问题的认识》,《世界宗教研究》,2001年第1期。
② 金宜久主编:《当代宗教与极端主义》,中国社会科学出版社,2008年版,第42页。
③ 金宜久主编:《当代宗教与极端主义》,中国社会科学出版社,2008年版,第18页。
④ 刘元春:《全球化趋势下的民族与宗教问题学术研讨会综述》,《世界宗教研究》,2002年第2期。

所作为,其原因不外乎:(1)伊斯兰文化拥有一部《古兰经》。(2)伊斯兰文化是一种具有强大生命力的文化。它具有极强的凝聚力和整合力,具有强大的鼓舞力量。(3)伊斯兰文化具有涉及全球化本质内涵的某些成分。主要包括:人和自然统一的主张;和谐精神,崇尚知识的精神,重群体观念。(4)伊斯兰文化具有处理世界化与民族化关系的宝贵经验,体现为处理好世界性与民族性的辩证关系;坚持文化的开放性和宽容精神;经济的高度发展以及政府的正确文化政策的重要性。①

伊斯兰文化力量的强劲势头至今未减,越来越多地影响着国际社会,越来越为世界所关注。具体表现为:

1. 一定程度上打击了西方大国的霸权主义和强权政治,美国等西方国家在中东地区的霸权受到挑战,伊斯兰世界同西方的矛盾加深。伊斯兰复兴运动虽然本质上是一场内向型的社会改革运动,但它的起因之一却是反对外国集团对本地区自然资源的掠夺和反对西方资本主义文化对本民族传统文化的侵蚀。因此,这场运动从一开始就具有反西方色彩,其主要锋芒指向美国在该地区的霸权。冷战结束以后,美国急欲填补前苏联在伊斯兰世界留下的"真空",以实现其主宰中东事务的战略目标,但伊斯兰原教旨主义的崛起,令美国的图谋难以完全实现。伊斯兰运动对美国在冷战后的国际战略部署造成极大冲击,严重干扰了美国想在中东和世界其他地区建立新秩序的战略意图。与此同时,美国加强了对伊斯兰运动的防范和舆论攻击,"伊斯兰阴谋说"和"伊斯兰威胁论"盛极一时。②

2. 伊斯兰文化力量上升的一个很重要的表现就是伊斯兰教的复兴运动,它唤醒了穆斯林新的文化认同意识,增强了伊斯兰主义在穆斯林心中的地位,西方文化和世俗主义在伊斯兰世界受到很大冲击。许多奉行世俗民族主义的政权受到一定程度的威胁,如在中东地区,政权直接受到伊斯兰复兴运动挑战的有黎巴嫩、埃及、阿尔及利亚、突尼斯和土耳其等。

3. 伊斯兰文化力量的增强在不同国家的表现并不平衡,伊斯兰国家之间和国家内部的不同派别争斗不休,都希望掌握伊斯兰世界或本国的领导权,这在一定程度上加剧了地区冲突,影响了地区稳定。伊斯兰世界人口众多,地域广阔,成分复杂,其聚居地包括许多民族、种族以及不同的教派和各种类型的力量。各国的政治经济制度大相径庭,彼此之间存在很多分歧和矛盾。尽管复兴伊斯兰

① 杨光主编:《中东非洲发展报告(2005－2006)》,社会科学文献出版社,2007年版,第137－146页。

② 李伟建:《伊斯兰文化与阿拉伯国家对外关系》,时事出版社2007年版,第72－73页。

文化力量的目标是一致的,但所尊奉的教义、政治倾向、斗争策略和追求的社会利益各不相同,如伊朗和沙特虽然都是政教合一的国家,但一个是什叶派,一个为逊尼派。

4.伊斯兰极端宗教组织以宗教名义从事恐怖活动,使伊斯兰世界的形象受到很大程度的破坏,阿拉伯国家同西方的关系趋于紧张。这从反面说明了伊斯兰文化力量的增强及其对世界的影响。恐怖主义活动并不是伊斯兰世界的产物,也不是阿拉伯世界特有的现象,但是少数伊斯兰极端组织甚至个人的恐怖行为,已对伊斯兰世界乃至国际社会的稳定与安全造成严重危害。[①]

第四节　中国改革开放三十年及其文化力量的增长

1978 年 12 月 18 日至 22 日,中国共产党第十一届三中全会召开。大会确定了解放思想、实事求是、团结一致向前看的指导方针,放弃了"以阶级斗争为纲"的错误口号,把工作重点转移到社会主义现代化建设上来,决定实行改革开放,由此掀起了建设中国特色社会主义道路的伟大实践。改革开放 30 年来,在党中央的支持和推动下,我国的文化事业得到了长足发展,文化软实力得到了很大程度的提升,中华文化再次焕发勃勃生机,吸引了世界的眼球。

一、中华文化的魅力再次显现,引起世界的关注

经济是载体,文化的繁荣离不开经济的大发展,而改革开放 30 年来经济的快速发展,积累了雄厚的物质基础,为建设社会主义文化软实力,提升我国的国际形象打下了基础。改革开放以来,中国的经济快速增长,特别是自 2003 年以来,中国的国内生产总值一直保持在两位数以上的增速,2003—2006 年年均增长 10.4%,不仅比同期世界平均增长 4.9%高出 5.5 个百分点,而且比改革开放以来年平均增长 9.7%高出 0.7 个百分点。今天,中国经济总量世界排名居第四位。对外贸易额居世界第三位,外汇储备居世界第一位。1978 年中国的国内生产总值仅为 3 645.2 亿元,2007 年则达到 24.7 万亿元,约合 3 万亿美元。继 2002 年人均国民总收入首次超过 1 000 美元,达到 1 100 美元,在四年内于 2006 年又超过 2 000 美元,达到 2 010 美元。人均国民总收入在世界的排名也由 2002 年的第 132 位上升到 2006 年的第 129 位。按照世界银行的划分标准,中国已经由低收入国家步入了中等收入国家的行列。[②] 包括发达国家在内的全球 76

---

① 李伟建:《伊斯兰文化与阿拉伯国家对外关系》,时事出版社,2007 年版,第 74－75 页。

② 黄卫平:《全球化中的中国经济:与发展中世界的合作与竞争》,《当代世界》,2008 年第 3 期。

个国家已承认中国完全市场经济地位,中国的经济增长对世界经济增长的贡献仅次于美国。在世界经济格局中,中国因素举足轻重。自从美国学者乔舒亚·库珀·雷默 2004 年 5 月 7 日在伦敦《金融时报》上首次提出"北京共识"以来,越来越多的西方学者开始关注中国,关注中国的经济,关注中国的发展,深层次挖掘分析所谓的"中国现象",有的学者甚至认为"北京共识"将取代"华盛顿共识"。

前往中国的留学生日益增多,这从一个侧面反映了中国影响力的提升。据教育部公布的 2003 年各类来华留学人员最新统计数据显示,2003 年我国共接受了来自 175 个国家的各类来华留学人员 77 715 人次。他们分布在 31 个省、自治区、直辖市的 353 所高等院校和其他教学机构(以上数据均不含台湾省、香港特别行政区和澳门特别行政区)。其中中国政府奖学金来华留学生 6 153 人,自费生 71 562 人。按照来华留学生的类别统计,学历生 24 616 人,非学历生53 099 人。从国别统计看,来华留学生人数位居前列的是韩国 35 353 人、日本12 765人、美国 3 693 人。从来华留学生在我国的分布情况看,多集中在北京、上海和天津等高等学校数量较多的省市,人数分别为 29 332 人、13 858 人和4 952人。① 据中国教育部最新统计数据显示,2008 年来华留学生已达到 22 3499人,②创历史新高。这些留学生分布在各个大学里,有的学习中文,有的研究文学,有的攻读中医……他们肤色不同,国别各异。外国留学生到中国来学习,开阔了眼界,增长了知识,获益很多,同时还成为中华文化的对外传播者。不少学生将自己在中国的学习成果、见闻和观感,频频告之于家长、朋友,有的还撰写文章在本国媒体上发表。他们向大家介绍中国,希望有更多的人了解中国、认识中国。这些留学生大都年轻,学成归国后必然有一部分人会成为该国各项事业的骨干。他们在中国的所学所得、与中国的不解之缘,也必然会在工作、生活中有所展现,这将会大大促进世界对中国的了解。

汉语热、国学热逐渐升温。从国际上看,学汉语的外国人越来越多,来中国的留学生与日俱增;从国内看,近年来,一股传统文化复兴的热潮在中华大地上涌动。没有人能够想到,传统文化方面的图书有一天会突然取代西方作品,成为大小书店的畅销书,如于丹《〈论语〉心得》的销售量就超过了全球最热门小说《哈利·波特》。易中天等多位在中央电视台讲述中国古代历史文化知识的学者,成为最受追捧的学术明星。中国人民大学"国学院"成立后,北京大学、清华大学等也设立和复开"国学班"……停演多年的地方戏重新亮相舞台,消失多年

---

① 参见教育门户网站(www. moe. edu. cn)2004 年 3 月 19 日。

② 21stcentury, April, 2009.

的民俗重新出现在民间,长时间被漠视的传统道德重新受到重视,传统文化在民间如春风吹又生的野草般重新获得了生机与活力。而与此同时,党和政府对传统文化也给予了高度重视。党的十七大发出了"弘扬中华文化,建设中华民族共有精神家园"的号召,《国家"十一五"时期文化发展规划纲要》也明确提出:中学语文课程适当增加传统经典范文、诗词的比重,中小学各学科课程都要结合学科特点融入中华优秀传统文化的内容。2007年,我国调整了法定节假日,端午、中秋和清明等传统节日被列入法定假日。这一切都呼应了全民族文化自信的觉醒。①

体育事业蒸蒸日上,中国正由体育大国向体育强国迈进。在1984年洛杉矶奥运会上,中国射击选手许海峰射落中国的第一枚奥运金牌,由此中国开始了在世界上古老文明、朝气蓬勃的中华体育精神、民族精神的展示。鲜艳的五星红旗,嘹亮的国歌在世界体育的舞台上空经常升起、响起。据国家体育总局局长刘鹏在2008年初举行的全国体育局长会上说,改革开放以来,我国运动员共获得世界冠军2 137个,占新中国成立以来总数的99%(改革开放前只获得30个世界冠军),创造世界纪录1 001次,占新中国成立以来总数的85%。特别是2008年8月8日,北京奥运会的成功举办,则把世界对中国的关注提升到前所未有的高度,国外政要、媒体、参赛运动员纷纷表示对中国的高度赞赏,世界通过奥运进一步认识了一个开放、自信、和谐的中国。②

二、人民代表大会制度日益成熟与完善

回顾改革开放以来我国政治的发展道路可以发现,我国的政治改革虽不如经济改革那样具有显著的外部性特征,但取得的成效依然是十分巨大的,形成了中国特色的政治发展道路。这条道路可以形象地概括为邓小平理论、"三个代表"重要思想和科学发展观是"方向盘",中国共产党的坚强领导是"驾驶员",人民群众广泛积极的政治参与是强大的"发动机",作为载体的四项基本政治制度是"红旗车",选举民主和协商民主是两条"快车道",社会主义民主法制建设是安全运行的"交通规则",目标是实现党的领导、人民当家做主和依法治国的有机统一。③ 整体上,中国已基本实现了从高度集中的"包揽型"政治体制向"总揽全局、协调各方"的"协调型"政治体制的转变。在以试错方式进行的适应性改革的渐进历程中,中国的政治体制在发展政治民主、扩大公民政治参与和完善

---

① 傅谨:《三十年中华民族精神丰富与升华》,《半月谈》,2008年第16期。
② 傅谨:《三十年中华民族精神丰富与升华》,《半月谈》,2008年第16期。
③ 庄聪生:《中国特色社会主义政治发展道路的内涵、特征和原则》,《科学社会主义》,2008年第3期。

国家制度等方面取得了长足进展。这其中最突出的表现是,作为我国根本政治制度的人民代表大会制度不断得到健全、巩固和完善,显示出了强大的生命力和巨大的优越性。

30 年来,在中国共产党的领导下,人民代表大会制度建设取得了丰硕的成果。第一,基本上确立了具有中国特色的法律体系。从 1979 年到 2004 年 6 月,全国人大及其常委会共审议通过包括宪法在内的法律 323 件,有关法律问题的决定 138 件,法律解释 10 件;国务院制定了 970 多件行政法规;有立法权的地方人大及其常委会制定了上万件地方性法规;民族自治地方制定了 480 多件自治条例和单行条例。① 全国人大及其常委会审议宪法修正案草案、法律草案、法律解释草案和有关法律的决定草案 106 件,通过了其中的 100 件。到 2008 年 3 月,我国现行有效的法律共 229 件,涵盖宪法及宪法相关法、民商法、行政法、经济法、社会法、刑法、诉讼及非诉讼程序法等七个法律部门;现行有效的行政法规近 600 件,地方性法规 7 000 多件。② 总体上说,我国目前已形成了以宪法为核心,以法律为主干,包括行政性法规、地方性法规在内的,由七个法律部门、三个层次法律规范构成的中国特色社会主义法律体系,做到了有法可依。第二,人民代表大会自身的建设不断加强和完善。选举制度不断完善,实行公开、公平、公正选举,促进了公民的有效政治参与;选举由等额选举向差额选举转变;直接选举的范围由乡、镇、市辖区、不设区的市扩大到县一级;县级以上的各级人大设立常委会,采取常任制,并不得兼任行政及司法机关的职务。第三,人大的监督作用不断得到强化,监督角色趋于常态化。本着"围绕中心、突出重点、讲求实效"的工作机制和方法,人大及其常委会把监督工作提到与立法同等重要的高度。加大对关系民生的热点重点问题的监督和执法检查力度,诸如"三农"问题、食品药品问题、安全生产问题和环境污染问题等。以十届人大为例,这届人大及其常委会共听取和审议国务院、最高人民法院、最高人民检察院的 41 个专项工作报告;由副委员长带队,就 22 件法律的实施情况组织了 25 次执法检查;受理群众来信 47 万件次,接待来访 21 万批次。

三、中国特色理论体系形成、民族自豪感增强

改革开放以来,中国共产党带领全国人民,以科学社会主义为指南,立足基本国情,推进马克思主义中国化,实现了马克思主义中国化的历史性创造。这个创造,体现在理论上就是形成了中国特色社会主义理论体系;体现在实践上就是

① 《为依法治国奠定基石——中国人大立法 50 年回眸》,参见《解放军报》,2004 年 9 月 13 日。

② 参见 2008 年 3 月 8 日吴邦国在十一届全国人大一次会议上的报告。

形成了中国特色社会主义道路。中国特色社会主义理论体系包括邓小平理论、"三个代表"重要思想和科学发展观思想,其内容结构包括:1.理论基石:解放思想、实事求是;社会主义本质;社会主义初级阶段。2.基本路线:"一个中心、两个基本点"。3.战略布局:政治、经济、文化、社会四位一体的战略布局。4.实践主体:人民群众是力量的源泉,是社会主义事业成功的根本;人民军队是人民民主专政的坚强柱石,是社会主义建设的重要力量;共产党是中国人民利益的忠实代表,是中国社会主义现代化事业的领导核心。中国特色社会主义理论体系作为马克思主义中国化的最新理论成果,不仅有实事求是这一贯穿于各个理论体系之中的思想路线,而且围绕什么是社会主义、怎样建设社会主义,建设什么样的党、怎样建设党,实现什么样的发展、怎样发展等问题,形成了一系列相互联系的观点,从而形成了具有科学性、完整性、系统性的理论体系。[①] 这一理论体系为建设社会主义实践提供了理论指导和方向,保证了改革开放事业的顺利进行。

改革开放以来,人们的思想精神面貌发生了重大改变。从思想禁锢到多元价值观并存,从砸烂"孔家店"到对外来文化、传统文化兼收并蓄,从全国只有几台样板戏到音像、网络等新娱乐形式遍地开花,从软实力缺乏到以"和"为核心的中华文化在举世瞩目的北京奥运会上大放异彩。随着经济的快速发展,文化的逐渐复兴,人们的精神世界产生了巨大变化。透视当今中国人的精神世界,一个不争的事实是,他们已不再是那种备受西方哲学家嘲讽的"单向度的人",其精神世界在改革开放中得以丰富与升华。经济的持续快速发展,使得中国的国力大增,国际地位迅速提高,在这一过程中,中国人在世界面前表现出更强的民族自豪感和自信心。而与之相一致的,就是打开国门之初曾一度近乎崩溃的文化自信得到恢复,本民族文化重新得到重视。[②]

随着综合国力的提升,整个国家和民族的自信心、自豪感倍增,民族的凝聚力空前提高,所有这些在 2008 年得到了很好的展示。2008 年初我国南方发生百年一遇的冰冻雨雪灾害,在党中央的领导下,全国人民齐动员,众志成城,共同应对严峻的自然灾害,最终取得抗击冰雪灾害的胜利。为此世界舆论积极评价中国,波士顿环球报评论说:抗击雪灾突显中国"集体英雄主义";联合国环境与人居署也大加赞赏中国抗雪救灾的努力。5 月 12 日,四川汶川发生里氏 8.0 级地震。面对灾情,全国上下心系灾区,"一方有难,八方支援","有钱的出钱,有力的出力","众志成城,抗震救灾",在灾难救助中,13 亿中国人焕发出了巨大

---

① 田克勤:《深入研究中国特色社会主义理论体系的几点思考》,《马克思主义研究》,2008 年第 6 期。

② 傅谨:《三十年中华民族精神丰富与升华》,《半月谈》,2008 年第 16 期。

的民族凝聚力。这也引起了世界的关注,对于中国政府和人民的表现,外国很多媒体纷纷发表文章,在重要版面以大量篇幅附以图片报道,其角度多是"正面"和"同情"。无论是外国人还是中国人,都正在发现一个全新的中国,中国国家形象在这场大地震中获得了很大程度的提升。

四、对外交往力度加大,"负责任的大国"形象突显

改革开放 30 年,成果丰硕。人们在评论这一成果时,谈论最多的话题之一是中国的国际地位发生了变化。在刚刚过去的 30 年,中国的国际地位得到了显著提高,对世界形势的发展变化,中国越来越成为一个举足轻重甚至是不可或缺的因素。尽管世人在评论中国时会有不同的声音,持不同的立场和态度,但世界越来越关注中国。中国在世界各种媒体报道中已成为出现频率最高的国家之一,所有这些都能使人直接体会到中国与日俱增的国际影响力。

(一)外交理念渐趋形成体系

随着对外交往的深入,外交理念渐趋形成体系。这一外交理念的基石是和平共处五项原则,杠杆是独立自主的和平外交政策,旗帜是和平、发展、合作,远景是推动建设持久、和平、共同繁荣的和谐世界,道路是和平发展,办法是互利共赢。30 年来中国外交获得成功,在于把握了时代主题与世界局势的本质,坚持了外交的独立自主性与和平性,适时提出新倡议,采取新举措,从而优化了环境、扩大了影响,树立了形象。所有这一切,体现在世界观、认识论和方法论三大方面。关于世界观,形成了五个基本观点:一是时代主题观;二是战争和平观;三是世界格局观;四是国际秩序观;五是社会制度观。关于认识论,形成了五个基本论断:一是自我认识论,强调中国处于"社会主义初级阶段",是一个发展中国家;二是世界多样化与国际关系民主化论;三是本国国情与时代特征结合论;四是大国关系互动论;五是机遇挑战并存论。关于方法论,涉及五个主要方面的关系:一是维护国家利益与对人类作贡献的关系;二是不结盟与战略协作的关系;三是外交布局中大国与发展中国家的关系;四是党际交往与国家外交的关系;五是原则坚定性与策略灵活性的关系。[①] 正是有了这样的理论、这样的认识,才能在面对纷繁复杂的国际形势时,我们国家的外交处变不惊,从容应对。

(二)"负责任的大国"形象得到国际社会的认可

经过 30 年的改革开放,中国正从世界舞台的边缘走向中心,从主流国际体系的外部走向内部,逐渐由一个地区性大国转变成为一个新兴的世界大国。30 年来,中国经历了从局部开放到全方位开放,从"引进来"到"走出去",从"有计

---

① 俞邃:《中国外交理念之传承与发展》,《当代世界》,2008 年第 3 期。

划的商品经济"体系向与国际市场全面接轨的社会主义市场经济体系的深刻转变。中国致力于与国际社会构成利益共生体,广泛深入地融入国际体系。中国参加了近 300 个国际条约,130 多个国际组织,加入了包括亚太经合组织、"10 + 1"、"10 + 3"和上海合作组织等几乎所有周边区域性机制。一个国家在世界舞台上居于什么样的位置,并不取决于这个国家的主观意愿和自我想象,而是反映在两个标志性问题上:首先是看这个国家对世界有多少吸引力,然后是看这个国家在世界上有多少话语权。前者体现在世界上有多少人关注你,谈论你;后者表现在你说话时人们是否在意,有多少人注意倾听,在多大程度上能够被接受。而中国在这两方面都引起了世界的关注,一方面,中国的发展成就和不断上升的国际影响力令世界更加关注中国。"中国责任论"的兴起在一定意义上反映着这种关注。另一方面,中国的声音在世界上正吸引着越来越多的人的关注,中国的态度令世界更加重视。如今,当中国发表意见的时候,全世界几乎所有的国家都会注意倾听,而不会对中国的声音掉以轻心。在越来越多的国际场合,听中国人的意见甚至成了必不可少的一项重头戏。①

中国还积极参加联合国的维和行动,在和平共处五项原则的基础上和世界上所有的国家交往,"互利共赢",共同解决人类面临的问题;力所能及地提供对外援助,减免部分国家的债务。以对外援助为例,改革开放以来,中国在自己发展的同时,不忘帮助第三世界的兄弟国家。中国以经济技术的援助为主,人道主义援助为辅,帮助其他发展中国家培训了大量实用型技术人才,并对遭受重大自然灾害的国家及时提供紧急人道主义救援。在减免债务方面,根据 2000 年中非合作论坛的承诺,中国政府在两年内减免非洲 32 个友好重债穷国和最不发达国家 100 亿元人民币的债务。继减免非洲国家债务后,根据 2002 年 11 月东盟"10 + 3"首脑会议上的承诺,中国政府先后免除也门、孟加拉国、瓦努阿图和基里巴斯等部分到期债务共计 14 笔。截至 2007 年底,中国已同亚洲、非洲、加勒比和南太地区的 49 个重债贫穷国和最不发达国家签署了免债议定书,免除这些国家对华到期债务共计 374 笔。这些举措为促进受援国经济、社会发展做出了积极贡献,解决了他们的实际困难,也以实际行动进一步树立起负责任的大国的形象。②

总结本章,我们发现,20 世纪 90 年代,东欧剧变、苏联解体,冷战宣告结束,世界进入后冷战时代。旧的两极格局已不复存在,但新的世界格局尚未形成,虽

---

① 徐坚:《改革开放 30 年中国国际地位的提高》,《当代世界》,2008 年第 3 期。
② 王蔚、朱慧博:《简析改革开放以来中国的对外援助》,《毛泽东邓小平理论研究》,2008 年第 8 期。

然世界的"多极化"趋势日趋明显,但却时常受到以美国为首的西方世界的"单极"挑战,世界仍不太平,冷战时期压抑的民族宗教矛盾不时爆发,严重影响国际安全。

后冷战时代,全球主要文化力量在不同地区展开诸如渗透与反渗透、输入与输出、和平演变与反和平演变等各种各样的较量。无论如何,后冷战时代全球主要文化力量将在很长一段时间内整体呈现这样一种态势,即俄罗斯文化力量总体下降、西方文化力量仍将上升、伊斯兰文化力量继续复兴和中国文化力量持续攀升。因此,中亚作为一个意识形态的"真空带"、经济发展的"处女地"和政治转型的"试验田",多种文化力量此消彼长的态势必将在这里继续有所反映,且这种反映又将反过来影响到这种态势的变化。事实上,中亚各国的独立直接源于俄罗斯文化力量与西方文化力量较量中前者的失败,俄罗斯和中亚各国独立之初全盘转向西方寻求发展之路亦很能说明这一问题。但是,随着中亚各国经济的不断发展、政治的日渐成熟和自身文化力量的不断增强,中亚各国在选择未来发展道路的问题上将不会再走全盘"西化",或全盘"俄罗斯化",或全盘"伊斯兰化"的道路。因此,总体把握后冷战时代全球主要文化力量的消长变化,有助于我们理解其对中亚政局变化的影响及两者相互之间持久的互动关系。

第二章　中亚各国独立以来的
政局变化

　　1991年,哈萨克斯坦、吉尔吉斯斯坦、塔吉克斯坦、土库曼斯坦和乌兹别克斯坦五国纷纷宣布独立。独立伊始,中亚五国旋即陷入了全面的经济危机之中。各国政府在积极采取措施进行应对的同时,加快了经济体制改革的步伐。自1996年以后,各国经济开始出现不同程度的回升。相对于经济体制改革所取得的成效而言,中亚五国的政治体制改革可谓是困难重重、险象环生。

　　独立之初的哈萨克斯坦和吉尔吉斯斯坦将西方的自由民主制度及三权分立的运行模式引入了政治生活,结果三权掣肘,最终影响了政局的稳定。哈萨克斯坦通过修改宪法、议会改革,不断减少议会权力,加强总统权力,基本完成了从三权分立式的总统制向总统集权制的过渡,较好地维持了政局的稳定。而吉尔吉斯斯坦总统阿卡耶夫终因树敌过多,未能有效解决总统与反对派之间的矛盾,在2005年遭遇"郁金香革命"而流亡俄罗斯。巴基耶夫成为吉尔吉斯斯坦总统后,所面临的政治局势更加复杂,吉尔吉斯斯坦面临新的政治危机的威胁。2010年,吉尔吉斯斯坦爆发大规模骚乱,巴基耶夫被赶下台。与哈萨克斯坦和吉尔吉斯斯坦不同,土库曼斯坦和乌兹别克斯坦的政治演变始终遵循着自己的独特轨道:实行强有力的总统集权制,严格控制反对派。因此,没有发生类似于哈萨克斯坦或吉尔吉斯斯坦的那种总统与反对派之间的尖锐对峙的情况。但乌兹别克斯坦却遇到了比其他中亚国家更为严重的来自乌兹别克斯坦伊斯兰运动和伊斯兰解放党为代表的宗教极端组织的威胁。而塔吉克斯坦自独立之初就经历了持续五年半之久的内战。国民经济全面崩溃,各项事业出现前所未有的衰退。在国际社会以及交战双方的共同努力下,塔吉克斯坦最终实现了民族和解,政局趋于稳定,整个国家正朝着经济复兴、和平、稳定的方向发展。

第一节　独立初期中亚政局的总体状况

　　中亚五国在独立初期都面临着发展经济、确立政治体制、保持政局稳定、完善国家制度和开展外交活动等多方面的问题,各国都为巩固独立和推动国家建设做了大量工作。

一、经济领域的变革

独立伊始,中亚五国即陷入了全面的经济危机之中。国内生产总值、工业总值和基本建设投资持续下降,财政极度困难,导致前所未有的恶性通货膨胀,经济形势严峻。1992 年哈萨克斯坦和吉尔吉斯斯坦的通货膨胀率高达 2 000%,1993 年两国的通货膨胀率分别为 2 200% 和 1 366%。① 直至 1997 年,中亚多数国家的通货膨胀才基本得到控制。在这场延续五年之久的经济危机中,物价不断上涨,导致居民购买力和实际工资水平下降,居民生活困难。据相关资料显示,1995 年 10 月,乌兹别克斯坦职工月平均工资为 1 800 苏姆(约合 26 美元),最低工资为 860 苏姆(约合 12 美元)。吉尔吉斯斯坦 1996 年 1—8 月,职工平均工资为 458 索姆(约合 34 美元),最低工资为 75 索姆(约合 5.6 美元)。哈萨克斯坦的经济情况与乌、吉两国相差无几。土库曼斯坦居民生活水平则比上述三国还要低,肉奶制品几乎与低收入者无缘。塔吉克斯坦居民生活水平在中亚五国中最低,普通居民很少食用鱼肉蛋之类的食品,个别年份甚至出现半饥荒的现象。②

面对经济形势的急剧恶化,各国政府在积极采取措施进行应对的同时,也加快了经济体制改革的步伐。各国先后进行了所有制改革、价格体制改革、财政金融体制改革、外贸体制改革和农业体制改革以促进经济的增长。但是,对于建立什么样的市场经济体制、国家在经济转轨中的作用、实现转轨的具体方式和速度等问题上,各国并不完全一致。哈萨克斯坦和吉尔吉斯斯坦两国认为在由计划经济向市场经济过渡的过程中,市场本身能够自发地实现体制转轨、经济和社会结构变革、各种社会经济关系整合,因而不主张国家对经济进行过多的干预。因此,继俄罗斯之后,它们紧接着也推行了"休克疗法",即通过大规模放开物价以快速实现经济体制的转型。正是这种激进改革导致两国 1991—1994 年国内生产总值分别下滑了 43% 和 48%,国内经济和人民生活水平大幅下降,犯罪率上升,各种社会矛盾尖锐,甚至影响到了政局的稳定。土库曼斯坦和乌兹别克斯坦根据国情采用了渐进式改革,但两国在具体做法上略有差异。土库曼斯坦主张国家对经济活动实行严格的掌控,认为通过渐进方式引入市场机制对本国更有保障。乌兹别克斯坦则主张在渐进实现经济体制变革的同时,国家应给予必要

① 赵常庆:《中亚五国概论》,经济日报出版社,1999 年版,第 62 页。

② 赵常庆:《中亚五国概论》,经济日报出版社,1999 年版,第 64 页。

的干预。由于采取了较为谨慎的做法,土库曼斯坦在 1991—1994 年间的国内生产总值下降了 29%,同期乌兹别克斯坦的国内生产总值下降 17%,与其他四国相比下降幅度最小。

在经历了经济体制改革初期的摸索与尝试之后,中亚各国对经济转轨模式进行了一定程度的调整,强调应建立国家干预的混合经济模式。自 1996 年以后,各国经济开始出现不同程度的回升,国民生产总值有所增长,吸引外资情况也有所好转,各项经济指标都显示出一定的发展态势。但是,对五国而言,发展经济的重任仍然非常艰巨。

二、政治体制的确立

政治体制的确立与完善是中亚五国要解决的另一个重要问题。独立后,各国提出政治体制改革的目标就是要实行政教分离,建立民主法制国家。为实现政治体制改革的这一目标,各国积极进行国家政权的组织形式、管理形式以及其他相关国家政治活动的制度的建立。总体来看,各国都选择了将资本主义民主制作为国家政治体制转轨的目标,将总统制作为国家政权组织形式,三权分立作为国家政权机构的组织与活动原则。①

（一）国家政体

中亚国家在政体上都选择了总统制。根据各国宪法规定,由选民直接选举产生。总统拥有广泛的职权,包括制定国家战略、领导政府活动、批准和驳回国家有关法律、统领全国武装力量、宣布战争状态和代表国家签署条约等。在后来的政治实践中,总统的权力又得到不同程度的加强,总统制的集权色彩日趋浓厚。土库曼斯坦宪法规定总统是法定的国家元首和政府首脑,总统通过自己领导的人民会议控制立法权,通过控制司法机关长官的任免权操纵司法权,实际上集立法、行政和司法权于一身。乌兹别克斯坦总统一直处于国家权力的中心地位,尽管政府首脑在形式上由另一人担任,但是总统是法定的内阁主席,直接领导政府的工作。同时,总统利用过去自己领导的人民民主党和地方政权机关的党团代表控制议会,使议员任期不断变化,将总统任期由 5 年延长为 7 年,而且总统拥有直接任命 7 名议员的权力,从而使议会中拥戴总统的力量得到加强。总统拥有委任宪法委员会主席和 2 名委员的权力,加强了对最高司法机关的控制。吉尔吉斯斯坦总统通过修改宪法加强了对议会的控制,扩大对政府组成和工作的决定权,扩大了对司法机关长官的任免权,从而使总统处于国家权力的

---

① 杨丽、马彩英:《转型时期的中亚五国》,甘肃人民出版社,2003 年版,第 70 页。

中心地位。①

独立之初,各国总统适当集权的确有利于政局的稳定和政令的贯彻,但是随着政局日趋稳定,总统集权的弊端就开始显露出来。实践表明,总统集权会使权力制衡机制明显减弱,最终导致专制、决策失误和政治腐败。而反对派恰恰就是抓住了这些问题,不断与政府进行较量,进而引起政局动荡。

(二)国家机构组织原则

三权分立是西方民主制的重要原则,它是将立法权、行政权与司法权交由不同的国家机关来行使,通过权力的相互制衡防止腐败、维护民主的一种原则。独立后,中亚国家采用了三权分立作为国家机构的组织原则。立法权、行政权和司法权分属于议会、政府和法院。议会行使立法权,其主要职能有:根据总统提名或建议批准内阁总理和内阁成员的组成;选举宪法监督委员会;根据总统提名,任命总检察长和国家仲裁长;对国家政治、经济生活等重大问题以及社会、民族、文化和环保等进行立法调节等等。目前,中亚各国大多建立了两院制议会制度,哈萨克斯坦、吉尔吉斯斯坦、塔吉克斯坦分别在 1995 年、1996 年和 1999 年开始实行两院制。土库曼斯坦在立法制度方面与其他邻国有所不同。在土库曼斯坦,议会职能由总统和人民会议共同行使,行政权归属于政府。根据各国宪法规定,政府的行政职能有:确保国家法律和各项决议的贯彻执行;制定国家经济、社会和文化发展纲要并组织、领导和参与实施;制定和实施国家的财政预算;制定和实施国家对外政策;领导所属各级部委以及地方行政机关的日常工作;组织和实施对国家财产的有效管理等。根据三权分立原则,各国宪法都确认国家司法权的独立性,即其活动独立于立法机构和行政机构,不受干涉。根据宪法规定,只有法院享有司法审判权,可以从事司法活动,其职权有:依法审理各类诉讼案件;最高法院解释司法实践、监督各级法院的活动;仲裁机关解决国家生活,特别是经济生活中产生的各类争议和纠纷。

中亚各国在形式和结构上较为成功地采纳了西方的民主制度,但是并未成功地吸收西方民主制的内核。其三权分立的实践与原则相互背离,确切地说是有分权但权力失衡。各国都建立了立法机构,但却称不上是真正的、拥有实权的代议的立法机构。各国都有自己的司法系统,但却没有为司法独立创造必要的条件。在三权中,行政权明显大于立法权和司法权,而在行政权中,总统权力又远远高于政府权力。这表明,"中亚各国的现实政治制度不是以三权分立和权力制衡所产生的和谐和制约功能为前提的,恰恰相反,中亚各国政治制度是以总

①　李静杰:《十年巨变》,中共党史出版社,2004 年版,第 68 页。

统权力最大强化,议会功能最大弱化,司法权力最小仲裁化为运行特征的。"①

（三）政党制度

在政党制度建设上,除土库曼斯坦外,各国均由一党制转变为西方式的多党议会民主制。但是,由于各国总统在国家政治生活中享有绝对权威,这就使得这些国家的政党无法发挥其作用。而且当局对待各种政党的态度也有很大不同,对拥戴总统的政党给予很大方便,而对反对党却加以种种限制。最终使得政党在国家政治生活中成为了一种点缀和陪衬,无法挑战和制约国家权力。由此可见,中亚国家的多党制还在形成之中,与真正意义上的多党制还有一定距离。

（四）干部制度

独立后,为维护国内秩序和加强管理,各国都对原有的干部管理制度进行了修改。废除了原有的地方官员选举制,改为行政长官垂直任命制。州和国家直辖市的行政长官由总统任命,对总统负责,区和州直辖市的行政长官由州长任命,对州长负责。这种干部任命制度虽然有利于加强总统对国家的控制,扭转无政府状态,但却难免导致裙带政治的弊端。如在哈萨克斯坦,一些国家领导人及其亲属把持国家重要部门,依靠裙带关系任用干部。在乌兹别克斯坦,国家机关中出现家族一同乡集团,这种集团竭力把自己的亲属和友人推荐到各级领导岗位上,以牟取集团利益。而且中亚各国干部更换频繁,与此也有一定关系。各国在干部制度建设中面临的另一重要问题就是突出主体民族的地位。各国从国家领导人到各部门的重要领导职务,甚至各级地方行政长官,绝大多数由主体民族干部担任,其他民族特别是外来民族的人很难得到重用。例如,在哈萨克斯坦国家各部门的重要职务 80% ~90% 由哈萨克人担任,而哈萨克人仅占全国人口的50% 左右;吉尔吉斯斯坦 1995 年选出的议会中吉尔吉斯人的代表占 90%,而吉尔吉斯人仅占全国人口的 50% 左右。如果这样的干部政策持续下去,势必会对日后的民族关系产生不良影响。②

（五）对外政策

对于独立的中亚五国来说,如何开展外交活动是一个全新的领域。在这方面不仅有大量工作要做,而且还存在着很多困难,如组建机构和制定外交方针等,而刚独立的中亚各国既缺乏经验、人才,又缺乏对外交工作来说不可缺少的外汇,这些都严重地影响了外交工作的开展。但是,各国还是积极开展工作,取得了不少成绩。1992 年 3 月 2 日,中亚国家同时加入联合国,成为国际社会的平等一员。它们还很快获得了世界上近百个国家的承认,并与之建立了外交关

---

① 杨丽、马彩英:《转型时期的中亚五国》,甘肃人民出版社,2002 年版,第 73 页。
② 李静杰:《十年巨变》,中共党史出版社,2004 年版,第 68 页。

系。各国还先后加入了一系列国际机构和国际财政金融组织。成功的外交不仅对树立独立国家形象和在国际社会立足方面发挥了作用,而且对巩固国家独立和保障国家安全也起到了一定的作用。

三、独立后的内外安全

中亚五国独立之初,各国内部发展极不平衡,民族宗教问题错综复杂,社会发展落后,周边自然、地理环境恶劣,其地缘政治经济缺点突显无遗。因此,独立后中亚地区的安全状况并不令人十分满意,它始终面临着各种各样的传统和非传统安全的挑战。

传统安全,主要是指以军事安全为核心的安全。中亚五国原来没有军队,独立后各国面临的最迫切的传统安全问题就是建立独立的民族国家军队。最初,中亚五国都希望在独联体框架内保持统一的军队,实施共同防御。但是,1992年俄罗斯与乌克兰关系恶化后,除吉尔吉斯斯坦之外,其他四国都开始着手组建独立的国家军队。中亚各国的军事力量主要是其所继承的前苏联在中亚留下的军事遗产,军事体制也基本沿用了前苏联或参照了俄罗斯的模式。独立初期,中亚五国由于资金所限、军事基础差,无法在短时间内建立起独立的安全和国防体系,军事力量远远无法担负起保卫国家安全的重任。这就决定了各国在制定对外政策和安全构想时,不得不考虑如何利用非军事手段,以及借助外部力量维护本国的独立、主权和领土完整。近年来,中亚五国提出"合理足够防御"的国防战略原则,调整了战略重点,对因政治、宗教、民族和领土纠纷等矛盾引发军事冲突的可能性,以及国家将面临的战争威胁程度、规模进行了重新评估,从而制定出以"规模适度"的武装力量应付军事冲突和保障国家安全的原则。①

非传统安全,主要是指军事以外的其他安全。在传统安全威胁相对下降的情况下,非传统安全对中亚国家的威胁正在逐步上升,并成为影响中亚国家安全的最主要因素。这些威胁主要包括:极端势力的恐怖活动、民族冲突、毒品走私、大规模杀伤性武器扩散、小武器和轻武器扩散、环境恶化以及水资源匮乏等问题。

(一)"三股势力"的恐怖活动

独立之后,为了国家稳定的需要,中亚国家在很大程度上利用了宗教力量。但是,随着宗教势力的介入,伊斯兰极端势力也随之进入中亚。宗教极端分子利用激进原教旨主义派别的政治理念和信仰体系,煽动宗教狂热,欺骗和麻痹追随者。这些极端组织与国际恐怖势力同流合污,不断制造恐怖活动,破坏中亚国家

---

① 朱成虎:《十字路口:中亚走向何方》,时事出版社,2007年版,第66页。

社会秩序和威胁地区安全,影响中亚国家的政治和经济发展进程。

(三)民族宗教冲突是中亚国家面临的另一个安全挑战

中亚地区是一个多宗教、多民族地区,各种宗教和众多民族齐集于此。苏联时期,人为的边界划分使得多民族跨国界分布现象非常普遍。现在的中亚国家都是以主体民族为基础建立起来的民族国家。尽管各国政府无一例外都强调各民族之间的平等,但是不同民族,尤其是少数民族与主体民族之间政策的差异还是显而易见的。这种主体民族与其他民族在国家政治、经济和社会文化生活中地位的差异必然会引起各国内部的民族矛盾。加上许多民族都是跨国而居的,往往某一个国家内部的民族问题,有可能演变成为国与国之间的争端。

(三)毒品走私对中亚的影响日趋严重

目前,中亚的近邻阿富汗已成为世界上最为重要的毒品产地之一。据联合国禁毒署资料显示:自 2002 年以来,阿富汗生产的毒品连年超过 3 000 吨。此外,中亚地区的气候适合生长罂粟和大麻,仅野生罂粟每年就可制成 30 吨鸦片。另据联合国毒品控制和预防犯罪办公室统计:阿富汗生产的毒品 65% 经中亚国家转运到俄罗斯和欧洲市场,而中亚国家的执法机关仅能截获其中的 10%。联合国有关专家认为:从 20 世纪 90 年代初至今,中亚毒品通道流量增长了数十倍,几乎每天都有边境哨卡截获走私毒品的消息。2001 年初,在阿拉木图附近的古里萨拉村,警方就查获来自阿富汗的海洛因 340 公斤。哈萨克斯坦警方仅在 2001 年第一季度就缴获境外毒品 11 吨,较 2000 年同期增长近 4 倍。塔吉克斯坦于 2002 年共查获各类毒品 7 吨,其中有 4 吨是海洛因。此外,走私、制造和贩卖毒品的盛行导致中亚地区吸毒人数不断增加,并给各国带来严重的社会问题。据统计,中亚各类案件中有 10% 与毒品有关。事实上,阿富汗的毒品生产每年都在增长(见表 2.1 和 2.2)。

表 2.1 阿富汗的鸦片生产

年份	1997	1998	1999	2000	2001	2002	2003	2004	2005	2006	2007	2008
产量(吨)	2804	2693	4565	3276	185	3400	3600	4200	4100	6100	8200	7700
鸦片种植(万公顷)	5.8416	6.3674	9.0583	8.2171	0.7606	7.41	8.0	13.1	10.4	16.5	19.3	15.7
毒品生产省份数量	—	—	18	22	23	—	28	32(全部)	26	28	21	—

资料来源:联合国毒品与犯罪管理署《2009 年世界毒品报告》,联合国·纽约,2009 年。

表2.2　与世界各国相比伊朗和阿富汗查收鸦片毒品的数量(公斤)

年份 国家	2002	2003	2004
海洛因			
伊朗	13498(18%)第一位	16390(16.8%)第二位	17593(18%)第二位
阿富汗	1292(2%)第九位	900(>2%)第十二位	2473(3%)第九位
鸦片			
伊朗	72856(76%)第一位	97575(73%)第一位	174091(83%)第一位
阿富汗	5582(6%)第二位	8412(6%)第三位	21446(10%)第二位

资料来源:《鸦片/海洛因市场趋势》,《2004年世界毒品市场》,五,一,分析;《鸦片/海洛因市场趋势》,《2005年世界毒品报告》,五,一,分析;联合国毒品与犯罪管理署驻俄罗斯和白俄罗斯地区代表处报告:《2005年俄罗斯联邦毒品非法流通趋势》附件,莫斯科,2006年。

(四)大规模杀伤性武器扩散

苏联解体后,前苏联地区遗留的核、生、化武器库都存在失控的危险,而核武器、核材料、核技术和核人才四个层次的扩散危险尤为严重。据俄罗斯当局称,自1991年以来,俄罗斯境内和前苏联其他加盟共和国境内40多处核设施和苏联时期核材料堆放处的核裂变材料,已发生23起图谋盗窃事件。中亚是核原料走私和交易的重要地区。在苏联时期,中亚是其生产核原料的基地。独立后,哈萨克斯坦虽然关闭了它的核试验基地,参加了核不扩散条约,但是并没有丧失成为核国家的潜力;乌兹别克斯坦是世界上第三大铀矿储藏国;塔吉克斯坦也有丰富的铀矿,且具有制造浓缩铀的能力;吉尔吉斯斯坦也有丰富的铀储量,而且还有前苏联遗留下来的核废料。因此,这个地区仍具有扩散大规模杀伤性武器的严重威胁,也存在非法走私核原料的危险。[①]

(五)小武器和轻武器扩散

中亚各国作为冷战后独立的几个国家,其本身所伴生的多种不利因素,如边界纠纷、民族矛盾、毒品贩运、宗教偏执以及与阿富汗毗邻等,一直刺激着该地区小武器和轻武器的扩散及滥用。具体而言,哈萨克斯坦早在苏联时代就已是轻小武器和弹药生产国;吉尔吉斯斯坦则是弹药生产国;塔吉克斯坦是一个冲突后需要重建的社会,1992—1997年内战给它遗留下了大批小武器和轻武器;乌兹别克斯坦和土库曼斯坦从前苏联继承了大量小武器和轻武器库存,而且这两个

---

① 朱成虎:《十字路口:中亚走向何方》,时事出版社,2007年版,第71页。

国家在独立后一直都在致力于加强其军事力量。另外,乌兹别克斯坦领土上还有大量国际武装力量存在。与此同时,这些国家还不得不面对世界范围内与小武器和轻武器相关联的诸多问题,如政治腐败、有组织犯罪、贫穷落后、脆弱的安全部门和涣散的国家监督等等。

在 1992—1997 年的内战中,塔吉克斯坦武装叛乱分子的武器装备主要来自阿富汗边界,政府武装力量的武器则由乌兹别克斯坦和俄罗斯提供。在乌兹别克斯坦,政府与该地区最活跃的武装派别乌兹别克斯坦伊斯兰运动之间的矛盾异常尖锐,该运动发动的暴力恐怖事件一般都旨在推翻卡里莫夫政权。哈萨克斯坦是该地区唯一的武器生产者。据称,1/5 的哈萨克斯坦人拥有武器,而且国内 80% 的犯罪都是通过使用武器完成的,而这些犯罪又都由有组织犯罪团伙操控。哈萨克斯坦相对饱和的货币市场也促进了装备精良的武装犯罪团伙的增长,这些团伙互相敌视并对个体商人实施攻击。在被认为是中亚最为自由的吉尔吉斯斯坦,每 70 人中就有一人注册持有武器。在该国,武装犯罪呈上升趋势,近几年已发生多起针对商人、高层官员和国外外交官的袭击事件。这些犯罪在光天化日之下就发生在该国首都比什凯克,这令公众的不安全感与日俱增。①

综上所述,中亚五国在独立之初就陷入了经济危机的泥潭。在实现经济转轨的同时,各国还迫切需要确立政治体制、保持政局稳定、完善国家制度和开展外交活动。虽然解决这些问题对刚独立的中亚国家而言的确存在诸多的困难,但是各国都积极致力于寻找解决问题的途径和办法。各国不仅实现了经济体制的转轨,建立了总统制政体,而且还努力保持着政局的稳定。

第二节　稳中有进的哈萨克斯坦

1991 年 12 月 1 日,哈萨克斯坦最高苏维埃宣布国家独立,12 月 6 日哈萨克斯坦共和国独立法颁布。综观哈萨克斯坦独立以来的政治发展轨迹,我们可以看出哈萨克斯坦采取的政治模式对其政局稳定有着极其重要的意义。独立之初,哈萨克斯坦一如俄罗斯,将西方的自由民主制度及其立法、司法和行政三权分立的运行模式引入其政治生活,结果三权掣肘、争吵、推诿等现象愈演愈烈,导致一些重大改革举措议而不行,决而不断,最终影响了政局的稳定。② 面对这种情况,哈萨克斯坦于 1993 年底宣布议会自行解散,之后又通过修改宪法和几次议会改革,削弱议会权力,加强总统权力,基本完成了从西方式三权分立制向总

---

① S. 尼尔·麦克法兰、斯提娜-托列森:《吉尔吉斯斯坦革命后小武器的扩散》,日内瓦高等国际关系研究生院,2007 年,第 27 页。
② 王鸣野:《美国的欧亚战略与中南亚五国》,新疆人民出版社,2003 年版,第 74 页。

统集权制的过渡,较好地维持了政局的稳定。

一、独立以来哈萨克斯坦政局的变化

(一)1993 年第一次解散议会

1992 年 1 月,哈萨克斯坦总统纳扎尔巴耶夫效仿俄罗斯"休克疗法",开始了本国的经济改革。5 月,纳扎尔巴耶夫提出国家发展战略,要求分三个阶段在15—20 年内实现建立社会市场经济的战略目标,但是改革实践却事与愿违:改革第一年,经济发展出现严重衰退,私有化也带有极大的盲目性和自发性,缺乏统一部署和管理。这使总统纳扎尔巴耶夫与议会在国内改革方针问题上产生了严重分歧。11 月,在总统拥护者的策划下,许多地方的苏维埃自行解散,迫使共和国最高苏维埃于 12 月中旬停止活动,并决定于 1994 年 3 月提前选举新议会。1993 年 12 月,纳扎尔巴耶夫迫使原议会解散,把权力移交总统和地方政权机关。1994 年 3 月 7 日,哈萨克斯坦选举新的多党派职业议会。这一由多种政治力量代表组成的立法机关在重大问题上仍然难免与总统和政府产生分歧,也就注定了 1995 年议会再次被解散的命运。

(二)1995 年第二次解散议会

在新议会中,反对派势力不断增强,他们要求纳扎尔巴耶夫修正改革方针,加快制定新的经济改革纲领。1994 年 5 月,议会通过了对政府经济改革方针的不信任声明。表面上是针对政府,但政府的经济改革方针是纳扎尔巴耶夫亲自制定的,因此实际上是针对总统本人的。当纳扎尔巴耶夫建议保住以捷列先科为总理的政府时,议会中的反对派议员表示,如果该政府在 3—4 个月内仍无所作为,他们将提出对政府以及总统的不信任案。10 月后,纳扎尔巴耶夫出于无奈,不得不迫使以捷列先科为总理的政府集体辞职。12 月,总统提请议会审议土地私有制、将俄语定为第二国语和修改宪法中关于"哈萨克斯坦是自决了的哈萨克民族国家形式"的表述这三个重要问题时,议会则认为这三个问题都危及哈萨克人的根本利益,拒绝审议。1995 年初,议会又拒绝批准政府的预算方案。就在议会与总统僵持不下之时,1995 年 3 月 6 日哈萨克斯坦宪法法院裁定1994 年 3 月 6 日举行的议会选举粗暴违反"选举法",中央选举委员会组织选举的 3 项法律文件违反宪法,影响了选举的结果,因此该届议会选举结果为无效、非法。3 月 11 日,纳扎尔巴耶夫紧急举行记者招待会,他在会上宣布解散 1994年 3 月建立的议会,新议会的选举将在 2—3 个月后举行,同时接受政府辞职。但是,纳扎尔巴耶夫认为,尽管议会被解散,但并未从根本上消除威胁,于是他借用 3 月 24 日民族大会的名义,要求对延长总统任期至 2000 年的问题进行全民公决。

1995年4月29日,哈萨克斯坦就是否将现任总统纳扎尔巴耶夫的任期延长至2000年12月31日举行了全民公决,91%以上的公民参加了投票,95.6%的投票者赞成延长总统任期。在1995年8月举行的关于修改宪法和扩大总统权力的全民公决以及12月举行的新议会选举中,纳扎尔巴耶夫总统均获全胜。根据新宪法和选举法的规定:议会由一院制改为两院制,由参议院和马日利斯(众议院)组成,议员职业化。参议院由每个州、直辖市和首都各选出的2人,以及总统指定的7人组成;众议院由每个选区各选出的1人和由各党派选出的10人组成。参议员任期6年,众议员任期5年。新议会的权力仅仅被局限于单纯的立法工作;政府负责经济工作;组建新司法委员会负责执法;总统成为这些权力的仲裁者。在未来的国家政治生活中,总统有权解散议会,议会也获得了弹劾总统的权力。

纳扎尔巴耶夫成功加强了总统权力,但这却引起了反对派更大的不满,他们在政府和议会外结成反政府同盟,并借机与总统和政府进行对抗。

(三)1996年哈萨克斯坦政局局部动荡

1996年11—12月,哈萨克斯坦南部一些城市爆发了一系列抗议示威,有的地方还出现不同程度的骚乱。11月以来,几个大城市接连发生群众上街闹事的情况,如奇姆肯特市有数千居民上街,愤怒地指责当地官员,并有人捣毁汽车。在肯套市,12名妇女手持装有汽油的瓶子来到市政府,要求当局马上发放拖欠她们丈夫几个月的工资,否则将集体自焚。与此同时,反对派也借机多次举行大规模抗议集会,并要求总统和政府辞职。11月17日,"公民运动"等在未获当局批准的情况下,数百人来到阿拉木图市的瓦列汉诺夫广场,用白布捂嘴,以抗议当局对反对派言论的压制。12月8日,"公民运动"、"独立工会"和"工人运动"等反对派组织又在阿拉木图市中心举行集会,与会者多达1 500人左右。首次喊出了"打倒总统"和"总统下台"的口号。"公民运动"主席奥埃佐夫在大会上发表演讲,要求纳扎尔巴耶夫为其出任总统5年来的严重局势负责,并号召人民选出一个可信赖的政府取代现在的卡热格尔金政府。"工人运动"主席伊斯马伊洛夫要求成立独立调查委员会,对以捷列先科为首的前政府和以卡热格尔金为首的现政府进行调查。

当时的哈萨克斯坦之所以会产生如此大规模的社会动荡,其间既有深刻的经济原因,也有反对派的推波助澜。持续的经济危机是引发这一系列事端的基本原因。1992—1995年,哈萨克斯坦国内生产总值分别下降13%、12.9%、27.4%和9%。由于盲目效仿俄罗斯采取"休克疗法",大部分企业亏损或停产,1995年初就已有很多人领不到工资。同时,哈萨克斯坦外债拖欠严重。1995年欠国外贷款总额为25亿美元;1996年仅欠乌兹别克斯坦天然气款就达2 600万美元。财政上内外交困,社会保障系统几乎瘫痪。1996 年 9 月,哈萨克斯坦政府下令,对长期拖欠水、电、气、暖费用的用户,停止能源供应。这一措施使多数已经断绝经济来源的居民更是雪上加霜,人们对当局的不满情绪日益严重,社会矛盾进一步加剧。同时,反对派抓住这一时机对政府发起进攻。

尽管 1996 年底发生在哈萨克斯坦的动荡局势异常严重,但由于西方式的民主政治在哈社会尚无根基,大多数民众希望政局稳定、社会安宁,对各党派之间的斗争不感兴趣,"打倒总统"等过激口号只能引起他们的反感。因此,反对派掀起的风潮只局限在首都阿拉木图和南哈萨克斯坦州几个较发达的大城市,其他广大地区反响不大。但是,如果哈萨克斯坦总统和政府不能够有效地解决经济危机以及由此引发的社会危机,那将会给总统和政府带来极大的负面影响,不利于政局的稳定。

从上述事实可以看出,当时主要有两个问题影响着哈萨克斯坦政局的稳定:其一,经济问题。严峻的经济形势迟迟未能扭转,导致人民普遍不满;其二,自独立以来,纳扎尔巴耶夫总统通过两次解散议会、以全民公决方式延长总统任期、修改宪法和频繁更换内阁等办法,不断加大对反对派打击的深度和广度,排除异己,大大加强了自己的总统地位和权力,但同时也扩大了对立面的阵营。就是这两个未得到有效解决的问题在 1998 年再次引发了总统与议会之间的危机。

(四)1998 年哈萨克斯坦决定提前进行总统大选

1998 年 9 月 30 日,纳扎尔巴耶夫总统向哈萨克斯坦议会上下两院提出关于修改宪法的建议,以促进选举体制改革。10 月 7 日,议会两院举行联席会议,没有立即讨论总统的修宪建议,而是由主持人宣读了有两院绝大多数议员签名的"新修宪补充议案书"。其主要内容包括:提高议会两院议员任期年限;总统任期由原定的 5 年延至 7 年;在一定条件下议会有权决定提前结束总统任期及提前进行总统大选等。另据俄罗斯新闻媒介报道,有的议员公开指责纳扎尔巴耶夫任人唯亲,利用亲信和家族把持国家经济大权,营私舞弊,中饱私囊。有的议员甚至提出要对纳扎尔巴耶夫进行弹劾。一场议会与总统之间的危机骤然爆发。为尽快消除危机,总统方面与议会两院进行紧急磋商,最后决定三方各派代表 3 名,组成 9 人调解委员会。期间,总统向议会做出让步,同意在议会两院联席会议上一并讨论议员们提出的有关宪法补充、修改条款。10 月 8 日晚达成了各方都接受的修宪协议,其主要内容包括:(1)提前进行大选。纳扎尔巴耶夫接受议会的决定,提前结束原定到 2000 年的总统任期,准备参加将于 1999 年 1 月举行的新一轮总统选举。(2)变更总统和议会任期。总统任期由原来的 5 年延长到 6 年;议会上下两院任期由 4 年、5 年延至 5 年、7 年。(3)放宽某些限制性条款。取消总统候选人必须在 65 岁以下的规定;简化议会下院选举程序,其议员数由 67 席增至 77 席。(4)扩大议会权限。按修改后的宪法条文,内阁部长的任命必须经议会批准。

舆论认为,纳扎尔巴耶夫总统面对议会的挑战,没有断然解散议会,而是基本接受议会的要求,同意放弃延长总统任期的公决结果和提前大选,是迫于形势和基于长远的战略考虑。第一,纳扎尔巴耶夫如再以解散议会而自保,很可能引起社会动荡。第二,提前大选可以避开中亚国家总统换届的高峰期。第三,离大选日期只有 3 个月,反对派仍然派系林立,很难产生出一个强有力的竞选代表人物。而纳扎尔巴耶夫政治经验丰富,且有人民统一党和民主党两大重要政治组织支持,对再次赢得大选充满信心。第四,自国家独立以来,纳扎尔巴耶夫就积极推行多边平衡外交,为哈萨克斯坦争取到了一个和平、宽松的国际环境,与俄罗斯、中国、欧美和穆斯林世界的关系都在正常平稳发展,这些都是纳扎尔巴耶夫参加竞选的有利条件。参加 1999 年 1 月总统竞选的候选人除纳扎尔巴耶夫外,还有前总理卡热格尔金、共产党领导人阿布季尔金、议会上院议员加巴索夫和某研究中心负责人巴济尔巴耶夫等。事实证明,这是一次没有悬念的选举,纳扎尔巴耶夫在 1999 年 1 月大选中以优势选票再次蝉联总统,任期到 2006 年。

同年 10 月 10 日,哈萨克斯坦举行议会选举,在议会中拥护纳扎尔巴耶夫总统的政党获得多数席位。2000 年 6 月 22 日,议会两院通过提高总统权限法案,并赋予纳扎尔巴耶夫终身特殊权力,如就重要问题向全国、议会和政府发表演讲,领导"人民议会",对未来总统和政府要员的人选提出建议,成为国家安全会议终身成员等。这些举措使总统集权管理体制进一步稳固。

面对纳扎尔巴耶夫不断取得的胜利,反对派开始向外寻求支持,他们多方游说以期获得国际社会的支持。反对派领袖人物卡热格尔金因受过行政处罚而被取消总统候选人资格之后,长期在国外多方游说,多次与美国国家安全委员会、国会国际事务委员会、人权委员会和国际关系委员会等领导人会谈,感谢美国政界对其不承认哈萨克斯坦总统和议会选举结果并要求重新选举的支持。1999年 10 月 27 日,哈萨克斯坦 13 个反对党近 300 名代表召开大会,成立新的联合政党"人民民主党",抨击当局篡改选举及民意测验结果,呼吁国际社会不要承认无效的选举,并要求于 2000 年进行新的大选。1999 年 11 月 13 日,哈萨克斯坦 10 个反对派政党联名致函欧安组织峰会,希望欧安组织支持哈萨克斯坦重新选举,他们还派出 10 人代表团先后前往巴黎、华盛顿等地散布对哈萨克斯坦当局的不满言论,争取西方直接援助,并在这些城市建立办事机构。2000 年 1 月30 日,卡热格尔金拥护者举行全国性抗议示威活动,向政府施压,要求纳扎尔巴耶夫与卡热格尔金等反对派进行政治对话,承认在大选中作弊,并于次年重新举行大选。3 月 31 日和 6 月 27 日,反对派再次举行游行示威,提出修改宪法和选举法,将总统权力重给议会和政府。之后,伴随着 2002 年美国和北约借反恐之际进入中亚地区,以及 2004 年中亚各国面临新一轮的总统更迭,反对派认为时机已到,遂不断掀起瓦解总统制集权政体的浪潮,与总统和政府展开多次较量。

（五）2002—2004 年间的政局变化

2001 年底,哈萨克斯坦副总理、国防部副部长、个别州的州长等高官与反对派共同成立"哈萨克斯坦民主选择运动",将原有的各中小反对派组织联合于这一新旗帜下。这是哈萨克斯坦独立以来,在执政内阁内首次出现数量如此之多、职位如此之高的反对派人物群体。反对派领袖卡热格尔金于 2002 年也在俄美一些政治家的支持下加紧活动,批评哈萨克斯坦现行政体与世界"民主潮流"不符。哈萨克斯坦反对派明确提出改革现行政体、限制总统权力、各州实行直选等要求,主张结束独立以来纳扎尔巴耶夫个人控制国家主要权力的历史。面对反对派的挑战,纳扎尔巴耶夫一方面运用政治手段稳住反对派,于 2002 年 1 月同意托卡耶夫内阁和大女婿拉哈特·阿利耶夫辞职,以牺牲家族成员的政治地位为代价,避免因对立而出现的政治危机。另一方面则通过行政和立法手段制约反对派:2002 年初,纳扎尔巴耶夫以反腐败为名首先逮捕了前能源、工业与贸易部长阿布利亚佐夫和巴甫洛达尔州州长扎基亚诺夫(二人均为"哈萨克斯坦民主选择运动"的领袖人物);6 月,纳扎尔巴耶夫又下令逮捕前交通部长梅尔拉赫迈托夫,并以操纵犯罪团伙、贪污公款 33 亿坚戈等罪名对其起诉;7 月 15 日,纳扎尔巴耶夫签署新的政党法,规定人数在 5 万以上的政党才可以在司法机关登记,已登记政党连续两次不参加大选,其合法地位将自动取消。提高注册门槛后,哈萨克斯坦政坛 19 个政党只剩下祖国党、共产党和公民党等亲总统党派,而"哈萨克斯坦民主选择运动"等新生党派则极难再获得合法地位。与此同时,哈萨克斯坦当局在 2002 年还下令查封了近 20 家亲反对派媒体,这才使得反对派的活动有所收敛。

2004 年,由于临近总统换届选举,反对派再次进行力量重组,成立了"哈萨克斯坦民主选择"。这时,哈萨克斯坦政权内部却因权力分配不均和政见不和,亲纳扎尔巴耶夫阵营出现了倒戈事件。2004 年 11 月 28 日晚,设在阿拉木图亲总统的祖国党总部大楼连续发生两起炸弹爆炸。从爆炸地点、时间和规模看,此次爆炸不排除个别激进反对派借极端手段搅乱政局,以引起国际社会对哈萨克斯坦选举的关注。

（六）2005 年的总统大选

在局势复杂多变和"颜色革命"的阴霾笼罩中亚的背景下,哈萨克斯坦于 2005 年底举行了总统大选。2005 年 9 月 9 日,哈萨克斯坦总统纳扎尔巴耶夫宣布,他将代表"祖国党"参加 12 月 4 日举行的新一届总统选举。纳扎尔巴耶夫为选举的顺利进行做了多方准备。

1. 积极宣传"稳定优先"、"特殊国情"和"逐步改革"等理论。从 2005 年初开始,纳扎尔巴耶夫就在各种场合多次指出将在现行宪法框架内稳步推进政治改革。2005 年 6 月 14 日,纳扎尔巴耶夫强调,哈萨克斯坦进行国家政治经济改革不会完全照搬西方国家的价值观,必须考虑到本国的特点,且"民主文化"需要在社会各阶层中逐渐培养。8 月 30 日,纳扎尔巴耶夫再次强调:独联体部分国家的发展表明,激进的政治改革只能导致社会不稳定和破坏民主进程;他倾向于在加大经济发展力度的同时,"分步骤、渐进地"实行改革。

2. 修改《选举法》。规定从竞选拉票工作结束到正式公布选举结果前禁止举行集会和游行,以"保障选举委员会能够正常工作",强化内部治安,防范内部混乱。为防止反对派借大选"滋事",亲政府的公民党和农业党组建了人民民主联盟。其领导人公开宣称,结盟的目的就是为了防止国家爆发"革命"。

3. 与反对派既斗争又合作。纳扎尔巴耶夫于 9 月 1 日在议会发表讲话时指出,哈萨克斯坦计划成立由总统直接领导的"制定和细化民主改革纲要国家委员会",该委员会将邀请所有政党、社会团体和非政府组织参加。

4. 防范外来干预。2005 年 7 月 14 日纳扎尔巴耶夫签署了一项法律修正案,提请外国公民对资助哈萨克斯坦政党和帮助某个候选人参与竞选活动负责。一旦有违法行为,外国人将在接受经济处罚后即被驱逐出境,获取外国资金的政党将在交纳巨额罚款后被取缔。法案还规定,哈萨克斯坦大众媒体的负责人禁止由外国人担任。所有进入哈萨克斯坦境内的传教士必须在司法部门登记,还应在当地行政部门备案,而且每年要重新登记。宗教组织、社会团体和政党的活动只要被国家机关认定是违法的,该组织即被取缔。

尽管哈萨克斯坦政府采取了很多积极措施,但是在"颜色革命"的刺激下,哈萨克斯坦反对派仍然展开了积极活动。他们一方面借鉴其他国家"颜色革命"的经验,另一方面整合各派力量。在吉尔吉斯斯坦"郁金香革命"期间,哈萨克斯坦激进派"光明道路党"领导人就曾前往观摩和声援。此外,为准备总统大选,哈萨克斯坦反对派成立了"为了公正的哈萨克斯坦联盟"。反对派推举图亚克拜为总统候选人,试图在哈萨克斯坦大选期间重演"颜色革命"。可是,选举结果却出乎许多人的意料。

2005 年 12 月 4 日,哈萨克斯坦举行总统大选,结果是现任总统纳扎尔巴耶夫以绝对多数票获胜,而反对派"为了公正的哈萨克斯坦联盟"领导图亚克拜仅获得不到 10% 的选票。整个选举过程平静而顺利,国际社会对此次选举普遍给予高度评价。

早在哈萨克斯坦大选前的 2005 年 8 月 24 日,俄新社便有评论文章认为哈萨克斯坦似乎具备了爆发"颜色革命"的一切条件:那里有接受另一种生活方式的新兴中产阶级,出现了一批具有政治野心的企业新贵;该国经济过于依赖能源产业,有可能受西方控制等。那么,哈萨克斯坦为何没有步他国后尘而爆发"颜色革命"呢? 这是因为:

第一,哈萨克斯坦社会经济形势稳定,民意基础好,缺少"革命土壤"。据国际金融机构统计:哈萨克斯坦人口只占中亚五国总人口的1/4,但该国经济收入却是五国总收入的2/3;自2000年以来,哈萨克斯坦经济增长连续5年超过9%;2005年哈萨克斯坦国内生产总值将超过外高加索三国和除哈萨克斯坦以外的中亚四国国内生产总值的总和;人均国内生产总值近10年从770美元增加到3 300美元。哈萨克斯坦当时已被世界银行确定为中等以上收入国家,也是独联体中第一个获得欧盟和美国承认市场经济地位的国家。随着经济的快速发展,哈萨克斯坦人的社会福利也得到了相应的提高。2005年哈萨克斯坦的人均工资收入增长14%,人均退休金提高17%。哈萨克斯坦还是独联体国家中第一个对居民在苏联时期的存款损失进行补偿的国家。[1] 与哈萨克斯坦的社会稳定形成鲜明对比的是,格鲁吉亚、乌克兰、吉尔吉斯斯坦三国在"颜色革命"之后,新当权者忙于争权夺利,社会动荡,经济大幅下滑,特别是"3·24"事件中出现打砸抢烧,社会秩序长期不稳定。正因为如此,哈萨克斯坦民众对"颜色革命"感到反感和厌倦,不愿为党派之争卷入"街头政治"而失去稳定的生活。

第二,纳扎尔巴耶夫有相当高的支持率。纳扎尔巴耶夫是苏联时期成长起来的领导人,有丰富的从政经验。此外,他不仅意志坚强,而且有很强的掌控局势的能力。加之纳扎尔巴耶夫为哈萨克斯坦的经济发展和社会稳定做出了很多努力,民众对生活水平和当局施政都比较满意,所以纳扎尔巴耶夫得到了民众的广泛拥护。

第三,哈萨克斯坦的政权交接模式有其优越性。俄媒体分析认为:纳扎尔巴耶夫与吉尔吉斯斯坦前总统阿卡耶夫不同,纳扎尔巴耶夫从未宣布自己不再参选,而是选择在合适的时机明确竞选意愿。纳扎尔巴耶夫这样做既不违反宪法,又顺应民心,也避免了政权内部自乱阵脚。

(七)2006年的哈萨克斯坦政局

2006年,哈萨克斯坦政府进一步推进国家政治、经济和社会保障计划,在保持国内稳定和经济持续增长的同时,积极开展同俄罗斯和美国的平衡外交,逐步树立起中亚大国形象。

2006年的哈萨克斯坦政党政治十分活跃,政治力量格局出现新趋势。9月,

---

① 朱成虎:《十字路口:中亚走向何方》,时事出版社,2007年版,第271页。

阿萨尔党与政权党、祖国党实现了联合,组成新祖国党,党员总数接近百万人,成为名副其实的第一大党。当时两党联合的议会党团在议会占据绝对多数。新祖国党宣布将进一步参与社会政治生活,首先是加强议会党团的工作,支持总统倡议。两大政党的联合对哈萨克斯坦未来政局走向将产生深远影响。

第一,它极大地改变了国内政治力量对比。反对派势力自2004年先后遭遇了议会选举失败和几度分裂后一蹶不振。此次政权党的重新组合从某种程度上再次压缩了反对派的政治空间,迫使反对派不得不放弃先前强硬的反对立场。几乎在政权党联合的同一时间,哈萨克斯坦著名反对党——"光明之路"党于2006年9月宣布接受两年前在议会选举中获得的唯一议席进入议会,以一种与当局合作的姿态发挥该党的参政职能。

第二,政权党的壮大为政治体制改造提供了稳定的政治基础。由于新政权党在议会拥有绝对多数席位,所以为未来扩大议会权力、促使议会总统制国家改制提供了可能,并有助于平稳解决后纳扎尔巴耶夫时代总统权力的归属问题。①

此外,值得注意的是容易导致政局不稳的民族宗教问题在哈萨克斯坦也得到了比较好的解决。自执政以来,纳扎尔巴耶夫就奉行多元化的民族和宗教政策,致力于民族和睦共处和宗教信仰自由,以促进哈萨克斯坦形成100多个民族、40多种宗教和平共处的局面。

二、哈萨克斯坦的民族与宗教问题

哈萨克斯坦是一个有131个民族的国家,民族成分众多,民族形成过程曲折,民族关系和民族问题非常复杂。哈萨克斯坦最突出的民族问题就是哈萨克族与俄罗斯族之间的问题。

哈萨克斯坦政府在独立后逐渐经历了一个哈萨克化的过程,提出建立"哈萨克的""单一民族国家"的方针。各项政策明显向哈萨克族公民倾斜,导致各个国家机关、立法与司法部门、银行、海关及地方自治机构等领导职务中,哈萨克族干部比例达到80% ~90%,其中一些总统直属要害部门的重要职务基本上全由哈萨克族干部担任,而其他非主体民族公民则被排除在国家的主流社会之外,受此影响最大的是俄罗斯族。哈萨克斯坦独立后,新领导集团在1995年第一部宪法和1998年修改的新宪法中,都明确规定了哈萨克语是哈萨克斯坦共和国的国语,俄语是族际交流语言。在党政机关任职必须通晓哈萨克语,这实际上是排挤不会讲哈萨克语的俄罗斯人的一种做法。俄罗斯族人的另一个困扰就是国籍问题,在哈萨克斯坦的俄罗斯人一直将俄罗斯视为自己的祖国,因而无法接受哈

---

① 邢广程:《2006年:俄罗斯东欧中亚国家发展报告》,社会科学文献出版社,2007年版,第216页。

萨克斯坦独立后变成俄罗斯外国公民的事实,很多人迁回了俄罗斯,不能迁回俄罗斯的则要求哈萨克斯坦政府保留他们的俄罗斯国籍。出于对国家主权和民族安全的考虑,哈萨克斯坦政府没有立即同意俄罗斯提出的"双重国籍"要求。

尽管有这些问题的存在,但两个民族都采取了比较理性的态度来解决问题,并没有发生大规模的恶性对抗。出现这种良好状况的原因,一方面是两个民族心理的接近和文化的融合程度已相当高;另一方面的原因是纳扎尔巴耶夫是一个温和的民族主义者,在处理民族关系问题时所采取的政策相对比较谨慎。如在国语问题上,先是规定哈语为国语,俄语为族际交际语,遭到俄罗斯人的反对后又逐渐后退,提出哈语与俄语地位相同的主张。纳扎尔巴耶夫维护族际关系稳定的最重要举措就是重视与俄罗斯的关系,把寻求与俄罗斯全面、深刻的合作放在外交的首位。这样既赢得了俄罗斯对哈萨克斯坦内部政策的理解与支持,又安抚了心怀不满的留在哈萨克斯坦的俄罗斯人。①

回顾哈独立以来在解决民族问题中采取的基本政策,主要遵循的原则有:(1)坚持以维护国家政治稳定为制定民族政策和法规的首要目标,突出强调多民族国家中民族和睦的重要性,理智地认识现有民族矛盾和民族差异,以共同利益支配个体利益,坚决杜绝民族仇视和民族对立。(2)坚持法制原则,以法律和法规形式细化国家民族政策,使国家对民族问题的管理有法可依。同时注意淡化民族意识,在宣传中避免强调"民族平等"带来的负面作用,以法律强化国家意识和体现国家对民族归属选择的权力。(3)健全各级民族协会,将所有民族纳入国家管理网络之中,有效反馈在民族领域中出现的问题,及时做出策略反应,努力在民族问题尚未公开爆发之时化解矛盾。

苏联解体后,哈萨克斯坦与其他独联体国家一样,全盘抛弃了以马列主义为基础的社会意识形态。针对民族性的精神空白,国家领导集团一方面借助民族主义激发民族向心力,另一方面也注重利用宗教精神的感召力和凝聚力,顺应宗教复兴潮流,借势推动国家振兴。由于在独立初期哈萨克斯坦曾盲目推行西方民主政治模式,各种社会思潮空前活跃,在伊斯兰回潮运动中泛起的宗教极端主义思潮严重威胁着社会思想稳定。1997 年,在世界和地区大气候的影响下,宗教极端势力开始在哈萨克斯坦蠢蠢欲动。1998 年 7 月,哈萨克斯坦当局在南部、西部各州和阿拉木图市查获了向信徒传播宗教极端主义思想、号召用暴力推翻现行政治体制、建立政教合一政权的外国宗教组织。1999 年 10 月,国家安全委员会指出,当前在哈萨克斯坦的确"存在宗教极端势力活动,而且形势正在逐年严峻",已对国家稳定和社会安宁构成了威胁。哈萨克斯坦最高领导层也意

---

① 王鸣野:《美国的欧亚战略与中南亚五国》,新疆人民出版社,2003 年版,第 73 页。

识到国内宗教极端主义的威胁,开始将宗教问题(尤其是伊斯兰极端主义势力对哈萨克斯坦的渗透问题)作为确保国家政治稳定与民族和睦的重大威胁。

鉴于此,哈萨克斯坦政府对国内各类宗教活动和势力不断加强管理。除有关部门的职能得到强化之外,政府还不断加强宗教管理的立法和执法力度。在独立后通过的两部宪法中,对公民信仰宗教和宗教在哈萨克斯坦的活动都做出了明确规定,其核心内容包括:(1)以国家基本法的形式保障国家的非宗教性质,制定建设"民主的、世俗的、法制的国家"的基本方针,以法律保障政教分离原则;(2)法律保障公民有信教和不信教的自由,并不因信奉了某种宗教而受到歧视,而且公民有权决定是否公开自己所信奉的宗教或教派,但神职人员不能参加总统选举,也不能担任国家公务员;(3)规定宗教组织只能在国家认可的范围内活动,宗教团体不能建立政党,而各类政党和其他政治团体不得参与宗教派别活动,更不得借宗教派别之争挑起宗教冲突;(4)外国宗教组织在哈萨克斯坦的活动和外国宗教中心对哈萨克斯坦国内宗教领袖的任命,以及外国宗教组织在哈萨克斯坦开展宣传和教学活动等都必须经哈萨克斯坦政府有关部门的批准。

由此可以看出,哈萨克斯坦独立后对苏联时期的民族宗教政策进行了反思和总结,并在继承和发展的基础上制定出了新的民族宗教政策。经过多年的探索和磨合,逐渐形成了基本适合于哈萨克斯坦社会政治和经济现实的民族宗教管理法规体系,对维护国内社会稳定和经济发展发挥了积极作用。

第三节　进退维谷的吉尔吉斯斯坦

1991 年 8 月 31 日,吉尔吉斯斯坦宣布独立,原国家科学院院长阿卡耶夫当选为总统。其时,阿卡耶夫总统对外采取了睦邻友好政策,对内实行政治经济改革,建立民主政体和市场经济体制,总统和议会之间的关系还算和谐,政局也比较稳定。但是,自 1993 年议会指责政府腐败和工作不力之后,二者的关系便开始恶化,接连出现了两次政治危机。之后,阿卡耶夫总统通过议会选举、修改宪法和政府的大改组不断加强自身权力,但终因树敌过多,未能有效解决总统与反对派之间的矛盾,在 2005 年遭遇"郁金香革命"后,流亡俄罗斯。吉尔吉斯斯坦由此进入一个新的政权时期。无独有偶,2010 年吉尔吉斯斯坦再次陷入骚乱的泥潭,政权再次出现新的更迭。吉尔吉斯斯坦似乎陷入了"革命者被革命"、"反对者被反对"的怪圈。

一、独立以来吉尔吉斯斯坦政局的变化

(一)1993年吉尔吉斯斯坦第一次政治危机

1991年10月,阿卡耶夫当选为吉尔吉斯斯坦总统,任期5年。就任后,阿卡耶夫总统重用无实践工作经验的知识分子,进行激进改革,不断遭到议会的抨击。议会认为政府难以胜任改革的领导重任,并于1993年12月公布了一些资料,证明政府背着总统和议会,把国家储备的黄金运往瑞士,让"西阿贝科"公司提纯,而总理成吉雪夫直接参与了此事。这一事件,迫使以成吉雪夫为首的第一届内阁于1993年12月13日集体辞职。之后,议会重新进行选举,组成以朱马古洛夫为总理的第二届政府。正是由于议会在社会经济等领域与总统和政府始终存在分歧,所以才导致了这次政治危机。遗憾的是,第一届政府的辞职并未能够中止高层领导之间的争斗,议会与总统和政府之间的分歧也未得到有效处理,从而为第二次政治危机埋下了伏笔。

(二)1994年吉尔吉斯斯坦第二次政治危机

1994年9月5日,总统阿卡耶夫发布命令,接受1993年12月第二届政府提出的集体辞职声明,宣布年内提前选举新议会,但是在新议会产生和新政府组成之前,现政府仍履行总统委任的全部职权。这实际上是解散了议会,使国家政治生活陷入了既没有立法机构,又没有正式执行机构的特殊时期,从而拉开了第二次政治危机的帷幕。第二次政治危机究其原因还是在议会与总统和政府之间的分歧。问题的核心在于阿卡耶夫总统希望拥有治理国家的较大权力,而议会则批评其试图实行独裁统治。议会报《自由之山》多次刊登文章,对总统和政府的现行政策提出尖锐批评。对阿卡耶夫总统来说,改变议会体制(将议会由一院制改为两院制)并以此来牵制反对派,在此时就显得尤为重要。

1994年9月,拥护阿卡耶夫的人民代表联名发表声明,要求提前解散议会,建立两院制立法机构,修改宪法有关条款,并呼吁就这些问题尽快举行全民公决。但是,反对派否定了这一提议,认为它会破坏目前三大权力机构之间的平衡,使建立职业性立法机构的设想化为乌有。9月29日,阿卡耶夫总统在国家电视台和广播电台发表讲话,决定于10月22日结合地方代表机构的选举就修改宪法和议会体制问题进行全民公决,并根据公决结果选举产生新议会。阿卡耶夫宣称,当局主张"人民的意志高于一切",如果人民反对建立两院制议会,就依据宪法规定在原定的时间选举一院制议会,如果人民拥护两院制议会,各级行政领导将被选入"代表院"(上院),而法律、经济、政治领域的专家、记者、工商业代表以及政党、社会团体的代表将被选入"立法院"(下院)。新议会将拥有宪法规定的全部权力。阿卡耶夫还强调,无论是实行一院制还是两院制,在确定议员

候选人时都不附加地区、民族等任何性质的限制,但他们必须了解国家、本地区及其居民的政治、经济和社会生活以及他们的问题与困难,必须具有高度的工作热忱。10月24日,吉尔吉斯斯坦举行全民公决,修改宪法和改变原最高苏维埃为两院制议会的主张获得多数票。国家政体实际上由总统议会制改为了总统制,总统的权力得到了加强。

吉尔吉斯斯坦的第二次政治危机以阿卡耶夫总统的获胜收场,但是这次政治危机已在各种社会政治力量、各地区和各民族之间引发了或明或暗的矛盾与冲突,使各派系间的权力争夺进一步公开化、尖锐化。

(三)1995年吉尔吉斯斯坦新议会选举与总统选举

根据1994年10月24全民公决结果,1995年2月5—19日吉尔吉斯斯坦举行新的议会选举,这是该国自1991年独立以来的首次多党制议会选举。新议会分上下两院(代表院和立法院),共设议席105个,其中上院35个,下院70个。12个合法政党参加竞选,候选人有1 000多个,选民195万,投票率达61%。在此次新议会选举中,吉尔吉斯斯坦各派政治力量发生了新的分化组合,一些拥护总统的前党政要员和组织公开站到了对立面,攻击总统的治国方略和现行政策。为巩固阿卡耶夫总统的地位,不给反对派壮大力量以机会,1995年12月吉尔吉斯斯坦提前进行了总统选举,阿卡耶夫在大选中获胜连任,任期到2000年。到此为止,在总统与议会反对派的斗争中,阿卡耶夫总统不断获得胜利,总统权力得到加强。继此,阿卡耶夫总统就需要为巩固其总统权力寻求法律依据,于是吉尔吉斯斯坦于1996年修改了宪法。

(四)1996年吉尔吉斯斯坦共和国修改和补充宪法

吉尔吉斯斯坦一向被西方称赞为“中亚民主典范”,但是在中亚各国相继采取措施延长总统任期、加强总统权力之后,吉尔吉斯斯坦于1996年2月10日也举行了全民公决,对1993年5月5日通过的宪法进行了重大修改和补充。这次全民公决为确立总统制和扩大总统权限奠定了宪法基础。其主要内容包括:

1. 确立总统制。吉尔吉斯斯坦原宪法把国家政权的原则规定为:立法、行政和司法三权分立;民选总统作为国家首脑是宪法牢固和国家政权统一的保障;政权分为国家政权和地方自我管理。修改后的宪法把国家政权的原则规定为:民选国家首脑,即吉尔吉斯斯坦共和国总统所代表和保障的人民政权至高无上;国家政权分为立法、行政和司法,它们行使各自职权又互相协作;国家机构对人民负责并为人民利益各司其职;国家政权与地方自我管理分清职能。强调总统是吉尔吉斯斯坦共和国的最高负责人。显然,修改后的宪法赋予了总统至高无上的权力,并把总统置于立法、行政和司法三权之上,实际是把三权分立的混合管理形式转变为权力集中的总统管理。

2.扩大总统权力范围。(1)总统在一定程度上可以控制议会。修改后的宪法规定,总统有权提前召开立法会议和人民代表会议并确定会议的议题;有权驳回议会通过的法律草案;有权提出全民公决,或根据30万以上选民的提议,或根据最高会议多数代表的提议举行全民公决;有权根据全民公决的结果、议会三次否决关于总理的提名或议会与国家其他政权机构发生不可调和矛盾等情况下解散议会。(2)总统拥有一定的立法权。根据修改的宪法条例规定,总统可以向议会提交立法草案;可以驳回议会的法律草案要求复审;可以由议会授权行使为期一年的立法权;当议会两院都被解散时立法权归总统;总统颁布的经济法令具有法律效力。(3)总统的行政管理权进一步扩大。总统无需经议会确认而决定政府体制;政府成员不再由总理提名、议会通过,而是由总统征求总理的意见后任免;总统无需经议会同意可以要求总理或政府辞职;(4)弹劾总统的程序变得十分复杂。弹劾总统的动议必须由立法会议的多数议员提出,在立法会议专门委员会的结论基础上,经立法会议2/3以上议员通过,人民代表会议在接到提案后两个月内以2/3以上的多数对弹劾总统的提案做出决议;如果人民代表会议在两个月内没有做出决议,则表明该提案没有被通过;如果弹劾总统的提议被宪法法院驳回,则立法会议自行解散。

3.限制立法机构的权力。设立两院制议会,使之互相牵制。(1)过去统一的热戈尔库·凯涅什(最高会议)被分为立法会议和人民代表会议两院:立法会议由35名议员组成,作为常设机构代表全国利益;人民代表会议由70名代表组成,代表地方利益。(2)取消了议会确定国家内外政策的基本方向、组织选举委员会、全民公决和确认政府组成体制的权力,并把这些权力移交给了总统。(3)两院议员都不能担任国家公职,立法会议的议员甚至无权从事经营活动。

4.提高政府部门的地位。按原宪法规定,总统因故缺任时,由议长代理总统职权,而修改后的宪法将这一权力转交给了总理。议会在提交国家预算法草案前必须经政府同意;只有在政府同意的基础上才能通过关于减少收入、增加开支的草案或修改案。议会提交对政府的不信任案必须经人民代表会议2/3以上的议员通过,总统可以宣布总理辞职,也可以不同意议会的决议;如果议会在3个月内再次提出对政府的不信任案,总统或者要求总理辞职,或者解散议会。扩大了地方自我管理机构的权力,它们可以拥有自行占有、使用和分配公共财产;地方自我管理机构与国家政权机构之间的关系由法律调节,而不是由行政命令调节;地方自我管理机构和代表会议在国家面前对法律负责,在公众面前对自己的行为结果负责。

舆论认为本次宪法的修改和补充是吉尔吉斯斯坦国内政治生活中的一件大事,是其在政治上走向成熟的一个标志。独立后,吉尔吉斯斯坦按西方民主社会的模式建立了三权分立的政权体制,但随之而来的是各权力机构间的矛盾与纷争。尤其是自此届议会产生以来,仅仅只通过了 24 个法律文件,而且其中还有 22 个法律仅做了一些修改和补充,尚有 120 多个重要的法律草案迟迟不予通过,严重滞后于转轨时期政治、经济体制变革的发展需要,总统意图得不到贯彻,政令执行不畅。为改变这种局面,加快改革,阿卡耶夫才采取了这一重大举措。

(五)1998 年吉尔吉斯斯坦政府大改组

阿卡耶夫总统成功通过修改宪法加强了自身权力之后,于 1998 年 3 月底至 4 月初又对政府进行了重大改组,进一步巩固了自己的地位。总理、副总理和多名部长级官员被撤换,这是吉尔吉斯斯坦独立以来最大的一次人事变动。3 月 24 日,阿卡耶夫总统签发了朱马古洛夫总理的辞呈,旋即任命 42 岁的朱马利耶夫为新总理。4 月 4 日,阿卡耶夫在同新总理磋商后,解除了两名副总理(分别负责社会事务和农业)、6 名部长和 10 其他政府领导人的职务。

吉尔吉斯斯坦总统新闻秘书伊马纳利耶夫宣布:这次人事调整是因为国家第一阶段的改革已经完成,经济已实现了宏观稳定;总统认为第二阶段的经济改革已经开始,为此政府需要一批有朝气的年轻干部以便迅速地推动改革。一些国际问题专家认为,官方的说法仅是问题的一个方面,除此之外还有一些更深层次的原因。

1. 政府改组可以平息"黄金丑闻"。吉尔吉斯斯坦是中亚小国,自然资源相对贫乏,但其金矿开采业却成果显著。库姆果尔大金矿年产量由 1996 年的 1.5 吨猛增至 1997 年的 17 吨,以后还在逐年增加,这对增加国库收入意义重大。但"黄金丑闻"案也随之被披露。《比什凯克晚报》记者卡拉别科夫在 1998 年 3 月发表文章公开揭露:由吉尔吉斯人在奥地利开办的一家对外销售吉尔吉斯黄金的公司,根据一项销售合同,3 年中就可从一家外国银行得到近 1 亿美元的利润。文章问道:吉尔吉斯斯坦政府和中央银行为何不直接向国际市场出售黄金而要借人之手?众议院就此事通过一项集体质询案,要求总理当面交待清楚,并宣称将对政府提出不信任案。面对如此窘境,阿卡耶夫总统批准总理朱马古洛夫辞职以解决"黄金丑闻"案。

2. 改组是为了扩大总统权力。通过此次政府改组,阿卡耶夫总统起用了一批拥护自己的年轻人,这无疑将有利于阿卡耶夫加强自己的总统集权地位,加快推进改革,并为 2000 年大选蝉联总统准备条件。

(六)2000 年总统大选

2000 年 10 月,在有世界人权组织、美国议员和欧安组织观察员监督的总统选举中,阿卡耶夫蝉联总统。但是,反对派指责阿卡耶夫在大选中舞弊,他们包围铁路干线,在政府办公大楼前设置障碍。不久,阿卡耶夫的主要反对者前副总理费里克斯·库洛夫被逮捕入狱,并于2001年1月被比什凯克法院以其在担任安全部长期间滥用职权为由判处有期徒刑7年。

自吉尔吉斯斯坦独立直至此时,在总统与反对派的斗争中,可以说阿卡耶夫一直处于有利地位。他通过1995年的议会体制改革、1996年的宪法修改、1998年的政府大改组,一步一步加强了总统权力,缩小了反对派的活动空间。但是,也正是因为阿卡耶夫的这一系列举措,为自己树立了过多的对立面。

(七)2002—2004年吉尔吉斯斯坦政局

2002年,伴随着美国借反恐之机进驻中亚,吉尔吉斯斯坦的反对派与中亚其他国家的反对派一样认为推翻总统集权政体的时机已经到来,于是他们不断挑起事端,向总统发难。2002年3月17日,吉尔吉斯斯坦贾拉拉巴德州因当局逮捕本地反对派议员别克纳扎罗夫而引发数千人参加的集体骚乱。5月10日,反对派议员又借下院通过《吉中边界协定》挑起民众进行静坐示威,并在吉尔吉斯斯坦南部的贾拉拉巴德、奥什等州组织更大规模的抗议活动,示威浪潮在几天后扩展到了吉尔吉斯斯坦南部几乎所有城市,示威者甚至切断了南方通往比什凯克的公路交通。吉尔吉斯斯坦国家安全会议于5月下旬接受总理卡基耶夫、总统办公厅主任和内务部长等人的辞职,以缓和民众对贾拉拉巴德州3月事件的不满情绪。继3月和5月的大规模反政府示威活动和局部骚乱之后,吉尔吉斯斯坦反政府势力的公开活动就未曾间断过,他们鼓动广大民众要求提前举行总统选举(总统任期应至2005年10月),要挟阿卡耶夫下台。10月,吉尔吉斯斯坦的主要反对派组织之一"尊严党"再次在首都举行示威活动,要求当局释放该党领袖费里克斯·库洛夫,主张实行议会制。南方贾拉拉巴德州和奥什州等地的反对派势力持续数月组织向首都比什凯克"和平进军",企图以串联的方式在全国造成更大声势向当局施压。

针对2002年反对派于3月和5月挑起的大规模示威游行,阿卡耶夫在2003年1月的政府扩大会议上宣布将对宪法修正案进行全民公决,并以压倒多数通过宪法修正草案。根据新宪法,吉尔吉斯斯坦议会将由两院制改为一院制,取消党派选举制度,议员将不再按照党派而是全部按地域由单一选区选举产生。政府组成、总理和所有内阁成员的任免则由政府提名,总统任命。新宪法将部分原属总统的权力转交给议会和政府,政体也由总统制变成总统议会制,因此此次修宪即被认为是反对派的一次胜利。阿卡耶夫指出,通过宪法修正案的目的是为了在现政府与反对派相互妥协的基础上达到社会和解与团结。吉尔吉斯斯坦在2002年9月专门成立宪法会议,并吸收各党派代表(其中包括反对党派代表)参加起草过程,以保证宪法修正案的公正性。2003年2月2日,吉尔吉斯斯坦就宪法修正案和对现任总统的信任问题举行全民公决。2月4日,中央选举委员会主席伊曼巴耶夫宣布,全民公决通过了吉尔吉斯斯坦宪法修正案和对现任总统的信任案。212万选民参加投票,76%的投票者赞成通过宪法修正案,79%的投票者支持现任总统阿卡耶夫继续任职到2005年新一轮选举。反对派于2002年提出总统提前离任的要求没有得到民众的支持。就2003年的政治局势来看,反对派掀起了向阿卡耶夫总统发难的高潮,阿卡耶夫总统不得不向反对派做出一定的让步,这也暗示着反对派开始进入了反攻阶段。

受格鲁吉亚"玫瑰革命"的鼓舞,2004年吉尔吉斯斯坦反对派加快了联合的步伐。2004年1月,吉尔吉斯斯坦反对派"阿萨巴"民族复兴党、"吉尔吉斯斯坦民主运动党"、"自由吉尔吉斯斯坦党"、"吉尔吉斯斯坦自由党"和"吉尔吉斯斯坦共和党"等五个政党联合组建"为人民的权力"竞选联盟,该联盟领导人为前总理库·巴基耶夫。9月24日,库·巴基耶夫在"为人民的权力"竞选联盟基础上又联合吉尔吉斯斯坦共产党、吉尔吉斯斯坦共产主义者党、新吉尔吉斯斯坦党和穷人党等组建"吉尔吉斯斯坦人民运动政治联盟"(简称"人民运动"),并亲任该联盟领导人。该联盟认为,要改变吉尔吉斯斯坦的政治经济困境,唯一的出路就是进行格鲁吉亚式的"玫瑰革命"。它号召支持者积极参加各级议会选举和总统选举,以民主方式更换现政权。11月,"公正与进步党"联合其他政党组建跨党竞选联盟——"新方针"政治联盟,主要领导人是前外长伊马纳利耶夫。尽管吉尔吉斯斯坦反对派进行着令人眼花缭乱的重组,但是这并不能掩盖其内部的矛盾分歧,特别是几乎每个反对派领导人都想登上总统的宝座,各派竞相推出自己的总统候选人。政见上的分歧,对权力的互不相让理应说从内部削弱着反对派的能量,但遗憾的是阿卡耶夫总统并没有抓住这一契机击败反对派的进攻,也未能在2005年大选之前采取更加强有力的措施防止反对派发起"革命"。

(八)2005年吉尔吉斯斯坦的"颜色革命"

根据吉尔吉斯斯坦《选举法》的规定,2005年2月吉尔吉斯斯坦将举行议会选举,10月举行总统选举。各派政治量都十分清楚,2月议会选举实际上就是10月总统选举的前哨战,谁在议会选举中赢得多数,谁就能够通过控制议会立法权并为随后进行的总统选举制定有利于本集团的"游戏规则"。围绕议会选举,执政当局和反对派展开了激烈较量。

2005年2月27日,吉尔吉斯斯坦在国际观察团的监督下开始了议会选举。由此拉开了吉尔吉斯斯坦"郁金香革命"的序幕。3月13日,吉尔吉斯斯坦议会选举结果公布,政府派获胜,国际观察团没有对选举结果提出异议。然而,反对派以议会选举存在舞弊为由举行大规模示威游行,抗议首先出现在反对派集中的南部地区。22日,反对派围困吉尔吉斯斯坦第二大城市——奥什市政府,要求总统阿卡耶夫下台。总统阿卡耶夫的发言人宣布反对派的行动是"政变"的一部分,下令内务部队采取措施,维护秩序,但反对派已经控制了南部一些大城市,抗议浪潮从南部向全国蔓延,形势急转直下,反对派势如破竹。24日,反对派进入比什凯克,声势浩大的抗议示威队伍很快就占领了政府大楼、总统府和国家电视台等重要国家机关和部门。当晚,总统阿卡耶夫与家人乘军用直升机匆匆离开首都,经哈萨克斯坦流亡俄罗斯,出国寻求政治庇护。反对派如愿以偿,迅速选出新议会并任命"临时总统",宣称已经控制局势。吉尔吉斯斯坦新议会于3月28日举行会议,选举巴基耶夫为新总理。4月11日,吉尔吉斯斯坦议会通过投票表决,接受阿卡耶夫的辞呈,同时决定于2005年7月10日进行总统选举。由此,吉尔吉斯斯坦进入了新政权时期。

那么,究竟是何原因导致阿卡耶夫的统治止步于2005年的总统大选呢?首先,阿卡耶夫总统未能有效促进吉尔吉斯斯坦经济的发展是其失败的重要原因之一。独立后,吉尔吉斯斯坦采用了激进"休克疗法",导致经济连年大幅下降,之后虽然调整了经济改革政策,加强了宏观调控,国民经济开始缓慢回升,但效果并不理想。到2004年吉尔吉斯斯坦的人均国民生产总值只达到了377美元,贫困人口不断增加。显然,国民生活水平的下降导致了阿卡耶夫支持率的降低。更为严重的是,吉尔吉斯斯坦不仅经济发展缓慢而且还极不平衡,吉尔吉斯斯坦北部地区经济相对发达,而南部地区则比较落后。在经济相对落后的吉尔吉斯斯坦南部地区,贫困现象尤为严重。由此不难理解,为什么2003年的大规模示威游行和2005年的"颜色革命"首先在吉尔吉斯斯坦南部地区爆发了。其次,吉尔吉斯斯坦南北地区除了经济发展不平衡之外,在宗教信仰方面的差异也比较大。"南方居民是比较虔诚的穆斯林,而北方居民则保持着完全非穆斯林的痕迹和印记。南方人主张与相邻的穆斯林国家发展关系,同伊斯兰世界站在一起,与其实现经济和文化一体化;而以比什凯克为代表的北方派则主张发展同俄罗斯、哈萨克斯坦的传统关系,活跃同中国和东南亚国家的经济、文化联系。"[1]这种部族矛盾和隔阂在阿卡耶夫执政后就更加深刻了。苏联时期,共和国领导大多由南方人担任,但1990年10月出身北方大牧主萨雷巴根施直系后裔的阿卡耶夫执政后,原有的平衡关系就被打破了。[2] 遗憾的是,在阿卡耶夫总统执政期间,南北发展的不平衡和不同部族之间的矛盾并未得到妥善处理。这也成为导致他失败的另一个重要原因。还有,吉尔吉斯斯坦独立以来,阿卡耶夫就一直稳操总统宝座,而总理职位却频频更迭,平均不到两年就撤换一名政府首脑。这些人物和其他政府部门被撤换的人后来大多数成为阿卡耶夫总统的坚定反对

---

① 张新平:《地缘政治视野下的中亚民族关系》,民族出版社,2006年版,第79页。
② 陈联璧、刘庚岑、吴宏伟:《中亚民族与宗教问题》,中央民族大学出版社,2002年版,第184页。

者,他们大多在"郁金香革命"后执掌大权,如曾经被撤换的第七任总理巴基耶夫就接替阿卡耶夫成为吉尔吉斯斯坦新总统;曾经被捕入狱的"尊严党"主席费里克斯·库洛夫成为吉尔吉斯斯坦新总理。显然,在高级决策层中树敌过多也是吉尔吉斯斯坦前总统阿卡耶夫最终被推翻的原因之一。

(九)2006 年修宪危机

吉尔吉斯斯坦在"郁金香革命"后形成的权力格局是政治妥协的产物,总统与议会、总统与政府以及议会与政府之间的权力平衡异常脆弱,这使得吉尔吉斯斯坦政局一直处于斗争和妥协的交割之中,总统、议会和政府常常因不承认彼此的权力合法性而相互掣肘。

由于巴基耶夫上台后没有兑现将总统制改为议会制的修宪承诺,2006 年 11月反对派联手议会中原阿卡耶夫的支持者向巴基耶夫发难。总理库洛夫以辞职逼议会解散,要求重新进行议会选举,意在重新组合议会,掌握国家权力,从而架空巴基耶夫总统。迫于压力,巴基耶夫同意修宪,改总统制为议会总统制;议会从 75 席扩大到 90 席,由政党比例制和选区单名制各选出半数议员组成议会。总理不再由总统任命,而是由议会多数席位的政党出任。但是,巴基耶夫并不甘心新宪法对总统权力的限制和削弱,借机再度提出修宪以适当扩大总统权力,并以解散议会相威胁。多数议员不想失去议席,于 2006 年 12 月 30 日被迫再度通过宪法修订案,重新扩大总统权力,包括有权任命总理、控制强力部门和任命州长等。

这两次修宪是政治余波造成的,是政治精英内部角力的被动选择,是各种政治力量斗争的妥协。吉尔吉斯斯坦修宪危机中交织着转型时期国内政治斗争的各种矛盾,这里包括巴基耶夫总统与议会之间因相互质疑各自的权力合法性而产生的矛盾、总统与时任总理的库洛夫之间就权力划分问题的矛盾,以及吉尔吉斯斯坦南北政治精英之间的矛盾。吉尔吉斯斯坦的几度宪法危机其实是由于政权内部各种矛盾一直以来没有真正理顺造成的。这场宪法危机虽然以巴基耶夫总统暂时小胜告终,其权力也得到了一定程度的加强,然而吉尔吉斯斯坦内部的各种矛盾并未因修宪而得到彻底解决,总统与议会的合法性问题并未通过宪法得到确认,而政治精英内部的各种矛盾和利益分配问题也未得到完全解决。与此同时,在野的前总理库洛夫并未放弃与总统的夺权斗争,因此吉尔吉斯斯坦仍然面临着出现新的政治危机的威胁。① 2010 年吉尔吉斯斯坦爆发大规模骚乱,曾经通过"革命"登上总统宝座的巴基耶夫再次被反对派"革命",也恰好证明了这一点。

---

① 包毅:《简析中亚国家总统制及其发展趋势》,《俄罗斯中亚东欧研究》,2007 年第 6 期。

当然,在阿卡耶夫的政治生涯中,值得一提的是他非常重视严峻的民族宗教形势,从维护社会稳定出发,积极化解因民族宗教问题引发的矛盾,并取得了一定成效。

(十)2010年的吉尔吉斯斯坦骚乱

2010年4月6日,吉尔吉斯斯坦反对派数千人举行大规模示威游行,示威者很快围攻并占领了塔拉斯州政府办公大楼。吉警方迅速出动警力驱散示威人群。吉尔吉斯斯坦总理乌谢诺夫在首都比什凯克召开的记者招待会上表示,吉尔吉斯斯坦局势平静稳定,塔拉斯地区的事态处于吉政府的掌控之中。紧接着反对派示威者再次冲进塔拉斯州政府办公大楼将塔拉斯州州长劫持为人质,并对州政府进行纵火攻击,在首次冲突中已造成流血事件的发生。4月7日,反对派势力激增,吉尔吉斯斯坦多个州政府被反对派控制,纳伦州、楚河州的反对派相继向当地的政府办公楼展开冲击。在塔拉斯地区的局部骚乱迅速蔓延开来,中午时分,约1万名反对派示威者从多个方向向市中心进发,并在比什凯克市郊冲破警察的防线,向市中心进发。反对派示威者很快聚集到了比什凯克市中心的总统府前,要求与总统巴基耶夫和总理乌谢诺夫当面谈判。乌谢诺夫表示拒绝与暴乱者谈判,国家局势仍在政府的掌握之中。傍晚时分,反对派支持者占领了议会。晚上10时左右,反对派领袖之一的萨利耶夫称,乌谢诺夫已签署声明,同意现政府集体辞职。反对派随后组建了以吉前外长、社会民主党议会党团领袖奥通巴耶娃为首的"人民信任政府",准备开始履行政府职能。一夜之间吉尔吉斯斯坦在骚乱中迅速政变,反对派控制了多个州政府,占领了电视台和议会,双方谈判无果而终,现政府集体辞职,总统府被反对派占领。虽然总统巴基耶夫依然拒绝辞去总统职务,但他声明已无力控制吉尔吉斯斯坦当前局势。4月8日凌晨,总统巴基耶夫飞离比什凯克抵达南部城市奥什,反对派控制了比什凯克近郊的玛纳斯国际机场,相继占领了南部贾拉拉巴德州和巴特肯州的政府大楼。组建"人民信任政府"的负责人奥通巴耶娃声称吉尔吉斯斯坦议会宣布解散,吉尔吉斯斯坦军方和内务部也同意与反对派合作。11时,奥通巴耶娃宣布临时政府成立,由她暂时履行总统和总理职务,新政府将推行一系列符合人民利益的政治改革。

随后,俄罗斯和美国相继宣布承认吉尔吉斯斯坦临时政府。俄罗斯表示将会进一步对吉尔吉斯斯坦进行人道主义援助。

4月13日,吉尔吉斯斯坦临时政府剥夺了巴基耶夫的豁免权,向其发出最后通牒,巴基耶夫表示愿意有条件辞职,希望临时政府能确保他和家人的安全。4月16日巴基耶夫在给临时政府领导人传真的亲笔信中提出了正式辞职。12小时之内吉尔吉斯斯坦骚乱赶跑了总统,迫使其辞职,建立临时政府并得到国际社会的承认,事件进展之所以如此迅速,正是吉尔吉斯斯坦长期以来各种矛盾积累导致的结果。

吉尔吉斯斯坦骚乱发生的导火索是反对派领导人"阿塔－梅肯"(祖国)党副主席谢尔尼亚佐夫被巴基耶夫政府所拘捕,随后数月现政府被指控一直在残害一些反对派领导人,这一系列事件激起了反对派的强烈抗议。而这只是骚乱发生的一个简单借口。深层的原因是吉尔吉斯斯坦政治体制方面的不断冲突、经济发展的停滞不前、商品价格上涨引发民众的强烈不满、现任领导人的腐败(该国是世界上最腐败的二十个国家之一)、南北贫富差距的不断扩大等,而这些因素和 2005 年"郁金香革命"的爆发有诸多相似之处。

二、吉尔吉斯斯坦的民族与宗教问题

吉尔吉斯斯坦各民族之间的矛盾冲突较之其他中亚国家不甚突出,主要矛盾还是集中在俄罗斯族问题和跨界民族问题上。

针对吉尔吉斯斯坦境内俄罗斯族人外迁现象,吉政府曾经采取了一些缓和措施。1993 年宪法规定,吉尔吉斯斯坦保证,保留、平等而自由地发展共和国居民所使用的俄语及其他一切语言,并建立了斯拉夫大学,同时在国内所有大学和中学里都实行双语教学。针对吉尔吉斯斯坦境内的乌兹别克族和塔吉克族的跨界民族问题,阿卡耶夫强调指出,政府的工作职责不仅是保障吉尔吉斯人的利益,还要保障在吉尔吉斯斯坦境内各民族的利益。1994 年 1 月,根据阿卡耶夫总统的指示,建立了吉尔吉斯斯坦各民族代表大会,提出了"吉尔吉斯斯坦——我们的共同家园"的口号。吉尔吉斯斯坦政府所推行的民族政策坚持了三项基本原则,即(1)强调吉尔吉斯斯坦的多民族国情,在制定有关政策和法规时全面兼顾各民族的共同利益;(2)推动民族管理法制化;(3)坚决反对和打击带有极端色彩的民族主义思潮和言行。

关于宗教问题,在独立之初,吉尔吉斯斯坦的伊斯兰教也受到世界和地区伊斯兰运动活跃的影响而出现回潮,但由于历史和民族传统的影响,发生在吉尔吉斯斯坦的宗教复兴苗头远不如在乌兹别克斯坦和塔吉克斯坦等国严重。对吉尔吉斯斯坦社会政治乃至国家安全构成严重影响的宗教因素,则主要来自境外。对此,国家一方面确立了宗教信仰自由政策,另一方面又十分警惕宗教极端主义对国家稳定的破坏,严格限制有组织的宗教活动,坚持与伊斯兰原教旨主义作坚决的斗争。塔吉克斯坦"伊斯兰复兴党"与政府长期对抗并造成连年战乱,乌兹别克斯坦伊斯兰运动对吉尔吉斯斯坦多次袭扰,更使吉尔吉斯斯坦当局意识到加强宗教管理、防止宗教极端势力抬头的重要性。吉尔吉斯斯坦政府在执行宗教政策上一直坚持以下几项重要原则:(1)坚持政教分离原则,宗教组织不得干

预国家事务,不得干预教育;(2)不允许宗教组织建立宗教党派;(3)对宗教组织的经济来源进行严格控制,不允许国家财政向宗教组织和宗教活动提供经费;(4)加强防范境外宗教渗透,主张通过国际合作打击宗教极端主义活动,积极参与"上海合作组织"框架下的安全合作,倡议组成"比什凯克小组",与各国有关部门建立协作关系,通过情报交流和司法合作,加大打击宗教极端势力的力度。

第四节　乱中求和的塔吉克斯坦

塔吉克斯坦自独立之初就经历了持续五年半之久的内战,内战使六万多人丧生,一百多万人沦为难民。同时,内战使塔吉克斯坦的国民经济全面崩溃,教育、科学、文化和卫生事业出现前所未有的衰退,人民生活水平急剧下降。在国际社会以及交战双方的共同努力下,塔吉克斯坦最终实现了民族和解,政局渐趋稳定,但是塔吉克斯坦的政治平衡仍然是脆弱的。在恢复经济发展和提高人民生活水平的同时,还需要积极应对民族宗教问题、毒品贩卖、轻小武器扩散和极端组织重新抬头等问题。不过,塔吉克斯坦已做出了许多努力,整个国家正朝着经济复兴、社会稳定和国家发展的方向迈进。

一、塔吉克斯坦政局变化

(一)1991—1992 年内战爆发

1991 年 8 月 28 日,塔吉克斯坦共产党宣布退出苏联共产党,完全独立。9 月 22 日,代总统阿斯洛诺夫发布命令暂时中止了塔吉克斯坦共产党的活动,并将其财产收归国有。这激起了塔吉克斯坦共产党的反对。1991 年 9 月 25 日,由共产党控制的塔吉克斯坦最高苏维埃召开紧急会议要求阿斯洛诺夫辞职,并任命前塔共第一书记拉赫曼·纳比耶夫为临时总统,任期到 10 月 27 日举行总统选举为止。此举引发了反对派的大规模集会,他们要求解散亲共产党的议会,要求非法选出的塔吉克最高苏维埃主席纳比耶夫辞职,但是纳比耶夫在 1991 年 11 月 24 日举行的总统选举中再次获胜。

1992 年 3 月,以伊斯兰复兴党、民主党为代表的伊斯兰原教旨主义分子不甘心原共产党人继续执政,建立了救国阵线,联合其他反对派,组织数万人示威游行,威逼纳比耶夫总统下台,提出解散议会、政府辞职等政治要求,并于 4 月发出"最后通牒",向政府施加压力。由于政府拒绝退让,反对派在 5 月 5 日发起了 10 万人的集会,同时组织两万民兵与政府卫队对抗,双方不断发生武装冲突。最终,在纳比耶夫总统决定向反对派做出让步的情况下,局势才有所缓解。5 月 7 日,纳比耶夫总统与反对派代表签署了尽快组成民族和解政府协议书,同时规定立即停止两个对峙广场上的集会,禁止一切集会和示威。5月11日,纳比耶夫总统与反对派领导人达成协议,双方同意先建立一个由纳比耶夫领导的10人执政委员会,其中反对派人数至少要过半。随后,纳比耶夫总统发布了成立"民族和解政府"的命令,并将政府24个部长位置中的8个分给反对派。伊斯兰复兴党主席伊斯蒙出任政府副总理,国防部长和广播电视部长等要职也交给反对派,但遗憾的是妥协并未使反对派罢手。

5月12日,数千名穆斯林和反对党示威者在首都杜尚别举行抗议集会,对纳比耶夫总统与反对派领导人在11日达成的组建联合政府的协议表示不满,并要求纳比耶夫辞职。随后,反对派使用暴力夺取部分政权,内战全面爆发。1992年9月7日,纳比耶夫被迫辞职,以伊斯兰原教旨主义势力为骨干的反对派接管了全部政权,由反对派支持的阿·伊斯坎达洛夫代行总统权力。

(二)1992—1993年热战阶段

尽管反对派夺取了政权,但是占塔吉克斯坦人口2/3的列宁纳巴德州和库利亚布州并不承认民族和解政府和伊斯坎达洛夫代总统,它们呼吁俄罗斯和中亚各国向塔吉克斯坦派兵。1992年10月底,库利亚布州和吉萨尔地区的民兵武装开进杜尚别,占领了总统府议会大厦和广播电台,要求召开最高苏维埃非常会议。11月26—28日,塔吉克斯坦最高苏维埃在苦盏市举行了非常会议。经过激烈争论,解除了伊斯坎达洛夫代总统的职务,选举原库利亚布州执委会主席埃·拉赫莫诺夫为国家最高苏维埃主席,即国家元首。同时决定取消总统制,实行议会制,并于当月组成了新政府。11月30日,俄罗斯、乌兹别克斯坦、哈萨克斯坦和吉尔吉斯斯坦四国向拉赫莫诺夫承诺派遣维和部队进驻塔吉克斯坦。在俄罗斯和乌兹别克斯坦的支持下,以拉赫莫诺夫为首的新政权对反对派进行了坚决的反击,以武力驱逐了伊斯兰复兴党,将其赶往阿富汗北部地区和塔吉克斯坦境内的偏僻山区戈尔诺—巴达赫尚自治州。

但是,反对派并未就此罢手。1993年3月,他们在阿富汗北部的塔卢坎成立了流亡政府。同年秋,又成立了反对派政党——伊斯兰复兴运动,成为与合法政权对抗的主要力量。这支力量又被称为塔吉克联合武装反对派,其主席是赛义德·努里。"他们得到了阿富汗拉巴尼政府和马苏德军队的支持,同时还得到伊朗、沙特阿拉伯、巴基斯坦以及美国的支持。"①根据这种情况,1993年6月21日,塔吉克斯坦最高法院以伊斯兰复兴党组建武装部队、破坏宪法为由,下令取缔该党等反政府组织和团体。但是,反对派仍在不断扩大武装力量,组成了一支拥有6 000多名武装队员的有一定实力的反政府军,并经常派人越境,制造恐

① 李静杰:《十年巨变》,中共党史出版社,2004年版,第74页。

怖事件,不断挑起事端和武装冲突。自此,以拉赫莫诺夫为首的合法政权与以努里为代表的伊斯兰复兴运动和伊斯兰复兴党,在塔阿边境和塔东南部地区展开了持续不断的战斗。

（三）1993—1997 年和谈阶段

塔吉克斯坦对立双方的持续战斗给民众带来了巨大灾难,使国民经济蒙受了重大损失。在交战双方谁都无法取得战争完全胜利的情况下,双方开始进入到边打边谈阶段。在俄罗斯、乌兹别克斯坦和国际组织的帮助下,在伊朗、阿富汗和巴基斯坦等国的共同努力下,塔吉克斯坦交战双方先后进行了 6 轮正式和谈和两次高层会晤。和谈的内容涉及停止塔阿边界的军事冲突和其他敌对行动、成立联合委员会监督停火、交换战俘和政治犯以及组织难民返回家园等问题。但是,多数谈判双方并未取得一致意见,原因在于双方在国家体制和权力分配方面存在着根本分歧。"以拉赫莫诺夫为首的现政权主张,塔应建成为民主、法治和世俗的共和国,实行政教分离,以非伊斯兰化作为基本国策;而反对派则要求在塔建立政教合一的伊斯兰国家。"①反对派的另一个要求是分享权力,即冲突双方平均分配权力。

从 1996 年下半年起,塔吉克斯坦所面临的国际、国内形势发生了有利于和谈的变化。从国际形势来看,阿富汗局势骤变使支持塔吉克斯坦交战双方的国际势力发生了分化。支持塔吉克斯坦反对派的阿富汗拉巴尼政府被塔利班赶出首都而自顾不暇,而支持拉赫莫诺夫政权的俄罗斯因为要与伊朗联合对付塔利班,也开始向塔吉克斯坦当局施加压力,要求其做出妥协。从塔吉克斯坦国内形势来看,以阿卜杜拉贾诺夫为首的国内"第三势力"的影响日益扩大,构成了对拉赫莫诺夫政权的威胁,因此拉赫莫诺夫对国内的控制权日益缩小。在各方的压力下,塔吉克斯坦对立双方遂不得不考虑尽快结束内战的问题。

在国外势力的压力下,从维护国家稳定的大局出发,拉赫莫诺夫总统对反对派做出了不小的让步。1996 年 2 月 4 日,拉赫莫诺夫总统下令对反动派武装分子实行大赦。12 月 10—11 日,拉赫莫诺夫总统在阿富汗同努里谈判并签署了关于实现停火的议定书。从 1996 年 12 月到 1997 年 7 月,拉赫莫诺夫政权与以努里为代表的联合反对派之间就民族和解委员会的职能、难民问题、政治和解的原则性问题、军事问题、政治问题议定书和实现民族和解问题展开了一系列谈判并签署了一系列协议和文件。

1.1996 年 12 月 23 日,拉赫莫诺夫总统与反对派领导人努里、联合国特使梅里亚姆在莫斯科签署了关于结束塔内战的和平协议,同时还签署了关于民族

---

①　赵常庆:《中亚五国概论》,经济日报出版社,1999 年版,第 46 页。

和解委员会职能的议定书。议定书规定:(1)建立由反对派代表领导的民族和解委员会,该机构将负责监督双方代表的所有协议的执行情况以及难民回归问题。民族和解委员会将和总统及议会就有关修改和补充现行宪法的提案提交全民表决;整编反对派武装等。(2)塔政府与反对派在一年半时间内通过谈判最终解决双方的武装冲突,双方在谈判期间在塔境内及其塔阿边界地区停止一切武装对抗行动,交换所有战俘并对参战者实行大赦。

2.1997年1月13日,签订了关于遣返和安置难民的协议。协议规定:塔政府将承担遣返因长期内战所产生的大批难民和无家可归者(仅在阿富汗境内就有约两万人),为他们提供人道主义援助和经济帮助,使其获得住房、就业等塔公民本当享受的权利。政府保证不追究被遣返人员曾与政府进行政治对抗或参与内战的行为。

3.1997年1月5—19日,塔政府和反对派在伊朗首都德黑兰又举行了为期两周的谈判,并于13日签署了联合声明。双方就政治和解中的三个原则性问题达成协议。协议内容包括:关于相互谅解协定和大赦法的程序、关于在过渡时期负责组织选举和全民公决的中央选举委员会的组成、关于改组政府和联合反对派代表的参政机制等问题。双方在会谈中具体确定了民族和解委员会的结构和组成、职能和权限。该委员会由27人组成,努里为主席。塔政府同意各政治力量的代表参与国家管理,但坚持要他们先解除武装,作为政党进行登记。双方在谈判中详细讨论了民族和解委员会的章程草案,双方确定了委员会的结构和组成、其职能和权限,但就委员会的名额及其成员的安全保证没有达成一致意见。

4.从1997年2月26日起,塔政府与反对派在莫斯科展开第三轮谈判。双方就军事问题达成协议,签署了军事议定书和联合声明。议定书规定分四个阶段解散反对派武装,解除其武装并使其与政府强力机构重新一体化和改组强力部门。

5.1997年5月16—18日,塔总统拉赫莫诺夫和反对派领导人努里在比什凯克进行了为期3天的谈判。双方签署了政治问题备忘录。备忘录规定:双方将制定并通过互相谅解协定和大赦法;塔当局改组政府,吸收反对派代表入阁;在解散和改编反对派武装后取消对反对派政党和组织的禁令。

6.关于结束内战、实现民族和解议定书(1997年5月28日在德黑兰签署)。重申有关改组权力机构、整编反对派武装、遣返安置难民、实行大赦,以及解除对政治活动的限制等有关规定。在重新组成的政府机构中,反对派将在中央选举委员会中占25%的席位,在行政机构中占30%的席位。

1997年6月27日,塔总统拉赫莫诺夫和反对派领导人努里及联合国秘书长特使梅里亚姆在莫斯科签署了《关于在塔吉克斯坦建立和平和民族和睦的总

协定》(以下称《总协定》)文件和莫斯科声明,声明强调塔吉克斯坦民族和解问
题的会谈已顺利结束。《总协定》的签订,标志着塔吉克斯坦内战的结束与和平
进程的开始。

(四)1997—1999年和平进程开始

《总协定》签署后,下设政治、军事、法律和难民四个分会的民族和解委员会
于1997年9月5日正式开始工作。9月7日,反对派领导人努里回到塔吉克斯
坦首都杜尚别。敌对双方和解后,首先就成立联合政府展开谈判。根据《总协
定》,联合政府中应为反对派安排30%以上的部长席位。但是,由于政府未按协
议规定采取行动,1998年1月15日反对派宣布暂时退出民族和解委员会。此
后,政府与反对派经过多次谈判,双方就反对派在政府中拥有30%的职位、改编
反对派武装和遣返难民等问题最终达成一致。1月23日,反对派恢复了在民族
和解委员会的工作。截至1999年4月,拉赫莫诺夫总统已落实了22名反对派
成员入阁担任部长以上职务,同时还对反对派人士实行大赦。内战期间逃亡阿
富汗的难民也陆续返回国内。

1999年9月26日,塔吉克斯坦就修改宪法举行全民公决,拟修改的主要内
容有:总统任期由5年延长至7年;议会由一院制改为上下两院制,议员职业化;
宗教党派合法化。之后,根据新宪法,塔吉克斯坦顺利进行了总统大选。拉赫莫
诺夫以96%的选票当选,1999年11月16日在首都杜尚别宣誓就职。2000年2
月,塔吉克斯坦举行多党制议会选举,新议会由包括反对派伊斯兰复兴党代表在
内的不同党派代表组成。2000年3月27日,新议会第一次会议提出"修改和补
充宪法草案",给总统规定了30条职权,使总统能位居议会和政府之上,决定国
家内政外交等重大决策,并兼任强力部门领导职务,进一步加强了总统对整个国
家生活的控制权。5月12日,联合国安理会发表主席声明,由于塔吉克斯坦已
最终实现和平,安理会同意从塔吉克斯坦撤出联合国观察团的建议。此后,塔吉
克斯坦经济保持了高速增长,政局日趋稳定。

(五)2006年总统选举

2006年11月6日,塔吉克斯坦举行总统选举,现任总统拉赫莫诺夫再次当
选。此次选举共有5名候选人获得参选资格。除拉赫莫诺夫以外,还有共产党
推举的塔尔巴科夫、经济改革党推举的博博耶夫、社会主义党推举的加弗福罗夫
和农业党推举的卡拉库洛夫。代表民主党参选的季约耶夫因征集支持者签名未
能达标而落选。大选在和平的气氛中进行,选民们表现出了极大的积极性。根
据塔中央选举委员会公布的统计结果,拉赫莫诺夫获得79.3%的选票。

拉赫莫诺夫的胜选并不出人意料,首先是塔吉克斯坦国内形势不断朝好的
方向转化,民众普遍认为是拉赫莫诺夫领导有方;其次是拉赫莫诺夫经过14年

的执政,深孚众望,积累了比较强大的行政资源,他所领导的人民民主党是国内最大的一个政党,在议会中占压倒优势;再次是塔吉克斯坦反对派加入政府后,影响力不断削弱,大选前伊斯兰复兴党的领导人努里病逝,反对派又很难推出一位有威望的候选人;最后,拉赫莫诺夫还得到一些大国的支持,包括美国和欧盟都没有明确表示反对拉赫莫诺夫继续担任总统。①

二、塔吉克斯坦仍需解决的其他问题

回顾塔吉克斯坦内战过程,我们不难看出,内战的爆发是国内政治、经济、宗教、民族和地区矛盾激化的结果。尽管塔吉克斯坦已经走上了和平发展的道路,但这些矛盾依然存在并且会继续影响塔吉克斯坦政局的稳定,因此研究这些问题并探寻相应的对策是十分必要的。

(一)经济问题

随着塔吉克斯坦国内和平进程的推进,社会趋于稳定,国民经济也呈现复苏迹象。塔吉克斯坦政府于 1995 年 5 月发行本国货币"卢布";同年 11 月,议会通过经济改革纲要,提出通过对工业、金融和财政方面的市场改造以期达到经济稳定。据独联体跨国统计委员会等有关方面的报道,1997 年塔吉克斯坦经济出现6 年以来的第一次正增长,国内生产总值比上一年度增长 1.7% ,1998 年比 1997年增长 6% ,1999 开始以来仍保持上升态势。在国际货币基金组织的参与和指导下,塔吉克斯坦政府于 1998 年制定了《1998—2001 年经济发展战略》,其主要任务是保持宏观经济稳定并使其不断好转,争取 3 年的年增长率达到 3.5% ~5.5% 。为实现上述目标,政府在稳定财政、改造企业、增加投资、整顿关税和争取外援等方面采取了有力措施。

塔吉克斯坦自民族和解以来实施了一系列社会、经济规划,人民生活水平不断提高,到 2006 年塔吉克斯坦国民生产总值增长了 60% ,1/4 的人口实现了脱贫。在联合国的帮助下,塔吉克斯坦制定了 2007—2015 年国家发展战略,预计未来的 9 年将吸引外资 130 亿美元,该计划的实施将有助于确保国家经济的稳步发展。

但是,与此同时,塔吉克斯坦国内民族和解进程艰难,局部性民众骚乱、武装冲突和军队哗变事件时有发生,恐怖活动和毒品走私严重,社会稳定性十分脆弱,经济复兴将是一个长期而艰难的过程。

(二)民族问题

塔吉克斯坦是由 86 个民族组成的多民族国家,主体民族是塔吉克族,1998

---

① 邢广程:《2006 年:俄罗斯东欧中亚国家发展报告》,社会科学文献出版社,2007 年版,第 222 页。

年塔吉克族人口为 427.7 万。除塔吉克族外,该国还居住着许多非主体民族,占全国人口的 35% 以上,主要是乌兹别克、鞑靼、吉尔吉斯、乌克兰、俄罗斯和维吾尔等民族。塔吉克斯坦独立后的社会民族关系错综复杂,新生的民族国家无力解决所有历史遗留问题,由此引起了各民族对现有政治、经济利益占有的不满,从而构成了塔吉克斯坦民族问题的长期性和复杂性。塔吉克斯坦面临的主要民族问题是塔吉克族与乌兹别克族、塔吉克族与俄罗斯族的矛盾,以及塔吉克各部族之间的矛盾。这些问题都影响着塔吉克斯坦政局的稳定,前两种矛盾如果处理得不好,势必还会影响到塔吉克斯坦与乌兹别克斯坦、塔吉克斯坦与俄罗斯的双边关系。

1.塔吉克族与乌兹别克族的矛盾。塔吉克族与乌兹别克族的矛盾主要在集中在两个问题上,其一就是关于布哈拉和撒马尔罕的归属问题。公元 9 世纪,伊朗语族伊斯兰王朝萨曼王朝建都布哈拉,并以撒马尔罕和赫拉特为陪都。1924 年前苏联开始民族划界时,大量塔吉克人连同布哈拉和撒马尔罕被划入了乌兹别克斯坦境内。由于苏联时期特殊的国家关系,塔吉克人与乌兹别克人并未因此发生明显的族际矛盾与冲突。苏联解体后,两国对布哈拉和撒马尔罕归属的争议开始突显出来。在塔吉克斯坦独立初期,甚至有个别极端民族主义组织曾提出"收回圣城"的口号,但是出于对当时塔吉克斯坦国内政局和经济形势的考虑,他们没有向乌兹别克斯坦提出领土要求。不过,对这两地归属问题的争议有可能成为塔、乌两国之间冲突的温床。[1] 其二,塔吉克斯坦国内一些对现政权不满的乌兹别克族精英人物,在塔吉克斯坦独立后多次组织和发起针对拉赫莫诺夫总统的颠覆活动,使得两国政府间隔阂加深,甚至直接导致了国家关系的恶化。

1998 年 11 月 4 日,在塔吉克斯坦北部列宁纳巴德州首府苦盏市发生了由胡多别尔德耶夫领导的反政府武装叛乱,叛乱失败后此人逃亡国外。塔吉克斯坦政府认为胡多别尔德耶夫潜藏在乌兹别克斯坦,要求乌当局协助引渡,但乌兹别克斯坦方面坚决予以拒绝。为此,11 月 9 日塔吉克斯坦总统拉赫曼诺夫指责某些国外势力对这场叛乱进行了支持。11 月 12 日,拉赫曼诺夫在塔吉克斯坦共和国议会第 10 届会议上宣称列宁纳巴德州叛乱是乌兹别克斯坦对塔吉克斯坦的直接侵犯,并指名谴责卡里莫夫总统庇护和支持塔政府反对派领袖拉贾诺夫和胡多别尔德耶夫,并向联合国、欧安会、独联体和其他国际组织发出呼吁,要求支持塔吉克斯坦的严正立场。当时,塔、乌两国之间关系处于紧张状态。这次

---

① 陈联璧、刘庚岑、吴宏伟:《中亚民族与宗教问题》,中央民族大学出版社,2002 年版,第 188 页。

叛乱之后,塔吉克人与乌兹别克人之间关系开始趋向紧张。①

2. 塔吉克族与俄罗斯族的矛盾。前苏联时期,俄罗斯族人在塔吉克斯坦政府部门、大型国营企业、教学科研部门中占据着重要的工作岗位和领导职务。他们大都居住在比较发达的大中城市,生活水平普遍高于当地其他民族居民;而大部分塔吉克族居民则居于社会中下层,尤其是居住在偏远地区的居民,生活水平更加低下。塔吉克斯坦独立后,民族主义情绪在全国抬头,首先表现为反俄和排俄的思潮与行动。国家各重要部门中的俄罗斯人普遍受到排斥,就连一些重要企业、科学技术、卫生教育部门中的俄罗斯人也受到了冷落。许多俄罗斯人迁回俄罗斯,并掀起一次又一次的迁徙浪潮,从塔吉克斯坦独立至今已迁走30多万俄罗斯人。这些俄罗斯人的离去,不仅带走了管理经验、技术,还影响到了塔吉克斯坦经济的恢复。

3. 塔吉克斯坦各部族间的矛盾。塔吉克斯坦内战的主要原因是主体民族塔吉克人之间关于国家独立后走民主法制和世俗化道路还是走向伊斯兰化道路的斗争,不过在塔吉克斯坦独立之初发生武装冲突也与历史上长期形成的不同地区的氏族和部落之间的矛盾有关。在苏联时期,北方的列宁纳巴德州人口最多,约占全国人口的1/4,而且工农业生产比较发达,居民生活比较富裕。除大部分塔吉克人外,很多乌兹别克人也居住在这个州。南方戈尔诺—巴达赫尚自治州和库利亚布州主要在山区,经济落后,居民生活较为贫困,主要是塔吉克人居住区。南、北之间因经济发展和居民生活水平存在悬殊,不同氏族和部落之间早已存在矛盾。独立后,南方部族对北方部族长期在政治和经济上占据主流社会地位不满,多次借助于地区内极端民族主义、极端宗教主义情绪和外部势力,发动反对现国家权力中心和企图重新划分全国政治、经济布局的运动,甚至引起连年的内战,给独立后的政治稳定与经济发展带来了灾难性影响。自南方库利亚布州的拉赫莫诺夫总统执政以来,在共和国中央机关中来自南方的干部占据了主导地位,这又引起北方居民的不满,在一定程度上也影响到了塔吉克斯坦的社会政局稳定。

针对复杂的民族问题,塔吉克斯坦采取了积极的民族政策。尤其是在国内极端主义势力挑起全面内战的形势下,国家领导人进一步意识到,促进民族和睦不仅是维护国内稳定、保障经济恢复的基本前提,而且也是巩固民族国家独立成果和确保国家主权不被分割的首要条件。为此,塔吉克斯坦当局调整了独立初期对非主体民族及地方部族的强硬政策,以国家稳定和发展大局为战略目标,甚至做出一定程度的妥协,在全国范围内制止战乱,分化瓦解反对派力量,使民族

---

① 陈联璧、刘庚岑、吴宏伟:《中亚民族与宗教问题》,中央民族大学出版社,2002年版,第188页。

和睦与国家稳定成为社会主流的目的。

塔吉克斯坦政府制定民族政策主要坚持了以下基本原则:第一,努力实现共和国内各民族一律平等,克服独立后产生的对非主体民族的排斥心态,强调公民意识,弱化各民族间的敌视和冲突。1994 年公布的《塔吉克斯坦宪法》中明确规定,塔吉克斯坦共和国公民不分民族都是塔吉克斯坦人民。并规定,塔吉克语为国语,俄语是族际交流语言。第二,实行共和国各民族和睦政策,推动塔吉克斯坦社会的和平、统一和进步。无论是在塔吉克斯坦的各民族实体,还是在各民族内部的各部族、各地方利益集团之间以及不同民族公民之间,塔吉克斯坦政府提倡和睦政策,即使对联合反对派,只要同意放弃武装对抗,愿意共同建设塔吉克斯坦,政府也考虑给他们安排适当的职位和工作,以达成全面停止内战,实现民族和解。第三,坚决打击民族分裂势力,保障独立建国成果。对来自内部和外部的民族分裂主义势力,塔吉克斯坦政府绝不手软。一方面建立司法制度,对民族分裂行为予以定罪;另一方面与哈萨克斯坦、吉尔吉斯斯坦等国及俄罗斯密切合作,联手解决这一具有共性的问题。第四,防范境外民族分裂势力的渗透。独立初期,由于塔吉克斯坦国防力量薄弱,为建立正常的国家秩序,政府借助于俄罗斯的军事援助,加强与阿富汗交界地区的防范,阻止民族分裂势力对塔吉克斯坦境内的影响。

（三）宗教问题

由于民族成分多样,所以塔吉克斯坦的宗教也呈现出多样化的特征。有近86% 的塔吉克斯坦居民信奉伊斯兰教,少数居民信奉东正教、犹太教和巴哈伊教等宗教。在宗教问题中最突出的就是伊斯兰教的复兴问题以及宗教极端势力的兴起对政局的影响。伴随着塔吉克斯坦的独立,伊斯兰教出现了复兴的趋势,主要的表现是,清真寺和宗教学校大量涌现,穆斯林人数猛增,如清真寺由 1989 年的 70 座增至 1992 年的 2 870 座,另外还有 3 000 多所祈祷堂。全国开办了 150所古兰经学校。同时,在开放党禁的鼓励下,各种宗教团体和政党纷纷出现,并从一开始就表现出了强烈的参政意识。如"拉斯托赫兹运动"在成立初期,就利用各种渠道和时机向塔吉克斯坦社会表示出其参政的意愿和能力,并大肆鼓吹建立以伊斯兰教义和法规为基础的政治自治,甚至提出建立"伊斯兰共和国"的口号。

正是清真寺和宗教学校的大量涌现以及穆斯林人数的猛增,为伊斯兰原教旨主义和伊斯兰宗教极端势力的滋生、蔓延提供了气候和土壤。塔吉克斯坦伊斯兰复兴党就在此时将其成员发展到了 7 万名。伊斯兰复兴党既是一个伊斯兰原教旨主义政党,也是一支积极干预国家政治生活的宗教势力,它鼓吹建立一个政教合一的伊斯兰国家。为了实现自己的建党宗旨,塔吉克斯坦伊斯兰复兴党纠集各种势力向坚持世俗化道路的塔吉克斯坦政府多次发起示威游行并最终挑起战争。直至1997年6月,塔吉克斯坦政府做出妥协让步,双方才签署了民族和睦总协定。但是,伊斯兰复兴党中的极端主义势力并不满足于政府方面做出的妥协,依然坚持推翻政权和建立伊斯兰国家的宗旨。在塔吉克斯坦实现民族和解之后,他们潜入阿富汗境内,接受阿富汗各部族武装的训练,并与毒品走私、武器贩运等跨国犯罪活动结合在一起,对塔吉克斯坦的安全和稳定构成极大威胁。

塔吉克斯坦自独立以来,由于深受宗教极端主义势力的干扰,因而在社会政治和文化领域对宗教势力的发展一直保持着高度的关注和控制。首先,塔吉克斯坦政府以宪法形式明确限定,"包括宗教在内的任何一种意识形态都不能规定为国家的意识形态","宗教组织与国家分离,不得干预国家事务",并运用法制武器和国家机器,限制极端宗教势力在国内各领域的活动,尤其限制各类极端宗教组织在社会政治生活中的活动和对教育机构的插手。其次,在与国内宗教极端势力的斗争中把握节奏,运用策略手段,化解直接冲突,缓和战乱。塔吉克斯坦政府为了终止内战,推动民族和解进程,向联合反对派做出一定程度的妥协。以停止颠覆现政权的军事活动为前提,与联合反对派进行谈判,同意联合反对派放弃反政府活动后进入政府机关任职。在实现民族和解后,将政府各部门中30%的职位让给反对派。最后,鉴于塔吉克斯坦境内宗教极端势力的活动具有跨国性,塔吉克斯坦政府十分重视在这一领域中的国际合作。独立后,塔吉克斯坦先后参加了独联体集体安全条约组织、中亚政治同盟和上海合作组织等各个层面的安全合作机制,并积极配合阿富汗反恐怖主义军事行动,致力于参加北约"和平伙伴关系计划"框架下的安全合作。

(四)毒品问题

2002年3月,在塔吉克斯坦与阿富汗交界处,俄罗斯边防军缴获了三百多公斤毒品,其中仅海洛因就有270公斤,同时还缴获了20件武器和14公斤爆炸物。11月,驻塔吉克斯坦的俄罗斯边防军又在边境上缴获了150公斤包括大麻和海洛因在内的毒品。据不完全统计,自2002年以来,塔吉克斯坦有关部门在俄罗斯边防部队的配合下在塔阿边境查获了3.5吨毒品,其中有2.5吨为海洛因;有40多名毒贩在交火中被击毙,另有1 200多人因涉嫌毒品犯罪被逮捕。在国际毒品重心从昔日的"金三角"地区转向今日包括阿富汗在内的"金星月"地带的大背景下,与阿富汗相邻的塔吉克斯坦注定将面临越来越多的毒品问题及其所带来的挑战和威胁。

第五节　特立独行的土库曼斯坦

1991 年 10 月 27 日,土库曼斯坦最高苏维埃宣布国家独立,尼亚佐夫当选为共和国总统。国家独立后,尼亚佐夫反对在国内掀起歇斯底里的反共浪潮,强调秩序和纪律,声明政府"坚决制止在假革命和自由化浪潮中打碎一切机构的企图",因此土库曼斯坦没有出现"权力真空",各级权力机关得以和平过渡和转换。

一、土库曼斯坦政治制度建设

土库曼斯坦独立之后,尼亚佐夫总统首先为国家确立了发展目标,并在此目标指导下根据现实的需要对原有政治体制进行了改革。尼亚佐夫指出,国家的发展目标就是要将土库曼斯坦建设成为一个世俗的、民主的、法制的国家。"在 2000 年前,在各方面取得完全的独立,克服落后状态,扎扎实实的巩固朝发达国家加速前进所必需的经济、社会和政治实力"。[1]"如果要谈正在形成的国家经济模式的主要内容,那么它是指建立在强有力的国家宏观经济调控下的、发达的、以社会为导向的混合型市场经济。最终目标是在本世纪末达到具有丰富资源保证的发达国家的水平。"[2]

尼亚佐夫同时表示土库曼斯坦具备实现这一目标的四个条件,即第一,政治稳定。第二,对外开放和积极的中立政策。土库曼斯坦主张在平等、互利、互相尊重、互不干涉内政的基础上与所有国家发展友好关系,不把任何国家看作是自己的敌人,不觊觎任何国家的领土,不参与任何军事联盟和集团,除自卫外,不将武装力量用于反对任何国家,不在国土上驻扎外国军队,承认联合国的优先地位,愿意协助国际社会预防战争和武装冲突。此外,土库曼斯坦还主张不拥有大规模杀伤性武器,不允许利用本国领土试验、运输和储存大规模杀伤性武器。这一政策的实施的确有利于土库曼斯坦开展积极的外交工作。第三,强有力的国家监控与民主。第四,丰富的原料资源与国家对基本建设的大量投资。他认为,这四根支柱可以保证国家"沿着市场经济崎岖道路顺利迈向期望的未来——繁荣的土库曼斯坦"。[3] 为了实现尼亚佐夫提出的国家发展目标,土库曼斯坦根据国家的实际情况对政治体制进行了改革。

---

① 尼亚佐夫:《永久中立,世代安宁》,东方出版社,1996 年版,第 28 页。

② 尼亚佐夫:《永久中立,世代安宁》,东方出版社,1996 年版,第 146 页。

③ 尼亚佐夫:《永久中立,世代安宁》,东方出版社,1996 年版,第 28 页。

（一）国体的确立

土库曼斯坦宪法规定：土库曼斯坦是民主的、法制的世俗国家，以总统制共和国的形式进行国家管理。国家以权力分立原则为基础，即立法权、行政权和司法权在相互制约和平衡的条件下独立行使。共和国公民有权建立按照宪法和法律的规定开展活动的政党和其他社会团体。

（二）政体的确立

土库曼斯坦的政体是总统制共和制。议会行使立法权，在议会之上设立人民会议。人民会议由总统、议员、最高法院和最高经济法院院长、总检察长、内阁成员、各州、市、区行政长官组成。司法权由法院和检察院行使。总统是拥有实权的国家元首，掌握国家行政权，领导政府工作。此外，宪法还规定土库曼斯坦不设共和国政府总理，政府工作直接由总统领导和主持，而且总统还是人民会议成员，实际上领导人民会议，享有立法权。同时，总统还是武装力量总司令。1993 年 11 月，民主党建议议会将尼亚佐夫总统的任期从 5 年延长为 10 年。1999 年 12 月 28 日，土库曼斯坦议会又通过一项法律，规定尼亚佐夫的总统职位可无限期留任。

（三）政党制度

总统尼亚佐夫坚持认为根据国家目前的政治、经济、文化水平，不一定非要实行多党制。实际上，土库曼斯坦独立后，合法存在的政党只有一个，即由前苏联土库曼斯坦共产党改组而成的执政党——土库曼斯坦民主党，总统尼亚佐夫任该党主席。该党的宗旨是巩固国家独立、主权和中立，建设民主、法治、世俗国家和公正社会，提高人民福利，实现社会民主化。主要任务是宣传、解释总统制定的国家内外政策和法令，团结社会各界贯彻执行总统的方针。由于在土库曼斯坦只有一个合法政党，反对派几乎没有存在的空间，土库曼斯坦也就在独立初期免去了因反对派存在而导致的政局不稳的困扰。

独立后，土库曼斯坦始终将巩固国家独立和主权、保持社会稳定、振兴经济放在首要位置，主张走适合本国国情的发展道路。土库曼斯坦认为，国家安全面临的主要威胁是邻国与边境附近可能发生的局部战争和武装冲突。国家军事安全保障的重点则是与里海、阿富汗和乌兹别克斯坦接壤的边境地区的三个方向。随着时间的推移，土库曼斯坦将军事力量建设的重点放在了负责内部安全的机构和组织上，更加关注国家安全的内部威胁。

由于土库曼斯坦在政治上实行高度的中央集权，在经济体制改革上放弃"休克疗法"并实行循序渐进的改革，所以其政局从独立伊始就保持了相对稳定的过渡和转换态势。

二、土库曼斯坦的政局变化

1993 年 11 月,土库曼斯坦民主党建议议会把尼亚佐夫总统的任期从 5 年延长为 10 年,以便实现他之前提出的《十年福利计划》。此举激起了原外交部长库利耶夫的不满,他通过俄罗斯电台攻击尼亚佐夫破坏宪法,建立"绝对的君主专制",但因国内没有有组织、有纲领的反对派,库利耶夫也只是孤掌难鸣,无碍大局。1994 年 1 月 15 日,土库曼斯坦就延长总统任期问题举行全民公决,结果 99.8% 的投票者同意延长总统任期至 2002 年。

1994 年 1 月 17 日,民主党联合工、青、妇等社会团体组成"统一战线"——民族复兴运动,并召开第一次代表大会。"统一战线"成为进一步稳定社会的中坚力量。

2002 年 11 月 25 日,尼亚佐夫的车队在阿什哈巴德市中心遭遇袭击,数人受伤。土库曼斯坦总检察长阿塔贾诺娃随后宣布,土库曼斯坦前副总理希赫穆拉多夫是本次事件的主使者之一。土库曼斯坦当局果断处置了突发的暗杀事件,很快逮捕了所有参与者和幕后策划人,躲入乌兹别克斯坦驻土库曼斯坦使馆的希赫穆拉多夫也落入法网。土库曼斯坦最高权力人民委员会于 12 月 30 日通过决议,对发动未遂政变和袭击尼亚佐夫的策划者希赫穆拉多夫判处终身监禁,并对前总理兼中央银行行长奥拉佐夫、前驻土耳其大使哈纳莫夫和农业部第一副部长厄克雷耶夫进行了缺席审判,土库曼斯坦的反对派势力受到致命打击。

土库曼斯坦在全国清理反对派领袖希赫穆拉多夫党羽的同时,尼亚佐夫于 2003 年初更换了各强力部门的领导人。

2005 年土库曼斯坦仍保持政治总体稳定。为防止反对派效仿吉尔吉斯斯坦的暴力夺权,4 月 7 日,已是终身总统的尼亚佐夫在政府扩大会议上表示,希望在 2009 年前举行总统选举,但土库曼斯坦议会否决了尼亚佐夫的要求,希望尼亚佐夫继续担任终身总统。土库曼斯坦独立后宣布奉行中立政策,面对"颜色革命"的浪潮,土库曼斯坦仍希望以相对封闭的方式抵御"颜色革命"。5 月 9 日,独联体国家元首理事会会议在莫斯科举行,尼亚佐夫总统没有出席这次峰会,会上土库曼斯坦表示可能会退出独联体。8 月 27 日,独联体国家元首理事会会议在喀山举行,土库曼斯坦代表团宣布打算放弃独联体正式成员资格,欲以联系国的身份参加独联体;在双边基础上,继续与独联体国家就共同感兴趣的问题发展关系;在独联体框架下参与多边交往,但不参与独联体军事和强力机构的活动。

三、土库曼斯坦政局稳定的原因

自独立以来,土库曼斯坦一直是独联体国家中政局相对稳定和人民情绪比较安定的国家。这是因为:

第一,政治体制改革循序渐进、符合国情。尼亚佐夫总统认为在从旧体制向民主制和市场经济过渡时期,适合本国国情的是实行循序渐进的改革,向市场经济的平稳过渡,逐步实行民主化,避免社会动荡。尽管宪法规定可以实行多党制,但实际上并不准许建立反对党。尼亚佐夫认为土库曼斯坦经济和文化发展水平尚未达到实行多党制的条件,人民也未作好接受多党制的心理准备,所以这样做有利于土库曼斯坦政局的稳定。

第二,实行强有力的总统制,确保社会稳定。宪法规定总统为国家元首和政府首脑,不设政府总理而由总统直接主持政府工作;设立以总统为核心的人民会议作为国家最高权力机关,赋予总统控制立法和司法机关、凌驾于三权之上的最高权威,从而有助于控制政局,保障社会稳定。

第三,加强社会保障,稳定人心。国家一直对居民的基本食品、部分日用必需品、住房、医疗等实行补贴,对多子女家庭和贫困户发放补贴;从 1993 年起,国家为居民免费提供天然气、水、电;把住房私有化改革作为社会福利,其办法是无偿转让给职工。总的来说,独立以来土库曼斯坦政治和社会稳定,人民情绪安定,民族关系比较和谐,国家有所发展。

第四,比较妥当地处理了民族问题。土库曼斯坦是典型的多民族国家,独立后政府确立了土库曼族的主体地位,随之而来的是主体民族的民族主义倾向和排外情绪。这些倾向恶化了主体民族与非主体民族之间的关系,特别是同俄罗斯族的关系;曾经出现部分俄罗斯人返回"祖国"俄罗斯的现象,土库曼斯坦的俄罗斯族人口已经由苏联解体前的第二位降到第三位。土库曼斯坦政府也由此认识到只有实现国内的民族和谐与社会稳定才能保证社会的平稳转型,所以土库曼斯坦政府推行了稳定为先的民族政策。为防止主体民族产生排外情绪,一切排外的组织、政党、言论都不允许存在。主体民族和非主体民族间出现的任何纠纷都会被立即制止,主体民族的民族主义和少数民族的民族主义都处在国家的严格控制之下。

与此同时,土库曼斯坦还加强了民族立法。宪法规定:不允许以性别、民族和其他特征歧视公民,否则要追究法律责任。1997 年颁发总统令,宣布对制造民族纠纷的人课以 10 倍于工资的罚款。此后又制定法律,对有民族和种族歧视的人处以 3 年以下监禁。在宣布主体民族语言为国语的同时,强调保障居住在本国境内的所有民族的语言、风俗习惯和传统受到尊重,并为其发展创造条件。

根据尼亚佐夫总统的倡议,制定了语言发展计划,在发展土库曼语言和扩大其使用范围的同时,也注意保障其他民族语言的自由发展和发挥作用。此外,土库曼斯坦还是中亚五国中最早实行双重国籍的国家。1993 年 12 月 23 日,尼亚佐夫与叶利钦签署双重国籍协定,并当场给叶利钦签发了土库曼斯坦公民护照,使其成为第一个拥有双重国籍的俄罗斯人。由于土库曼斯坦推行宽松的民族政策,因此没有出现大规模人口外流,而且还形成了比较和谐的族际关系。

第五,较好地处理了宗教问题。土库曼斯坦受伊斯兰教影响深厚,即便在苏联时期伊斯兰教传统也没有完全被取代。独立后,伊斯兰教进一步发展。过去禁止宗教活动的一切有形与无形的限制解除了,清真寺重新向公众开放,教职人员可以自由传教;信仰伊斯兰教的人数迅速增加,伊斯兰教对社会生活的影响也逐渐加强。

为了国家今后的发展,尼亚佐夫总统非常重视发展与沙特阿拉伯等伊斯兰国家的关系。1992 年 4 月,他应沙特阿拉伯国王法赫德的邀请访问了沙特阿拉伯,通过这次访问,土库曼斯坦成为世界伊斯兰会议组织成员。尽管土库曼斯坦政府重视同伊斯兰世界的联系,但它并不希望成为一个伊斯兰国家。土库曼斯坦宪法明确规定:土库曼斯坦是一个民主、法制和世俗的、采取总统制共和形式的国家。宪法还规定宗教自由附带条款:宗教不能对政府有影响。国家保证宗教信仰自由,并保证其在法律面前一律平等。宗教组织与国家相分离,且不得行使国家职能。国家教育系统与宗教组织相分离。尼亚佐夫总统曾经多次明确表示土库曼斯坦要建设一个世俗的社会,他说,按照宪法,我们把宗教与国家分开。这就是说,我们正在建设世俗的社会。土库曼斯坦是世俗国家,但我们理解,这种分离不是也不可能是绝对的。的确,宗教组织不履行国家职能,但宗教是我们历史、精神文化、传统和生活方式的一部分。国家帮助宗教组织发挥正常的作用。这种对待宗教的态度保障了它对社会团结产生积极影响,并有利于祖国的繁荣。

在实行政教分离的同时,土库曼斯坦政府坚决打击极端宗教主义。根据宪法第 28 条规定,禁止建立以暴力改变宪法制度为目的,或以暴力反对宪法规定的公民的权利和自由,宣传鼓动战争,鼓动种族、民族、社会和宗教仇视情绪,危害人民健康和道德品质的政党和其他社会团体,并禁止它们活动;禁止按照民族或宗教特征建立军事化团体和政党。

由于土库曼斯坦以国情为依据确立政治体制,稳步推进经济改革,因此在中亚五国中保持了政局的相对稳定和社会发展。

四、土库曼斯坦新总统别尔德穆罕默多夫总统

2006年12月21日,土库曼斯坦总统尼亚佐夫突然病逝,时任土库曼斯坦副总理兼卫生和医药部长的别尔德穆罕默多夫被国家安全委员会任命为代总统和武装力量最高统帅。2007年2月11日,土库曼斯坦举行总统大选。在土库曼斯坦举行的首次由多个候选人参加的总统大选中,别尔德穆罕默多夫以89.23%的高支持率当选为土库曼斯坦独立以来的首任民选总统,同时兼任国家武装力量最高总司令和政府总理,并于2月14日宣誓就职,任期5年。

(一)别尔德穆罕默多夫的施政纲领

1.建立民主社会。第一,进行可控民主改革,实行多党制。土库曼斯坦是中亚唯一一个保持中立和实行终身总统制的国家。别尔德穆罕默多夫声明在秉承既定方针的同时,打算在可控民主政治制度下进行渐进的民主改革。第二,倡导民众参政议政。别尔德穆罕默多夫下令拟定和通过巩固国家和社会民主基础的重要文件,倡导逐步实现社会民主化,扩大社会共识,民众参与国家管理工作。第三,信息渠道"多元化"。尼亚佐夫执政时期,国家对新闻出版、电视等媒体实行国家垄断,封锁国外信息和新闻,国内仅发行一份《中立的土库曼斯坦报》,禁止国民订阅国外报刊,只有1%的居民使用互联网。针对上述情况,别尔德穆罕默多夫下令恢复播放俄罗斯第一电视频道的录播节目(经情报部门审查),承诺取消公民使用互联网的限制,向每位公民普及互联网和移动电话,力争信息来源"多元化"。

2.别尔德穆罕默多夫声明,继续深化经济改革是新政权的头等大事,在继续发展能源经济的同时,加强工业的发展,扶持中小型私营企业发展,并给予政策倾斜。他还强调指出,农业是国民经济的重要领域,应对农业实行私有化改革,对家畜、农产品和土地免征税。

3.做好社会保障工作。别尔德穆罕默多夫承诺要保障民众的生活需求,提高他们的工资福利待遇和生活质量;强调继续向居民免费提供天然气、电、水和盐;汽油和面粉等第一生活必需品的价格不变;在全国设医疗点,还可享用进口药;今后继续为居民提供优惠住房贷款;设立就业岗位,解决社会失业问题,保持社会安定团结,为建立繁荣的民主国家奠定社会基础。

(二)别尔德穆罕默多夫面临的挑战

1.改革与继承的关系。别尔德穆罕默多夫的改革倾向,既有个人因素,更有社会压力。尼亚佐夫执政时期"国富民穷",巨额资金用于修建豪华建筑,百姓生活水平低,失业率高。民众对尼亚佐夫的治理方式敢怒不敢言。别尔德穆罕默多夫想通过改革释放社会压力,但又不能操之过急。

2. 与强力部门和既得利益集团的关系。别尔德穆罕默多夫靠强力部门上台,立足尚未稳固,平衡好与强力部门和利益集团的关系直接决定其命运。别尔德穆罕默多夫的改革倾向如果触犯既得利益集团的利益,则极有可能引发对他的不满甚至被弹劾。

第六节　外强内危的乌兹别克斯坦

1991 年 8 月 31 日,乌兹别克斯坦在中亚率先宣布独立,卡里莫夫任总统。独立以来,乌兹别克斯坦的国内政治始终遵循着自己的独特轨道演变。该国实行强有力的总统集权制,严格控制反对派,因此没有发生类似于哈萨克斯坦或吉尔吉斯斯坦的那种总统与反对派之间的尖锐对峙情况。在经济改革方面,没有推行"休克疗法",保持了相对较好的发展,这使得乌兹别克斯坦政局相对比较稳定。但是,乌兹别克斯坦却遇到了比其他中亚国家更为严重的来自乌兹别克斯坦伊斯兰运动和伊斯兰解放党等为代表的宗教极端组织的威胁。这一问题自然将成为本章关注的焦点。

一、独立后政局稳定

独立之初,中亚邻国大多经历了程度不同的政局动荡,而乌兹别克斯坦则设法避免了这种局面。造成该国政局稳定的主要原因是乌兹别克斯坦政府在独立后执行了一条与大多数独联体国家不同的经济、政治发展路线。

(一)放弃"休克疗法",寻找适合本国的经济发展道路

独立后,以总统卡里莫夫为首的当局与独联体其他国家一样,对前苏联僵化的计划经济模式持否定态度,主张改革旧体制并向市场经济过渡。但与哈萨克斯坦和吉尔吉斯斯坦等中亚国家不同的是,他拒绝采用俄罗斯式的"休克疗法",认为"休克疗法"不适合乌兹别克斯坦国情,应渐进地向市场经济过渡。卡里莫夫在改革伊始就明确指出,世界上从来就不存在包罗万象的、对任何国家都适宜和行之有效的经济发展模式,乌兹别克斯坦在进行改革时,必须"考虑到共和国的固有特点","考虑人民的心态、传统、思维模式、价值观念、民族文化特点",努力建立一个"最大限度符合乌兹别克斯坦发展实际,以社会为方向的市场经济"。他一再强调"平稳过渡"和循序渐进的重要性。卡里莫夫为乌兹别克斯坦经济改革提出了五项原则,即:1.经济优先于政治;2.国家作为经济改革的倡导者和推行者发挥主导作用;3.法律至上;4.实行强有力的社会保障政策;5.逐步地、分阶段地向市场过渡。这些原则使乌兹别克斯坦的改革进程保持了平稳有序的态势。

在经济改革的同时,乌兹别克斯坦政府还注重加强社会保障以稳定人心。为此,国家从预算中划出部分资金作为社会保障基金,为贫困户发放补贴;规定各企业、机关和组织也要建立社会保障基金。政府对居民的基本生活食品、部分日用必需品实行价格补贴,国家长期对棉花和粮食实行控制价格。住房私有化改革实际上是无偿转让或以低廉价格出售,使这项改革成为一项重要社会福利。

上述措施不仅扭转了乌兹别克斯坦经济滑坡的局面,还有利于社会的稳定。

(二)立法限制政党的建立及其活动,严控反对派和反政府力量

在中亚五国中,除土库曼斯坦之外,乌兹别克斯坦的在野党和反政府力量也是非常弱小的。这和乌兹别克斯坦采用的总统集权制政治模式有很大关系。乌兹别克斯坦宪法和政党法规定,不准许旨在反对现行宪法制度、危害国家主权和安全、煽动民族和宗教敌对情绪的政党的建立及活动。反政府力量在乌兹别克斯坦是非法的,它们主要是一些伊斯兰极端主义政治势力。由于政府的严厉打击,它们的活动处于地下状态。"与此同时,反对派的舆论工具也受到严格的限制,许多与政府主张不符的新闻媒介都被迫停止活动。"①从1993年起,乌兹别克斯坦政府对激进势力和反对派更是进行了严厉打击,迫使他们流亡国外。结果,支持总统的人民民主党代表一度在议会席位中占大多数。虽然从1995年起有其他政党代表进入议会,但这些政党均表示全力拥护现政府的对内对外政策,实际上议会中没有反对派。卡里莫夫总统对此解释道:"目前乌兹别克斯坦没能建成民主国家,原因不在于没有民主制度,而在于乌兹别克斯坦居民旧的思想意识较强,他们还难以适应民主化准则,因此,要建立民主社会还需要一段时间。"②

正是因为乌兹别克斯坦一开始就找到了适合国情的政治模式,没有盲目的实行西方式的自由民主制度,对反动派进行严格控制,才避免了总统与反对派之间的斗争。没有出现类似于哈萨克斯坦和吉尔吉斯斯坦的总统与议会反对派之间的尖锐对峙,从而维持了政局的稳定。但这种对反对派过于严格的控制,有矫枉过正之嫌,从而也会引发其他的社会问题出现。关于这一点将在下文进行论述。

(三)强有力的总统制政治模式

乌兹别克斯坦宪法规定,总统既是国家元首又是政府首脑,直接领导政府的内外活动,这就为卡里莫夫总统的集权统治提供了法律依据。同时,卡里莫夫总统利用人民民主党和地方政权机关的党团代表控制了议会的大多数席位,另外

① 王鸣野:《美国的欧亚战略与中南亚五国》,新疆人民出版社,2003年版,第40页。
② 王鸣野:《美国的欧亚战略与中南亚五国》,新疆人民出版社,2003年版,第40页。

他还掌握着任免司法机关领导人的大权。1995年,乌兹别克斯坦通过全民公决自动延长总统任期,同时又通过修改宪法进一步强化了总统权力。乌兹别克斯坦总统不仅有宪法保证其地位,"而且各种报刊、广播和电视等大众媒体广泛宣传总统的个人作用和政绩,树立总统的权威,为形成强有力的总统制大造社会舆论。"①

综上所述,乌兹别克斯坦在独立后,在经济上没有采用当时风行一时的"休克疗法",从而避免了经济大滑坡和居民生活水平的急剧下降;在政治上乌兹别克斯坦没有对西方式的自由民主政治抱太大幻想,虽然在口头上做了一些表态性的宣示,但在国内政治的实际运作中仍然采取了一种适合本国特点的政治模式,加强总统权力,打击反对派,从而使独立后的乌兹别克斯坦基本维持了已有的政治格局,保持了政局的稳定。

二、影响政局稳定的因素

尽管乌兹别克斯坦找到了适合自己的政治模式,但这并不意味着一劳永逸地解决了所有问题。影响政局稳定的经济发展问题、腐败问题、宗教问题和民族问题等交织在一起,亟待解决。

乌兹别克斯坦的腐败问题因种种因素的作用显得特别突出。20世纪80年代,震惊前苏联的乌兹别克斯坦"棉花丑闻"涉及成千上万的共和国干部,在共和国内外造成了深刻的影响。独立以后,这一问题非但没有缓解,而且还有进一步恶化的趋势。在乌兹别克斯坦这个宗教传统很强的国家,老百姓对腐败问题非常敏感,这直接影响到公众对政府的态度;宗教极端势力也会利用民众对政府腐败的不满情绪挑起事端。

乌兹别克斯坦还面临着由贫困引发的政治问题。尽管乌兹别克斯坦避免了经济大滑坡,但人民的生活水平仍然很低,失业人口差不多占其总人口的1/3,吸毒者、艾滋病感染率和自杀率都在上升。值得注意的是,乌兹别克斯坦的贫困带有地区性质。人口稠密、宗教传统浓厚的费尔干纳地区贫困现象尤为严重,而乌兹别克斯坦出现的恐怖主义活动也恰恰就集中于这一地区。

由于上述诸多社会问题并未得到有效解决,从而导致乌兹别克斯坦各地时常出现一些由宗教极端势力操纵的恐怖袭击事件,并影响了整个社会的稳定。

(一)恐怖袭击事件频发

1. 1999年2月16日,数起炸弹爆炸震撼了塔什干,五起精心策划的针对卡里莫夫总统的爆炸在首都周围几乎同时响起。卡里莫夫侥幸躲过了安置在部长

①　李静杰:《十年巨变》,中共党史出版社,2004年版,第50页。

会议大楼的炸弹。政府把这些爆炸袭击归罪于乌兹别克斯坦伊斯兰运动。爆炸发生后,其领导人纳曼干尼和尤尔达舍夫两人逃到了塔吉克斯坦和阿富汗。

2. 2004 年 3、4 月间和 7 月底乌兹别克斯坦连续发生多起恐怖爆炸案,造成数十人死亡。这是乌兹别克斯坦自 1999 年袭击总统爆炸案后最严重的恐怖事件,也是自杀性恐怖袭击首次引入中亚,其中以妇女充当人体炸弹和 20 多人拒捕同时引爆自杀的情形,在温和的苏非派穆斯林中尚属首次。

3. 2005 年 5 月 13 日,乌兹别克斯坦东南部城市安集延发生大规模骚乱,极端组织"阿克罗米亚"纠集上百名武装分子占领监狱并释放了大量犯人。武装分子占据州政府大楼后向外界发表声明,自称此次行动的目的是要求政府释放被押的 23 名商人(其中包括该组织领导人阿克拉姆·尤尔达舍夫)。随后,他们又占领了当地强力部门办公地、安集延州政府大楼和一所学校。鉴于局势严重,卡里莫夫总统紧急飞赴安集延市亲自指挥平息事态的发展,政府部门采取强力措施在 24 小时内迅速平息了骚乱。根据乌官方提供的数据,骚乱共造成 176 人死亡,其中包括恐怖分子 79 人,平民 45 人,另有 295 人在骚乱中受伤。6 月 16 日,乌兹别克斯坦公布了"安集延事件"调查结果。据乌兹别克斯坦外交部称,该事件是由国际极端势力精心策划组织的,其最终目的是用暴力改变现有的宪法体制,成立所谓的哈里发国家。调查表明,"突厥斯坦伊斯兰运动"(昔日的乌兹别克斯坦伊斯兰运动)、"伊斯兰解放党"、"基地"和"塔利班"等恐怖组织和极端组织在暗中插手了此次事件。9 月 20 日,乌兹别克斯坦最高法院以谋杀、企图颠覆宪法秩序和阴谋政变等罪名开庭审理 15 名被控组织"安集延事件"的嫌犯。

"安集延事件"之后,乌兹别克斯坦国内政局一度紧张。卡里莫夫总统对内务和安全等强力部门进行了人事调整,国内反对派开始了公开反对政府的活动。6 月 8 日,乌兹别克斯坦东部撒马尔罕地区有 600 多名"自由农民党"支持者举行抗议活动,反对政府在处理"安集延事件"中的强硬做法。该党是乌兹别克斯坦国内三大反对党之一,在农村地区拥有一定的支持者。7 月 4 日,乌兹别克斯坦"比尔利克"党副主席哈姆达姆·苏莱曼诺夫因在民众中散播"安集延事件"的信息而在浩罕市被捕。9 月 28 日,乌兹别克斯坦内务部在"乌兹别克斯坦民主力量联盟"召开大会前夜逮捕了会议主要组织者,包括乌兹别克斯坦最主要的反对党"艾尔克党"总书记阿塔纳扎尔·阿利弗夫,以及人权保护组织"玛斯鲁姆"主席阿格扎姆·图尔古诺夫、"艾尔克党"费尔干纳地区主席和 4 名民主力量联盟地方代表。此次会议欲建立由 20 个非政府组织构成的全国协商统一委员会。

从以上事例可以清楚地看到,乌兹别克斯坦面临着来自激进的伊斯兰宗教组织的严峻挑战,其中乌兹别克斯坦伊斯兰运动和伊斯兰解放党两个激进组织最具威胁性。

(二)乌兹别克斯坦伊斯兰运动的发展

乌兹别克斯坦伊斯兰运动(简称"乌伊运")正式成立于1996年。"乌伊运"成立之初就确定了推翻乌兹别克斯坦卡里莫夫政权,并在中亚地区建立以费尔干纳谷地为中心的"哈里发国家"的目标。为此,1998年它对乌兹别克斯坦政府宣布发动"圣战";1999年2月16日在首都塔什干的国会大厦、国家银行、市交通警察局等处,接连制造了数起爆炸事件;1999年8月劫持吉尔吉斯斯坦内务部长萨姆克耶夫及4名日本地质专家作为人质,占据5个居民点,胁迫吉尔吉斯政府借道进入乌兹别克斯坦境内;2000年8月5日,100多名武装分子侵入乌兹别克斯坦苏尔汉河州的梅尔克米地区;8月11日,50名武装匪徒由塔吉克斯坦侵入吉尔吉斯斯坦南部地区并与政府军交火;2000年9月,在吉尔吉斯斯坦和塔吉克斯坦边境地带聚集了700多名武装分子,意欲袭扰乌兹别克斯坦和吉尔吉斯斯坦。

2001年,"乌伊运"武装分子游击活动的规模扩大,同时将营地建立在阿富汗塔利班的保护之下,同塔利班组织成员一道向乌兹别克斯坦发起密集进攻,对乌兹别克斯坦的国家安全构成现实威胁。"9·11"事件后,"乌伊运"积极参加了塔利班的军事行动。在美国对阿富汗的战争中,特别是在昆都士和塔卢坎市区的战斗中,"乌伊运"的武装力量遭受重创。随后,其成员大部分潜入伊朗、巴基斯坦普什图地区和塔吉克斯坦。

乌兹别克斯坦伊斯兰运动争取到了普通民众特别是费尔干纳谷地民众的某些支持。但总体来说,该组织缺乏意识形态吸引力,且管理不善,因而未能将广大民众的政治不满情绪转化为对它的普遍支持,使其成为一个合法的、有广泛政治基础的政党来取代卡里莫夫政权。

(三)伊斯兰解放党("伊扎布特")的发展

伊斯兰解放党(简称"伊解党",音译为"伊扎布特")是典型的跨国宗教极端组织,1952年创建于巴勒斯坦,总部设在耶路撒冷。该组织在中亚的长远目标是在该地区建立一个哈里发国家,它计划通过三个阶段实现这一目标:第一阶段是秘密招募人员和扩展组织;第二阶段是争取全球穆斯林社会认同其伊斯兰实践;最后一个阶段就是建立哈里发国家。

伊斯兰解放党于1970年代末进入中亚国家,在苏联解体后开始积极活动,并将重点放在乌兹别克斯坦的费尔干纳谷地和吉尔吉斯斯坦的贾拉拉巴德州、奥什州和巴特肯州等地。同时,它成功地运用了现代信息技术,在网站上用8种语言发布党章、活动目的和任务等信息。一时间其组织迅速膨胀,成员遍布中亚各地。至 1998 年,该党在中亚地区已发展了两万多名成员。初期,伊斯兰解放党并不直接对抗政府,只是以和平手段宣传自己的宗旨。但是,伴随着中亚国家相继开始大规模镇压伊斯兰解放党,该党遂转入地下活动。其骨干分子逃窜到阿富汗和巴基斯坦,与"基地"组织和"乌伊运"等恐怖组织和宗教极端势力联系,有转向通过暴力手段实现建立哈里发国家目标的趋势。

"9·11"事件后,伊斯兰解放党在中亚的发展势头受阻,但仍有广泛的支持者和同情者,"特别是居住在费尔干纳地区的青年人,他们对政府严厉惩治该党成员极为不满,并暗中与该党地下活动小组保持联系,资助该党的发展,帮助窝藏该党成员。与此同时,伊斯兰解放党也将其活动方式变得更加隐秘,并将招募对象转向国家机关职员、知识分子、大学生、教师和商人等,对中亚地区安全与稳定的消极影响甚大。

(四)极端宗教组织发展壮大的原因

乌兹别克斯坦之所以会面临如此严重的来自激进的伊斯兰宗教组织的威胁,主要原因有以下几点:

1. 经济原因。如前文所述,尽管乌兹别克斯坦避免了经济大滑坡,但人民的生活水平还是比较低,失业人口差不多占其总人口的 1/3,非法吸毒者、艾滋病病毒感染率以及自杀率都在上升。值得注意的是,贫困现象在宗教传统浓厚的费尔干纳地区尤为严重,而这一地区恰恰是恐怖主义活动最为集中的地区。

同时,由于在经济过渡期,乌兹别克斯坦的各项制度还不健全,以权谋私,聚敛钱财的腐败问题十分严重。伊斯兰极端分子借此大肆宣扬伊斯兰平等、公正等教义,激起教徒对政府和现行社会制度的不满,为其极端思想传播和进行恐怖活动创造舆论基础。

2. 政治原因。苏联解体后,乌兹别克斯坦出现了伊斯兰复兴的潮流,当局不仅未给予有效地控制,卡里莫夫还试图在总统大选中获得穆斯林的支持。为此,1991 年 12 月卡里莫夫参加了"阿多拉特"运动举行的集会,但是集会者却要求卡里莫夫宣布乌兹别克斯坦为穆斯林共和国、伊斯兰教为国教以及反对派出版物合法化等。当时,卡里莫夫迫于无奈同意了大部分要求,甚至声称,"如果国会决定的话",他同意在乌兹别克斯坦成立伊斯兰共和国。

卡里莫夫无法容忍这种侮辱,于是在总统选举中获胜后,即立刻下令取缔"阿多拉特"运动,并开始不断加强对伊斯兰复兴积极分子的镇压。所有的反对党都被有效地取缔了,公共媒体也被严格控制。在不断打压反对派的同时,乌兹别克斯坦政府又没有为普通民众提供发泄政治怨愤的正常渠道。因此,这种"过火"的打击反而将民众推向了极端宗教组织。

3. 外部原因。乌兹别克斯坦伊斯兰运动和伊斯兰解放党都与国外伊斯兰极端势力有密切的联系。国外伊斯兰极端势力不仅给它们提供资金和武器,培训新成员,还联手制造各类恐怖活动,这是乌兹别克斯坦伊斯兰极端组织得以发展壮大的主要外部祸源。另外值得一提的是,国际上对伊斯兰解放党的不同评价,也是导致该党仍有生存空间的原因之一。俄罗斯与中亚各国都将其列入了恐怖组织名单,而美国等西方国家认为该党主张虽极端,但并没有实施恐怖行动,因此并未将其列入恐怖组织名单。同时,对其他国家严厉打击该党的措施还颇有微词,从而使该党在中亚地区的生存与活动空间得以拓展,并不时制造社会混乱,引发社会动荡。

虽然面临来自伊斯兰极端势力的威胁,但多数乌兹别克斯坦人都会公开承认,如果在乌兹别克斯坦实行一种与当地文化相吻合的宗教自由,并且让伊斯兰解放党及其行为合法化,那么该党就会很快地失去其"反对派"的吸引力,对国家安全的威胁也会急剧地减弱。因此,对于乌兹别克斯坦来说,明智的做法应该是发展那些能够体现该地区穆斯林宽容特征的宗教自由,同时防范那些可能危害国家安全或社会稳定的宗教极端组织的发展。针对这一问题卡里莫夫总统明确表示,宗教在社会生活中的确有其作用,但任何时候宗教口号都不能成为夺权的旗帜,成为干涉政治、经济和法律的借口。

综上所述,乌兹别克斯坦虽然选择了适合自身的政体,避免了由总统与反对派之间的尖锐对峙所引发的社会动荡,但宗教极端组织及其活动却对整个社会的稳定构成了巨大威胁。因此,选择正确的措施控制和防范宗教极端组织,对乌兹别克斯坦就显得格外重要。

第七节 中亚各国政局变化比较及其前景展望

中亚五国自独立以来经历了经济大幅滑坡,政治局势紊乱,民族关系紧张,宗教问题突出,甚至是持续不断的内战所带来的巨大考验。但是,中亚五国积极致力于经济发展和内政建设,不断探索适合本国国情的政治体制和经济体制;努力解决民族和宗教问题,并在世界范围内寻求合作和支持,以解决宗教极端主义组织及其活动所带来的安全问题。尽管各国仍旧面临经济发展和政局波动,甚至是严重骚乱的挑战,但是大多数国家的政局走向基本还是趋于稳定的。

一、吉尔吉斯斯坦和哈萨克斯坦政局比较

(一)经济改革比较

独立之初,哈萨克斯坦和吉尔吉斯斯坦在经济上都效仿了俄罗斯的激进改革。这种不切实际的急剧转轨进一步加重了原有的危机,导致物价持续上涨、商

品匮乏、大部分居民生活水平跌至贫困线以下,整个经济形势严重恶化。面对不断恶化的经济形势,两国都调整了经济政策,放弃了"休克疗法",开始了探索符合各自国情的改革之路。

1996年两国经济开始缓慢回升,但1998年俄罗斯金融危机又给两国经济发展蒙上了阴影。值得庆幸的是,哈萨克斯坦较快地走出了危机。自2000年开始经济持续增长,2005年哈萨克斯坦人均国内生产总值已从770美元增加到3 300美元。随着经济的快速发展,哈萨克斯坦民众的社会福利也得到了相应的提高,而吉尔吉斯斯坦却深陷经济危机的泥潭不能自拔。到2004年吉尔吉斯斯坦的人均国内生产总值只达到377美元,贫困人口不断增加。

之所以要特别指出两国经济的发展状况,是因为两国政局的变化与经济形势息息相关。独立之初,两国反对派就是抓住了经济危机这一问题,不断向总统发难,并且屡屡得手。而伴随着哈萨克斯坦经济的持续发展,特别是个人收入的增加,总统在大部分哈萨克斯坦民众中的威信得到极大提升,反对派在这种情况下提出要推翻现政权注定将失去民心。而吉尔吉斯斯坦的情况正好相反,贫困和失业状况长期得不到好转,民众对政府的信任大打折扣,反对派在民众中的影响深远,政局时有动荡,2005年的"颜色革命"和2010年的骚乱就是最好的证明。

(二)政治局势比较

引发哈萨克斯坦和吉尔吉斯斯坦政局动荡的焦点问题是反对派与总统的权力之争。具体表现为议会与总统和政府之间的重重矛盾以及政治精英之间的利益冲突。但是,由于两国的社会经济基础、总统的宪政资源、政党政治现状和两国所面临的国际环境存在较大差异,因此两国的政局变化也各具特点。

1. 1993年和1994年的两次政治危机。1993年,哈萨克斯坦和吉尔吉斯斯坦在总统领导下进行的激进经济改革遭遇困境,导致了议会与政府之间矛盾尖锐化,两国同时面临第一次政治危机。虽然,哈萨克斯坦解散了议会,吉尔吉斯斯坦内阁集体辞职,但问题并没有得到解决,议会与总统之间关于经济改革以及权力分配上的矛盾依然存在。

1994年前后,两国又因同样原因遭遇第二次政治危机。哈萨克斯坦议会仍就经济问题提出了对政府的不信任案,拒绝批准政府的预算方案。吉尔吉斯斯坦议会报《自由之山》则多次刊登文章,对总统和政府的现行政策提出了尖锐的批评。面对第二次政治危机,纳扎尔巴耶夫根据宪法法院的裁定,宣布本届议会在选举中违反"选举法",是非法议会。随后,哈萨克斯坦选举产生了新议会,通过全民公决延长了总统任期,并且通过修改宪法将议会由一院制改为两院制,新议会的权力被局限于单纯的立法工作,总统成为所有权力的仲裁者。吉尔吉斯斯坦国内也发生了相似的一幕。1994年阿卡耶夫解散议会,随后就变革议会体制进行了全民公决,并取得胜利,也将议会由一院制改为两院制。

两国都将议会体制由一院制改为两院制,是因为两院制有利于缓和议会与行政机关的矛盾,当其中一院与行政机关不能协调时,另一院可从中调停,不至于发生激烈冲突。两院的互相牵制更能体现代议制的制衡原则,更能保障政治的稳定。除了更改议会体制外,两国还通过修宪赋予总统至高无上的权力。至此,两国已把三权分立的混合管理形式转变为权力集中的总统管理,而这也同时引起了反对派更大的不满。

2.1998年的政局比较。1998年,哈萨克斯坦出现了第三次政治危机。这次危机的出现是因为议会提出"新修宪补充议案书",其核心内容就是增加议会权力并以此制约总统权力。但面对这一次危机,纳扎尔巴耶夫没有再使用解散议会这样的强硬措施,而是选择向反对派做出一定的让步。他不仅同意提前进行总统选举,还扩大了议会的权限。当然,纳扎尔巴耶夫之所以选择以退为进的策略来缓解与反对派之间的矛盾是有其自身考虑的。如果第三次解散议会的话,他担心会引起社会动荡。因此,在稳操胜券的前提下,他向反对派放低姿态,不仅显示出总统的大度,更会赢得民众的好感,从而给反对派以强有力的还击。事实也证明了这一点。纳扎尔巴耶夫不仅成功连任,议会还通过了提高总统权限的法案,纳扎尔巴耶夫的集权管理体制更加稳固。这次连任也充分证明了纳扎尔巴耶夫拥有丰富的政治经验、鲜明的政治主张和成熟的执政风格。

相比之下,阿卡耶夫掌控政局的能力就略逊一筹。1998年3月底至4月初,为了进一步巩固自己的地位,同时也是为2000年的大选做准备,阿卡耶夫对政府进行了重大改组。总理、副总理和多名部长级官员被撤换。其实自阿卡耶夫执政以来,平均不到两年就撤换一名政府首脑。这种一味牺牲高级官员政治前途以息事宁人的做法,不仅没能彻底解决问题,而且还将这些人以及从其他政府部门被撤换的官员推到了自己的对立面,壮大了反对派的力量。

3.2002年两国政局的转折点。2002年,由于美国、北约进驻中亚,两国的反对派认为时机已到,不断挑起事端。纳扎尔巴耶夫一方面同意托卡耶夫内阁和大女婿阿利耶夫辞职,以牺牲家族成员的政治地位为代价来避免政治危机。另一方面以反腐败为名逮捕了反对派领袖人物,同时签署新政党法,使新生的反对派政党难以获得合法地位。这些措施有效钳制了反对派。而阿卡耶夫面对反对派的发难,先是接受了总理、总统办公室主任和内务部长等人的辞职,而后又在宪法修改问题上输给反对派。根据新宪法,议会由两院制改回一院制,政体由总统制变为总统议会制。也正是从此时开始,阿卡耶夫在与反对派的较量中开始处于劣势。

4.2005 年总统大选。面对 2005 年总统大选，纳扎尔巴耶夫做了充分准备。他从"稳定优先"、"特殊国情"和"逐步改革"等理论的提出，到修改选举法，再到防范外来干预，将一切可能对大选不利的因素都考虑在内，并做了相应准备，以保证大选的顺利进行。正是纳扎尔巴耶夫对大局的这种掌控能力，使其在反对派的不断进攻下，仍然能够取得大选的胜利。

在 2005 年大选前，阿卡耶夫也利用行政资源竭力想使选举有利于自己：在议员候选人登记阶段，以在国内居住不满 5 年为由，拒绝为反动派领导人、前外长奥通巴耶娃等人进行候选人登记；在划分选区时将反对派主要领导人巴基耶夫划分到其支持者较少的边远选区。但与纳扎尔巴耶夫为大选所作的全方位的充分准备相比，这些措施就显得有些单薄了。而且，阿卡耶夫对极有可能发生的"政变"准备不足，最终导致了阿卡耶夫在 2005 年议会选举结束后流亡俄罗斯。其实，在大选开始之前，反对派就已提出改变吉尔吉斯斯坦政治经济困境的唯一出路就是进行格鲁吉亚式的"玫瑰革命"，号召其支持者积极参加各级议会选举和总统选举，以民主的方式更换现政权。反对派在议会选举结束后随即发动了大规模示威游行，并最终夺取了国家政权。

在 2005 年两国的总统大选中，不得不提及外部力量的干预。吉尔吉斯斯坦反对派能如愿以偿地夺取国家政权，除了阿卡耶夫对局势估计不足外，另一个原因就是反对派得到了来自外界的支持。

5.2006—2007 年的修宪。2005 年大选过后，吉尔吉斯斯坦和哈萨克斯坦先后通过了有关政体改制的宪法修订案，都将总统制改为了总统议会制，但是新政体要到现任总统任期届满后才会执行。

哈萨克斯坦修宪是因为：扩大议会的权力和提高政党在国家政治生活中的作用早已作为哈萨克斯坦政治民主化的重要一步，在总统 2006 年和 2007 年的国情咨文中多次被提及，并被列入国家发展战略构想。但在扩大议会议席和权限的同时，宪法赋予纳扎尔巴耶夫以"无限期"总统的权力。

吉尔吉斯斯坦修宪是因为：巴基耶夫上台后没有兑现将总统制改为议会制的承诺。2006 年 11 月反对派联手议会中原阿卡耶夫的支持者向巴基耶夫发难。迫于压力巴基耶夫同意修宪，改总统制为议会总统制。总理不再由总统任命，而是由议会多数席位的政党出任。但巴基耶夫不甘心新宪法对总统权力的限制和削弱，借机再度提出修宪以适当扩大总统权力，并以解散议会相威胁。多数议员不想失去议席，于 2006 年 12 月 30 日被迫再度通过宪法修订案，重新扩大总统权力，包括有权任命总理、控制强力部门和任命州长等。2010 年 4 月 6 日，继"郁金香革命"巴基耶夫夺取吉尔吉斯斯坦政权 5 年之后，吉尔吉斯斯坦国内再次发生骚乱，反对派的游行示威在 12 小时之内赶走了总统巴基耶夫。反对派夺取政权的这种方式正是"以其人之道,还治其人之身",巴基耶夫吞食了当年阿卡耶夫曾品尝过的苦果。"郁金香革命"之后,吉尔吉斯斯坦国内政局并不稳定,每年春秋的抗议游行已成惯例,2010年反对派的大规模骚乱之所以能造成如此巨大的政权更迭,主要因素是巴基耶夫打着"民主"旗号夺取了阿卡耶夫政权之后,并没有真正以民主的方式治理国家,没有给民众稳定的社会环境,没有将满足民众的基本需求放在国家发展的首位。

二、土库曼斯坦与乌兹别克斯坦政局比较

(一)经济改革比较

土库曼斯坦和乌兹别克斯坦在独立之初的经济改革上,都放弃了"休克疗法",致力于寻找适合本国的经济发展道路。土库曼斯坦在1996年经济滑坡的局面也得到了有效控制,经济开始微弱增长。到2000年,乌兹别克斯坦扭转了经济滑坡的局面,经济保持增长势头。到目前,两国经济虽然面临诸多挑战,但仍在向前发展。

(二)政治局势比较

在政体上,两国都选择了总统制。宪法规定总统既是国家元首又是政府首脑。土库曼斯坦宪法还规定总统领导人民会议,享有立法权。同时,总统还是武装力量总司令。两国总统不仅有宪法保证其地位,还利用大众传媒广泛宣传总统的政绩,为形成强有力的总统制大造社会舆论。而且在政治实践中,两国都不断延长总统任期。1993年,土库曼斯坦将尼亚佐夫总统的任期由5年延长为10年。1999年议会又通过立法,规定尼亚佐夫的总统职位可无限期留任。1995年和2002年,乌兹别克斯坦两次通过全民公决自动延长总统任期,卡里莫夫总统有望执政到2019年。两国在加强总统权力的同时,还通过政党制度挤压反对派的存在空间。

在政党制度选择上,尼亚佐夫总统坚持认为,土库曼斯坦的现状不一定非要实行多党制。实际上,土库曼斯坦合法存在的政党只有一个。乌兹别克斯坦的情况也是大同小异,在立法上对政党的建立与活动加以限制,严格控制反对派和反政府力量。虽然两国都竭力维护政局和社会的稳定,但1999年和2002年两国还是先后出现了由反动派和反政府力量策划的针对总统的暗杀事件,导致政局轻微动荡。

2002年11月25日,土库曼斯坦总统尼亚佐夫的车队在阿什哈巴德市中心遭遇袭击,数人受伤。土库曼斯坦当局迅速处理了暗杀事件,很快逮捕了所有参与者和幕后策划人,对策划者希赫穆拉多夫判处终身监禁,随后在全国范围内展开了对其党羽的清理。这使得土库曼斯坦的反对派势力受到致命打击。这一事

件后,土库曼斯坦的政局就一直比较稳定。而乌兹别克斯坦的情况就要复杂得多,其面临的最大挑战是来自乌兹别克斯坦伊斯兰运动和伊斯兰解放党等极端势力的威胁。1999 年乌兹别克斯坦伊斯兰运动策划了针对卡里莫夫总统的 5 起爆炸,2004 年又发生多起恐怖爆炸,2005 年乌兹别克斯坦东南部城市安集延发生大规模骚乱。为何乌兹别克斯坦会遭受远比土库曼斯坦严重得多的宗教极端主义侵害呢? 这里既有历史原因,也有经济原因和政治原因。

1. 历史原因:15 世纪末,游牧的乌兹别克人开始大量迁入中亚绿洲,这一迁徙使乌兹别克人的社会生活发生了根本性变化,即从逐水草而居的游牧生活转变为定居的农耕生活,而这种定居的农耕生活又为宗教的传播提供了便利。乌兹别克斯坦有悠久的伊斯兰文化传统,独立之后伊斯兰教得到充分的恢复,但在复兴的过程中原教旨主义思想渗透进来,乌兹别克斯坦伊斯兰运动等宗教极端组织也应运而生。而土库曼斯坦的伊斯兰教有两大特点:其一,土库曼人是游牧民族,其伊斯兰教带有鲜明的民族特性和传统形式。土库曼穆斯林认为:整个宇宙是一座大清真寺,游牧民族不需要固定的礼拜场所,因而很少建寺,多在草原上就地礼拜。其二,苏非派在土库曼有着悠久的历史影响,苏非派奉行内心训练,认为这样最终会与安拉合一。

2. 经济原因:独立之初,乌兹别克斯坦人民的生活水平还是比较低,失业现象严重,而许多权贵阶层以权谋私,导致民众的不满,伊斯兰极端分子借机煽动青年教徒对政府和现行社会制度的不满。而土库曼斯坦政府则比较注重加强社会保障以稳定人心。

3. 政治体制原因:尽管两国都采用总统制政体,但在乌兹别克斯坦,不仅所有的反对党都被有效地取缔,而且公共媒体也被严格控制。因此,乌兹别克斯坦人几乎没有了发泄不满的渠道。而这些极端宗教组织为乌兹别克斯坦人提供了一个发泄政治怨愤的机制,并由此获得了民众的支持。

正是这些原因造成了乌兹别克斯坦的困境。而来自极端势力的威胁也是乌兹别克斯坦政局稳定的最大隐患。

三、中亚五国反对派比较及前景预测

综观中亚五国的政局变化,可以清楚地看到各国政府所面临的来自反对派的挑战,以及由此带来的各国政局的不断震动。

在中亚五国的反对派中,尤以塔吉克斯坦反对派最为典型。塔吉克斯坦独立伊始,反对派就掀起了内战,并一度夺取了国家政权。但是伴随着内战的深入以及形势的变化,交战双方都意识到谁都无法取得战争的完全胜利,政府与反对派之间不得不展开一系列艰难的谈判,并最终就各个主要派别的政治诉求达成

妥协,实现民族和解。这其中值得关注的是,反对派进入政府之后,其影响力非但没有增强反而不断削弱。在 2006 年的总统大选中,由于伊斯兰复兴党领导人努里病逝,反对派竟然很难推出一位有威望的候选人。反对派在政府内部的这种"削弱",正是塔吉克斯坦多年来由战乱走向和平的最好证明,同时反对派力量的减弱,也可消除其他国家对塔吉克斯坦政局的干扰甚至干涉,有利于其政局的稳定。

那么,其他四国的反对派将何去何从?

首先,哈萨克斯坦和土库曼斯坦的反对派在可预见的未来不会有太大的作为。哈萨克斯坦最主要的反对党——"光明之路"党于 2006 年 9 月宣布接受两年前在议会选举中获得的唯一议席进入议会,开始以一种与当局合作的姿态发挥该党的参政职能。反对派之所以做出这样的选择,是因为反对派在与纳扎尔巴耶夫总统的较量中从未取得过优势。加上反对派在 2004 年的议会选举中失败以及 2006 年祖国党和阿萨尔党联合,使得反对派的政治空间越来越小。在这种情况下,进入议会应该是哈萨克斯坦反对派最好的选择。当然,反对派力量的削弱也是有利于哈政局稳定的。而土库曼斯坦一直实行强有力的总统制,反对派几乎没有存在空间。2007 年,别尔德穆罕默多夫当选为总统后,积极解决原来政治、经济和社会生活中存在的问题,倡导建立民主社会,继续深化经济改革,同时做好社会保障工作。基于土库曼斯坦自独立以来的情况,可以肯定的是土库曼斯坦反对派不会有太大的政治舞台。

其次,吉尔吉斯斯坦和乌兹别克斯坦的反对派仍处于政治活跃期,因此两国的政局变化存在着不可预知的因素。巴基耶夫是以反对派的身份成为吉尔吉斯斯坦总统的。但是,由于他上台后没有兑现将总统制改为议会制的修宪承诺,他也因此而"拥有"了自己的反对派。吉尔吉斯斯坦反对派于 2006 年 4 月、11 月在首都举行大规模反政府集会,要求进行宪法改革。11 月 8 日,吉尔吉斯斯坦议会通过由当局代表和反对派议员代表组成的协调委员会提交了宪法修正案。但是,巴基耶夫并不甘心新宪法对总统权力的限制和削弱,于 2006 年 12 月 30 日再度通过宪法修订案,重新扩大总统权力。这场宪法危机虽以巴基耶夫总统的暂时小胜而告终,但吉尔吉斯斯坦内部的各种矛盾并未得到彻底解决。吉尔吉斯斯坦反对派仍是比较活跃的政治力量。因此,吉尔吉斯斯坦仍面临着出现新政治危机的威胁。2010 年蔓延全国的骚乱和巴基耶夫的倒台即很好地证明了这一点。

乌兹别克斯坦独立之初,国内就出现了伊斯兰复兴党、突厥斯坦伊斯兰党、乌兹别克斯坦艾尔克民主党等不同派别政党和组织,再加上乌兹别克斯坦伊斯兰运动和伊斯兰解放党,使乌兹别克斯坦成为中亚五国中遭受极端势力危害最大的国家。宗教极端势力是目前在乌兹别克斯坦唯一能取代当前世俗政权的政治力量,而伴随2005年中亚政局的动荡,它们试图与政治反对派结合,从事"合法的政治斗争"。也正是因为乌兹别克斯坦伊斯兰运动和伊斯兰解放党的猖獗活动,使得乌兹别克斯坦的政局充满变数。

四、中亚五国政治体制比较及前景展望

中亚各国独立后,都选择了将资本主义民主制作为国家政治体制转轨的目标,以总统制作为国家政权组织形式,三权分立作为国家政权机构的组织与活动原则。但在之后的政治实践中,各国都不断加强总统的权力,"总统构成了国家政治生活的核心,总统权力不受实质性的制约,使得三权分立、政党竞争、议会民主等安排徒有其表。"①

尽管在政体上中亚五国都选择了总统制,但由于各国实际情况不同,各国总统制也表现出一定的差异。哈萨克斯坦和吉尔吉斯斯坦的总统制比较近似,如实行比较宽松的多党制和相对开放的议会民主制,反对派比较活跃,并由此引发了反对派与总统和政府之间持续不断的斗争,政局时有动荡,吉尔吉斯斯坦更是爆发了2005年"郁金香革命"和2010年大规模骚乱。而土库曼斯坦和乌兹别克斯坦则选择了比较封闭的政治模式,对反动派采取严厉打压的政策,因此没有出现大的政治动荡。

中亚各国之所以选择总统制,是因为,各国在独立之初都面临来自经济、政治和社会的多重挑战,各种问题比较突出和尖锐。选择强有力的总统制,有利于实现经济的发展和社会的稳定。但凡事都有其两面性,当国家经济发展未能达到广大人民群众的预期而使他们的生活水平得到改善时,就会滋生严重的不满情绪。"如果这种情况持续的时间超过了人民的承受能力,大权独揽的总统就会成为不满与怨恨的矛头所指。反对总统的各种政治势力就有可能利用民众的不满情绪所提供的机遇,利用一切手段,包括制度内与制度外的手段,挑战总统权威,这种情况一旦出现,国家的政治生活就会陷入混乱,向宪政民主政体的转向就会发生扭转。"②

事实也证明了中亚总统制的这一内在缺陷。哈萨克斯坦和吉尔吉斯斯坦两国的反对派就是抓住了经济危机这一问题,不断向总统发难,并屡屡得手。尽管吉尔吉斯斯坦和哈萨克斯坦分别于2006年11月和2007年5月通过了政体改革的宪法修正案,将总统制改为总统议会制,但是随后吉尔吉斯斯坦就重新扩大

---

① 杨恕、曾向红:《中亚各国制度变迁的政治文化动因》,《俄罗斯中亚东欧研究》,2007年第6期。
② 杨恕、曾向红:《中亚各国制度变迁的政治文化动因》,《俄罗斯中亚东欧研究》,2007年第6期。

了总统的权力,哈萨克斯坦则赋予纳扎尔巴耶夫"无限期"总统的权力。因此,哈萨克斯坦和吉尔吉斯斯坦是通过修宪维护领导层精英集团的既得利益的,结果是在不同程度上加强了现任总统的权力。不难看出,尽管中亚各国的总统制存在诸多缺陷,也依然将代表这些国家未来的发展方向。这是因为:

首先,中亚社会转型的现阶段需要强势总统。由于在社会转型中"各种政治力量和社会资源处于不断的自我变动和调整过程中,因此需要一个强有力的权力核心整合各种社会资源,引导社会向稳定有序的方向发展。"①正是基于这样一种情况的考虑,在某种程度"集权"的总统制成为中亚各国政体的首选。

其次,总统制符合中亚国家的国情。尽管中亚五国独立前就已承认政治和意识形态的多元化,在国家政治生活中开始实行多党制。独立以后,通过宪法再次确认多党制。但总体来说,中亚五国的政党政治还不成熟。各国获得登记的合法政党数量并不多,而且在总统与反对派的斗争中,各国总统都严格控制反对派政党的建立。即便是合法政党,大多数也都缺乏严密的组织机构、广泛的群众基础和清晰的政党纲领。同时,包括政权党在内,多数政党支持率的提升有赖于该政党领袖的个人魅力和威望。采用议会制政体的基础就是政党政治的发展,而中亚国家的这种政党现状,很明显不适合发展议会制。

最后,中亚国家总统制会出现多元化趋势。如前文所述,中亚各国总统制有一定的差异,而且各国在社会政治经济发展条件和领导者执政能力上存在差别。哈萨克斯坦总统纳扎尔巴耶夫善于利用宪政资源,在不断打压反对派的同时成功地加强了总统权力,维护了社会的稳定。塔吉克斯坦总统拉赫莫诺夫通过不懈努力实现了民族和解,结束了内战,积极应对民族和宗教问题,以求得到国家的发展。土库曼斯坦总统尼亚佐夫特立独行,推行稳定的经济和政治改革,实行宽松的民族政策,政局稳定,人民情绪安定。新总统别尔德穆罕默多夫声明在秉承既定方针的同时,打算在可控民主政治制度下进行民主改革。乌兹别克斯坦总统卡里莫夫在政治运作中采取适合本国特点的政治模式,稳定了政局,但面临着来自宗教极端势力的严峻挑战。吉尔吉斯斯坦总统阿卡耶夫却未能有效整合各种政治力量,从而导致国家动荡状态的频繁出现,并于2005年的"颜色革命"中倒台,流亡俄罗斯。继任总统巴基耶夫面对复杂的政治力量格局,一时难以找到权力的平衡点,也在2010年反对派掀起的大规模骚乱中倒台,流亡国外。

总结本章,我们认为,中亚五国独立以来经过自身努力已经确立了国家的政治和经济体制,建立了法律和社会管理体系,社会转型的关键时期业已结束。尽

---

① 包毅:《简析中亚国家总统制及其发展趋势》,《俄罗斯中亚东欧研究》,2007年第6期。

管个别国家政局时有动荡,但是地区总体局势基本保持稳定。独立近20年来,中亚五国在发展道路上遇到了诸多的困难和挫折,其中的经验教训值得我们深思。

首先,影响中亚五国政局稳定的根本因素还是经济发展问题。当经济持续快速健康发展时,社会的稳定程度就高,反则反之。这就需要执政当局能够根据经济运行态势,及时调整经济体制和相关经济制度,以促进经济发展。

其次,影响中亚五国政局稳定的直接因素是政体选择问题。政体的选择不仅要适应国体,更要充分考虑本国的历史、文化、民族和宗教因素。同时还要注意,国家的民主程度是受经济发展水平制约的。吉尔吉斯斯坦之所以会出现政局的反复动荡,其中很重要的一个原因就是政体选择与本国实际存在一定差距。

再次,多民族国家一定要处理好民族和宗教问题,才能提升国家的凝聚力,进而提升综合国力。而中亚五国也只有解决好这一问题,才能有效地应对民族分裂主义和宗教极端主义对政局稳定带来的负面影响。

最后,外部力量也会对一国政局的稳定产生影响。但同时要看到,内因是事物变化发展的基础,当一国内政建设趋于成熟,外部力量介入的程度就会有限。反之,就会处处受制于人,甚至成为外部力量的"玩偶"。在2005年吉尔吉斯斯坦的"颜色革命"、乌兹别克斯坦的"安集延骚乱"和2010年的吉尔吉斯斯坦大规模骚乱中,我们都可以看到不同文化力量引领的外部势力如俄罗斯和美国的公开"较量"或暗中交锋,甚至还有伊斯兰极端势力的趁势跟进。

第三章 全球文化力量
在中亚地区的消长态势

1991 年苏联解体,俄罗斯文化力量也随之在中亚失去了其长达近两个世纪的强势地位,原有的突厥语民族—伊斯兰文化力量却以"复兴"的方式,迅速扩大着影响。21 世纪是中亚社会发展演进的又一个重要时期,是多种文化力量激烈较量和争夺的时代。但是,突厥语民族、伊斯兰、俄罗斯文化力量和三者的结合体已占尽中亚社会后俄罗斯化时代地位的先机。在整个俄罗斯化的时代,不管是底蕴深厚的中国文化还是具有极强开拓力的西方文化,甚至"似乎有更顽强的在恶劣社会环境下生存能力"的伊斯兰文化,基本都没有在中亚显示出它们的明显存在。显然,苏联解体为这几种文化力量在今日中亚社会发展中发挥自己的作用提供了绝好的机会。

第一节 伊斯兰文化力量
——填塞宗教真空,激发文化情结

在现代或未来中亚社会的发展中,伊斯兰文化力量仍将是一种十分重要的影响因素,这是因为中亚地区的居民以信奉伊斯兰教的突厥语民族为主。尽管经过俄罗斯长期的影响,俄罗斯化的因素已相当深厚,但是,随着苏联的解体,这里的俄罗斯化因素在俄罗斯联邦急于甩掉"包袱"靠拢西方的行为方式,以及中亚各国在独立后急于同被隔绝了的外界伊斯兰世界取得联系的诸多因素的作用下急剧萎缩,这使得中亚社会重回伊斯兰世界"怀抱"的各种思潮和运动风起云涌。

一、中亚伊斯兰化的进程及其特点

(一)伊斯兰教传入中亚

伊斯兰教是穆罕默德于公元 7 世纪初创立的一种宗教,起源于阿拉伯半岛,很快伊斯兰教成为阿拉伯半岛的统治宗教,政教合一的阿拉伯哈里发帝国的政治扩张随之迅速展开。

伊斯兰教传入中亚是在倭马亚王朝(661—750 年)时期和阿拔斯王朝(750—1258 年)前期,征服者采取战争、经济等手段首先将伊斯兰教传播到中亚南部农耕地区。穆斯林军队首先进入呼罗珊、昔思丹及今天的土库曼斯坦南部、阿富汗西部地区。赫拉特于公元 660 年为阿拉伯人占领。① 阿拉伯人对中亚的征服主要是由时任呼罗珊总督的屈底波完成的。屈底波于 705 年首先夺取吐火罗斯坦及其首都巴里黑以巩固后方;次年,即北进,攻略沛肯、瓦尔丹、渴石、那色波诸城。经过三年的时间,于 709 年征服布哈拉及其周围地区,又用三年的时间(710—712 年)征服了撒马尔罕和花剌子模。再经三年(713—715 年),屈底波就率领阿拉伯军队抵达了锡尔河流域的费尔干纳。屈底波于 715 年被部属所杀。屈底波死后,阿拉伯人在中亚并没有更大的进展。其时,阿拉伯人仅完成了对中亚在政治上的征服。②

阿拉伯人在攻占一个新地方之后,即向当地居民传播伊斯兰教。皈依伊斯兰教的人可以得到与穆斯林同等的待遇,其生命和财产即可得到保护。如果不愿皈依伊斯兰教,就要向征服者缴纳人头税。如果既不愿缴纳赋税又不愿皈依伊斯兰教,他们将面临战争。如果在战争中被征服,就成为俘虏,沦为奴隶。在对外战争基本停止以后,大批奴隶信奉了伊斯兰教,成为释奴。在四大哈里发统治时期,是不鼓励异教徒改奉伊斯兰教的,原因是为了增加税收,特别是人头税的收入。改宗者越多,国家的税收就越少。随着倭马亚王朝和阿拔斯王朝时期连年的对外扩张,大量的异族穆斯林被招入伍,这其中就包括突厥人和波斯人。外族穆斯林在军中所占比例的增加使国家税收大大减少,而且国家还得向军人支付年俸,从而导致财政负担加重。在扩张初期,阿拉伯人对异教徒中的儿童、老弱、妇女和僧侣等,一律免收人头税,到了倭马亚时代,特别是到了 8 世纪初期,则不分老、幼、病、残和僧侣,普遍征收人头税,且税额也有增加。各族居民因不堪其苦,纷纷改奉伊斯兰教,以逃避税负。到了公元 8 世纪,改宗者人数激增,遂使阿拉伯人财政枯竭,伊拉克总督哈扎吉被迫下令:虽然信奉伊斯兰教,也必须缴纳人丁税。③ 这一政策导致大量"新穆斯林"纷纷退出伊斯兰教,恢复了原来的信仰。继任的统治者被迫废除这一命令,这才使异族人的敌对情绪有所缓

---

① 《大不列颠百科全书》(中文版),中国大百科全书出版社,1999 年版,第 8 册第 31 页,第 11 册第 118 页。

② 王治来:《论中亚的突厥化与伊斯兰化》,《西域研究》,1997 年第 4 期。

③ 万雪玉:《中亚地区的伊斯兰化进程及其特点》,《贵州师范大学学报》(社会科学版),2005 年第 3 期。

和,原来放弃伊斯兰教的人又重新皈依伊斯兰教,再次成为"新穆斯林"。

应当补充的是,随着阿拉伯人对中亚军事征服的深入,他们逐渐向外岛移民并与当地人杂居,阿拉伯男性亦逐渐与当地女性通婚(倭马亚王朝绝对禁止阿拉伯女子与异族男子通婚),遂有混血儿出现。最初,混血儿受人歧视,他们没有社会地位,不能继承财产,不可以担任任何行政职务,不许充当领导礼拜的"伊玛目"。阿拔斯王朝时期,情况则有了改观。该政权建立后,混血穆斯林的社会经济地位有了明显改善,他们逐渐成为哈里发身边最受重用的群体,并在政治、社会和文化领域发挥着巨大作用。他们是伊斯兰教的虔诚信仰者和坚定传播者,在传播伊斯兰教的过程中扮演重要的角色。[1]

(二)伊斯兰教在中亚的进一步推进

中亚地区在政治上被阿拉伯人征服,并不等于立即皈依了伊斯兰教。历史证明,改变信仰对任何民族来说都是困难的,特别是对中亚地区那些原来就有悠久文化和多种宗教信仰的民族来说更是如此。佛教、摩尼教和袄教等宗教不但拥有较高的文化内涵,而且在中亚已经传播和流行了很久,拥有广泛的信仰者。波斯只是在被阿拉伯征服和加入哈里发帝国两百多年(即公元 9 世纪中叶)以后才开始改信伊斯兰教的。[2] 如果说波斯之改信伊斯兰教竟如此之晚,则中亚之信奉该教恐更在其后了。

阿拉伯人在中亚推进伊斯兰教的初期,当地民众心怀敌意且不断进行反抗;由于阿拉伯贵族征服河中地区之后推行压迫和奴役政策,加之哈里发帝国吏治腐败、财政枯竭而被迫撤销对新皈依者的优待时,许多当地居民遂立即放弃伊斯兰教并恢复原来的信仰。直至 10 世纪末,中亚的某些地区还没有完全被伊斯兰化,在某些地区同时还有摩尼教和景教等宗教在活动。当此之时,中亚地区处于突厥语族人统治时期。突厥语族人通过控制和干涉萨曼王朝政局,在政治上不断排挤伊朗语族人,使得中亚南部农耕地区的突厥语化因素不断加强。而突厥语族人不论是作为奴隶还是志愿者,他们在进入河中伊斯兰地区不久就成为穆斯林的一分子,即突厥语族人在政治上对河中伊朗语族居民施加影响的同时,他们自己便已不知不觉地吸收了伊朗文明和伊斯兰文明,实现了自身的伊斯兰化。后来整个河中地区成为中亚伊斯兰教色彩最为浓厚的地区,这里的古城撒马尔罕、布哈拉等城市成为中亚穆斯林心目中的圣地。[3] 总之,突厥语族人作为中亚

---

[1]　万雪玉:《中亚地区的伊斯兰化进程及其特点》,《贵州师范大学学报》(社会科学版),2005 年第 3 期。

[2]　希提著,马坚译:《阿拉伯通史》(上册),商务印书馆,1979 年版,第 423 页。

[3]　万雪玉:《中亚地区的伊斯兰化进程及其特点》,《贵州师范大学学报》(社会科学版),2005 年第 3 期。

地区的统治者,使当地居民在语言方面实现了突厥语化,同时突厥语族人在宗教方面实现了伊斯兰化。突厥语化和伊斯兰化在中亚地区文化上的表现则是形成了突厥语民族—伊斯兰文化。

13 世纪初,蒙古在漠北崛起。成吉思汗(铁木真)在公元 1206 年登基蒙古大汗之位后,开始向西扩张,远征中亚。由于蒙古人人口数量较少,尽管他们成为统治者,但却无法逃脱被同化的命运。蒙古人在征服和统治中亚期间,对当地宗教,尤其是对伊斯兰教持总体宽容态度,可谓对各种宗教一视同仁,兼收并蓄。从 13 世纪 60 年代起,随着蒙古大汗对中亚政治控制力的减弱和先进宗教文化影响的加强,中亚地区的蒙古统治者亦逐渐倒向伊斯兰教。① 蒙古人的突厥语化和伊斯兰化是一个双向的过程。在蒙古人被当地居民同化的同时,其影响却也以文化的形式被保存了下来,这其中包括蒙古人的军事编制、战术、词汇及部分行政管理等。它们以各种不同的形式融入到中亚各族居民的文化生活中。萨满教在经过某些变革以后与伊斯兰教合二为一,成为中亚具有民族特色的文化内涵,成为某些民族民间文化的重要组成部分。19 世纪中叶,俄罗斯帝国征服中亚。中亚的新主人对该地区占优势的伊斯兰教实施了两种不同的政策:在北部草原地区,他们鼓励居民信仰宗教,出资帮助居民建立清真寺,开办宗教学校,聘请鞑靼教师,伊斯兰教知识和仪式最终得以在草原地区普及和巩固;在中亚南部地区,统治者采取不干涉政策,伊斯兰文化在与俄罗斯文化的竞争和交流中得到进一步的传播和发展。②

为了完整地描述中亚的伊斯兰化进程,"苏非主义"是不可忽略的。可以说,"一部苏非主义史也就是一部中亚政治和思想文化史,也就是伊斯兰教在中亚传播和发展的历史"。③ 伊斯兰苏非派是公元 10—11 世纪兴起于阿拉伯半岛的一种神秘主义教派。"苏非"一词的阿拉伯文为 sufi,意思是指"穿羊毛衣的人",后作为该教派的名称沿用了下来。伊斯兰教在中亚地区发展壮大的整部历史,从某种意义上说是苏非主义不同派别不断与伊斯兰教主流派别及当地各民族文化和传统习俗冲突和调和的过程。中亚苏非主义强大的生命力源于对中亚各种文化资源的整合,而它的发展轨迹与伊斯兰教既相背离,又相和谐,主题仍存在于伊斯兰教之中。"无论在伊斯兰教世界内部或外部,个人的宗教活动之出现,总是和伊斯兰的神秘教义——苏非派的出现有密切的联系……苏非也去草原突厥人那里,宣传伊斯兰教,直到最近,常常取得比正统派神学的代表更

---

① 安维华,等:《中亚穆斯林与文化》,中央民族大学出版社,1999 年版,第 4 页。
② 万雪玉:《中亚地区的伊斯兰化进程及其特点》,《贵州师范大学学报》(社会科学版),2005 年第 3 期。
③ 张文德:《苏非主义史》,中国社会科学出版社,2002 年版,第 82 页。

大的成功。"①

（三）伊斯兰教在中亚宗教优势地位的确立

伊斯兰教在中亚地区的各种宗教中最终确立自己的统治地位，与当时该地区的人文历史和自然地理条件密切相关。中亚作为丝绸之路的必经之地，东西方文化交流的枢纽地带，在地理位置和战略意义上都具有特殊的重要性。阿拉伯穆斯林正是认识到了征服中亚对其自身发展的重大意义，才对其大力推行伊斯兰教的。而特殊的地理和气候等生态因素决定了中亚是一个以游牧和畜牧业为其主导产业的地区，同样具有游牧和畜牧传统的阿拉伯人的到来在客观上能给当地带来先进的生产力，使当地人在潜移默化中认可和接受伊斯兰物质文明和精神文明。

从伊斯兰教本身来说，它虽然晚于佛教和基督教，但它是一种入世宗教，注重两世幸福，世俗成分居多，而且很多方面是直接为世俗服务的。相对于其他几种宗教来说，它更易于被当地人理解和接受。加之伊斯兰教在中亚传播过程中能够与当地原有宗教信仰和文化灵活结合，亦即本土化，所以这就成为其在中亚众多的宗教信仰中能够确立其优势地位的重要原因。

从外部原因分析，以"圣战"为口号的大规模宗教战争为伊斯兰教迅速传播到中亚地区开辟了道路。伊斯兰教自身所具有的宗教优点及其皈依者的推广策略，可以为中亚统治者所用，成为他们进行政治建设和巩固统治的得力武器。

从历史上来看，中亚更多的是处在一种分裂状态，战争频仍，灾难深重。这里没有出现一个占主导地位的、能够统一民众思想的宗教信仰。中亚各族民众渴望有一种力量能够给他们带来现实的帮助和精神的解脱，外界伊斯兰文化力量的上升和进入正好可以满足他们的这一需求，这也是伊斯兰教在中亚得以广泛传播的心理条件。

二、当代中亚伊斯兰文化力量的现状

（一）中亚地区伊斯兰教的复兴

中亚国家独立后，前苏联时期受到压抑的伊斯兰教迸发出巨大的能量，迅速在中亚地区复兴。也正是在这种"复兴"的大背景之下，宗教极端势力假借伊斯兰教之名在中亚渐成气候，对中亚各国政局稳定构成严重威胁，进而引起国际社会的普遍担忧。

前苏联时期，尽管政府承认宗教信仰自由，但总体上还是认为宗教与共产主义是不相容的，所以一直进行着大规模的无神论宣传。伊斯兰教在中亚政治、经

---

① 威廉·巴托尔德:《中亚突厥史十二讲》,中国社会科学出版社,1984年版,第72页。

济和其他方面的影响大大缩小,人民群众的宗教意识也大为淡化。尽管如此,由于某些中亚民族的文化传统和生活习俗与伊斯兰教有着紧密联系,伊斯兰教在中亚还是保留了一定的基础,它作为一种生活方式和整个文明体系的一部分,依然具有一定的生命力。① 苏联解体前后,伊斯兰教在中亚呈现复兴态势,主要表现在:(1)伊斯兰教填塞了苏联解体后的精神领域真空,作为一种民族精神被普遍认同,在伊斯兰教基础深厚的乌兹别克斯坦,特别是费尔干纳地区伊斯兰宗教的回归,形成了浓厚的宗教氛围。(2)开始了宗教设施的大量恢复和建设,苏联解体前中亚地区的清真寺仅有 160 座,1993 年猛增到 5 000 多座。其中塔吉克斯坦的清真寺在 1989 年到 1992 年的三年多时间里,达到了 2 870 座。同期中亚地区的经学院也由 2 所增加到 25 所。② 土库曼斯坦在 20 世纪 80 年代仅有 4 座清真寺向穆斯林群众开放,1994 年猛增到 180 座;乌兹别克斯坦的清真寺则由大约 300 个增至 5 000 个。据 1992 年的统计,穆斯林占中亚总人口的比重已上升到 73%。③ (3)出国朝觐的人数与日俱增。(4)出现了一些宗教性质的政党,如伊斯兰复兴党等。

（二）中亚地区伊斯兰教复兴的原因

伊斯兰教在中亚地区的复兴决非偶然。

首先,伊斯兰教传入中亚地区已有千余年的历史,宗教文化积淀深厚。尽管其影响在苏联时期已大为淡化,但中亚当地众多民众在心理上仍然认同自己为穆斯林。经过千余年的伊斯兰文化熏陶,伊斯兰教不仅作为一种制度,而且还作为一种传统、一种理念、一种生存方式、一种情感联系,渗透到广大中亚穆斯林的血肉之中。苏联解体,中亚各国摆脱了俄罗斯的长期控制,伊斯兰教在中亚深厚的历史积淀所孕育的巨大社会潜能便以火山爆发之势迸发出来。

其次,随着 20 世纪 80 年代后期戈尔巴乔夫的"民主化"进程,共产主义意识形态在前苏联广大地区被抛弃,中亚出现了"信仰危机"。从社会学的角度来讲,信仰对于一个人乃至一个民族和一个国家具有重要的指引作用:信仰意味着信念,信念意味着信赖,信赖意味着安全感和先见之明。如果人们既不相信宗教和科学,也不相信政府和社会契约,那么天下必将大乱。中亚的"信仰危机"导致了严重的社会问题:道德沦丧、犯罪率激增、酗酒现象普遍等。信仰危机造成的社会问题促使人们开始思考,开始寻求新的信仰。自然,伊斯兰教作为现成的资源而被普通民众所接受,用以支撑人们的生活和维系社会道德。正如塔什干

---

① 潘志平主编:《中亚的民族关系历史现状与前景》,新疆人民出版社,2003 年版,第 52 页。

② 杨恕:《转型的中亚与中国》,北京大学出版社,2005 年版,第 239 页。

③ 崔建树:《伊斯兰教在中亚复兴的原因及其对中亚安全的影响》,《世界经济与政治论坛》,2002 年第 2 期。

大穆夫提所说:"共产主义的崩溃,在我们地区和人民中造成了一个精神真空,唯有伊斯兰教可以补充这一真空。"①

最后,外部因素对中亚伊斯兰教的复兴也起到了推动作用。20世纪60年代以来,被富国强兵的民族主义思潮和实践排挤到政治和社会边缘的伊斯兰主义再次复苏。70年代末,伴随着伊朗伊斯兰革命的爆发遂正式走向复兴的道路。西亚的伊斯兰国家利用宗教向新独立的中亚国家扩展影响;伊朗凭借的是"世界伊斯兰中心"地位和"石油美元",土耳其则利用泛突厥主义、泛伊斯兰思想和伊斯兰现代主义,积极向中亚进军。在外部伊斯兰世界中,对中亚伊斯兰施加最积极影响的国家当属伊朗、土耳其和沙特阿拉伯。

1. 伊朗与土库曼斯坦接壤,是中亚各国联系外部世界的主要通道之一。伊朗境内有数量可观的土库曼人。伊朗伊斯兰革命成功之后,霍梅尼一直公开声明:"要努力改变苏联境内的穆斯林信仰",苏联的解体在伊朗看来是真主赐予的良好机遇。在复杂多变的国际形势下,伊斯兰"革命输出"最好的途径是经济、文化,而非强行输出暴力。在与中亚达成多项经济援助和共同开发计划的同时,伊朗曾拨出巨款,帮助中亚修建清真寺,并赠送大量《古兰经》。

2. 土耳其凭借其在语言、宗教、文化方面与中亚的深厚渊源,并利用其有利的地缘优势,拉近与中亚国家的关系。土耳其通过在中亚投资修建卫星传播系统,招收中亚穆斯林留学生等一系列手段在中亚推行"大突厥意识"和伊斯兰现代主义战略。

3. 以正统伊斯兰主义自居的沙特阿拉伯一直梦寐以求地希望中亚回到伊斯兰世界中。苏联的解体为其提供了致力于彻底改变中亚人思想意识的机遇。沙特阿拉伯从援助、宣传和教育各方面对中亚加大投入,援建了大量清真寺、经学院和印刷厂,在中亚尤其是青少年一代中产生了一定的影响。

三、对当代中亚伊斯兰文化力量的评价与展望

20世纪90年代初中亚地区出现的伊斯兰复兴,表面看是一种宗教回归运动,其内涵则是一种民族文化的复兴。民族知识分子因国家独立而激发的对本民族历史文化产生的浓厚兴趣,促使他们在一定程度上倾向于通过复兴宗教文化的重要载体来复兴民族文化。② 伴随着多年来在中亚各独立国家不断发掘民族文化,主要是主体民族传统文化精神、大力弘扬民族英雄和人物的同时,伊斯兰文化传统得到了发扬和光大,成为中亚社会绝大多数民众精神领域的寄托。

---

① 陈联壁等:《中亚民族与宗教问题》,中央民族大学出版社,2002年版,第262页。
② 潘志平主编《中亚的民族关系历史现状与前景》,新疆人民出版社,2003年版,第54页。

再加上来自外部伊斯兰世界的影响,使得伊斯兰文化在中亚的影响占有了非常重要的地位。

然而,在中亚伊斯兰教呈现一片"繁荣"的景象背后,其政治化的趋向亦愈加明显,伊斯兰原教旨极端主义由此开始在中亚崛起。中亚地区出现的非正常的宗教复兴为该地区泛伊斯兰主义,特别是伊斯兰原教旨主义的滋长、蔓延奠定了社会基础,并直接造成了部分国家宗教极端主义的蔓延。面对伊斯兰教在中亚复兴和宗教极端势力恶性膨胀导致的安全问题,令各国领导人倍感头痛。但是各国领导人都从维护本国政局稳定出发,对伊斯兰原教旨主义和极端主义均持否定和抵制态度。"9·11"事件之后,中亚各国政府顺势而动,在国内加大了打击恐怖主义和宗教极端势力的力度。

尽管伊斯兰教在中亚地区有强大的影响力,但它只能作为一种文化影响因素而存在,并没有控制国家权力和参与国家政治生活的空间。中亚独立各国都把政教分离、宗教不允许参与国家政治生活作为一项基本的国策在宪法中固定下来。然而,由于突厥语民族基本都信仰伊斯兰教,国家领导人也不例外,因此中亚领导人的思想行为方式不可避免地都要受到它的直接或间接影响。不可否认,由于历史文化的长期积淀,在未来中亚社会发展中,不管是在提高民族凝聚力,还是在复兴民族文化、增强民族自信心等诸多方面,伊斯兰因素将是中亚地区一种十分重要的内部影响因素。

第二节　俄罗斯文化力量
——心有余而力不足,总体呈现颓势

自18世纪前半期开始,沙俄开始了对中亚的"亲近"和征服。经过一个多世纪的"开拓",最终于19世纪下半叶彻底占据了中亚。中亚自近代以来,走上了漫长的"俄罗斯化"道路。无论从地缘优势还是从人文优势来看,俄罗斯因素将是影响现代中亚国家发展的强大一元。然而,随着中亚各国独立建国思想和行动的不断深入,以及俄罗斯跌落为地区大国的实际窘境,俄罗斯日后对中亚的影响将表现为"心有余而力不足,总体呈现颓势"。

一、俄罗斯进入中亚与中亚的俄罗斯化

(一)俄罗斯社会发展的文化特质

在我们论述俄罗斯文化力量在中亚的消长态势之前,有必要对俄罗斯的文化特质做一简要说明。首先,独一无二的两栖性。俄罗斯与中亚毗邻,同中国接

壤,是一个地跨欧亚两洲的大国。它在地域上具有典型的两栖性特征,在文化上同样也具有两栖性。具体地说,它是东西方文化的汲取者和凝聚者,其文化特性中包含着西方殖民主义精神和东方专制主义情结。它具有西方社会永无止境的探索与开拓的科学精神,同时,具有东方社会保守和安土重迁的人文精神。

其次,对比其他东方社会,俄罗斯社会发展相对平稳。中国古代史上跌宕起伏的改朝换代在俄罗斯历史上甚为罕见。这种平稳现象既是由于俄罗斯两大对立阶层(贵族阶层与平民阶层)力量平衡使然,也是其强有力而恒定的国家机制所致。十月革命之前的俄罗斯社会,一直保持着两个庞大的阶层,即上层的贵族阶层和下层的平民阶层。两大阶层的力量始终处于相对平衡的状态之中。加之俄罗斯社会始终有一个强有力的运行恒定的沙皇专制下的国家机制,这对于一个民族国家的恒定发展来说是至关重要的。另外,公元 988 年俄罗斯民族受西方基督教洗礼,东正教在长期发展中成为广大民众的精神寄托。在沙皇严酷统治下,民众可以在出世的上帝那里得到灵魂的"解救",从而在一定程度上减少了社会动乱的诱因。

最后,在自身的历史发展长河中,俄罗斯几乎没有受到过外族的入侵(除拿破仑和希特勒外),倒是它四面出击,利用西方的殖民技术和东方的专制统治手段,大肆侵吞外族领土并将其同化。在俄罗斯社会的整个历史发展进程中,始终贯穿着扩张领土的野心和对占领土地的同化。这是一种把东方式专制主义和西方殖民文化熟练加以统筹运用的手段,也可以说是一种独特的物质与精神并举的侵略方式。正是这样一种独特的方式,在第二次世界大战后爆发的民族主义浪潮中,西方落得一片骂名,而俄罗斯(前苏联)却可以坦然地站在反帝反殖民的斗争行列谴责西方人的殖民行径,使自己赢得了反殖民拥护者的国际声誉。

(二)中亚的俄罗斯化进程

中亚地区的"俄罗斯化"过程,既是中亚社会"被俄罗斯殖民的过程",也是中亚社会"被俄罗斯同化的过程",同时还是中亚社会被"纳入俄罗斯现代化发展轨道的过程"。这三个过程是合而为一的。①

沙俄对中亚的接近与征服始于 18 世纪前半期。中亚被俄罗斯据为己有,期间经历了一个多世纪。自此,中亚走上了"俄罗斯化"的道路。在沙俄向中亚推进并占领的过程中,更是把来自西方世界的殖民主义思想和技术与东方社会的专制主义因素完美结合在了一起,进行了"淋漓尽致"的发挥。

在完成对中亚的吞并之后,沙俄在政治、经济和文化等各个方面推行了一系列同化政策,以期从真正意义上将中亚纳入俄罗斯的版图,其主要方式包括:大

---

① 汪金国:《多种文化力量作用下的现代中亚社会》,武汉大学出版社,2006 年版,第 4 页。

量移民、推广俄语文化、修建铁路和有倾向性地发展近代经济等。第一,沙俄对中亚地区的移民或殖民在突厥斯坦边区和草原边区的生活中具有重大的经济意义和政治意义。它既可以缓解俄罗斯中亚地区民众日益高涨的反沙俄情绪和欧俄地区因土地匮乏引发的尖锐社会矛盾,还可以进一步在边区深化殖民主义政策并从根本上把该地区纳入到自己的政治经济运行体系中去。第二,俄语文化的长期推广,使得中亚社会讲俄语的居民数量仅次于讲突厥语的居民数量,俄语文化成为中亚社会生活中一种举足轻重的影响力量。这种重要性既表现在人口数量上,更表现在人口素质上,讲俄语的居民在某种程度上成为中亚社会建设中的"头脑"阶层,整体文化素质和受教育程度相对较高,成为可以与现代国际科学技术前沿对话与接轨的中坚力量。在中亚地区的实际生活中,我们迄今还可以明显地感受到这批人在中亚文化教育和科学技术发展等方面总体较高的水平,这些人在中亚各国的国家建设中仍然发挥着重要的作用。第三,在中亚社会的俄罗斯化进程中,铁路的迅猛发展在整个中亚被纳入到俄罗斯社会发展轨道的过程中起到了重要的作用。俄罗斯国内掀起修建铁路的热潮始于 1861 年农奴制改革之后。截至 1913 年,俄罗斯铁路总里程已经达到 7.17 万公里,仅次于美国,居世界第二位。[1] 俄罗斯在中央地区大力发展铁路的同时,也向中亚地区的铁路建设投注了大量资金。沙俄在中亚大办铁路主要出于军事战略的考虑:(1)中亚紧靠印度、伊朗和阿富汗,与中国相邻,是沙俄南下印度洋、控制中近东、东侵中国的军事战略要地。1888 年当外里海铁路修到撒马尔罕的时候,俄罗斯著名旅行家普尔热瓦尔斯基就指出:"铁路的方向最好有朝一日由突厥斯坦通入中国。"[2](2)沙俄在中亚修建铁路也是出于战略经济的需要,第一次世界大战爆发,中亚地区的棉花具有更为重大的战略意义,修建中亚铁路便于棉花等物资的快速运输。(3)铁路的建设有利于沙俄在中亚的殖民统治。总之,在沙皇制度下,中亚已基本被纳入到俄罗斯现代化发展的轨道。

(三)俄罗斯化的长期影响

在现代中亚社会的发展中,与突厥语民族—伊斯兰文化因素相比,俄罗斯因素作为后来的一种文化力量,其根基显然不如前两者那么深厚和稳固。但是,在苏联未解体之前,这种因素却显示出了远远超过前两者的强大影响力和渗透力,而且一度成为影响中亚社会发展的最重要的影响因素。无庸置疑的是,在现代中亚社会诸民族性格的铸造中,已深深地烙上了俄罗斯文化的痕迹。尽管目前

---

① 3. K. 阿赫美扎诺娃:《19 世纪至 20 世纪初中亚赫哈萨克斯坦的铁路建设》,乌兹别克苏维埃社会主义共和国科学出版社(塔什干),1984 年版,第 10 页。

② H. 杜勃罗文:《普尔热瓦尔斯基》,圣彼得堡 1890 年版,第 457 页。

因苏联的解体、俄罗斯国力的下降、突厥语民族—伊斯兰文化因素在中亚地区的上升等原因,使俄罗斯文化因素在某种程度上成为受"压制"的对象,但是迄今为止还没有哪一个中亚国家能够从俄罗斯文化因素的影响下真正摆脱出来,谁都不想也无法放弃已取得的现代化和世俗化成果。

首先,语言文字的影响不能不说是文化影响方面最重要的成分。经过长期的俄罗斯化影响,在中亚社会民族人口构成中,俄语居民(主要是俄罗斯族人口)数量仅次于突厥语诸民族人口数量而成为在中亚社会生活中一种举足轻重的影响力量。这种重要性还突出的表现为,在苏联时期的中亚社会人口结构中,居领导者地位及核心中坚力量的人口中俄语居民占据了大多数。其次,俄罗斯在"殖民"中亚的过程中,同时还把它纳入到俄罗斯现代化同步发展的轨道。与当时的西欧国家相比,尽管俄罗斯的发展相当缓慢,但是同经济落后的中亚社会相比却有着天壤之别。俄罗斯利用相对先进的技术和文化,推行一系列同化政策,使得中亚很快便融入到整个俄罗斯的发展轨道上来。可见"俄罗斯的统治,不管怎样的卑鄙无耻,怎样带有种种斯拉夫肮脏的东西,但对于黑海、里海和中亚细亚,对于巴什基里亚人和鞑靼人,都是有文明作用的。"[1]"对俄罗斯在中亚实行的殖民政策,在征服过程中对本地民族的掠夺和屠杀,对领土的侵夺,在征服后实行的殖民统治和俄罗斯化政策都是应当否定和批判的。但俄罗斯作为一个资本主义国家,在征服中亚中对当地的封建制度、奴隶买卖和伊斯兰蒙昧主义,确实给予了严重的冲击。在征服以后又在中亚进行了许多经济、文化建设,这些对于促进中亚经济、文化和社会发展,无疑是有好处的。"[2]再次,在长期的俄罗斯化影响下,中亚国民在思想观念方面发生了转变。从松散的城邦文明到统一的中央集权文化,再到如今独立的民族国家文化,从某种意义上说,文化的变迁反映了时代的进步。而如今有些中亚国家,开始以欧洲国家自居,以能迅速靠拢西方国家为荣。从本质上看,这种动向同样是因为受到了俄罗斯化因素的影响。因为历史上的俄罗斯文化就是典型的东西方文化的结合物,以身居东方,心系西方为其发展思路。最后,从对中亚社会现代化和世俗化的影响程度看,俄罗斯文化因素在其中所起的作用是毋庸置疑的。而且,继苏联时期已取得的现代化和世俗化成果,反对宗教参与政治生活和禁止各种宗教极端主义,是中亚各国国家建设和社会发展的需要。

总之,中亚社会的俄罗斯化是俄罗斯国家和民族留在中亚地区"最宝贵的财富"。所有的一切都可以随着时间的推移而淡化直至消失,但是中亚已有的

---

① 《马克思恩格斯全集》第27卷,人民出版社1972年版,第285页。

② 王治来:《中亚近代史16—19世纪》,兰州大学出版社,1989年版,第384页。

俄罗斯化因素却不会因时间的推移而消失。它已经成为中亚社会发展中不可或缺的一种重要的文化因素。

二、冷战后俄罗斯文化力量在中亚的演变

(一)冷战结束之初的俄罗斯"甩包袱"政策

苏联解体后,前苏联五个中亚加盟共和国戏剧性地变成了俄罗斯的"近邻国家"。尽管中亚历来是俄罗斯的"势力范围",但苏联的解体导致俄罗斯在接下来的几年里采取了疏远中亚的政策。20世纪90年代初,不少中亚领导人还非常希望能够改善和加强同俄罗斯的关系,以应对苏联解体、东欧剧变后双边关系的"冰冻"局面。但是,俄罗斯却漠视这些"小兄弟"对"老大哥"的一往情深,对中亚采取了"甩包袱"政策。该政策主要包括以下内容:(1)停止提供财政补贴,停止按照苏联解体前的标准供应原材料和工农业产品,追讨欠债。(2)在经济改革方面,俄罗斯未与中亚国家协商,单方面尝试所谓"休克疗法",让中亚摇摇欲坠的经济更加恶化。(3)在对外经济联系上采取抛弃"穷兄弟"的做法,全面转向西方,使得俄罗斯与中亚各国的双边经贸关系急剧弱化。俄罗斯在与中亚五国对外贸易总额中的比重由1990年的44.8%下降到1997年的26%,中亚五国在俄罗斯对外贸易总额中的比重则由1990年的12.7%下降到1997年的5.8%。① 俄罗斯的"甩包袱"政策加剧了中亚国家的经济危机,致使各国经济连年下滑。总之,俄罗斯在独立之初,由于对内一味关注国内问题,对外奉行"亲西方"政策,对中亚采取轻视抛弃的态度,加剧了中亚国家对俄罗斯的离心倾向,从而大大削弱了俄罗斯在中亚地区的影响力。迫于形势,中亚国家不得不将注意力转向土耳其、西方和其他"远方"国家,寻求对外经济联系的多元化。

(二)俄罗斯欲求重返中亚(1995—2001年)

20世纪90年代中期,俄罗斯面对本国"亲西方"政策的失败,以及西方加紧实施旨在压缩俄罗斯势力范围的北约东扩计划,开始反思其独立之初的地缘战略,并重新重视和发展与独联体成员国的关系,着手组建独联体军事政治联盟以抗衡北约,维护自身地缘政治利益。1995年9月14日,叶利钦总统批准《俄罗斯联邦对独联体国家的战略方针》,确定了外交方面把中亚由俄罗斯外交的"次要"方向转变为"优先"方向;在经济领域,致力于实现独联体经济政治一体化,保障中亚国家的经济稳定;在安全方面,以1992年签署的《集体安全条约》为基础,深化在边界安全领域的合作;同时,加强人文合作。

新政策表明,俄罗斯不再将中亚视为"包袱",而是试图全面加强与中亚国

---

① 柳丰华:《俄罗斯在中亚:政策的演变》,《国际政治研究》,2007年第2期。

家的双边关系,推进军事政治一体化,加强经济人文领域合作,以恢复俄罗斯在独立之初受到削弱的影响,把中亚作为恢复其大国地位的战略依托而加以经营。对于中亚五国,俄罗斯采取审慎的、有所区别的强化双边和多边合作的中亚政策。对于与俄罗斯利益和关系密切的哈萨克斯坦、吉尔吉斯斯坦和塔吉克斯坦,俄罗斯巩固和推进双边战略伙伴关系,表现为:(1)加强政治关系,共同提升睦邻友好水平。1998 年 7 月俄哈签署《永久友好和面向 21 世纪的同盟宣言》;1996 年 3 月吉尔吉斯斯坦总统阿卡耶夫首次正式访问俄罗斯,同俄方签署《扩大和深化俄吉合作宣言》;1999 年 4 月塔吉克斯坦总统拉赫莫诺夫正式访问俄罗斯,双方签署《俄塔面向 21 世纪的同盟合作条约》。(2)发展军事领域合作。在 1999 年和 2000 年恐怖袭击事件之后,扩大与吉尔吉斯斯坦的军事技术合作,向吉尔吉斯斯坦提供军事技术援助。2001 年 4 月,拉赫莫诺夫总统对俄罗斯进行工作访问,两国元首就俄罗斯在塔吉克斯坦建立军事基地问题达成协议,宣布将在俄驻塔 201 摩步师的基础上组建军事基地。(3)促成塔吉克斯坦内战双方的和解与和平。在俄罗斯的调停下,塔吉克斯坦政府与反对派于 1997 年 6 月 27 日在莫斯科签署了关于在塔吉克斯坦实现和平与民族和解的总协议,这标志着塔吉克斯坦内战的正式结束。(4)俄罗斯驻塔吉克斯坦边防军继续保卫塔边界,而自 1999 年俄罗斯撤出驻吉尔吉斯斯坦的边防军后,以提供边防物资等方式继续援助吉尔吉斯斯坦。

对于对俄罗斯离心力比较强的乌兹别克斯坦和土库曼斯坦,俄罗斯采取了坚持不懈争取友好合作的政策。1998 年 10 月叶利钦总统首次正式访问乌兹别克斯坦,签署了《俄乌永久友好条约》,同年 12 月俄罗斯与乌兹别克斯坦还签署了《深化军事与军事技术合作条约》。2000 年普京上任后,把首次正式出访的国家定为乌兹别克斯坦,并与卡里莫夫总统签署一揽子涉及双边国防和安全的合作文件。土库曼斯坦推行中立政策并与俄罗斯和独联体长期疏远,俄罗斯以"石油合作"为杠杆向土施加影响,促进俄土关系取得了一定的成效。

在经济领域,俄罗斯开始重视发展与中亚国家的经济合作,主要表现在签署贸易合作协议,促进经贸发展。在油气开发和经济技术上开展合作的同时,俄罗斯试图将中亚国家纳入自己主导的区域一体化组织。最明显的成果是,根据 2000 年 10 月俄罗斯、白俄罗斯、哈萨克斯坦、吉尔吉斯斯坦和塔吉克斯坦五国元首签署的《关于成立欧亚经济共同体的条约》,2001 年 5 月欧亚经济共同体正式成立。该共同体加强了俄罗斯与哈、吉、塔的经济联系,在一定程度上增强了三国对于俄罗斯的向心力。

在重返中亚阶段,俄罗斯出于重新控制中亚并将其作为自身复兴的重要依托,推行积极的中亚政策,加强了与中亚在各领域的合作。尽管中亚的"亲俄"

立场时常摇摆,但出于在经济和安全上对俄罗斯的依赖而不得不与俄罗斯保持相对密切的关系。

三、"9·11"之后俄罗斯文化力量在中亚的发展态势

历史经验表明,一些突发事件往往会促使某一地区乃至世界的战略格局发生重大变化。2001年发生在美国的"9·11"事件就是如此。无疑,它的发生让俄罗斯重返中亚,恢复主导地位和影响力的进程受到冲击。

(一)美军进驻中亚,俄罗斯韬光养晦

"9·11"事件发生后,美国借打击阿富汗塔利班为名在中亚数国建立了军事基地,实现了在中亚的军事存在并以此扩展了其在中亚的政治和经济利益,挤压俄罗斯的生存空间。面对严峻的形势,权衡利弊,以普京为首的俄罗斯采取了韬光养晦战略,该战略主要基于以下判断:

1.中亚国家的亲俄基本方针没有完全改变。在日益全球化和相互依赖的时代,从某种意义上讲,强大的外部力量不可避免地要对相对弱小的国家的未来起决定作用。对于处于发展过程中的年轻的中亚国家而言,强大的外部力量是其安全与发展必不可少的依靠。在大国间进行选择性跳跃是由国家利益决定的,但是中亚国家奉行亲俄的基本方针始终没有彻底改变。各国均认为重视与美国的关系是现实的需要,而发展与俄罗斯的战略关系才是长期目标。这是由历史传统、地缘优势等因素所决定的。

2.中亚地区还不是美国全球战略的重点所在。2000年1月美国国会公布的《新世纪的国家安全战略》明确指出,新世纪美国安全战略仍把欧洲、亚太和波斯湾作为重点战略地区,以"两洋战略"为根本。美国在中亚的政策用布热津斯基的话说,就是"既不统治也不排他"。它所需要的是在中亚摆上一个棋子,起到排兵布阵的作用。

3.俄罗斯不具备与美国抗衡的实力。美国每年的军费几乎是俄罗斯的28倍,经济上的差距更大,而获取现实的经济利益是中亚国家向西方靠拢的重要原因,俄罗斯不可能向中亚提供比美国更多的经济援助。①

韬光养晦且处于守势的俄罗斯,并没有坐以待毙,将该地区拱手交付他人;经过一番养精蓄锐之后,俄罗斯充分发挥自己在这一地区的传统优势,在政治、军事和经济领域积极运作,极力稳住阵脚,将造成的损失降到最低程度。

1.在政治上加大对中亚政治局势的影响力度,除了每年在独联体集体安全条约组织和上海合作组织等机构的框架下举行双边高层会晤外,俄罗斯还与中

---

① 朱成虎主编:《十字路口:中亚走向何方》,时事出版社,2007年版,第199页。

亚国家就涉及双边的重要事项举行高层会晤。2002年,普京总统曾数次访问中亚国家,加强与中亚国家首脑的政治沟通。仅2003年,俄罗斯就有十余个代表团访问中亚国家。俄罗斯与哈萨克斯坦双方在2003年和2004年分别在对方国家举办"哈萨克斯坦年"和"俄罗斯年",使双边关系获得进一步发展。

2. 在经济领域,俄罗斯在提升自身经济实力的同时,高度重视独联体范围内的经济合作,并以中亚为依托,加快实施经济一体化的进程。值得一提的是,俄罗斯还于2004年加入了纯粹由中亚国家组成的中亚合作组织,此举引起了国际社会的高度关注。俄罗斯政府此后的行为表明,其主要的动力是通过融入中亚组织以建立一个新的、能把"其前苏联兄弟国联合起来的经济组织"。[①] 2005年10月6日,俄罗斯主导中亚合作组织并入欧亚共同体。此外,据俄罗斯经济发展和贸易部提供的数字,在自身财力不足的情况下,从1999年到2004年,俄罗斯对中亚的投资增加了144倍以上,俄罗斯对独联体投资的1/3流向了中亚。

3. 在军事安全领域,俄罗斯一直高度重视中亚地区的军事安全,将中亚作为打击恐怖主义和伊斯兰极端势力的前沿阵地,以及保障国家安全的重要屏障。"9·11"事件后,应对美军进驻中亚的现状,俄罗斯以集体安全条约组织为核心,积极发展与中亚国家的双边和多边军事安全合作,逐步改变了阿富汗战争后一度被动的局面。这主要表现在,组建"中亚集体快速反应部队",加强在中亚的军事存在,开展针对恐怖主义和极端主义为目标的军事演习,以及巩固军事技术合作等。

(二)心有余而力不足,总体呈现颓势

如前所述,尽管"9·11"事件之后,俄罗斯在地缘政治、经济和军事安全等方面对中亚地区实行了更加灵活和符合实际的政策,在战略上对中亚进行了重大的调整并取得了一定的成效。但是,由于客观上受自身经济实力的局限、以美国为代表的西方势力的卷入,以及中亚国家奉行实用主义外交政策等,使得俄罗斯文化力量在中亚呈现总体颓势,有"心有余而力不足"之感。

首先,俄罗斯综合国力相对下降。俄罗斯经济转轨的最初几年,经济连年滑坡,刚刚有所转机的经济又受到1997年亚洲金融危机的严重冲击。另外,俄罗斯经济存在增长方式和制度结构问题,而这些问题的解决不是短期所能够完成的,俄罗斯恢复经济大国的道路格外艰辛。普京上任以来,俄罗斯经济有了一定程度的回升,也加强了对军队的整顿,然而,俄罗斯必须应对经济和政治的衰弱、

---

① 《香港亚洲时报》,2004年6月3日、2004年9月16日。

内部的政治斗争,否则是很难在中亚地区施加更有利的影响的。①

其次,独立后的中亚国家,摆脱了冷战前以意识形态为主要标准的传统外交方式。它们既与发达资本主义国家密切来往,也与社会主义中国保持良好关系。这种"平衡外交"和"等距离"外交,以国家利益为标准,通过"平衡外交"获得国家利益的最大化。一般来说,当中亚国家的安全状况受到威胁或挑战时,执政当局倾向于寻求政治盟友俄罗斯的保护;反之,执政当局则更倾向发展与经济伙伴美国和欧洲国家的关系。在这样的背景下,中亚国家不会轻易投向俄罗斯的怀抱。当然,未来随着接受欧美教育的"新生代"政治精英接替"苏维埃"辈领导人,中亚国家的外交政策很可能面向西方,而不是俄罗斯。

最后,美国因素构成对俄罗斯影响力的最大挑战。1997 年 7 月 21 日,美国原副国务卿塔尔伯特毫不隐讳地指出,美国对中亚地区的新战略目标是支持这一地区石油资源开发,使该地区成为美国 21 世纪的能源战略基地,遏制并削弱俄罗斯和伊朗对本地区的影响。② 中亚各国独立后,美国依靠其强劲的经济和军事实力,不断把触角深入到了中亚地区,在政治、经济和军事关系上想方设法加强与中亚五国的联系。政治上,美国利用共产主义在中亚的挫败,极力向中亚国家兜售自己的政治制度和价值观;经济上,美国以经济援助和投资等手段为切入口,加紧对中亚地区战略资源的开发和运输;军事上,以军事合作和反恐为名,加紧对中亚的扩张和渗透。

无论从地缘优势还是从人文优势看,俄罗斯文化力量因素都是影响现代中亚社会的强大一元。这种影响力是随着长期的俄罗斯化政策的推行,一点一滴逐渐渗透而慢慢形成的。它表现为影响思维方式的语言——俄语的流行;俄罗斯与中亚之间文化上的彼此认同,以及俄罗斯始终把中亚视为其势力范围等。而这种强大的影响力不单由外而内发生作用,它甚至已经内化为中亚社会文化自身的一部分并长期延续,且不会随着国际形势的变迁在朝夕间丧失。但是,毋庸置疑的是,俄罗斯自身发展的滞后、中亚内部"脱俄"倾向的增强和美国等西方势力的进入,必定会制约冷战后俄罗斯在中亚地区影响力的发挥。在此情势下,俄罗斯文化力量在中亚的影响将总体呈现颓势,突显"心有余而力不足"的征候。

---

① Gapy k. Bertsch. "Crossroads and conflict:security and foreign policy in the Caucaus and Central Asia", Eastwest institute. 1999. p. 14 – 15.

② 唐昀:《大搏杀——世纪石油之争》,世界知识出版社,2004 年版,第 75 页。

第三节　突厥语民族文化力量
——大造泛突厥意识，收效甚微

突厥语民族因素是影响现代中亚社会发展最为重要的另外一种因素。一方面，从中亚社会的内部结构来看，突厥语民族因素与伊斯兰因素相互融合、相互渗透的时间非常久远，从某种程度上两者已经达到了互通有无、合二为一的境地，形成了稳固的内部文化共同体。另一方面，从中亚社会的外部状况看，作为以突厥语民族为主体的中亚各独立国家（塔吉克斯坦除外），外来突厥语民族因素对其产生影响，无论是在民族感情上还是经济需求上都是理所当然的。需要指出的是，对中亚社会的发展产生最大影响的外来突厥语民族因素是来自土耳其的文化和社会力量。

一、突厥和中亚的突厥语化

（一）突厥

突厥（Turk），严格地讲是指6—8世纪活跃在亚洲北部草原上的一个古代部族，初属柔然。6世纪中叶并铁勒部，灭柔然，建突厥汗国，其势力范围最广时东起辽水，西抵里海，西南隔阿姆河与波斯相邻。6世纪末突厥分裂成东西两部，唐朝末年东西突厥相继衰败，退出中国舞台，大部分向西迁徙进入中亚。10—11世纪，阿拉伯人在中亚的势力逐渐衰弱，突厥语民族遂逐步取而代之，征服当地土著居民并使其突厥语化。这一时期，先后有三个鼎立的突厥语王朝出现，即喀喇汗王朝、塞尔柱王朝和哥疾宁王朝。这一时期也是中亚"突厥语化"最重要的一个时期，大批突厥语部落进入中亚，逐步确立了突厥语民族的军事、政治制度，并同时接受和传播伊斯兰教，促进了突厥语文化的发展和繁荣。随着历史的演变发展，作为古代部族的突厥早已不复存在，但是经过漫长的历史发展，突厥语民族在欧亚大陆腹地逐渐形成了土耳其人、阿塞拜疆人、鞑靼人、哈萨克人、乌兹别克人、吉尔吉斯人和维吾尔人等几十个近代意义的民族。必须指出的是，突厥语民族与古代突厥部族是两个不同的概念，作为古代部族专名的"突厥"与借用该名称命名的"突厥语民族"之间，并不存在血统、历史和文化上的必然传承关系。[①]

---

① 陈延琪、潘志平主编：《泛突厥主义文化透视》，新疆人民出版社，2000年版，第19页。

（二）突厥文化

既然中亚历史上经历了突厥语化的进程,中亚的文化必然会遗留下突厥的痕迹,那么究竟该如何看待突厥文化呢?

历史上的突厥文化是构建在草原游牧经济基础上的一种独特的游牧文化。《隋书》中有记载,突厥人的生活习俗大致与匈奴人相似,主要以牲畜肉为食;装束上,汉文史籍记载为"被发左衽",意思是突厥人披发,衣袍前襟向左开;居处为"穹庐毡帐",即毡做的圆顶帐篷。历史上的突厥人,由氏族社会跨入阶级社会不久,保持着比较原始的信仰,信仰祖先,崇敬太阳。然而,突厥带给中亚最深刻的文化影响莫过于突厥语的推广。在今日中亚社会的民族人口构成中,突厥语民族(塔吉克除外)处于最为重要的优势位置。随着中亚各独立国家推动人口快速增长政策的实施,突厥语民族的人口数量将会得到进一步的提升,突厥语民族成为中亚名副其实的主体民族则为时不远。

（三）中亚的突厥语化

随着突厥的进入,中亚土著居民亦随之开始了突厥化,但这是一个漫长的过程。今日学者所谓突厥化,是指中亚当地居民语言的突厥化和某些生活习俗的突厥化,其实是官方文件和语言使用突厥语文,社会上层采用某些突厥礼仪,后逐渐进入民间,经过长期的浸透,最后突厥化的一个过程。这一过程是突厥文化与土著文化相互吸收、融合的过程,所以加富罗夫将这一过程称之为"中亚—突厥综合"。①

突厥势力进入中亚是在公元7世纪初,西突厥汗国②统治中亚时期,其势力西到里海南至阿姆河,包括了吐火罗、粟特和花拉子模三个地区,它们各自由诸多城邦和公国组成。西突厥对中亚诸地的管辖主要形式是征收贡赋,直接实施管理的仍然是当地贵族,突厥贵族则通过与中亚封建贵族联姻等方式实行间接管理。在西突厥统治中亚的近百年里,当地的居民逐渐接受了突厥人的思想观念、文化传统和生活习俗。

中亚的历史继续发展,经历了突厥的衰落、唐朝的统治、阿拉伯人的进入以及近代俄罗斯的征服等一系列演进。当阿拉伯人统治衰弱之时,突厥语王朝在中亚各地兴起。突厥语王朝在中亚部分地区的统治从10世纪开始到13世纪结束,持续时间超过250年。公元960年突厥语民族建立的喀喇汗王朝宣布伊斯兰教为国教,从此开始了突厥语民族大规模的伊斯兰化进程。在此期间,突厥语

---

① 魏良弢:《突厥汗国与中亚》,《西域研究》,2005年第3期。
② 公元583年,伊利可汗的兄弟室点密之子达头反对东部的沙钵略可汗,导致了突厥正式分裂为东西两汗国,即以蒙古为中心的东突厥汗国和以七河流域为中心的西突厥汗国,两国以阿尔泰山为界。

再次得到普遍使用,突厥语文化被普遍接受,当地居民中掀起又一次突厥语化浪潮。突厥语诸王朝对于中亚地区的突厥语化起到了重大的推动作用。

二、影响中亚的突厥语民族因素

中亚经历了以突厥语的推广和伊斯兰教信仰的传播为主导的突厥语化过程。在漫长的突厥语化过程中,突厥语民族因素已经在中亚深深扎根,成为深刻影响当代中亚社会的突厥语民族—伊斯兰—俄罗斯因素中的重要组成部分。

首先,在目前中亚社会的民族人口构成中,突厥语民族已经处于优势地位。随着中亚各国提高人口数量政策的实施,突厥语民族人口的数量将进一步上升。突厥语民族将成为在数量上名副其实的主体民族,随之而来的便是突厥语民族因素整体在中亚影响力的进一步提高。

其次,独立后的中亚国家,其民族自信心受到鼓舞,更加珍视和注重弘扬自身的文化传统,极力宣扬突厥语民族传统、文化精神(与伊斯兰文化紧密结合)并将其作为国家在文化领域的重要政策贯彻执行。在语言的国语化方面,这种倾向表现得尤为突出。可以预见,在不久的将来,随着受前苏联影响深厚的当代中亚领导人与"新生代"政治精英的新老更替,这种突出国语的趋势必将得到强化。

再次,在以土耳其等国家为代表的泛突厥主义思想与突厥民族复兴思潮的影响下,中亚地区的泛突厥民族情绪有可能受到鼓舞而高涨。土耳其在中亚各国独立之初,也可以说在整个20世纪90年代扮演了代替前苏联"老大哥"的那种角色。土耳其倡导的泛突厥主义思想具有极强的诱惑力和鼓动性,曾一度引发中亚独立国家的热烈响应,在增强突厥语民族自信心方面产生了很大的影响,也曾一度成为来自外界突厥语世界的最强音。

历史积淀的突厥语民族因素毋庸置疑将成为影响当代和未来中亚社会发展的重要文化因素。由于历史的原因,这种因素与伊斯兰因素已经无法截然分开,二者相辅相成。如果说,突厥语民族因素是肉体的话,那么伊斯兰因素就是灵魂。在我们强调突厥语民族因素的同时,自然不应忽略来自外部的所谓泛突厥主义的影响,下文我们将就此着重予以分析。

三、当代泛突厥主义对中亚影响的文化透视

我们在上文已经提到,突厥语民族因素是一种影响中亚社会发展的重要因素,包括本土的和来自外部"突厥语世界"的影响,并提到了泛突厥主义。从文化的角度来看,究竟泛突厥主义文化在中亚扮演着一种什么样的角色呢?

（一）泛突厥主义的由来及发展过程

泛突厥主义是19世纪中后期兴起的一股政治思潮，该思潮坚持突厥民族与突厥语民族为同一概念，即突厥语民族为突厥族的直系后裔，其主要政治目标是要求全世界范围内（主要是中亚地区）的所谓突厥民族联合起来，建立一个统一的突厥国家联邦。

泛突厥主义的兴起首先应起源于突厥语民族的共同特性：（1）突厥语从语系上来看，应属于阿尔泰语系突厥语族。近两千年来，突厥语自长城内外和蒙古草原向西不断扩张。① 尽管各地区政治、文化和种族因素的演变错综复杂，但其现实结果是形成了自亚得里亚海至中国长城的所谓"突厥语言区"。根据前苏联学者埃·捷尼舍夫统计，有着发达标准语的突厥语民族大概有30个，标准语大概有20种。② 这些"突厥语言区"的语言至今仍然可以大致相通。（2）宗教信仰上的一致性，"突厥语言区"内的大部分国家和地区都信仰伊斯兰教，共同的信仰再加上地域上的落后和闭塞，使这种文化上的相似性保持并得以延续下来。

其次，近代所谓"突厥学"的实践和发展，促进了泛突厥主义的产生。当"突厥人"早已遗忘了自己的古文字和历史时，欧洲学术的研究发展开始发掘这谜一般的历史和文化，他们从草原上残存千年的古突厥文碑铭着手探索，形成一门所谓的学科——"突厥学"。正是这样一个学科在近一个世纪以来取得的丰硕成果，促使突厥语民族"突厥"意识的觉醒，并进一步要求实现"突厥民族"的一体化。

最后，突厥语民族（除土耳其之外）大部分都处于异族的统治之下，一直未能建立起自己的民族国家，尤其是中亚的突厥语民族。18—19世纪，西欧资本主义国家取得全面胜利，英吉利、法兰西、德意志和意大利等近代民族在资产阶级国家统一过程中同步形成，在客观上形成民族国家并导致新的资产阶级民族观念，即"一个民族，一个国家"观念的形成，并在此基础上构筑起了"民族国家"理论。这种理论在遭受沙俄统治的中亚地区产生了重要影响并促进了泛突厥主义的出现。

泛突厥主义是突厥语民族在地域和语言等方面的一致性、突厥学的实践和欧洲"民族国家"理论共同影响背景之下于19世纪中后期产生的。泛突厥主义最初主要是通过在文化领域的不断传播，逐步扩大自己的影响，然后进一步开始向政治领域发起冲击。综观泛突厥主义迄今一个多世纪的历史，大体上经历了

---

① 杨凌林：《浅析泛突厥主义》，《重庆社会科学》，第3-4期（总第120期）。
② 埃·捷舍尼夫：《突厥语言研究导论》，中国社会科学出版社，1981年版，第16页。

以下四个历史发展阶段:(1)19世纪下半叶,作为对泛斯拉夫主义回应的俄国鞑靼斯坦的"语言、思想、行动"的"三统一"活动。(2)20世纪之交,奥斯曼土耳其精英"重新发现"泛突厥的历史文化。(3)十月革命以来,从土耳其和中亚到新疆的以反共为主流的政治和文化活动。(4)苏联解体后,以土耳其为中心的政治泛突厥主义的发展。可以有把握地说,泛突厥主义发展到第三阶段以后,不仅沦为极右翼的反动思潮,而且对许多国家的安全、稳定和生存构成威胁,而且毫无任何积极意义可言。

(二)泛突厥主义在中亚的现状与趋势

近代以来,泛突厥主义向政治领域冲击的三次尝试尽管都以失败告终,但是泛突厥主义的活动和影响并没有因此而销声匿迹。如今,泛突厥主义已经完全转化成为一个激进的民族独立团体,其中心仍然在土耳其。狂热宣传泛突厥主义文化的土耳其报刊主要有《突厥祖国》、《突厥联盟》和《突厥文化》等几十种,其中包括了流亡在那里的新疆民族分裂主义的《东突厥斯坦之声》。近年来,泛突厥主义者还通过因特网广为散布其思想。一批披着学术外衣的历史文化著作,如《大突厥史》、《大匈奴帝国史》、《突厥文化史》和《当代突厥世界》及近百卷的大型"突厥民族历史文化"丛书——《圣地丛书》在土耳其大量出版。他们还通过"突厥斯坦历史与国际学术讨论会"鼓噪泛突厥主义思想。土耳其倡导的泛突厥主义思想具有极强的诱惑力和鼓动性,曾一度引发中亚各独立国家的热烈响应,在增强突厥语民族自信心方面产生了很大的影响,也曾一度成为来自外界突厥语世界的最强音。在苏联解体后的最初时期,泛突厥主义思想在刚独立的中亚国家受到官方鼓励。1991年9月,在乌兹别克共产党退出苏共并改名易帜的人民民主党成立大会上,总统卡里莫夫提到,要对诸如扎吉德运动、泛突厥主义和巴斯马奇等问题进行全面而客观的分析。① 同年,乌兹别克学者希多亚科夫出版《苏联民族问题》一书,专章为泛突厥主义者苏丹·加利耶夫翻案。1992年,哈萨克斯坦总统纳扎尔巴耶夫公然提出建立"突厥联盟"的构想,引起世界一片哗然。阿塞拜疆总统阿利耶夫更是直言不讳地鼓吹实现从南斯拉夫到中国的"突厥斯坦"的"三统一"(语言、思想和行动的统一)。

尽管土耳其人有把全世界突厥语民族联合起来的"伟大"愿望和思想,但是其自身的实力和本身固有的矛盾民族心理(既野心勃勃又心胸狭隘)使得它在现代中亚社会或突厥语世界的发展中无法担当更重要的角色。

1.从整个中亚的历史发展来看,泛突厥主义的发展可谓障碍重重。首先,历史上中亚"突厥民族"的构成是相当复杂的,可以说只是语言上的集合名词。这

---

① 陈继周:《苏共的解体和乌共的嬗变》,《中亚研究》,1991年第4期。

其中的各种民族可谓包罗万象:从最初的中亚土著居民,到前伊斯兰时代的突厥人、花拉子模和吐火罗等部落,再到阿拉伯人、契丹人及部分中国人,再到蒙古人侵时又进入的蒙古人等等。所以今天中亚的所谓"突厥民族"只能称其为"突厥语民族",而非拥有共同血统、共同政治历史传统的民族共同体。其次,由于历史上突厥语王朝统一时间极短,社会长期处于分裂状态,因而中亚的突厥语社会从来就不存在统一的向心力,更不要说今天已经独立建国的各突厥语主体民族国家了。

2. 就整个中亚的政治环境而言,这种统一也是不现实的。苏联后期的中亚之所以成为泛突厥主义的乐土,是因为那时坚持泛突厥主义有着民族独立的意味。在中亚五国业已独立之后,出于对自身国家主权和利益的考虑,对于泛突厥主义的态度,它们不得不慎重加以考量。

3. 从中亚各国的发展进程来看,从建国之初的百废待兴,经过近20年的发展,新的民族国家已逐步定型。各国经济的进步、民族语言和文化的发展,进一步巩固和加强了各国的民族自我意识。所以,此时再大搞泛突厥主义已然不合时宜。

4. 泛突厥主义并没有切实可行的运行体系,从某种意义上说只是个动听的口号而已。而且,土耳其在积极倡导泛突厥主义的同时,无法掩盖自身充当所谓"突厥世界"领导者的狭隘利己倾向。

从独立喜悦中冷静下来的中亚各国,出于对自身国家和民族利益的考虑,对泛突厥主义愈来愈不感兴趣。纳扎尔巴耶夫总统曾郑重宣布:"这里没有任何泛突厥主义、泛伊斯兰主义。"1996年,他在自己的新著《站在21世纪的门槛上》中指出:"在土耳其总统和中亚各国的交往中,毫不掩饰地向往着建立从贝加尔到地中海和多瑙河的强大突厥国家联合体的'理想',但是这不能被新独立的哈萨克斯坦接受。因为这意味着放弃刚刚获得的独立,割断与邻国的传统关系,用另一个'老大哥'取代这个'老大哥',让其骑在自己的脖子上。"[①]卡里莫夫总统在1997年的著作《临近21世纪的乌兹别克斯坦》中强调指出:"历史上我们属于突厥语大家庭,但我们的人民坚决抛弃'大土兰'这一沙文主义思想。对于我们来说,土兰——这是地区突厥语各族人民文化共同体的象征,而不是政治共同体的象征。"[②]

总之,独立之初的中亚国家与泛突厥主义的"亲密"关系,只是昙花一现。随着中亚国家政治建设的日渐成熟和经济发展的日益长进,泛突厥主义在后苏

---

① 纳扎尔巴耶夫:《站在21世纪的门槛上》,时事出版社,1997年版,第151页。
② 卡里莫夫:《临近21世纪的乌兹别克斯坦》,国际文化出版社,1997年版,第112页。

联时代中亚地区的存在意义已渐趋消亡。尽管以土耳其为代表的泛突厥主义拥护者和鼓噪者曾在中亚大造泛突厥意识,但逐渐清醒的中亚各国政治家更愿意让它滞留在抽象的文化层面,而并不想付诸实践。然而,尽管泛突厥主义思想在现代中亚社会的发展中其影响注定必将非常有限,但是无疑它还会在突厥语民族心灵深处长期存在并延续下去,不排除在某个时候有再次复兴或发展的可能。

第四节　西方文化力量
——借反恐进入中亚,巧夺地缘主动权

在影响未来中亚社会发展的诸多因素中,西方文化及其引导的社会力量,将是不可小觑的一元。西方文化与社会共同营造下的西方文明在近代以来成为引导人类社会向前发展的最重要的力量之一。全世界其他文化和社会力量在它面前都显得黯然失色。

一、对西方文化的理性思考

为了更好地了解西方文化在中亚地区发挥的影响力,这里有必要首先对西方文化作概括的阐释。

(一)西方文化发展演进的轨迹

西方文化及其熏陶下的社会发展大体经历了这样几个重要的历史阶段,即辉煌的古希腊、壮阔的古罗马、沉闷的中世纪、疯狂的近代西方与高傲的当代美国等几个时代。而纵贯几千年的西方文化的主流是永无止境地对外界的探索与开拓精神,付诸实践的便是不断地向外殖民和掠夺财富。

以工业革命和英国资产阶级革命为标志,西方世界率先迎来了近代文明。正是在这个时候,资产阶级天赋人权、自由、平等和法制等重要思想日渐深入人心,民族国家①的观念也开始得到实践和传播。源自古希腊和古罗马的那种固有的开拓殖民精神在近代工业革命的刺激下得到迅猛发展,殖民活动在18—20世纪前达到了如日中天的地步。从20世纪初开始经过两次世界大战的洗礼,源自西方社会的美国继以英国为首的西欧资本主义国家衰落而起,它以雄厚的军事和经济实力作后盾逐渐跃居世界强国之首;随之,它所代表的西方文化毋庸置疑地成为引领世界的强势文化。

---

①　近代西方社会的发展往往以一个民族为一个国家,决然不同于东方社会的以家庭—家族—国家思想的实践,即大一统国家的建立。

（二）当代西方文化的特征

处于当代强势地位的西方文化内涵丰富,最显著的特征不外乎以下两点:第一,西方文化中的"西方文化中心论",即"唯我独尊"的价值观念;第二,在这种文化观引导下的西方社会力量对财富的无止境的追求,即"唯财是瞻"的行为方式;第三,表现在科学上就是对自然的无止境探索,表现在整个社会的行为方式上就是无止境地从别人那里索取。显然,近代西方社会的发展史已基本证明了这一点。

正是基于"唯我独尊"和"唯财是瞻"的文化本质,以美国为首的西方社会继续推行着其全球战略,奉行着所谓的"文明冲突"理念,四面出击,八方拓展。中亚作为冷战后相对真空的地缘政治空间自然会成为美国推行其全球战略和拓展利益的重要地区,"9·11"之后的反恐战争,为美国提供了难得的机遇。

二、当代西方力量进入中亚

早在美国中亚政策出台的 20 世纪 90 年代中期,美国就向中亚国家表示出了希望在中亚地区建立军事基地的愿望。但是,俄罗斯的高度警觉与中亚国家的犹豫,使得美国这个一厢情愿的企图始终未能如愿。发生于 2001 年 9 月 11 日的针对美国的恐怖主义袭击事件,为美国提供了一个绝好的机会。两个月后,美国以反恐为名发动了阿富汗战争,从而将军队直接部署到欧亚大陆的腹地,实现了军事力量在中亚的"历史性进入",使中亚地区正在成为美国全球战略大棋盘上的一个新的战略支点。

（一）美国在中亚的战略利益

中亚地区对于美国而言,具有多重的战略利益。正如美国国务院欧洲与欧亚事务司于 2002 年 11 月 27 日发表的报告所再次强调的那样:"美国在中亚和高加索的利益,包括安全、能源和内部改革三个方面。"[①]

首先,从地缘政治上讲,中亚地区在冷战结束后出现"地缘真空",对于美国而言控制中亚可以从东西两个方向策应北约东扩和日美军事同盟的全球战略,从而进一步压缩俄罗斯的势力范围,监控印巴和东部的中国,从而使美国全球战略形成纵横交错的网状结构和点面相通的辐射态势。其次,从反恐安全上讲,存在于这一地区的宗教极端势力与周边伊斯兰地区的恐怖势力保持着密切的联系,控制中亚对于防止中亚宗教极端势力坐大并阻止其与域外恐怖势力连成一

---

① Fact Sheet. "Promoting Long – term Stability in Central Asia: U. S. Government Assistance One Year After 9 · 11". Bureau of European and Eurasian Affair, U. S. Department State, November 27, 2002. p. 1. http://www. state. gov/p/eur/rls/fs/15560. html.

第三章　全球文化力量在中亚地区的消长态势

片具有重要作用。再次，从经济利益上讲，中亚地区矿产丰富，特别是储量巨大的油气资源，有望成为美国新的能源供应基地。最后，从文化传播的角度来说，苏联解体后，俄罗斯因自身实力下降导致在该地区影响力相对下降，中亚自身的伊斯兰文化并不如周边地区强烈，有可能成为美国推进其民主价值观，改造中亚伊斯兰世界的理想之地。

综上所述，冷战结束后，中亚地区成为美国实现其全球战略的又一重要地区。

(二)西方文化力量进入中亚的方式

西方因素对现代中亚社会产生影响主要有两种途径：一种是直接进入，另一种是以"变种"的形式进入。

所谓"直接进入"，是指美国凭借"9·11"事件后发动的反恐战争，将力量直接投注到先前无法进入或没有理由进入的中亚地区，实现了中亚与西方文化之间更为直接的交流。这首先表现为美军在中亚开辟了三个军事基地，即汉纳巴德（乌兹别克斯坦）、玛纳斯（吉尔吉斯）和库利亚布（塔吉克斯坦）。尽管目前美国在中亚的军事基地无论从规模上还是从数量上，都不能与冷战时期美国驻西欧和东亚的军事基地同日而语，即使将来扩建也只能维持在几千人的水平。但是这样的基地正是美国冷战结束后在全球关键地区保持军事存在的基本模式，其战略目的是在中亚摆一个棋子，对俄罗斯和中国等主要国家起到震慑的作用。当然，随着中亚国家国力的上升、俄罗斯对中亚地区兴趣的增强，美国在中亚的军事存在会出现反复。如美军于 2005 年 11 月被迫离开乌兹别克斯坦后，2008 年又有迹象表明它在为再次回到乌兹别克斯坦做积极的活动。①

所谓"变种"模式，是一种更为隐蔽的模式。如果说驻军靠的是一种硬实力，那么依靠强大的文化影响力浸透，又是一种软实力的体现。众所周知，在现代人类社会，西方文化无处不在，无论是伊斯兰世界、突厥语世界还是俄罗斯、中国，无不受到西方文化的影响。正是在这个意义上，没有纯粹的伊斯兰、俄罗斯、突厥语民族或中国文化，这些文化中多少都受到了西方文化的影响，在对中亚产生影响的同时自然也带进了西方文化的因素。这种文化因素的传入是悄然无声的，如俄罗斯是对中亚有着传统影响力的国家，而俄罗斯一直是"双头鹰"的文化结合体，是明显带有东西方文化色彩的国家，它对中亚的影响自然带有西方文化的因素。

另外，中亚国家的现实需求，即对先进政治理念和资金的需求，在某种程度

---

① 《美军重返乌兹别克斯坦，意在遏制中俄》，参见 http://www.chinareviewnews.com/doc/1005/8/9/9/100589900.html? coluid = 7&kindid = 0&docid = 100589900。

151

上正好迎合了西方对外输出文化和获取现实利益的需要,这使得双方将在日后的发展上会更多地考虑互动合作。

三、影响中亚社会发展的西方文化力量

如果说苏联解体使西方力量进入中亚成为可能,那么"9·11"后美国在中亚的直接进入,可以说为它获得了地缘上的优势。从现实状况来看,以美国为代表的西方力量,目前主要是以经济援助为手段,推行其文化传播和观念渗透,潜移默化地影响中亚的发展。显然,这种方式与西方国际关系理论中的"软权力"观念存在着一定的联系。

(一)美国等西方国家软权力在中亚的作用

在后冷战时代,作为超级大国的美国主要是通过软权力的方式对中亚施加影响的。美国在中亚主要采取文化渗透、经济援助和政治改造等多种方式。

第一,文化渗透。在后冷战时代背景下,推广西方文明,增强中亚人民对美国等西方国家的了解和认知乃至接受,是美国等西方国家影响中亚、控制中亚的前提条件和必要手段。为此,美国等西方国家利用自身强势文化的地位和雄厚的经济实力,通过教育、广播和影视等途径向中亚民众,特别是官员和青年灌输美国的民主观念和思维方式,逐渐塑造中亚对美国等西方国家的认同感。

在美国等西方国家政府和财团的支持下,中亚国家的很多政府官员、学者和军官在美国等西方国家接受"民主教育"并把西方民主观念带回国内;美国等西方国家通过建立大学、设立奖学金等途径扩大与中亚国家的人文交流,在青年人中宣扬西方"价值观"。如美国在比什凯克成立"中亚美国大学";针对欧亚大陆的优秀中学生制定了"未来领导人交流计划"。从 1992 年至 2003 年,已有包括中亚国家在内的 12 个欧亚大陆国家的 1.1 万名学生参加了此项计划。目前有 20 万中亚国家的青年接受了不同形式的美国教育,许多人在西方公司就职。这些接受美国教育的人员构成了美国了不起的"善意"储备。目前,美国之音、英国广播公司(BBC)等西方广播电台在中亚都有播音,对年轻人的影响很大。这些媒体成为美国等西方文化和信息软权力的重要载体,它们在中亚的活动,对解释西方在中亚政策的道德性及合法性并向中亚民众灌输西式价值观念方面发挥着重要作用。

第二,经济援助。中亚五国自独立以来,一直处于经济转型时期,各国的发展都需要资金、技术和管理经验,而这些无论是依靠俄罗斯还是依靠中国均无法得到满足。美国则"慷慨"地投其所好。仅 2002 年,美国就向中亚提供了大约 518 亿美元的援助,并承诺今后 10 年世界银行将向中亚贷款 15 亿美元。巨大的经济诱惑,加快了中亚国家向美国和欧盟的靠拢。美国依靠强大的经济实力,

通过经济援助迅速推进了它与中亚的"亲密"关系。

当然,"天下没有免费的午餐",在美国经济援助的背后附加了一系列别有用心的政治条件,利用经济援助手段推行西方民主。在美国援助中,促进国家政治民主化和支持独立政党建设领域占有相当大的比例。美国还利用世界银行和国际货币基金组织等国际金融机构以提供优惠贷款为诱饵,要求转型中的中亚国家按照西方意志,实行"民主改革"。鼓励它们摆脱俄罗斯的影响和控制,走"民主化"、"自由主义经济"和"政治多元化"道路。

第三,政治改造。改造的前提是取得中亚国家的信任。一直以来,美国除了通过经济手段对中亚进行援助,拉近双方距离外,还通过外交手段,谋求与中亚现有政权建立长期的关系。一方面,美国国务卿和国防部长等高级官员频繁出访中亚;另一方面,美国又大量邀请中亚各国领导人访问华盛顿。

通过种种努力,当中亚国家与美国建立起紧密联系之后,美国便开始在政治改造领域积极行动,对中亚进行民主改造,推行美国式的民主政治:与在中亚国家积极活动的国家民主基金会、国际共和研究所、自由之家、索罗斯基金会、欧亚基金会和国家新闻网等密切合作,帮助建立形形色色的政治组织;推动中亚国家的"民主建设",敦促中亚国家接受西方的政治改革方案,规定美国向中亚国家的援助中有相当一部分必须用于所谓"民主改造";公开支持独联体国家(包括中亚国家)的反对派,为反对派的活动提供帮助;利用大选、鼓励街头斗争和扶植亲美势力上台,在反对派失败的情况下用制裁等手段向执政当局施压。

美国的政治改造取得了明显的"成果":从 2003 年到 2005 年,一些独联体国家相继爆发在西方策动下通过和平方式利用总统或议会选举的机会使政权发生倒向西方的"颜色革命"。这中间就包括发生在中亚吉尔吉斯斯坦的"郁金香革命"。在一系列"革命"发生的过程中,我们看到美国采用的方式包括:通过西方各种基金会培养反对派。大选前,西方特使以观察员身份进入该国,暗中鼓动反对派大肆指责政府,西方媒体和政府也开始发表偏向反对派的言论;反对派在选举失败后,举行示威游行;西方以尊重"自由和民主"为名承认反对派,并向该国施压,最终推动政权更迭。

从格鲁吉亚到乌克兰,再到中亚的吉尔吉斯斯坦,在这些国家已经出现的政治危机中,美国都扮演了重要的角色。可以说,美国对中亚长期以来的政治、经济和文化渗透起到了潜移默化的作用,来自美国的直接或间接的支持,是这些国家的反对派有恃无恐的主要原因。

(二)制约美国软权力在中亚渗透的因素

尽管美国的软权力在中亚取得了一定的"成果"——削弱了反美势力,扶持了部分亲美政权,一定程度上改变了中亚地区政治力量的格局,从而在地缘上夺取了主动权。但是,美国想控制整个中亚地区却并非轻而易举之事。中亚地区长期积淀的诸多历史文化因素,地区复杂的政治和经济状况都会对美国软权力的运用产生制约作用。

第一,俄罗斯因素。自从 18 世纪以来,俄罗斯就将中亚视为其重要的战略利益区。苏联的解体并没有割断俄罗斯与中亚长期以来形成的密切联系,俄罗斯在中亚的战略利益也没有因五国的独立而消失或减小。相反,在新的国际格局中,中亚的地缘政治地位进一步突显,特别是美国通过北约东扩和进驻中亚等手段不断挤压俄罗斯的战略空间,使得俄罗斯对中亚的战略需求进一步上升。美国对俄罗斯"后院"咄咄逼人的进攻态势,必然引起俄罗斯的警觉和回应。根据中亚美攻俄守的地缘政治现实,针对布什总统提出的所谓"邪恶中心说",普京于 2002 年 6 月曾提出"稳定弧"思想。这条"稳定弧"由三部分组成:西部是俄罗斯和北约建立起来的"20 国机制";东部是包括中国在内的上海合作组织;中部是由独联体 6 个国家组成的集体安全条约组织。普京的真正用意在于设法稳住从高加索到中亚这一地带。另外,在经济上,俄罗斯以能源外交为手段增强中亚国家对俄罗斯的向心力,积极推动中亚经济一体化进程。面对美国在软权力方面强大的攻势,俄罗斯采取了相应的行动。2005 年俄罗斯总统办公厅专门增设了一个新机构——对外地区及文化合作局,从文化方面加强对独联体国家的影响。这些行动使中亚一度失衡的美俄竞争发生了有利于俄罗斯的变化。

第二,中亚国家内部因素。毋庸置疑,在影响现代中亚社会发展的内部诸因素中,突厥语民族、伊斯兰和俄罗斯以及这三者的结合体突厥语诸民族—伊斯兰—俄罗斯因素将占据最重要的地位,它们相互融合和互相渗透的时间已非常久远,从某种程度上说已基本结合为一个整体。此外,独立近 20 年,中亚各国在对俄罗斯和西方国家的外交政策上时常会出现摇摆不定的现象,正说明如今的中亚国家奉行的是实用主义外交,很难出现独立之初"一边倒"的那种状况。

由于地理上的封闭性和历史传统的影响,西方文化在中亚的影响是非常有限的。美国等西方国家所推行的西方价值观和中亚地区的思想文化背景相差甚远,其标榜的民主和人权也面临着"水土不服"的问题。美国等西方力量进入中亚并没有给各国带来它们所希望的稳定,其推行的民主改革还给一些国家带来了不小的动荡,甚至导致吉尔吉斯斯坦政权发生更迭,所有这些都引起了中亚国家的警觉和不满。可见,在这样一个文明交错和矛盾尖锐的地区,美国等西方力量的全面介入、越俎代庖和外部民主移植都只能增加中亚各国政治局势的变数。

第五节　中亚五国理性应对多元文化

仓促独立的中亚五国,犹如刚刚"断奶"的婴儿,面对复杂的国际背景、地缘环境和多元文化的影响,最初显得有些无所适从。经过了近20年的摸索和实践,中亚国家的对内对外战略思路渐趋清晰,即在强化国家意识、回归自身文化的同时,以国家利益为主导,推行务实的多边平衡外交。

一、对内实现向自身文化传统的回归

新独立的国家将何去何从? 对于中亚五国而言,民族国家的建设成为当务之急。经过一段盲目追求西方式民主的狂热后,中亚国家开始进行反思,从自身国情和文化出发制定对内战略。

第一,强化国家意识,维护独立地位。与在三次民族主义浪潮中获得独立的殖民地国家不同,长期的俄罗斯化已经让中亚地区人民基本融入了前苏联的国度。面对前苏联时期政治信念体系的崩溃,原本带有共性的价值观发生了彻底的改变。在这样一种背景下,中亚人民究竟要建立一个怎样的国家,带着这样的疑问,新生的中亚五国开始调整并建立自身的"国家意识"。尼亚佐夫针对这一问题的说法是:"我们年轻的国家的意识形态的主要任务是培养人们在精神上的统一。"尼亚佐夫要求在土库曼人心中培育国家意识。他说:"由于历史和现实的原因,土库曼人的国家意识淡漠了。这不利于土库曼人的精神统一,也不利于土库曼斯坦各族居民在新的独立国家中形成政治上的一致。因此,每个土库曼人都产生独立国家的真正主人翁感是政府的一项重要任务。"①中亚各国政府开始认识到建立自身独立的意识形态是保障自身独立的前提,否则,独立的国家内部就会出现岌岌可危的局势。意识形态的混乱是导致苏联解体的一个诱因。独立后的中亚各国面对的也是一个舆论和意识形态多样化的局面。面对这一事实,各国很是无奈,宪法一方面规定共和国社会生活的发展以意识形态和舆论多样化为基础,同时又规定任何意识形态不得被制定为国家意识形态。在异常复杂的国内外形势背景下,意识形态的多元化非但不会为社会带来思想复兴和树立更高的精神文明,反而会引发道德沦丧、信念崩溃、极端主义思潮和狂热的宗教情绪等。鉴于多元化的弊病,各国纷纷采取措施,克服精神危机,树立国家意识形态。纳扎尔巴耶夫总统针对哈萨克斯坦的国情,把国家意识形态和民族意识形态的最终目标归结为,在各民族相互理解、相互尊重的基础上形成对国家的

---

① 王鸣野:《中亚五国的变革和对新疆的影响及其对策》,《中亚研究》,1995年第3期。

认同心理,克服哈萨克族内部的部落观念对社会产生的不良影响。他呼吁哈萨克斯坦所有民族在历史上形成的统一的民族国家、统一的领土以及统一的文化的旗帜下实现各民族的和睦。① 乌兹别克斯坦总统卡里莫夫同样明确指出:乌兹别克斯坦面临的最主要的任务就是创立民族独立的意识形态,并使之变为现实。精神领域的创建与改变都不是一件容易的事,对于国家意识的统一与强化更是如此。他要求教育系统、文化机构、社会组织、新闻媒介以及每一个家庭都要担负起宣传爱国主义的工作,要使每一个人从小具备爱国意识。近20年来,中亚五国在此领域孜孜不倦地做着努力,并取得了一定的成效。

第二,务实有效的内政建设。多年的实践经验表明,在中亚社会贫瘠的民主土壤上,全盘搬用西方政体并不切合实际(至少在目前是这样)。正如俄罗斯国防部长伊万诺夫所言:"民主不是一袋土豆,想把它种到什么地方都能成活。"中亚国家在经历独立初期内政建设的波动和混乱之后,对于全盘引进西方民主政体开始审慎起来。它们逐渐由独立之初的盲目崇尚转而寻求更适合于本国实情的政治模式,自主探索建设道路的意识明显增强。

在西方民主政体与前苏联政治文化的综合影响下,中亚国家经过摸索,最终完成了一系列的过渡,打造出了适合自身文化和国情的政治发展模式——三权分立下的"总统集权制"。这种制度,既借鉴了西方的三权分立和多党制,保证了国家发展的民主方向,同时又保证了其脱胎于前苏联的政治文化的延续性,形成了一种"强总统、弱议会、小政府"的局面。这种政体尽管看起来有些不伦不类,但它恰恰符合中亚的实际情况,对于国家的稳定和发展至关重要。

首先,这种政体保证了社会的稳定和谐。身处敏感地区的中亚各国,把政局的稳定视为改革与发展的前提。对于和平与稳定的共同愿望,使多数选民对"总统集权制"政体投了赞成票。

其次,这种政体挽救了趋于崩溃的国民经济。独立初期,中亚五国被迫割断了与俄罗斯的经济联系,再加上采取"休克疗法"式经济转型,造成了经济形势的极度恶化。中亚各国迫切需要强化政府的干预能力,为过渡时期经济的发展创造良好而稳定的社会环境。另外,独立后,鉴于伊斯兰教在五国中的特殊地位和影响,中亚各国在大力弘扬本民族传统文化(包括伊斯兰文化)的同时,颁布宪法,宣布建立政教分离的世俗国家。然而,各国独立初期,宗教势力十分活跃,伊斯兰复兴一时成为社会上的一股激流。尤其是伊斯兰原教旨主义在社会政治生活中的渗透,直接影响到了各国政局的稳定和社会发展。在这场政教分离与政教合一的较量中,中亚各国领导人努力把政权牢牢掌握在自己手中,不给宗教

---

① 潘志平主编:《中亚的民族关系历史现状与前景》,新疆人民出版社,2003年版,第94页。

势力尤其是伊斯兰反对派以任何可乘之机。①

最后，中亚各国历来缺少民主传统。这种文化状况是由中亚地区长期的被强国统治的历史和落后的经济状况所决定的。显然，民主建设在这样一片缺少传统的地域是不可能一蹴而就的，照搬西方式民主政治体制，只能给该地区带来更多的不稳定因素。

第三，重塑历史，回归自身文化传统。这里所说的重塑历史，并不是凭空捏造或杜撰历史，而是针对中亚特殊的历史环境，将遗失、散落和残缺的历史收集整理的过程。重塑历史、回归传统，对于提高民族的凝聚力、提升国民自豪感和抵御外来多元文化的侵袭具有重要意义。

独立以来重新评价民族历史的浪潮在中亚各国几乎同时达到了高潮。各国学者纷纷进行人文寻根，重新研究和评价本国的历史，以恢复民族自信心，唤起民族自豪感，增强国民对国家的归属感，其意义在于通过弘扬主体民族的历史文化传统以达到民族国家的认同。多年来，中亚各国都在寻找、挖掘主体民族的历史名人，为之歌功颂德、树碑立传，甚至搞规模宏大的庆典活动。现在中亚各国都发现和发掘出值得自豪和骄傲的历史文化伟人，如哈萨克斯坦有诗人阿拜、阿布莱汗、哈斯木汗；乌兹别克斯坦有纳瓦伊、帖木儿大帝、兀鲁伯；土库曼斯坦有拜拉姆汗和马赫图姆古利；吉尔吉斯斯坦有玛纳斯汗、奥尔满汗、托克吐古尔·萨特尔加诺夫、阿布纳舍尔·萨曼尼汗、鲁达基、乌买尔·哈亚姆、加富罗夫。②另外，设立明显纪念标志对于唤起对历史文化的尊重和捍卫历史文化具有重要意义。独立后不久，吉尔吉斯斯坦将伏龙芝市改为"比什凯克"，恢复了首都的历史名称。共和国东部的历史名城普尔热瓦尔斯克改用旧名卡拉科尔。再者，中亚国家纷纷建立历史研究机构，整理古代资料、文献和典籍，加强重塑历史的工作，同时还加强了考古发掘和文物的保护力度。土库曼斯坦学者经过多年的努力，得出了一系列令土库曼民族自豪的结论，否定了土库曼民族历史上没有建立独立国家的结论，认为其先祖不仅建立了国家，而且非常强盛，一度统治过整个中亚地区，鼓舞着土库曼人民坚信他们的国家拥有灿烂的历史文明，并且还会拥有更加辉煌的未来。

经历过各种强势文化统治的中亚地区，其本土自身文化尽管被各种强势文化掩盖乃至同化，但终究存活并延续了下来；独立后的中亚国家对自身文化的发掘、重塑和宣扬活动对于强化国民的国家意识、树立民族自豪感和归属感都至关重要。

---

① 杨恕：《转型的中亚和中国》，北京大学出版社，2005 年版，第 91 页。
② 潘志平主编：《中亚的民族关系历史现状与前景》，新疆人民出版社，2003 年版，第 94 页。

二、多边平衡外交:中亚国家的务实选择

中亚地区身处多元文化集散之地,战略地位独特,拥有丰富的能源资源,已成为当今世界的热点地区,大国在这里的竞争和较量此起彼伏。在这样一种背景下,中亚国家小心应对,在与大国周旋的过程中,多边平衡外交正逐步成为中亚国家现实的对外战略选择。

第一,中亚国家对外战略的演变。中亚国家对外战略的演变受制于地区战略格局的变化。在探析战略格局演变时,自然会涉及大国因素的作用,美国、俄罗斯和中国,以及对中亚有传统影响的伊斯兰国家,这四种力量相互交织,对中亚国家的战略选择产生着重大影响。总体来看,中亚国家的对外战略选择具有较为明显的阶段性:

1. "9·11"事件之前相对平衡的对外战略(这里所说的"相对",是对比"9·11"事件后的亲美路线而言)。这一阶段中亚国家一方面保持与俄罗斯的政治经济联系,尽量避免俄罗斯对中亚国家内部事务的干涉;另一方面积极发展与美国的关系,引进资金、技术和管理经验,提高国际地位。

2. "9·11"事件之后的亲美路线。中亚国家对"9·11"事件前的地区战略格局并不满意。实际上,中亚国家更倾向于与西方国家发展关系,因为在美国和西方那里,它们可以获得更多的经济和政治实惠。"9·11"事件后,随着美国发动针对阿富汗塔利班的反恐战争,该地区成为全球热点地区。中亚各国适时调整战略实行"亲美"路线,为美国打击恐怖势力提供各种便利,允许美军驻扎,在提高国际知名度的同时获得美国作为回报的大量经济援助和政治支持。

3. "安集延事件"后的理性回归。任何事情都是物极必反。在经历了反恐战争的"蜜月"后,中亚与西方国家的关系并非像双方所希望的那样顺利向前发展。其原因首先是美国在借反恐进驻中亚后,时时不忘推销自己的所谓民主价值观,同时对中亚各国的民主建设指手画脚,甚至不惜采用舆论围剿、金钱收买、经济制裁和外交攻势。① 2003 年到 2005 年,格鲁吉亚、乌克兰和吉尔吉斯斯坦爆发的一系列所谓"颜色革命"给中亚国家敲响了警钟,因为正是得到了美国的支持,各国的反对派才会那样的有恃无恐。2005 年,乌兹别克斯坦安集延发生暴乱,乌政府坚决予以镇压。为此,乌兹别克斯坦政府遭到美国及西方国家的强烈批评,作为一个标志性事件,中亚领导人开始反思"亲美"路线,并开始向中间路线理性回归,与俄罗斯拉近距离。最突出的表现就是,乌兹别克斯坦将驻乌美军赶出了国门。

---

① 朱成虎主编:《十字路口:中亚走向何方》,时事出版社,2007 年版,第 295 页。

第二,对中亚外交战略的评价。简而言之,不论中亚各国采取何种外交战略,其目的都是为了巩固自己的独立地位,发展自身的综合国力。多年来与各方的外交实践证明,出发点从根本上都是以国家的根本利益为重:与俄罗斯发展关系,符合双方传统的利益和地缘优势,但避免被俄罗斯控制;与西方世界发展关系,符合国家发展的现实需要,尤其是对资金、技术和管理的需求,但避免被全盘"西化";与伊斯兰世界发展关系,符合民众回归伊斯兰世界的普遍心理和地缘优势,但坚决拒绝宗教参与政治;与中国发展关系,主要符合地缘优势和安全需要,但有时也受到有关"中国威胁论"的鼓噪而对中国防备甚深。①

多年的外交实践使中亚各国深刻认识到,处于多元文化聚集和影响的敏感地区小国,只有平衡各方利益,奉行中间路线和平衡外交,方能在大国利益交错的环境下生存并获得实惠,甚至"绑架"大国。从外部环境来讲,作为欧亚大陆的腹地和石油、天然气的富矿区,其地缘战略地位和能源价值均为世界战略家所关注;美、俄、印、日等大国或国家集团为了各自的国家利益不会轻易从中亚地区撤出,"群雄逐鹿"的局面将继续存在。从内部看,中亚的长远发展无论在政治、经济和安全各领域,都离不开大国的关注与支持。各种力量在中亚纵横交错,符合中亚地区各国的现实与长远利益。正因如此,为了倚重大国相互制衡维护地区稳定,借助各方力量发展综合国力,中亚各国在未来的战略选择中,依然会采取"平衡外交"战略。

总结本章,我们认为,中亚社会的发展是多种民族和不同文化长期接触、冲突、交流、融合和沉淀的一个复杂的历史过程。不论是古老沉稳的中华文化,还是外向易动的西方文化,抑或虔诚质朴的伊斯兰文化和东西结合的俄罗斯文化,都曾在这里此消彼长,各领风骚。伊斯兰文化自传入中亚以来便对其社会的发展产生着深刻的影响。近 20 年来,它利用苏联解体和中亚独立在该地区形成的意识形态和文化"空白",填塞着宗教真空,激发着文化情结,一系列的复兴活动使伊斯兰因素活跃于中亚各国。尽管中亚各国均奉行政教分离的建国政策,但是由于长期的历史积淀,以及对于各国民族文化复兴和民族自信增强方面所具有的不可替代的作用,伊斯兰文化无疑仍将是影响中亚社会的重要文化因素。无论是从地缘优势还是从人文优势来说,俄罗斯因素已成为影响现代中亚国家发展的强大力量,但是由于苏联解体所引发的中亚国家不断强化的独立意识和俄罗斯国力长期停滞不前的窘境,俄罗斯较长一段时间内在中亚的表现只能是"心有余而力不足",必定呈现总体颓势。作为当今世界的强势文化,以美国为

---

① 汪金国:《多种文化力量影响下的中亚社会》,武汉大学出版社,2006 年版,第 115 页。

代表的西方文化,借反恐之机进入中亚,凭借软权力优势,积极夺取在中亚地区的地缘主动权,但同时也遇到诸多障碍并引起中亚国家的警觉。历史上,古老而深厚的中国文化曾泽被中亚,也曾因多种文化力量的此消彼长而长期失去与该地区面对面直接交流的机会。随着苏联的解体、中亚国家的独立、中国向西陆路通道的畅通以及中国国力的上升,中国文化对中亚地区的影响必定会有所增强,但是从目前状况来看仍显不足。

第四章 全球文化力量消长
对中亚政局变化的影响

中亚地处欧亚腹地,历来是各种文化力量的集散之地。20世纪90年代初,苏联解体使前苏联中亚地区版图上出现了五个独立的国家。从"俄罗斯化"进程中断走向自我发展道路的中亚五国,一时之间成为意识形态和文化的"真空地带",日益受到全球各种文化力量的关注。与此相适应,全球各种文化力量在中亚地区的消长变化,从某种程度上也影响到了正在转型的中亚各国的政治局势。在此论点的基础上,本章置中亚五国及其近20年的发展于全球文化力量消长的背景中,厘清中亚近20年来政局的变化与以美国为代表的西方、俄罗斯和伊斯兰等多种文化力量消长之间的内在联系,从而厘清各种文化力量在中亚政局变化中所起的作用及其相互之间的较量和制衡等问题。

第一节 苏联解体与中亚独立

东欧剧变,苏联解体,整个世界和某些地区的文化力量格局发生了巨大变化。随着前苏联中亚地区五个加盟共和国的独立,在欧亚大陆腹地——中亚——这块面积达400多万平方公里,人口达5 000多万的广袤土地上,俄罗斯文化力量丧失了其在该地区的主导地位。中亚社会文化失去俄罗斯文化的引导,一时间出现了"影响真空"和"文化真空"。与此同时,中亚政局面临着重大的变革和调整,开始了一条全新的探索之路。

一、苏联解体前中亚社会的"俄罗斯化"

至沙俄入侵之前,中亚这片土地上已基本形成了以突厥语民族为主的伊斯兰文化。18世纪前期,随着沙俄的逐渐征服,中亚被迫走上了"俄罗斯化"的道路。沙俄政府通过经济殖民,把中亚变为其原料产地和商品销售市场,纳入到了沙俄资本主义体系之中。通过修建铁路、大批移民和强制推行俄语等手段,完成了对中亚社会的殖民化和文化同化的过程。前苏联成立以后,为巩固统治,苏共中央在中亚地区实行了"民族识别"和"民族划分",并迅速组建了五个民族加盟共和国,中亚社会的"俄罗斯化"得到更进一步的深化和发展,政治、经济、科技、教育、语言、宗教和国家意识形态等各方面完全纳入到了苏联社会主义进程之中。这一时期俄罗斯(前苏联)完成了对中亚的全面同化和苏联式的现代化过程,中亚社会已经成为俄罗斯不可或缺的一个组成部分。同样,俄罗斯(前苏联)文化力量也已经成为中亚社会不可缺少的一部分。就经济而言,在苏共中央集中管理之下,中亚形成了以原料采掘为主的单一的畸形经济结构,如哈萨克斯坦铁矿石产量占全苏联的 10.5%,而铁和钢的产量仅占4.6%和4.3%;羊毛产量占全苏联的 24%,而毛织品产量仅占全苏联的 4.7%。乌兹别克斯坦的棉花和蚕茧产量分别占全苏联的 70%和50%,而棉制品和丝织品产量占全苏联的6%和7%。塔吉克斯坦棉花产量占全苏联的 10.8%,而棉制品产量仅占1.6%;蚕茧产量占全苏联的9.5%,而丝织品产量仅占 3.5%。土库曼斯坦石油和天然气产量居前苏联第二位,但主要生产初级产品,进一步的高层次加工能力很差。吉尔吉斯斯坦的锑、汞产量占前苏联的第一位和第二位,但以开采为主,进一步冶炼和加工成品能力低下。① 中亚各加盟共和国基本上成为前苏联工业和农业原材料和初级产品生产基地,而制造业、轻工业、食品加工业十分落后,日用消费品基本从其他加盟共和国进口。由此可见,中亚社会的发展对俄罗斯(前苏联)的依赖程度之重,这为中亚独立后初期社会经济混乱和人民生活困难埋下了种子。

二、苏联解体是中亚独立的直接原因

在列宁建立各民族联合的统一联盟国家的主张下,1922 年 12 月 30 日苏维埃社会主义共和国联盟成立。他明确指出苏联国家体制建设中如何贯彻联邦制的问题:第一,应该巩固和发展苏维埃社会主义共和国联盟,这是不容置疑的原则;第二,主要在国防和外交方面体现联邦原则,即由联盟中央行使国防权和外交权,而其他方面的权力则由各加盟共和国独立行使;第三,坚决反对大俄罗斯沙文主义,保证各加盟共和国的平等地位,以防止有人借口需要国家完全统一而造成"大量的俄罗斯式的违法乱纪现象";第四,应严格规定加入联盟的各苏维埃共和国使用当地民族语言,并要做出特别规定和认真的检查和监督。② 1924 年,苏联第一部宪法具体阐述了列宁的联邦思想。但是,这一思想在斯大林时期

---

① 赵常庆、陈联璧、刘庚岑、董晓阳:《苏联民族问题研究》,社会科学文献出版社,2007 年版。
② 《列宁全集》第43 卷,人民出版社,1987 年版,第 354 – 355 页。

却遭到了抛弃,在政治上形成了中央高度集权的党政领导体制,各加盟共和国丧失了政治自主权;在经济上形成了中央高度集权的管理体制,各加盟共和国丧失了经济自主权。形式上的联邦制和实际上的中央高度集权的单一制,导致各加盟共和国和中央联盟之间的利益矛盾和冲突日益增多,各加盟共和国和各民族的积极性被大大挫伤,社会经济发展失去活力,民族之间的不信任和矛盾日益加剧。

中亚地区的各种问题亦在前苏联统治的后期随之突显:不合理的经济结构造成中亚地区消费品生产落后,人民生活贫困;中亚各加盟共和国人口增长,失业人口增加;各民族的民族意识开始急剧回归,与移居来的俄罗斯人的冲突增加;强制推行俄语教育,文化"俄罗斯化",等等。这些问题使中亚各加盟共和国在 1980 年代后出现了要求文化自由、语言自由和由本民族管理自己事务,反对俄罗斯化的民族分离运动。1986 年,哈萨克斯坦爆发大规模民族冲突——"阿拉木图事件",数千人上街游行,高呼"俄罗斯人滚出去"、"每个民族要自己人来领导"和"哈萨克斯坦属于哈萨克人"等口号。"阿拉木图事件"成为中亚各加盟共和国反对苏共中央的导火线,长期压抑的民族情绪和民族矛盾最终爆发。虽然戈尔巴乔夫执政期间做出一些改革,但是问题之多,积重难返,使得苏维埃联邦制国家丧失了凝聚力。最终,在国家政治危机、经济停滞、社会分裂、民族纷争四起和国外势力的操纵之下,苏联各民族独立的呼声此起彼伏。苏联各加盟共和国相继发表声明,宣布自己为独立的主权国家,中亚五个加盟共和国也卷入了这场声势浩大的民族独立浪潮。

然而,中亚走向独立的过程是一个充满矛盾心理的过程。它们既期望独立,成为国际社会的真正独立的"主权国家",同时又期待"改革后的苏联"对自己的经济发展能带来一定的好处,因此它们并不主张苏联解体,中亚各国的人民群众也希望能够保住苏联。① 不过"8·19"事件后,苏联各加盟共和国纷纷宣布独立,中亚各国也随之宣布了独立宣言。1990 年 10 月 25 日,哈萨克斯坦颁布了《哈萨克斯坦共和国国家主权宣言》,宣称自己是一个独立的主权国家,12 月 10 日又把国名定为哈萨克斯坦共和国,并于 1991 年 12 月 16 日宣布哈萨克斯坦独立。乌兹别克斯坦于 1990 年 8 月 31 日发表独立声明,颁布《乌兹别克斯坦共和国独立原则法》。吉尔吉斯斯坦于 1990 年 12 月 15 日发布主权宣言,宣布吉尔吉斯斯坦为主权国家。土库曼斯坦和塔吉克斯坦也于 1990 年相继宣布独立。最终,随着独联体的成立,苏联宣布解体。这样,中亚在前苏联五个加盟共和国的基础上出现了五个独立国家——哈萨克斯坦、乌兹别克斯坦、吉尔吉斯斯坦、

---

① 杨恕:《转型的中亚和中国》,北京大学出版社,2005 年版,第 88 页。

塔吉克斯坦和土库曼斯坦。被俄罗斯文化力量占据达150年之久的中亚地区，建立了五个独立国家，走向了新的发展道路，并日益成为目前全球主要文化力量关注的新焦点。

第二节　俄罗斯甩"包袱"，中亚全面投向西方

独立初期的俄罗斯表现出严重的亲西方倾向。与此同时，俄罗斯对独联体各国采取了相当强硬的立场，俄罗斯与这些国家的关系则大为恶化。独立后的中亚，俄罗斯的影响虽然有所削弱，却仍然占据着主导地位。但是，俄罗斯力量却在此时选择了主动"退却"，把中亚作为"包袱"加以抛弃。这给当今人类社会最发达的文化及其引导下的社会力量——西方文化和社会力量进一步推进其全球战略目标提供了更加畅通的渠道。

一、独立初期俄罗斯在中亚的主动"退却"

苏联解体之初，以政府总理盖达尔和外交部长科济列夫为代表的"大西洋主义"思潮（也即亲西方主义思潮）在俄罗斯占据了主导地位，他们认为西方体制是世界上唯一能够延续和有发展前途的文明，俄罗斯是绝对的西方国家，必须选择西方世界及其体制，只有通过与西方社会融合，才能解决国内的各种问题和国际社会的各种挑战，不然俄罗斯将走向边缘化。为摆脱经济困境，俄罗斯把希望寄托在经济转轨上，即从高度的计划经济体制向市场经济过渡。为此，俄罗斯采取了激进的"休克疗法"，希望西方国家通过资金、技术等，帮助俄罗斯复苏经济。在这种全盘倒向西方的思想指导下，俄罗斯推行"一边倒"的外交方针，领导人叶利钦等对西方大国进行了旋风式的访问，所到之处都强调俄罗斯要与西方建立伙伴和同盟关系，全力向西方表明，俄罗斯是"同路人"。

其实在苏联解体之前，大俄罗斯民族主义者就认为，"俄罗斯联邦领土辽阔，自然资源丰富，经济部门齐全，科学技术力量雄厚，在苏联一直占据经济和政治主导地位"。[①] 俄罗斯就如一头"大奶牛"，任人吮吸乳汁，吃了大亏。可见，此时的俄罗斯已有甩"包袱"的想法。俄罗斯极力主张建立独立和平等的独联体国家联盟就是基于这种考虑。所以苏联各加盟共和国在独立后，俄罗斯唯恐由于中亚各国通货膨胀造成卢布贬值，影响其"回归文明世界"的目标，从而将困境中的中亚视作"包袱"加以抛弃。而中亚各国，虽然在前苏联时期国家现代

---

① 赵常庆、陈联璧、刘庚岑、董晓阳：《苏联民族问题研究》，社会科学文献出版社，2007年版，第138页。

化水平已有相当的发展,但在前苏联中央集权的计划经济体制下,中亚社会经济的现代化应该说是一种"畸形"的发展状态。新独立的中亚各国,一方面想极力摆脱俄罗斯的控制,而另一方面,在经济发展、社会生活和国家安全等各个方面又不得不依靠俄罗斯。

中亚社会在俄罗斯化的一百多年中基本上阻断了其与外界其他任何文化和社会力量接触的机会,尤其是与西方文化和社会力量交流的机会。"①而失去了"拐杖"后的中亚五国,也不得不寻找新的依靠,外交上遂极力向西方靠拢,在国家发展上主动选择亲西方路线,希望能够借助西方的力量以摆脱国家困境,同时摆脱俄罗斯的影响。而后,中亚各国确立了向西方国家学习的目标,它们力图实现政治体制的民主法制化、经济体制的自由市场化。由此,西方文化和西方势力对中亚的介入初显端倪,西方文化力量逐步显示出其在中亚影响的存在。

二、中亚各国全面投向西方

东欧剧变,苏联解体,无不被认为是西方文明、西方文化力量在全球的胜利,从而追随西方文化,向西方社会力量靠拢和效仿西方社会的发展模式,成为世界最为流行的一种趋势。由此,独立后的前苏联各国几乎都选择了西方的发展道路。独立初期的中亚五国也不例外,广泛兴起了信奉西方民主制度的运动。政治上,确立了从高度集权的政治体制向宪政民主政治体制转变的目标;社会经济上,确立了从传统社会向市民社会、从高度集中的计划经济体制向自由市场经济体制转变的目标,由此启动了中亚各国不同程度亲西方化的国家建设。而西方式的社会改革,对于独立之初脆弱的中亚社会必然会产生巨大的冲击,在建国初期的独立建国道路上,各国都面临着一系列的问题。

（一）中亚各国的政治改革

独立初期,五国当局在政治上彻底放弃了原有的"社会主义"及保障实现社会主义的各种机制,实行西方的立法、行政和司法三权分立来改建国家体制,根据多党制和多元化原则构筑政治体制框架,积极实施各项社会改革。初期中亚各国所选择的国家发展模式及新的政治体制各有差异,结果也有所不同。

哈萨克斯坦和吉尔吉斯斯坦两国积极引进西方政治制度,套用西方的议会民主和多党制,试图通过改造政治体制,将两国建设成为一个"公民世界"、"人权、自由、合法利益以及人的尊严优先的社会"。吉尔吉斯斯坦在独立之前就划分了政党权力,在政府各级机构中吸收其他政党代表,积极为各种政党的产生和活动创造条件。然而其结果是,"西方民主"非但未在两国奏效,相反却使两国

---

① 汪金国:《影响未来中亚社会发展的文化和社会力量因素》,《兰州大学学报》,2002 年第 4 期。

政坛一时间党派林立,争斗不休,政局动荡,而正在转轨时期的政体建设因政局多变而产生严重震荡。

独立伊始,乌兹别克斯坦就决定实行多党制。乌兹别克斯坦总统卡里莫夫也曾表示,"乌兹别克斯坦准备建立一种开放的社会,在这个社会中,将不存在单一政党的统治","乌兹别克斯坦将坚决走民主改革之路"。不过,各种政治势力应运而生,"比尔里克"运动、"埃尔克"党等反对派组织不断批评当局的政策,伊斯兰复兴运动也在不断加强。此时,乌兹别克斯坦政府担心自己国内会像塔吉克斯坦那样爆发内战而引起国内的政治动乱和民众暴动。总统卡里莫夫最终依靠组织完整的人民民主党和庞大的行政管理机构保持了对社会的控制,维护了政局的相对稳定。

塔吉克斯坦于 1991 年独立后,多元化的政治导致了社会分化,各种政治、宗教和地方利益集团的斗争日趋激烈,导致政局持续动荡。国内的"拉斯托赫兹"(复兴)运动、塔吉克民主党和伊斯兰复兴党联合向掌权的共产党人发难,迫使总统纳比耶夫辞职。[①] 最终,在次年 3 月爆发了大规模的内战,直至年末在俄罗斯和乌兹别克斯坦等国的帮助下,塔吉克斯坦才基本上恢复了秩序。据塔吉克斯坦政府 1992 年 12 月 1 日发表的《关于共和国经济状况和武装冲突后果的报告》显示,在不到一年的时间里,战火摧毁了 60.8 万平方米的房屋,国内登记难民达 53.7 万。而在此后多年的战火中,该国经济损失高达 100 亿美元,6 万人丧生,80 万人沦为难民,国民经济全面崩溃,民不聊生。[②]

土库曼斯坦独立后,并没有进行积极的政治改革。它只是把国家体制改为共和制,但是基本沿用了原最高苏维埃机制,将加盟共和国的最高苏维埃升格为土库曼斯坦共和国的最高苏维埃,从而牢牢控制着政局。

(二)中亚各国的对外交往

自 1991 年中亚五国走上独立道路始,各国都把致力于主权独立放在首要位置,在进行国内改革的同时,积极发展对外关系。在对外政策中曾一度出现偏重西方,欲借助西方的资金和技术尽快走上发展之路;对俄罗斯则相对疏远,这时的俄罗斯也奉行亲西方的一边倒外交路线而置中亚各国于不顾。

从 1990 年起各国开始独立地进行与西方及其他国家的交往,哈萨克斯坦是最为活跃的国家,总统纳扎尔巴耶夫十分重视同西方国家的关系。1992 年 5 月,纳扎尔巴耶夫访问美国。在哈萨克斯坦同意放弃核武器的前提下,美国承诺"一旦在哈萨克斯坦遭受侵略或威胁时,美国将立即采取援助行动",并签订了

---

① 马大正、冯锡时主编:《中亚五国史纲》,新疆人民出版社,2000 年版,第 432 - 435 页。
② 赵常庆主编:《中亚五国概论》,经济日报出版社,1999 年版,第 93 页。

一系列经济和贸易协定。纳扎尔巴耶夫表示,希望拥有经济和技术实力的美国在哈萨克斯坦有它的存在,准备建立长远的、互利的关系,这不仅是为了销毁导弹,更是为了建立政治、经济以及可能还有军事上的联系。

土库曼斯坦总统尼亚佐夫于 1993 年访问美国。同年,土库曼斯坦政府雇用前美国国务卿亚历山大·黑格向华盛顿游说,期望得到美国对土库曼斯坦的投资。乌兹别克斯坦总统卡里莫夫于 1993 年访问美国。吉尔吉斯斯坦总统阿卡耶夫在苏联解体前夕曾赴美访问,独立后于 1993 年正式或非正式地数次访问美国。在独立初期的几年里,中亚各国领导人访问了欧洲多国,包括德国、法国、英国、奥地利、意大利、西班牙、比利时、瑞士和荷兰等国家。积极发展与他们的关系,既希望吸引资金和技术,又想在国家经济转轨上得到帮助。

与此同时,中亚各国十分注重与西方国际组织的接近。1992 年欧安会部长理事会第二次会议接受哈萨克斯坦、乌兹别克斯坦、吉尔吉斯斯坦、土库曼斯坦和哈萨克斯坦为正式成员。中亚五国积极参加欧盟和欧安会组织会议,并且多次表示希望参加欧洲理事会。1992 年 3 月 10 日,哈萨克斯坦、乌兹别克斯坦、吉尔吉斯斯坦、土库曼斯坦和哈萨克斯坦参加了在比利时布鲁塞尔召开的北约合作委员会外长特别会议,会议决定接纳中亚五国和其他独联体国家为北约合作委员会新成员。[1]

而以美国为首的西方国家则极力向中亚各国推行西方价值观,处心积虑地想把中亚纳入西方阵营,使中亚既摆脱俄罗斯势力的控制,同时又远离伊斯兰世界的影响。美国为谋求由它占主导地位的中亚秩序,实现其争霸中亚的战略目标和在 21 世纪领导一个全部由民主国家组成的世界的梦想,在中亚各国刚刚独立和面临政治选择之时,即以外交接触为手段,以提供经济援助、加强经济合作为诱饵,对中亚地区领导人施压,迫使他们接受西方的民主价值观念。如 1992 年美国前国务卿詹姆斯·贝克访问中亚五国时,要求各国必须尊重人权,并许诺在此基础上向这些国家提供援助。

(三)中亚各国的社会经济

在经济改革与社会发展道路上,中亚各国独立之初,为了迅速摆脱危机,同时响应人民的改革要求,推行西方自由经济。一些国家从 1992 年起同俄罗斯一起采取了"休克疗法",一步到位地放开物价和市场,企图尽快建立私有制为基础的西方式市场经济体制模式。苏联解体,各国之间的经济联系受到破坏,中亚各国经济十分困难,加上中亚各国盲目急切的经济改革,加速了经济恶化,生产严重萎缩,中亚国民经济产品产量大幅下降,市场供应紧张,物价飞涨,人民生活

---

① 孙壮志:《中亚新格局与地区安全》,中国社会科学出版社,2001 年版,第 103 页。

困难。残酷的现实使中亚各国领导人普遍认为"休克疗法"不符合本国国情。

在中亚各国中,1992 年 1—10 月吉尔吉斯斯坦工业生产下降 24.2%,土库曼斯坦下降 21.4%,塔吉克斯坦下降 22%。哈萨克斯坦 1992 年生产性国民收入较之 1991 年下降 14.2%,工业生产下降 14.8%。这些国家主要经济指标下降幅度都超过 1991 年的下降幅度。①

同时,许多重要产品也大幅度减产,如哈萨克斯坦 1992 年全年,一半以上的工业企业产量未达到 1991 年的水平,整个工业已倒退至 1981 年的水平。石油产量下降 18%,炼焦煤开采量减少 12%,钢产量减少 5%,轧材产量减少 7%,消费品产量减少 21.5%,其中食品产量减少 26.6%。在 1992 年 1—10 月份的统计中,哈萨克斯坦的拖拉机产量比上年同期减少 61%,金属切削机床产量减少 33%。同期,乌兹别克斯坦石油产量下降 I6%,吉尔吉斯斯坦消费品产量下降 32%,肉奶制品产量下降也相当严重。1992 年 1—10 月,乌兹别克斯坦肉类产量下降 29%,哈萨克斯坦和吉尔吉斯斯坦下降 36% 和 44%。吉尔吉斯斯坦全奶制品产量下降 50%,塔吉克斯坦下降 39%,哈萨克斯坦和乌兹别克斯坦下降 29% 和 30%,下降幅度均大大超过 1991 年。据报道,1992 年 11 月份,哈萨克斯坦的最低工资为 990 卢布,而人均月采购基本食品的费用就达 1309 卢布。哈萨克斯坦 2/3 的人生活在贫困线以下,有 300 万退休人员无法靠退金正常生活。②

继俄罗斯之后,中亚各国于 1992 年 1 月初陆续放开物价。这些国家放开价格,是在商品奇缺和生产垄断继续存在的情况下进行的,这就必然导致物价暴涨。1992 年与 1991 年相比,哈萨克工业品批发价格上涨 23.7 倍,电能价格上涨 47.2 倍,煤炭价格上涨 36.6 倍,石油价格上涨 39.8 倍,石油加工产品价格上涨 35.1 倍。1992 年 12 月与 1991 年同期相比,商品和服务价格上涨 14 倍。1992 年,食糖价格上涨 56 倍,植物油 39 倍,糖果点心、奶制品和面粉 29～31 倍,肉类产品 20 倍。中亚其他国家物价上涨也很快。③

独立前,中亚各国只有乌兹别克斯坦国民经济仍保持低速增长。然而,从 1991 年起由于受到前苏联社会政局动荡和其他共和国经济危机的冲击,乌兹别克斯坦也出现了经济危机,国民经济出现负增长,许多工农业产品生产下降。全体居民的生活水平显著下降,大约有一半人生活在贫困线上,有 100 万人失业。而且,随着苏联解体和各共和国之间的经济联系受到破坏,乌兹别克斯坦的经济形势进一步恶化,人民生活更加困难。卡里莫夫总统在 1992 年初的一次讲话中

---

① 刘清:《独立一年来的中亚经济》,《俄罗斯中亚东欧研究》,1993 年第 3 期。
② 刘清:《独立一年来的中亚经济》,《俄罗斯中亚东欧研究》,1993 年第 3 期。
③ 刘清:《独立一年来的中亚经济》,《俄罗斯中亚东欧研究》,1993 年第 3 期。

不得不承认,进入1992年乌兹别克斯坦经济陷入了严重危机状态,人民几乎陷入饥饿的困境。

第三节 西方欲进还退,中亚逐渐转向务实

事实证明,中亚各国的"西方式"政治经济改革,并没有使国家政治走向稳定、经济得到复苏,反而使政局动乱、经济下滑。在各国刚刚独立面临政治选择之时,西方国家以外交接触为手段,以提供经济援助和加强经济合作为诱饵,对中亚地区领导人施压,迫使其接受西方的民主价值观。但是,西方国家的各项援助却是"口惠而实不至",中亚各国逐渐认识到单靠西方难以摆脱经济困境。经过在政治经济等方面几年的改革尝试之后,中亚各国从独立之初的激进逐渐转向谨慎务实。

一、西方文化力量欲进还退

苏联解体,中亚成为新的战略空间。站在西方国家角度,中亚国家选择政治上引入西方政治制度,经济上实行自由市场经济,外交上推行亲西方政策,所有这一切都符合西方国家的利益,对西方有百利而无一害。但是,西方势力和文化力量从一开始就没有积极的进入中亚,而是保持着欲进还退的态度。

首先,从地缘政治角度分析,独立的中亚五国地处欧亚大陆腹地,北面是对其还有着巨大影响力的俄罗斯,东临中国,南界常年动乱的阿富汗,东南是穆斯林国家伊朗,远离西方世界。西方国家几乎没有直接渠道对中亚实施影响。尽管西方国家在中亚独立后一度表现出对中亚的关注,但是地缘关系极大地限制了以美国为首的西方力量的进入。

其次,独立之初的中亚五国在美国的全球战略中并没有受到重点关注。这一时期,美国在中亚的战略目标是:(1)支持中亚各国争取独立主权和脱离俄罗斯所做的各种努力。(2)鼓励中亚国家接受美国的政治制度和价值观,推进市场改革。(3)使中亚成为无核区,消除对西方的安全威胁。其中最为重要的是销毁原苏联遗留在哈萨克斯坦境内的核武器,"谋求建立无核区,以此作为巩固地区安全的重要因素"。[①]

因此,在行动上美国只是一方面通过支持中亚国家的"独立、主权和领土完整",帮助该地区融入国际社会,以此推行西方式的民主和自由模式;另一方面

---

① 许月梅、饶银华、刘军:《美高层专家对高加索和中亚的战略评估》,《俄罗斯研究》,2001年第4期

利用中亚国家与土耳其在"民族和语言上的认同感",借土耳其的势力以扩大美国在该地区的影响。美国在冷战结束之初的中亚政策,虽然对中亚各国的政治、经济和军事渗透产生了一些影响,同时也为美国得以进入中亚这块冷战"禁地"和俄罗斯的"后院",由中亚事务的旁观者转而成为参与者奠定了一定基础,但是由于受美俄特殊关系的牵制,特别是新生的中亚国家对俄罗斯的全方位依赖,俄罗斯的传统影响和强势地位仍不可撼动,因而美国在中亚的政策影响力只能发挥相当有限的作用。①

政治方面,虽然在独立之初中亚各国领导人急于与美国建立密切关系,纷纷访问美国,而只有哈萨克斯坦由于核武器问题受到重视,其他国家领导人甚至少有受到高规格接见的。从这一点就可以看出,美国仍然把中亚各国视为俄罗斯的势力范围,不愿因中亚问题影响美俄关系,加之中亚的变化并不直接威胁美国的利益。出于这种态度,美欧等国在一定范围内与中亚各国发展关系,美国以这些国家不重新回到俄罗斯怀抱和不受伊斯兰势力的影响为其基本战略目标。而中亚各国与它们发展关系也是以不触怒俄罗斯,不影响与俄罗斯的关系为前提的。而此时的欧盟更关注独立后的俄罗斯和东欧各国的稳定发展。

经济方面,美国一方面通过经济援助兜售美国经济体制和价值观念,力促各国接受西方模式实行经济改革。然而以美国为首的西方国家更重视对中亚国家的资源开发,尤其是美国更看重哈萨克斯坦的石油、乌兹别克斯坦的黄金等,而对帮助中亚国家经济结构改进并不十分热心。加之中亚各国国内投资环境并不十分理想,起初签订的一些协议并未真正履行。中亚五国原本对经济发达的美国和西欧国家寄予厚望,希望借助它们的力量能使本国尽快摆脱经济危机,尽快融入世界经济一体化,尽快成为发达工业化国家,但是实践表明,美国和西欧国家对它们的帮助是十分有限的。据统计,1992—1995年的四年间,美国向中亚各国提供了12.3亿美元的经济援助,而这些资金又被投放到十多个领域,每个领域的实际份额就更少。

军事方面,以美国为首的北约利用中亚国家对俄罗斯重新统合的戒备心理,于1994年先后将哈萨克斯坦、乌兹别克斯坦、吉尔吉斯斯坦和土库曼斯坦(后因中立而退出)四国拉入北约外围组织"和平伙伴关系计划"。1995年,美国帮助哈、乌、吉三国组建了"中亚维和营"。为了中亚其他国家的政策有所区别,美国重点发展与地区大国哈萨克斯坦和乌兹别克斯坦之间的关系,将两国努力塑造成美国进军中亚的"桥头堡"。但是,由于俄罗斯在中亚传统上的优势,以及中

---

① 刘家定、陶诗永、陈克宏:《冷战后美国中亚政策的嬗变及影响》,《重庆广播电视大学学报》,2002年第2期。

亚对美国和北约的行动心存戒备,因此美国对中亚的军事影响并不是很大。

另外,美国对中亚政策的另一个重要工具是 1992 年 10 月 25 日签署生效的《自由支持法案》,批准"支持正在俄罗斯、乌克兰、亚美尼亚和其他前苏联共和国进行的自由市场和民主改革的一系列计划"。从该法案可以看出,美国对中亚各国的关注更多的是利用经济手段推行西方制度和西方民主,援助资金多半用于所谓的"民主改革、社会改革"等方面,资助中亚各国的政府反对政党、社会组织和团体活动。而中亚各国在开始的政治改革受挫之后,对政党政治进行了一定的限制,引起了美国等西方国家的不满,对中亚各国之后的延长总统任期问题更为不满,不时利用经济手段,说三道四。而中亚一些国家对这些国家的评头论足开始渐生反感,西方的做法也使中亚各国政府提高了警惕。政治上的歧见也影响到了双边关系的进一步发展。

不难看出,在相当长的一段时间里,以美国为首的西方国家只能在某些方面给予个别国家以关注,更多的是在外交上给于一点礼遇和尊重。除此之外,中亚各国并未从西方得到更多的资金和技术帮助。

二、受挫后的中亚各国的发展逐渐转向务实

独立初期,受西方国家的影响,中亚五国一度进行了激进的政治和经济转轨,而这却带来了政局的变动,经济的困境和社会的动荡。新独立的中亚国家,缺乏成熟有效的社会控制和调节机制,国家很容易走向动乱。随着完全依靠西方援助的愿望逐渐破灭,中亚各国逐步回归理性。为了维护国家政权,各国在政治上先后转向强硬路线,减缓了政治经济改革的步伐,外交上也更加务实。从中亚五国独立以来的政治发展情势看,"出现了加强总统集权的趋势。各国均采用总统制,以强化总统权力。"[①]

独立之初,哈萨克斯坦总统纳扎尔巴耶夫在议会并没有得到压倒多数的支持,面临着政党间冲突、议会与总统的权力之争。1993 年,哈萨克斯坦起草了独立后的第一部宪法,新宪法扩大了总统权力,限制了议会权力。12 月,纳扎尔巴耶夫经过一番周密准备后,拥护总统的政治势力迫使哈最高苏维埃决定提前终止自己的权力,哈领导人纳扎尔巴耶夫借此把主要权力都集中到总统及其任命的各级政府机关手中。1995 年 3 月 28 日,哈总统下令就其总统任期延长 4 年的问题举行全民公决。4 月 29 日,哈萨克斯坦举行全民公决。哈萨克斯坦"91% 的选民参加了这次公决活动,其中 95% 投了赞成票,甚至在哈萨克斯坦北部和东部地区的俄罗斯人聚居区也以 90% 以上的赞成票支持纳扎尔巴耶夫

---

① 常庆:《中亚五国独立以来政治经济形势述评》,《东欧中亚研究》,1996 年第 6 期。

延长任期"。① 纳扎尔巴耶夫总统顺利赢得了多数选民的支持,成为可以执政到20世纪末的中亚国家元首之一。同年8月,哈萨克斯坦又以全民公决的方式通过新宪法,明确规定哈萨克斯坦为总统制国家,总统是"民族统一和国家政权的象征和保证","负责协调国家各权力机构的职能"。从而,总统地位得到极大提高,拥有解散议会的权力,国家的大政方针基本上取决于总统。总统不仅成为国内政策的决定人,也是外交政策的制定者。

1993年吉尔吉斯斯坦通过独立后的第一部宪法,明确规定国家政体实行"总统议会制的共和制",实行立法、司法和行政三权分立,总统为国家元首。但是,作为中亚国家中"民主样板"的吉尔吉斯斯坦在1994年后开始出现变化。总统阿卡耶夫由对西方式三权分立的"倾心"转而坚决主张在吉实行强有力的总统制。1994年1月底的全民公决先使阿卡耶夫"合法"地获取了超越议会推行自己政策的权力。6月,吉总统访法归来后,召集共和国各级地方政府和自治机关领导人开会,强调"强大的政权是别无选择的",正式明确了要把立法机关的部分权力转给地方行政部门。② 9月27日,支持总统的一些议会代表发表声明称"现议会已完成其历史使命","权力过大的"旧议会实际上"自发地"提前解散了。10月22日,通过新一轮全民公决和地方自治机关领导人的改选,阿卡耶夫关于政权制度的设想逐步成为现实,总统获得了更多的人事任命权,新宪法的相应条款亦做了修改。③ 1996年2月初,吉举行全民公决,对宪法进行修改,扩大总统权限,并对各权力部门的职权进行了更为明确的划分。

1992年12月8日,乌兹别克斯坦最高苏维埃通过新宪法,规定国家政权体制建立在立法、行政和司法三权分立的原则基础上。共和国总统既是国家元首,同时也是内阁主席和武装部队最高统帅,总统任职期满后,终身为宪法法院成员。内阁成员由总统提出,经议会批准。卡里莫夫总统多次在讲话和著述中强调国家机关在经济和社会生活中的重要作用。他认为,统一思想和确立领导者的权威是政治稳定的条件之一。④ 为避免出现立法机构干扰行政机关工作的现象,乌领导人重视议会的组成,通过新的法律给"不赞成政府经济与政治方针"的政党进入议会制造诸多障碍,力求使各级行政部门的负责人顺利地成为议会代表。1995年3月27日,新议会通过决议举行全民公决,几乎所有的选民都赞成把总统卡里莫夫的任期延长至2000年。

塔吉克斯坦是中亚在政治体制改革当中最为痛苦的一个国家,国家战乱到

---

① 季志业、顾关福:《哈萨克斯坦议会解散风波及政局前景》,《现代国际关系》,1995年第6期。
② 参见[俄]《比什凯克的平静只有在梦中才能见到……》,《新时代》,1994年第26期。
③ 参见[俄]《消息报》,1994年10月25日。
④ [俄]卡里莫夫:《我们是可靠的伙伴》,《俄罗斯报》,1994年3月21日。

1993年才有所缓和。1994年11月6日,塔吉克斯坦通过独立后的第一部宪法。宪法明确了塔吉克斯坦的国体性质是主权的、民主的、法制的、非宗教的单一制国家,实施立法、行政和司法三权分立的原则。① 拉赫莫诺夫总统为了稳定国内局势,采取了加强总统权力的做法,把内务部、国家安全委员会和国防部等实力部门都划归自己直接领导,对国内反对派的活动采取高压手段。为进一步加强现政权的统治力量,1994年6月塔议会决定重新设立总统制并将新宪法付诸全民公决。11月6日,在总统选举中,两年来一直担任塔最高苏维埃主席的拉赫曼诺夫获60%的选票,成为塔吉克斯坦第一位通过直接选举产生的总统,新宪法也获通过。②

土库曼斯坦在独立初期,其国家体制虽改为共和制,但仍基本沿用原最高苏维埃机制,只是将加盟共和国的最高苏维埃升格为土库曼斯坦共和国的最高苏维埃。1992年5月,该国通过了独立后的第一部宪法,对政治体制作了一系列重大改革,规定实行总统制,并实行立法、行政和司法三权分立制和多党制,同时还实行了一项重大政治改革,即把国家行政执行管理机关——原先的部长会议改为内阁,并明文规定"内阁由总统领导,内阁会议由总统主持",也就是总统兼任总理之职。土库曼斯坦实际上一直没有改变一党制的集权政体,从总统到地方的行政首脑都是相应各级土库曼斯坦民主党的领导人。在1994年1月15日的共和国全民公决中,绝大多数选民支持将尼亚佐夫的任期从1997年延长5～10年。土库曼斯坦领导人始终把加强和巩固国家政权在社会生活中"至高无上"的地位作为首要任务。从土议会的人员构成来看,土总统兼任议长,内阁成员、司法、检察机关的领导人、总统派驻各地的代表和各地行政长官都是当然的议员,直选产生的"人民代表"只占少数,因而行政权在行使过程中没有任何阻力。③ 之后,土库曼斯坦总统尼亚佐夫一再强调,土库曼斯坦难以在短期内完成向西方民主制度的过渡,整个社会还未做好接纳多党制和西方民主的准备。

总之,尽管中亚各国在政治上选择了不同的建设道路,但在经历了独立之初的曲折之后,中亚各国为了稳定国家政权,由对西方的"盲目跟随"逐渐回归现实,都结合本国的实际情况需要,确立了适合本国国情的政治制度。经过1993年的一轮政治变动之后,中亚各国基本上确立了多党制的政治方向,实行立法、行政和司法分立制衡的国家体制,实行全民公决和普选制,确立了强有力的总统制度,各国都规定了政教分离原则。我们可以看出,集权制倾向的回归,是各国

① 刘启芸:《塔吉克斯坦总统埃·沙·拉赫莫诺夫》,《东欧中亚研究》,1999年第2期。
② 高永久、徐亚清:《独立后的中亚五国政治体制》,《西北大学学报》,2003年第9期。
③ 孙壮志:《当前中亚五国政治形势中的若干新趋势》,《东欧中亚研究》,1995年第5期。

国情的需要,也受到了前苏联多年一党制统治的影响。中亚各国受到两种不同文化的影响,最终选择的道路是务"西方民主制度"之虚,走"总统集权体制"之实,即"西方多党民主制的躯壳 + 本国的现实需要 + 前苏联一党集权制的特质"。①

第四节　泛突厥主义趁势而动,各国表现前热后冷

任何文化力量的载体莫过于经济、政治、教育、民族、宗教和风俗习惯等。与中亚在语言、文化、民族和宗教等多方面有密切联系的土耳其主要就是通过在这诸多领域的交流达到其宣传泛突厥主义的目的的。但是,中亚各国在最初的"热捧"之后,最终回归到了冷静对待这一思潮的理性状态。

一、泛突厥主义的历史契机

泛突厥主义最早出现于19世纪,是沙俄统治下突厥语弱小民族表现出的对沙俄大民族主义的一种抵抗情绪。泛突厥主义在19世纪末20世纪初作为一种政治和文化思潮在奥斯曼土耳其帝国得到进一步发展,并一度传播到中亚地区。泛突厥主义主要是以"联合一切突厥语族各民族建立突厥国家"为目的,即将土耳其、俄罗斯、巴尔干、中亚、阿富汗、伊朗和中国境内的所有所谓"突厥人"统一起来,强调突厥人的语言、文化、宗教、民族因素和历史认同感。二战期间,泛突厥主义成为法西斯主义在土耳其的变种。由于在历史上扮演过不光彩的角色,加之突厥语民族本来就分属于不同的民族国家,地理分散,所以泛突厥主义在二战后一直处于萎缩状态。而中亚地区的突厥语民族在前苏联统治之下,由于前苏联政府一直持取缔和镇压态度,泛突厥主义几乎被扫荡一空。

但是,泛突厥主义作为一种文化力量和思潮,在其中心地区——土耳其——始终存在并伺机发展。土耳其与中亚在语言、文化、民族和宗教等多方面有密切联系,地缘上彼此相邻。这为泛突厥主义在中亚的传播提供了优先条件。1980年代,土耳其通过对中亚地区突厥语共和国的外交活动和泛突厥主义宣传,加强了泛突厥主义文化势力在中亚地区的进入。苏联解体,中亚地区出现了文化力量的真空,而新独立的中亚国家哈萨克斯坦、乌兹别克斯坦、土库曼斯坦和吉尔吉斯斯坦(塔吉克斯坦除外)均是以突厥语民族为主的国家,与土耳其存在着天然的亲近感,于是,它们主动地加强与土耳其的交往和合作。可以说中亚新独立国家建立之初,前苏联"突厥人"在土耳其那里找到了他们所必需的一切,如国

① 汪金国:《多种文化力量作用下的现代中亚社会》,武汉大学出版社,2006年版,92页。

家、意识形态、金钱和穆斯林社会建立世俗国家的经验、同西方的联系和满足国内需求的商品。在 1990 年代初,土耳其对它们来说显得非常重要。对于中亚突厥语国家,一方面土耳其的泛突厥主义思想具有极强的诱惑力和鼓动性,对增强其民族自信心产生了极大的影响;另一方面,土耳其是目前世界上最大的突厥语国家,同时也是世界上得到西方认可的以信仰伊斯兰教为主的国家,代表着伊斯兰世界世俗化和现代化的发展方向,中亚国家独立以来都以建立世俗的现代公民社会和民主国家为目标,土耳其理所当然成为它们效仿的对象。

这一切都为泛突厥主义进入中亚创造了契机,土耳其当然不会放弃这个机会,于是其便以"成功者"和"老大哥"的身份进入中亚。

二、泛突厥主义力量对中亚政局的影响

(一)泛突厥主义进入中亚

中亚各国独立之初,泛突厥主义的主要倡导国土耳其通过经济援助取得中亚国家的信任,加大对中亚国家的投资力度。土耳其很快便在建筑工业、食品加工和纺织业等领域站稳了脚跟,扩大了对中亚的商品进出口贸易,很快成为中亚重要的经济伙伴。另一方面,土耳其政府通过各种方式向中亚派出大批专家传授"土耳其经济模式"。

在政治方面,1990 年 8 月土耳其在伊斯坦布尔举行了包括土耳其、中亚和其他突厥语国家的政府官员和各界代表参加的"第二届突厥斯坦国际代表大会"。1992 年 4 月土耳其前总理德米雷尔首次对新独立的中亚突厥语国家进行正式访问,并呼吁所有的"突厥人"相互接近,建议成立一个"突厥大市场",同时承诺向中亚国家提供 10 亿美元的援助。同年 10 月,土耳其总统厄扎尔在首都安卡拉主持召开了由土耳其、阿塞拜疆、哈萨克斯坦、乌兹别克斯坦、土库曼斯坦和吉尔吉斯斯坦六国参加的第一届世界"突厥语国家首脑会议",厄扎尔总统在会上表示:"如果我们能对这个历史性的机会做出评价并避免差错,我们就能将21 世纪变成突厥人的世纪。"[①]

在文化交流方面,积极扩大泛突厥主义的舆论影响,成立突厥语国家合作通讯社,由土耳其专家在突厥语国家设立转播台,直接转播土耳其的广播和电视节目;积极宣传中亚的泛突厥主义活动,吹捧中亚的泛突厥主义活动家;主动接纳1 000 名突厥语国家留学生,为他们提供奖学金;帮助中亚各国建立学校,提供师资和教学用品等。

---

① 宋新伟:《"东突"问题不断升级的原因及对策》,《新疆师范大学学报》(哲学社会科学版),2005年第 1 期。

另外,泛突厥主义在传播过程中逐渐与泛伊斯兰主义相结合,并相互利用。泛突厥主义者宣称:"我们的民族是突厥族,我们的语言是突厥语,我们的宗教是伊斯兰教。"

(二)泛突厥主义对中亚政局的影响

由于新独立的中亚突厥语国家局势十分困难,在政治改革和经济转轨等多方面急需国际社会的支持和援助。与中亚各国有着"文化亲缘关系"的土耳其则成为中亚各国亲近和效仿的对象,并对泛突厥主义思潮表现出很高的兴致,积极宣传自己在文化历史、宗教信仰、民族和语言等方面与土耳其的共同性。中亚各国领导人纷纷对土耳其进行访问,表示愿意采纳土耳其国家的发展模式。一些中亚国家领导人更是提出了所谓"突厥联盟"的构想,号召重建"三统一"(语言、思想和行动统一)或者提出"突厥化、现代化、伊斯兰化"的口号,并在1992年的"突厥语国家首脑会议"上强调"突厥民族的统一应该给予我们力量","伟大的共同的突厥文化复兴应该成为国家体制的基础"等等。

与此同时,在土耳其泛突厥主义势力的鼓动下,中亚各国泛突厥主义运动高涨,各国纷纷成立了泛突厥主义组织和党派。乌兹别克斯坦成立的"别尔利克"运动,旨在传播泛伊斯兰主义的观点;还有"突厥斯坦运动",极力主张泛突厥主义思想与泛伊斯兰主义思想相结合。哈萨克斯坦的"热尔扎克桑运动"积极宣传泛突厥主义思想,宣传建立"大突厥斯坦":"阿拉什"联合会更是宣称建立一个从伊斯坦布尔到符拉迪沃斯托克的"大突厥斯坦",并组成"独立的突厥语国家联邦"。在泛突厥主义和泛伊斯兰主义共同作用下,中亚宗教极端组织开始出现,如"伊斯兰解放党",该组织主张以非暴力方式夺取政权,在"突厥斯坦"建立一个伊斯兰大帝国;如"乌伊运",积极向中亚周边国家输出其理念和培养分支机构,"乌伊运"已经发展成为中亚五国最具影响的伊斯兰宗教极端组织。它们利用当地民族关系复杂、宗教传统深厚、经济发展落后、人民生活贫困和国家体制弱化等特点,通过极端宗教的形式开展恐怖活动,对中亚各国局势带来的严重影响不仅仅局限在地区政治稳定方面,而且直接影响地区经济发展。

新独立的中亚突厥语国家积极推进泛突厥主义运动,使所谓"突厥民族"的地位得到加强,从而使得其他民族的生存和权利受到挤压,这势必成为导致民族矛盾的重要因素,对中亚各国的统一和政局稳定造成严重影响。另一方面,中亚各国的泛突厥主义组织不断煽动周边有突厥语民族的国家分裂,中亚的泛突厥主义运动对其周边的多民族国家的突厥语民族造成了心理"鼓动"。以泛突厥主义为旗帜,以建立独立的"突厥民族"国家为口号进行恐怖主义活动,严重影响了周边国家的领土统一和政局稳定。如"东突"恐怖组织,在中亚国家建立基地,在中国新疆不断进行恐怖袭击活动,严重影响中国边疆安全和民族团结;另外,在俄罗斯车臣地区也有类似情况出现。这些不稳定因素反过来也将对中亚社会正常发展和政局稳定起到负面作用。

（三）泛突厥主义的冷却

与各国一度的亲西方行动一样,对土耳其和泛突厥主义的盲目追从,并未使中亚各国的经济、政治情况得到好转。中亚各国面对政治经济危机和社会的不稳定,开始对泛突厥主义思潮进行重新审视。泛突厥主义逐渐在政治上失去了中亚各国的支持。

另一方面,从历史上来看,中亚地区的"突厥人"民族成分十分复杂,如今的所谓"突厥语民族"并不拥有共同的血统和共同的政治历史传统,也不是真正的民族共同体。而中亚在前苏联统治时期,已经形成了众多独立的民族共同体,并在独立后建立了现代民族国家,各国主体民族在政治、经济、文化和语言等方面表现出了明显的民族自我意识。

最终,土耳其虽然极力宣传泛突厥主义,但终究因其国力不足,难以对中亚国家进行持久的援助,帮助中亚走出困境,所以它在中亚的影响力越来越小。而泛突厥主义本身作为一种思潮,已经难以再回到世界文化的主流,再加上其他文化力量,特别是西方文化力量的进入和俄罗斯文化力量的排斥,泛突厥主义思想在中亚整个社会层面遂逐渐冷却下来。但是,这并不意味着泛突厥主义在中亚已经彻底消失,在一定的历史时期和适宜的条件下它还有可能死灰复燃。

第五节　宗教文化复兴,民族传统精神回归

苏联解体,中亚成立了以哈萨克、乌兹别克、土库曼、塔吉克和吉尔吉斯等民族为主体的五个独立国家。苏联解体后,共产主义意识形态被前苏联各加盟共和国抛弃,中亚也不例外,而信仰的真空为民族传统文化的回归和伊斯兰教等多种宗教的复兴提供了契机。在前苏联时期兴起的民族主义浪潮基础上,中亚各国开始了主体民族意识和传统精神的回归。与此同时,在苏联时期受到抑制的伊斯兰教在中亚重新显示出其强大的活力,在各种因素的作用下迅速复兴。美国学者塞缪尔·亨廷顿指出:"忽视 20 世纪末的伊斯兰教复兴运动对东半球的政治影响,就等于忽视 16 世纪末新教改革对欧洲的政治影响。"[1]

---

①　塞缪尔·亨廷顿:《文明的冲突与世界秩序的重建》,新华出版社,1999 年版,第 111－112 页。

一、宗教文化复兴

(一)中亚伊斯兰文化复兴

中亚伊斯兰教信仰自斯大林时期到 1970 年代末受到了一定的禁锢,不过中亚穆斯林虽然接受了前苏联几十年的无神论教育且对伊斯兰教的宗教热情有所淡化,但是伊斯兰因素却作为一种文化信仰和习惯保存了下来,其基本生活方式仍然没有脱离《古兰经》的训诫,其宗教礼仪和道德规范已深深烙在了中亚穆斯林的思想意识之中。刚刚独立的中亚各国,放弃了共产主义信仰,被压抑了多年的宗教情绪迅速爆发,在中亚有着 1 200 余年历史的伊斯兰教再次显现出了其活力,伊斯兰教开始复兴。这种复兴主要表现在:

第一,中亚各国领导人或多或少地表现出对伊斯兰教的感情。纳扎尔巴耶夫总统在关于社会思想的专论中确认:"宗教现已成为社会精神生活的组成部分","是实现人类某些共同理想的人道主义基础。"①卡里莫夫总统承认:"宗教是人类的可靠伴侣,是人类生活的一部分。通过伊斯兰教——我们祖辈的宗教例子,我们有理由确信这一点。"②

第二,兴建清真寺,兴办宗教学校。中亚地区伊斯兰教会和社会宗教组织在周围穆斯林国家的支持下,在一些地方行政部门的默许和支持下,动用大量资金和建筑材料,修建清真寺、麻扎(圣墓)和宗教聚会场所。从 1987 年到 1992 年,在几年的时间里中亚地区的清真寺就由 160 座增至 5 000 多座,③这些场所也很快成为穆斯林的精神活动中心。朝觐人数也开始大量增加,每年有数以万计的穆斯林前往麦加朝圣。

第三,穆斯林人口、宗教组织剧增。据《伊斯兰世界百科全书》资料,至 1992 年中亚五国的穆斯林人口共计约 3 500 万,占该地区总人口的 69.8%,④而穆斯林人口的比例还在迅速上升。同时,宗教学校和宗教组织迅速增加。有更多的年轻人开始对伊斯兰教教规和礼仪产生兴趣,神职人员也逐渐年轻化和知识化。1986 年塔吉克斯坦的医学院和师范学院中只有 6.9% 的学生还坚持称自己是无神论者,1987 年乌兹别克斯坦的卡什达里亚地区有 70% 的居民已经开始严格遵守伊斯兰教规和宗教习俗,其中有 80% 的人受过高等教育。⑤

(二)宗教文化复兴对中亚政局的影响

从理论上讲,宗教信仰是作为一种纯粹的精神方式为其信徒提供精神慰藉

① 载[哈]《主权哈萨克斯坦报》,1993 年 10 月 3 期。
② 卡里莫夫:《临近 21 世纪的乌兹别克斯坦》,国际文化出版公司,1997 年版,第 27 页。
③ 沈翼鹏:《中亚五国的宗教问题及其对政局的影响》,《东欧中亚研究》,1994 年 3 期。
④ 《光明日报》,1991 年 12 月 23 、24 日。
⑤ 潘志平:《中亚伊斯兰复兴与伊斯兰原教旨主义》,《西北史地》,1998 年第 2 期。

的工具。但是,宗教是建立在一定经济基础之上的特殊意识形态类型,往往被不同的政治利益集团所利用。因此,在不同的国家和社会条件下,宗教对政治并不保持着那种应有的超脱状态,反而具有一种涉入政治、依附权力的本能倾向。而作为世界三大宗教中最年轻的伊斯兰教,在其创立初始就确立了明确的政治性。经过十几年的伊斯兰复兴运动,各种伊斯兰教对中亚民族生活的影响全面复苏,伊斯兰因素不可避免地对中亚社会产生影响。虽然中亚各国情况有所不同,但伊斯兰文化及其衍生因素总体已成为影响中亚各国政局的重要因素。

而中亚各国政府不得不表现出对宗教信仰的支持以换取民众对它们的支持。加之初建政权的中亚各国政府,对宗教发展缺乏法律制约,没有有效的管理和控制手段,使得在伊斯兰教复兴过程中,各种伊斯兰宗教势力短期内争相登陆中亚,使中亚各国政治局势的长期稳定陡增更多变量。

首先,随着伊斯兰教的复兴,宗教文化力量逐渐在国内政治生活中显现出影响力。经过宗教复兴运动,这些国家的主体民族基本上都恢复了伊斯兰教信仰,独立以后原来很多由俄罗斯人担任领导的岗位逐渐被主体民族干部替代。而这些人在制定政策的时候不可避免地会受到其伊斯兰宗教信仰的影响。各国领导层为了维护和巩固自己的领导地位,都在不同程度上对宗教活动表示支持。如哈萨克斯坦总统时常前往清真寺视察并发表讲话,各级官员也保持定期与清真寺宗教人士的会晤。与此同时,中亚各国一些宗教团体和组织也在不断利用穆斯林群众宗教意识的增强和民族情绪的上升,积极扩大自己的政治影响。

其次,外部各种伊斯兰势力和伊斯兰教派进入中亚,使中亚宗教问题复杂化。外国伊斯兰教势力利用与中亚国家在宗教方面的关系、中亚国家宗教团体资金上的短缺、普通民众对物质利益的追求以及人们对国外的崇拜心理,采取各种办法极力企图把中亚拉入伊斯兰阵营,扩大自己在中亚的势力范围。他们出钱修建清真寺,开办伊斯兰教启蒙学校和进修班教育孩子,举行慈善活动。根据报道,早在1989年沙特阿拉伯就曾免费向中亚赠送100万册《古兰经》。科威特的一个名为"亚洲穆斯林委员会"的组织对哈萨克斯坦近30个清真寺给予了资助。自视为伊斯兰世界领袖的伊朗最为积极,拨巨款支持中亚国家发展伊斯兰教育,帮助修建清真寺,鼓励这些国家穆斯林去伊朗学习。伊朗决定每年出资帮助370名塔吉克穆斯林学生到国外学习伊斯兰教知识,帮助塔吉克修建清真寺和经学院,并免费运送塔吉克穆斯林去麦加朝觐。这些国家虽同为伊斯兰信仰国家,却有着不同的教派性质,因而它们针对中亚的宗教输出,使中亚宗教问题呈现复杂化趋势。

再者,宗教极端恐怖活动在中亚猖獗。不少地区出现了人们狂热信仰宗教的情况,这给在中亚周边国家和地区复兴的泛伊斯兰主义和泛突厥主义在中亚的渗透和发展提供了很好的机会。它们在一些地区得手以后趁势向其他周边国家和地区渗透,传播自己的"精神"。这些宗教极端势力的目标非常明确,就是要推翻政教分离的世俗国家政权,建立政教合一的国家体制。在乌兹别克斯坦南部,特别是费尔干纳地区,伊斯兰教瓦哈比派活动猖獗。在吉尔吉斯斯坦南部、哈萨克斯坦南部和塔吉克斯坦也出现了瓦哈比派的活动。这些宗教极端势力不断制造恐怖事件和流血冲突,宗教极端势力最终成为长期威胁中亚政局稳定的重要因素之一。另外,中亚各国还面临其他诸多方面的问题,如伊斯兰宗教文化回归引起的当地东正教和其他宗教教徒的心理失落甚至不满、各国内部地方宗教团体之间存在着的分歧和矛盾、当地宗教上层人士的知识缺乏和贪财等原因导致的纠纷等等。

二、中亚民族传统精神的回归

中亚自古以来就是诸多种族、不同民族和部族迁徙与聚合的走廊。在前苏联统治的几十年间,中亚逐渐形成了现代意义上的原著民族,即哈萨克族、乌兹别克族、土库曼族、吉尔吉斯族、塔吉克族、俄罗斯族、德意志民族和朝鲜族等,最终形成了拥有130多个民族的聚集区。

苏联解体,伴随着世界第三次民族主义浪潮的兴起,中亚在前苏联五个加盟共和国的基础上成立了以本国主体民族为基础的独立国家。获得独立的各主体民族迅速释放着长期以来就存在的民族压抑感,民族自豪感和优越感在各主体民族中迅速膨胀,形成了中亚主体民族精神回归的高潮。

(一)主体民族传统精神回归的表现

首先,中亚五国强烈的主体民族意识,首先表现在法律层面上。哈萨克、吉尔吉斯、乌兹别克、土库曼和塔吉克等民族成为各自独立国家的主体民族。中亚各独立国家在强调自己独立主权的同时,特别强调自己民族的共同语言、共同经济生活、共同地域、共同的民族心理素质和民族的个性。各国相继在宪法和法律的制定中体现出了对主体民族地位的加强,以保证主体民族"至高无上"的优越地位。各国法律规定"国家权力归单一民族",如哈萨克斯坦宪法规定"国家权力为取得了独立自决的哈萨克族所有";土库曼斯坦宪法规定"保护土库曼族的民族价值和利益并加强其主权是国家基本法的宗旨";乌兹别克斯坦宪法强调,新成立的国家政权将重视"乌兹别克族一族管理国家政权的历史经验";吉尔吉斯斯坦也程度不同地做出相应规定。各国都颁布宪法,规定本国主体民族语言为国语。

其次,在政治上,为确保主体民族对国家政权的领导地位,更是规定了国家重要领导职务必须由当地主体民族的人担任,对其他民族进行种种限制。由此,各国政府、议会和地方政府重要部门的主要岗位均由主体民族公民担任。如在 1994 年 3 月哈萨克斯坦议会选举中,占全国 43% 的哈萨克人在议会席位中获得了 106 个,而占人口总数 57% 的非主体民族只获得了 71 个席位。其他四国都有类似的现象存在。

再次,在民族文化方面,大力弘扬主体民族的历史与文化,以振奋民族精神。乌兹别克斯坦总统卡里莫夫总统在其著作《临近 21 世纪的乌兹别克斯坦:安全的威胁、进步的条件和保障》中提出:"早在古代,乌兹别克先进思想家就广泛地从事研究探索,他们的科学发现是全世界、全人类科学文化宝库中的一部分","恢复我们的先辈在许多世纪创造的非常丰富和宝贵的精神和文化遗产","缅怀历史,恢复民族、故乡和国家的客观和真实的历史面貌,在复兴和增强民族自我意识或者民族自豪感的过程中占有重要地位。"乌兹别克斯坦隆重举行了纪念布哈拉和希瓦建城 2 500 周年、帖木儿诞辰 600 周年的活动,大力颂扬乌兹别克的民族文化。1995 年 8 月吉尔吉斯斯坦大张旗鼓的纪念吉尔吉斯民族史诗《玛纳斯》问世 1 000 周年,由总统、总理等 27 位各界要人签名的《玛纳斯宣言》指出,这部史诗集中体现了吉尔吉斯人的道德品质和民族精神,号召吉尔吉斯人民学习民族英雄玛纳斯的高贵品质和博大胸怀,团结一致,共同建设美好的家园——吉尔吉斯斯坦。

哈萨克斯坦为了弘扬哈萨克民族的历史与文化,制定了《哈萨克斯坦共和国人文教育构想》和《形成哈萨克斯坦共和国历史意识的构想》等指导性文件。1994 年 12 月、1995 年 8 月和 1996 年 8 月,哈萨克斯坦举行了纪念民族精英吐拉尔·热斯库洛夫、苏丹别克·霍加诺夫、赛侃·赛夫林等人诞辰 100 周年活动,纪念诗人阿拜诞辰 150 周年活动,纪念民间诗人和歌手江布尔诞辰 150 周年活动,还举办了历史古城突厥斯坦建城 1 500 周年、哈萨克汗国建立 550 周年以及其他一些历史名人的纪念活动。以此教导人们要回顾和不要忘记哈萨克民族历史文化传统。[①]

总之,中亚五国民族传统文化的回归为中亚各国在独立之初凝聚主体民族精神,维护政权起到了一定作用,但是也给中亚社会带来了一系列负面影响。

（二）民族传统精神回归带来的负面影响

首先,大民族主义倾向和大民族主义情结在各国不同程度地表现出来,一些国家成立了以民族自我中心主义为基础的组织,并开展了一系列的活动。哈萨克斯坦是中亚各国独立初期民族矛盾最为突出的国家之一。国家独立之后,哈

---

① 李厚建:《论中亚五国民族问题民族政策及其影响》,引自 CNKI 硕士研究生毕业论文 2003 年 6 月第 42 页。

萨克人被当作"高贵的民族"、"封号民族"或享有"某种权力的民族"而受到对待。为了使哈萨克族人的人口比例超过俄罗斯族人,该国大量吸引世界各地的哈萨克人到哈萨克斯坦。哈萨克斯坦为了号召全世界的哈萨克人都能够回到哈萨克斯坦定居,还专门制定了《哈萨克人重返历史的祖国的构想》、《公民法》及其他一些法律法规。

其次,俄罗斯移民问题。独立初期,中亚各国普遍认为,俄罗斯人对中亚的贡献是建立在对中亚的掠夺之上的。基于这一认识,各国都实施了一系列针对俄罗斯人的方针政策,从政治、经济、文化和语言等许多方面尽可能地消除俄罗斯人的影响。中亚国家独立初期,以立法机构和政府机构为例,吉尔吉斯斯坦的立法机构中,仅将4%的席位给俄罗斯人。哈萨克斯坦可以说是中亚各国立法机构中给俄罗斯人席位最多的一个国家,占27.8%,而哈萨克人占到了60%。中亚俄罗斯人受到当地主体民族主义冲击之后,在短短几年内就有数百万人离开中亚返迁俄罗斯。截止到1998年,迁离哈萨克斯坦的俄罗斯人约有130~200万(也有说是230万人);吉尔吉斯斯坦的俄罗斯人也从1990年的91.8万人减少到了70万。在迁离中亚国家的俄罗斯人中,有65%是有劳动能力的人,年轻人占25%,接受过中高级教育的约占45%,其中有相当一部分人是教师、医生、管理工作者和工程师等专业人才。[①] 俄罗斯人才的大量流失,严重影响了中亚各国社会经济的发展。

再次,中亚主体民族与鞑靼人、维吾尔人、朝鲜人和东干人等人数较少的非主体民族之间也存在不少问题。随着这些少数民族自我意识的增强,他们越来越强烈地要求解决涉及本民族切身利益的种种问题,并建立民族组织、复兴民族文化、宣传民族历史,自我保护意识不断加强。非主体民族与主体民族之间的矛盾有上升趋势。另外,还存在着主体民族内部地区之间和部族之间的矛盾问题,中亚各国之间的跨国民族问题等等。

中亚各国独立以前,从来没有机会以主权国家的身份公开宣传自己的古老文明和悠久的历史文化。如今,中亚各国主体民族意识的增强,也可以说是政治独立在民族问题上的一种集中体现。

(三)中亚国家的应对之策

维护国家政局稳定、减少民族矛盾和努力维护各民族间和睦友好关系是中亚各国努力追求的目标。针对独立后出现的各种民族和民族主义问题,中亚各国在宪法中都规定不分民族、种族、性别、语言、信仰、政见、教育和社会状况,公民在法律面前一律平等,特别是规定俄罗斯族与当地民族享有同等的权利和

---

① 穆赫达德·哈加耶吉:《伊斯兰教在中亚共和国的复兴》,《中亚概览》,1994年第2期。

自由。

土库曼斯坦在中亚五国中最早实行双重国籍政策。所谓双重国籍指的是既拥有本国国籍,又拥有另一国国籍。这项政策对于安定当地俄罗斯族人起到了重要作用。上述已提及,1993 年 12 月 23 日,尼亚佐夫与叶利钦签署双重国籍协定,并当场给叶利钦签发了土库曼斯坦公民护照,使其成为第一个拥有双重国籍的俄罗斯人。

哈萨克斯坦在颁布双重国籍政策的同时,纳扎尔巴耶夫总统对大哈萨克主义进行了批判。他在一次讲话中说:"将民族政策概括一下,我想强调的是,哈萨克斯坦民族政策今天和以后将建立在明确和公正的原则之上,其中最主要的是:寻求妥协,把社会稳定作为公正解决民族问题的基础,法律至上,巩固国家独立和积极的一体化政策。"①

吉尔吉斯斯坦总统阿卡耶夫,在与国内各民族文化、社会政治团体举行座谈时强调,他的职责不仅仅是要保护吉尔吉斯人的利益,同时也要保护那些居住在吉尔吉斯斯坦的其他各民族人民的利益。同时,吉尔吉斯斯坦积极参加《保护少数民族的罗马公约》,并于 1998 年 3 月在比什凯克召开了名为"少数民族在吉尔吉斯斯坦的宪法法律地位"的圆桌会议。

乌兹别克斯坦独立后,在民族政策的执行上基本与中亚其他国家保持一致,也是遵循各民族平等和睦的原则。卡里莫夫总统提出要建立一个民族和公正的社会——乌兹别克斯坦社会。他指出,乌兹别克斯坦有 100 多个民族,每个民族都有自己的文化和传统,在多民族的乌兹别克斯坦要建立一个各民族认同的共和国。②

第六节　美国全面进入,中亚政局直面多种文化力量的挑战

从苏联解体到 1990 年代中期,美国全球战略更多的关注点在中东欧地区,对新独立的中亚五国未予足够重视。美国也没有制定出完善的中亚战略,可以说执行措施和效果都不明显。这样也给其他相对弱势的文化,如伊斯兰宗教文化和泛突厥主义文化的进入客观上减少了压力,而此时的俄罗斯经济也开始触底反弹。全球文化力量在中亚地区的消长,使作为全球强势文化力量代表的美

---

①　努·纳扎尔巴耶夫:《独立五年》,引自郝文明主编:《中国周边国家民族状况与政策》,民族出版社,2000 年版,第 128 页

②　Каримов И. А. Узбекистан: свой путь обновлениия и прогресса, Ташкент. 1992 г., срт. 11.

国认识到进入中亚地区的紧迫感。1996 年,美国学者亨廷顿发表了《文明的冲突与世界秩序的重建》一书,为西方文化力量在全球的扩张提供了理论依据。1997 年前后,美国对中亚战略进行了全面调整,标志着以美国为首的西方文化力量开始积极进入中亚地区。

一、"9·11"之前美国中亚战略目标的转变和举措

1997 年 3 月,美国总统国家安全顾问伯杰明确指出:"高加索和中亚在美国对外战略中应是特别关注的地区","美国应加紧参与高加索和中亚事务"。1997 年 7 月中下旬,克林顿总统邀请格鲁吉亚总统谢瓦尔德纳泽、吉尔吉斯斯坦总统阿卡耶夫和阿塞拜疆总统阿利耶夫相继访美。与此同时,美国的一些政要纷纷发表讲话和撰写文章,大谈美国的中亚政策。美国参议员布朗·贝克和副国务卿塔尔博特在 7 月 21 日分别在华盛顿的两个著名研究所做了有关美国中亚政策的演讲。美国前国务卿贝克则在《纽约时报》上发表了题为《美国在"新丝绸之路"上的重要利益》的文章,阐述中亚地区对维护美国利益的重要性。与此同时,在副国务卿塔尔博特的主持下,美国"新中亚战略"正式出台。这一战略的目标和措施是:

在政治方面,通过密切与中亚国家的高层接触,削弱俄罗斯在该地区的传统影响,支持这些国家对俄罗斯的离心倾向,进而把它们纳入西方体系。

在经济上,围绕油气资源的开采和运输,加大经济援助和投资力度,拓宽经济合作项目和领域,竭力开辟新的能源输出线路,力促该地区成为美国 21 世纪的战略能源基地。加大对中亚地区的经济和技术援助。1997 年美国对中亚国家提供了 6.2 亿美元的经济援助,是 1992—1995 年四年援助总额的一半。1998 年美国对中亚国家的援助又增加到了 9 亿美元。1992 年到 2002 年,美国共向吉尔吉斯斯坦提供了 5 亿美元的财政援助。乌兹别克斯坦 2001 年得到美国 6 400 万美元的援助,2002 年又从美国得到了 1.73 亿美元的援助。

在军事上,美国将北约作为军事渗透工具,向中亚各国提供武器装备技术和资金,制定国防规划,签署军事合作协议和协定,试图将其纳入北约的安全体系。在安全领域,美国打着"维和"的旗号,以调解中亚地区冲突为突破口,加强与中亚国家的情报信息交流,在北约"和平伙伴关系计划"框架下参与"中亚维和营"的联合军事演习,打破俄罗斯对中亚地区安全事务的垄断,扩大美国在该地区安全方面的发言权。1997 年,吉尔吉斯斯坦从俄罗斯手中接管了吉尔吉斯斯坦边境的防卫任务,并要求俄军撤离吉尔吉斯国境。1999 年,乌兹别克斯坦宣布退出俄罗斯主导下的独联体集体安全条约,并在美国的撮合下加入了带有"离俄"性质的"古阿姆"组织。

美国不仅在经济上成为了中亚国家最大的经济援助国和投资国,在军事上完成了实质上进入中亚的过渡,而且在安全领域也成为了"保障中亚地区和平与稳定的关键因素"。值得注意的是,美国的"新中亚战略"不仅是对此前中亚政策的延续,而且在介入中亚的力度和规模上有了更大的突破,因而对中亚的地缘政治格局产生了重大影响。其直接的后果是中亚国家对外政策明显向美倾斜,俄罗斯在中亚的传统影响开始逐渐削弱,俄罗斯在中亚事务的主导地位也受到严重挑战。

这些都为在"9·11"事件后以美国为首的西方文化力量在中亚的全面进入奠定了基础。而"9·11"事件后,美国总统布什更是警告世界各国,"要么站在我们一边,要么站在恐怖分子一边",从而以超级大国的实力为后盾,以反恐为口号全面进入中亚,成为影响中亚政局稳定的重要外部力量之一。

二、"9·11"之后以美国为代表的西方文化力量进入中亚

"9·11"之后,美国以阿富汗反恐战争为契机,以长期的政治交往为基础,以军事为先导,以各种国际组织和国际交流为重要手段全面进入中亚,在 21 世纪初短短的五年内改变了中亚战略格局。美国的强势进入必将导致以美国为代表的西方文化力量在中亚地区的全面渗透和长期存在。

(一)军事方面

"9·11"事件发生后,美国亟待解决的最大问题是摧毁本·拉登在阿富汗的恐怖主义基地,因此它必须在阿富汗周边国家特别是中亚和南亚地区建立发动军事打击的基地。美国借建立"反恐联盟"加大对中亚国家的军事援助,加强与中亚国家的军事合作。美国军政要员频繁访问中亚,双边条约式的军事合作关系取得重大突破,双方的军事合作急剧升温。

2001 年 10 月,美国以反恐联盟的名义进驻乌兹别克斯坦汉纳巴德空军基地。汉纳巴德空军基地地处要冲,战略位置十分重要,既能控制中亚军事形势,又可以向南牵制南亚局势,并可以对中东实施战略监控。此后,美国又租用了乌兹别克斯坦的卡甘和卡凯德军用机场。2002 年,美国与乌兹别克斯坦签署了"战略伙伴宣言"。2003 年,美、乌军事代表团在华盛顿举行会谈,就扩展军事合作达成协议。做为回报,美国向乌兹别克斯坦提供了数亿美元的军事援助。

2002 年 8 月,哈萨克斯坦和美国签署备忘录。哈萨克斯坦允许美军飞机在其机场紧急降落,美为此向哈萨克斯坦提供了 500 万美元的军事援助。2003 年 7 月,北约秘书长罗伯逊对哈萨克斯坦和吉尔吉斯斯坦进行正式访问,与哈萨克斯坦签署了关于北约在哈建立两座空军基地的协定。2004 年 1 月,在成为北约"和平伙伴关系计划"和"分析与设计进程计划"之后,哈萨克斯坦纳还正式加入

北约"行动潜力计划"。2002 年至 2004 年美国向哈萨克斯坦提供了约 1.5 亿军事援助,低价向哈出售 5 架阿帕奇直升机等等。

在阿富汗战争前夕,美国以优惠的条件与吉尔吉斯斯坦政府达成了在其首都比什凯克附近的玛纳斯国际机场建立甘西空军基地的协议。2003 年双方又签订了租赁补充合同,基地租用面积由原来的 12 公顷增加到 300 公顷。2005 年,美国国防部长拉姆斯菲尔德访问吉尔吉斯斯坦,将军事基地租金提高了一倍。

塔吉克斯坦作为与俄罗斯军事合作十分紧密的国家,也向美国承诺为美军军事基地用于执行人道主义以及搜救和救援任务,提供了库里亚布和库尔甘秋别军用机场为美军储备战略物资。2003 年双方达成双边军事和军事技术合作协议。期间,美国向塔吉克斯坦提供了近亿美元的军事经济援助。

土库曼斯坦明确表示愿意为美国反恐提供领空通道,2003 年 8 月,北约参加了土库曼斯坦独立以来最大的一次军事演习。①

美国以反恐为名,与乌兹别克斯坦、吉尔吉斯斯坦和塔吉克斯坦等国达成了境内军事基地和军事设施的协议,并且与这几个国家展开了紧密的军事合作。至此,美国在中亚的军事存在已成事实,长期以来美国非但没有撤军的意愿,而且还有不断加强和巩固在中亚军事存在的愿望,美国在中亚的长期驻军似成定势。美国与中亚国家的合作,使俄罗斯在中亚地区传统军事安全领域的影响明显下降。

(二)非政府组织方面

"9·11"之后,美国在加大对中亚政府间政治与经济合作的同时,开始转变策略,加强对非政府组织的利用。据统计,截止到 2005 年 8 月,全球总共有 2 914 家非政府组织在中亚注册,其中哈萨克斯坦有 699 家,吉尔吉斯斯坦有 1 010 家,塔吉克斯坦有 595 家,土库曼斯坦有 138 家,乌兹别克斯坦有 472 家。② 这些组织大多有美国背景,且受到美国国际开发署(USAID)等机构的资助或直接领导,它们以参与政治为目的,其中比较有影响的有美国国际共和党研究所、美国全国国际事务民主研究所、"索罗斯基金会"和"自由之家"等。还包括"国际之声"、"青年人权团"、"和平队"和"丝绸之路基金会"等其他小型非政府组织。它们分布极为广泛,遍布中亚各个角落。③ 这些组织经过多年的发展,在中亚社会已经颇有影响。它们实施情报搜集,资助反政府政党和组织,培养亲西方

---

① 朱成虎主编:《十字路口——中亚走向何方》,时事出版社,2007 年版,第 248 页。

② 中亚非政府组织信息 http://win.cango.net[根据美国国际发展署(USAID)援助的中亚非政府组织网站统计数据]。

③ 李立凡、刘锦前:《美国中亚战略旗盘上的非政府组织》,《国际问题研究》,2005 年第 6 期。

和亲美人士,推广西方民主政治和价值观等等,可以说已经成为西方文化力量在中亚地区推广的重要棋子,并对中亚政局的走势产生着一定的影响。以"自由之家"为例,该组织是美国在世界各国推广民主和自由的"传声筒和急先锋",在吉尔吉斯斯坦议会大选时特地成立了一个"人权保护支持项目",并派驻大量的国际观察员对大选施加影响。据《纽约时报》披露,在吉尔吉斯斯坦"颜色革命"中,它替美国政府资助 7 万美元给吉反对派报纸,参与搞垮阿卡耶夫名声的运作。①

（三）媒体和文化交流方面

与此同时,美国文化在中亚的影响还在持续增长。美国主流媒体直接参与在中亚推行"民主"新文化的进程已不是新闻。美国文化向中亚的传播方式和渠道也呈现多样化趋势,不仅美国的电影、音乐和游戏等在中亚占有很大市场,电视、期刊等媒体也开始进入中亚市场。由美国政府资助的文化交流项目,也已对中亚公民社会的发展产生了深刻的影响,其中包括著名的富布赖特访问学者计划和"未来领导者交流计划",后者则为中亚国家的公民提供 3 至 5 周的专业实习,从家庭企业到跨国公司。同时,中亚的新教和天主教徒也在不断增长,尽管目前的人口数量还不是很大。如今在中亚,以美国为代表的西方文化正在逐渐取代俄罗斯文化的统治地位,不仅讲英语在当地被认为是一种荣耀,许多当地妇女还梦想自己能够嫁给一个美国人或者欧洲人。而"美国之音"的文化传播作用,在"颜色革命"发生前后更是发挥得淋漓尽致。②至此,以美国为代表的西方文化力量正在快速地进入中亚,成为影响中亚政局变化的重要外部因素之一。

三、中亚政局直面多种文化力量的挑战

面对以美国为代表的西方文化力量如此快速地进入中亚,其他多种文化力量则显得有点黯然失色。但是,在目前情况下,以美国为首的西方国家不会放弃主导中亚、将中亚改造为西方文明式的国家的目标。它们将继续推行其全球战略,奉行所谓"文明冲突"理念,继续加强对中亚的影响。但是,伊斯兰文化力量在中亚有着悠久的历史和基础,中亚的伊斯兰复兴运动也正在如火如荼地进行着。俄罗斯于 2000 年开始努力重返中亚,力图加强中亚国家对它的向心力,维护其在中亚地区的传统地位。"这三种文化体系都具有极强的外播性和开拓性。因此,多者相遇,中亚必将出现一场旷日持久的争夺战（和平或者武力）。自此,中亚已成为多种文化力量的集散之地,中亚政局由此也将变得更加纷繁复

---

① 李立凡、刘锦前:《美国中亚战略旗盘上的非政府组织》,《国际问题研究》,2005 年第 6 期。
② 倪建平:《中国在中亚文化传播和国家形象塑造》,《对外大传播》,2008 年 7 月 30 日。

杂,中亚各国政府将面临严峻考验。面对来自多方面的外部压力,中亚各国几乎都不约而同地走上了全方位外交之路,但是长时间处在各种文化力量交叉点上的中亚国家如何维护政局稳定和保持国家正常发展,将是一大挑战。

总结本章,我们认为,中亚五国独立近 20 年来,该地区的全球战略地位不断提升,日益成为全球各种文化力量争夺的焦点。中亚也从全球文化力量影响的"真空地带",成为了受伊斯兰、西方、俄罗斯、中国等文化力量影响的"多元文化交汇地",各种文化力量在中亚将继续相互竞争、合作和制衡。

经过近 20 年的宗教复兴,伊斯兰教已成为中亚最具影响力的宗教文化力量之一,拥有广泛的民众基础。在未来,伊斯兰文化力量必将继续发展,并成为影响中亚政局和社会发展的重要因素之一。短短 20 年,西方文化力量在中亚完成了从无到有再到强大的过程,并对中亚政局的变动发挥着关键作用,这充分展示了西方文化力量的总体实力的拓展力。由于中亚特殊的历史背景、地理位置和社会状况,使西方文化力量这一外来文明在中亚拓展过程中一时未能得偿所愿。不过,以美国为代表的西方文化力量作为全球各种文化力量中最有实力的一元,在未来中亚各种文化力量的博弈中将处于强势地位,并对中亚社会的发展自上而下产生重大影响。俄罗斯文化因素在中亚独立以前一直是中亚的主导文化力量。在中亚独立以来,虽然由于俄罗斯的主动"退却"失去了原有地位,颓势难以挽回,但是中亚历史上长期的"俄罗斯化"进程,使俄罗斯文化因素已经成为影响中亚发展的内部因素之一。随着近年来俄罗斯国力的逐步恢复,俄罗斯确立了新的中亚战略,加紧巩固在其"后院"的影响力,因而处于历史文化和地缘优势地位的俄罗斯文化力量将仍旧是有力的竞争者。进入 21 世纪,临近中亚的中国,由于地缘优势和国家利益使然,日益关注中亚。随着国力的增强,中国文化必将成为影响中亚未来发展的重要因素。另外,泛伊斯兰主义、泛突厥主义以及中亚内部的宗教恐怖极端势力,在一定的历史条件下,都有可能对中亚政局的稳定产生影响。

历经 20 年的锤炼,中亚各国政治逐渐走向成熟和分化,各国积极探索着适合本国的发展道路。受多种文化力量的影响,中亚各国学会了在大国夹缝中求生存、谋利益。它们从自身利益出发,在平衡各种力量的基础之上,施展灵活的外交手腕,实施全方位的、务实的多边外交战略。通过对近 20 年来全球多种文化力量及其对中亚政局影响的分析,我们认为今后全球各种文化力量在中亚地区的争夺将更趋激烈。但是,出于各自战略考量,大多还是不愿看到中亚陷入混乱的局面,可预见的未来中亚仍将保持总体相对稳定但难免波折不断的状态。

第五章 全球各种消极文化力量因素在中亚的表现

中亚地区自古以来就是世界文明交汇和列强逐鹿的场所。苏联解体后,这一地区因其丰富的自然资源、潜在的经济和政治利益再次成为全球重要力量"追逐"的对象。以美国为首的西方以及俄罗斯、中国、土耳其和伊朗等世界各大力量汇聚于此。这些实力主体大都是各自文化圈的主导力量,其中美国是西方文化的代表,伊朗和土耳其是伊斯兰文化的代表,俄罗斯是俄罗斯文化的代表,中国是中华文化的代表。这些国家对中亚的影响促使了世界各主要文化力量再次在中亚碰撞。

各种力量在竭力实现其中亚战略的同时,也为各自文化内的消极因素在中亚的发展带来了便利条件。其中,"三股势力"是中亚地区自身的消极文化因素在现实政治中的反映;"双泛思潮"、"霸权主义"和"大俄罗斯主义"分别是伊斯兰文化、西方文化和俄罗斯文化中的消极因素,它们服务于各自主导力量的中亚战略,这些战略的目的都是为了扩大各自主导力量在中亚地区的影响,争取在中亚地区的主导权;"中国威胁论"则是中亚地区内外对崛起的中国消极反映的表现,其目的是为了遏制和孤立中国。这些消极因素共同对中亚政局产生着重大影响,"三股势力"和"颜色革命"是它们消极影响的集中体现。中亚当局从自身利益出发,采取了在内部打击"三股势力",在外部实行平衡务实外交的战略。

第一节 "三股势力":持久威胁

"三股势力"这一概念是在 1999 年 8 月 25 日"上海五国"元首比什凯克会晤期间提出的,具体指宗教极端势力、民族分裂势力和国际恐怖势力。由于各国法律不同,在名称上很难统一,经过反复协商,最后决定采用恐怖主义、分裂主义和极端主义的提法。2001 年 6 月 15 日,"上海合作组织"六国元首签署了《打击恐怖主义、分裂主义和极端主义上海公约》,首次对"三股势力"作出了法律上的

界定 —— 将"三股势力"界定为恐怖主义、分裂主义和极端主义。所谓"三个主义"实质上指的就是"三股势力"。本文采取通常说法,取"三股势力"之称。毋庸置疑,"三股势力"将对中亚的稳定构成持久的威胁。

一、"三股势力"的概念界定

在中亚地区,宗教矛盾错综复杂,并且在很大程度上表现为一种政治斗争。宗教极端主义、国际恐怖主义和民族分裂主义在宗教的名义下相互交织。在很大程度上,民族分裂是目的,恐怖活动是手段,宗教极端是表现。

在中亚,宗教极端主义往往表现为伊斯兰极端主义。宗教极端主义本质上属于一种政治范畴,它是以伊斯兰教为旗帜,通过传播极端思想,以穆斯林极端分子组成的社团或组织为基础,以极端的手段达到其所谓净化信仰、净化宗教、排除异己、确立正信和建立伊斯兰教法统治下的"伊斯兰国家"和"伊斯兰社会"的政治思潮和社会行为。宗教极端主义是宗教政治化最突出的表现形式之一,是宗教原教旨主义思潮的一种极端形式。

恐怖主义是政治斗争的一种极端手段。中亚的恐怖主义是带有明显政治目标的民族分裂主义、伊斯兰极端主义、反对政府和仇视社会的恐怖主义。它们有组织、有计划,不惜采用爆炸、暗杀、绑架、劫机、投毒和自杀性人体炸弹等方式袭击国家首脑和政府要员、伤及无辜百姓,以此制造社会恐怖气氛,从而将政治信念传播到广大人民群众中去,以实现自己的政治目标。

民族分裂主义活动是指在一个主权独立、领土完整的国家内部,由于民族问题在内外因的作用下激化,进而造成通常表现为非主体民族或少数民族中某些极端势力要求建立独立国家的政治诉求和暴力活动甚至军事对抗行动。民族分裂主义的理论依据主要是民族自决原则,并以人权为由加以渲染,由此谋求合法的政治地位和国际社会(包括某些国际势力)的支持,以实现其独立建国或高度自治的政治目标。① 中亚的分裂主义往往在伊斯兰教名义下开展活动,目的是建立政教合一的"伊斯兰哈里发国家",并且其活动主要由宗教极端势力以暴力恐怖的形式进行。

在中亚地区,"三股势力"中表现最突出的是宗教极端主义和国际恐怖主义,民族分裂主义不是特别明显。当然,分裂主义、恐怖主义和极端主义并非孤立存在,它们相互交错、互为手段。由于孤立开展反政府和反社会的活动难以得到民众的同情和支持,民族分裂主义往往打着宗教旗号煽动普通群众参与反政府的活动,而宗教极端势力又以民族独立为口号鼓吹宗教复兴运动。宗教极端

---

① 郝时远:《民族分裂与恐怖主义》,《民族研究》,2002 年第 1 期。

主义和民族分裂主义势力都难以在现代社会中生存和发展,也难以用合法、和平的方式争取到生存和发展的空间。为了实现其政治目的,它们往往又借助于恐怖活动来显示其存在和影响。"中亚地区民族分裂主义、伊斯兰极端主义和恐怖主义往往与反对现行宪法制度和政府的政治反对派相互合作、与国际恐怖主义相联系,恐怖活动成为他们实现政治目标的主要手段之一"。① 可以认为,中亚的"三股势力"是打着宗教的旗号,以建立"伊斯兰哈里发国家"为目标,以恐怖活动为手段的一类势力。

二、"三股势力"在中亚国家产生发展的原因

中亚五国脱胎于苏联,同时也受到苏联解体的巨大冲击。五国在独立后,随之而来的是政治动荡、经济崩溃、政府腐败、宗教复兴和地区秩序混乱,权力和精神领域都陷入真空状态,各种势力趁机扩大自己的影响。这便是中亚地区"三股势力"出现的背景和原因。

第一,宗教复兴是其兴起的思想根源。苏联社会主义制度信奉马克思主义和无神论,而苏联解体使中亚各国放弃了社会主义意识形态,造成了思想上的混乱,使中亚民众精神上感到空虚、茫然,整个地区出现了精神和信仰真空。尽管苏联时期宗教势力对民众的影响不大,但中亚当地民族中的民众仍然视自己为穆斯林,从心理上比较认同伊斯兰教。当民众面对突如其来的变化时会倍感迷茫,为了寻求自身的身份认同和心灵寄托,遂将自己托付于伊斯兰教。独立国家领导人为了得到外部富裕伊斯兰国家的支持,以振兴民族精神、复兴民族文化和巩固新成立的政权,也向伊斯兰教和伊斯兰世界敞开了怀抱。中亚的伊斯兰邻国尤其是伊朗、沙特和土耳其,为了扩大自己的影响,实现各自的抱负也趁机向中亚渗透。这些国家向中亚提供各种帮助,例如向中亚地区免费赠送各种宗教书籍、帮助开办宗教学校、提供培养神职人员的师资和兴建清真寺并发展其社会政治功能。在内外力量的影响下,中亚伊斯兰教开始复兴。随着宗教的复兴,在中亚各国开始出现合法的和非法的各种宗教反对派。"现如今的宗教复兴中还出现了一股极端势力,它们往往要煽动宗教狂热,从而走向政治化、组织化甚至恐怖主义化。诸如属于逊尼派的沙特瓦哈比主义,属于什叶派的伊朗霍梅尼主义,属于逊尼派的阿富汗塔利班运动等"。②

第二,政治和经济问题是"三股势力"兴起的现实依据。一方面,中亚的政

---

① 陈联壁、刘庚岑、吴宏伟:《中亚民族与宗教问题》,中央民族大学出版社,2002 年版,第 320 – 321 页。

② 陈联壁、刘庚岑、吴宏伟:《中亚民族与宗教问题》,中央民族大学出版社,2002 年版,第 318 页。

治状况刺激着"三股势力"的发展。民间存在的伊斯兰宗教组织,不但能满足伊斯兰民众对伊斯兰宗教知识的渴求,为处于精神真空中的人提供一种身份认同,而且还可以表达普通大众的呼声,因而它们在民众中的声望就越来越高。中亚当局无法容忍这样的组织,认为它们处在政治当局的控制之外,是威胁自己统治的敌人,把它们和极端宗教组织视为同类进行打压。同时,宗教极端主义者经历过苏联时期的宗教政策,知道怎么隐藏自己,怎么在政治高压政策下生存,从而在中亚的政治环境中就形成了一种政治当局和反对派之间关系的恶性循环。中亚当局专制政策刺激了极端主义的发展,每次打压活动都将"三股势力"推向更加极端,一些合法的宗教反对派也开始走向极端,将温和派和政治改革者推向了激进分子的阵营。另一方面,中亚地区的经济状况为宗教极端主义的发展提供了温床。苏联的解体引发了整个中亚地区经济戏剧性的衰退。中亚各国独立之后长期处于经济危机状态,综合经济指标连年下降,重要工农业产品产量大幅度滑坡,工农业急需原材料紧缺,生活水平急剧下降,通货膨胀严重,失业增长。如"1991 年 3 月,哈萨克斯坦由于数月无法支付工资和退休金,有 7 万工人被解雇,引发了一场煤矿工人大罢工,使哈萨克斯坦陷入瘫痪状态。1994 年,乌兹别克斯坦被迫发行自己的货币后,通货膨胀上涨 1500%……1996 年 1~8 月,吉尔吉斯坦职工平均工资 375 索姆(仅合 28 美元),最低工资 75 索姆(只合 5~6 美元)。两极分化严重,贫富差距悬殊。据吉尔吉斯坦报道,1997 年,该国贫困人口占总人口的 61%,其中如奥什州和贾拉拉巴德州分别高达66.1% 和64.8%",贫困和失业在费尔干纳谷地高达 80%。每年约有 40 万年轻人需要找工作,而且 60% 的人口现如今都在 25 岁以下。这些年轻人处在失业、懒散和饥饿状态,而其数量仍在继续上升。同时,政治腐败也导致了反对派极端主义的抬头。一些官员腐败堕落,以权谋私,人民群众强烈不满。乌兹别克斯坦总统伊·卡里莫夫 1997 年 4 月指出,某些伊斯兰教派"鼓吹公正,要求严格遵守伊斯兰教的伦理道德标准,声言反对奢侈和贪污……在不久以前和现今,这些口号在中亚某些地区得到扩散和支持"。[①]。

第三,外部极端势力的支持促进了中亚地区极端主义的发展。周边伊斯兰新原教旨主义的兴起不断将触角伸向中亚。中亚极端组织的极端思想是从外部输入的,如"乌伊运"和伊斯兰解放党的思想依据并非是宽容神秘的伊斯兰苏非主义和中亚本土的伊斯兰教,而是源自阿富汗塔利班、巴基斯坦得奥班迪宗教学校文化以及沙特阿拉伯激进的瓦哈比派学说。伊斯兰邻国也出于各种目的对这

---

① [乌兹别克斯坦]伊·卡里莫夫:《临近 21 世纪的乌兹别克斯坦:安全的威胁、进步的条件和保障》,国际文化出版公司,1997 年版,第 33 页。

一地区的伊斯兰极端宗教组织给予支持。中亚各国独立后,南部的吉尔吉斯斯坦和塔吉克斯坦由于国力较弱,并与伊斯兰世界相邻,一直都受到极端组织的较大影响,经常有极端组织渗透到国内进行活动。"乌伊运"曾经得到来自支持他们的沙特资助者和穆斯林慈善机构的资金支持。另外,在1990年代后期"乌伊运"军方领导人和创建者纳曼干尼可能在和沙特情报部门有关的宗教中心接受过训练。

三、中亚各国独立初期"三股势力"的表现

由于苏联解体后在经济和政治等方面发展的滞后,以及受前苏联集权官僚意识、不断增长的腐败和公众悲观情绪的影响,中亚地区各国的形势变得越来越脆弱。中亚的"三股势力"从1993年起就开始抬头,到1995年以后进入迅速扩张阶段,1999年左右达到高潮,形成了以塔吉克斯坦伊斯兰复兴党、乌兹别克斯坦伊斯兰运动和伊斯兰解放党(伊扎布特)等组织或运动为代表的"三股势力"。

塔吉克斯坦伊斯兰复兴党成立于1990年6月,其主要宗旨是捍卫伊斯兰教教义,复兴穆斯林政治和文化传统,建立伊斯兰神权国家,使人民群众按照伊斯兰教法规定的方式生活。起初该政党被政府取缔,但随着塔吉克斯坦国内形势的剧变,遂成为主要的反对党,不断组织反政府群众集会、示威和游行,迫使政府一度承认其为合法政党,并给予登记。从1992年起,该党挑起塔吉克斯坦内战,直到1997年才与政府达成和平协议。

乌兹别克斯坦伊斯兰运动的前身是在乌兹别克斯坦被取缔的伊斯兰复兴党、突厥斯坦伊斯兰党、乌兹别克斯坦艾尔民主党等不同派别的政治组织。被政府取缔后,其残余在塔希尔·尤尔达舍夫的带领下,于1996年在境外成立了乌兹别克斯坦伊斯兰复兴运动,以在中亚建立政教合一的伊斯兰国家为宗旨。其任务是推翻卡里莫夫政权,在费尔干纳地区建立伊斯兰国。"乌伊运"的活动方式是通过暴力恐怖活动动摇中亚国家的统治基础,最终通过武装斗争夺取政权。他们组织严密、分工明确,曾经的政治、军事、新闻中心领导人分别是塔希尔·尤尔达舍夫、纳曼干尼和茹巴伊尔·阿卜杜拉赫曼。其财政来源主要是国际伊斯兰组织的捐赠和毒品走私收入。由于该运动得到国际极端势力的大力支持,资金充裕,军事装备非常先进,甚至超过了中亚国家军队的装备。它既是宗教极端主义组织,又是从事恐怖活动的准军事组织,也是中亚地区开展恐怖活动最多的组织。

伊斯兰解放党,是一个秘密的地下伊斯兰组织。"在中亚,第一批支部于

1992—1994 年诞生在费尔干纳、安集延和塔什干市",①群众基础广泛。该组织也主张在中亚建立一个大伊斯兰帝国,主张以非暴力手段夺取政权,不排除在必要时使用武力。该组织是中亚极端组织的精神领袖,其他组织行动大都受该组织的理论影响。

"三股势力"从 1992 年起在中亚地区活跃起来,其活动有以下特点:第一,受"三股势力"影响最大的中亚国家是乌兹别克斯坦和塔吉克斯坦两国,在 1991 至 2001 年的 10 年间"三股势力"的 20 多次活动中,有 9 次发生在乌兹别克斯坦,有 10 次发生在塔吉克斯坦。而且"三股势力"主要集中在乌兹别克斯坦、吉尔吉斯斯坦和塔吉克斯坦三国交界的费尔干纳谷地。第二,活动规模呈现由小到大的趋势,尤其是费尔干纳地区发生的几次军事袭击,对塔吉克斯坦整个国家都造成了很大的冲击,以至于政府军都无法抵抗。第三,活动范围由塔吉克斯坦蔓延到乌兹别克斯坦、吉尔吉斯斯坦和哈萨克斯坦,呈现出由点及面的发展趋势。第四,活动趋向国际化,与阿富汗、车臣保持着联系。第五,宗教极端分子采用暴力手段日益增多,其对象多为国家公务人员,如总统、政府官员、警察、监狱和边防军人等,直接的军事对抗是开展活动的主要形式之一。第六,呈现出宗教极端势力、民族分裂势力和国际恐怖势力同流合污,三位一体的态势。"他们披着宗教的外衣,在进行所谓'圣战'的口号下,从事包括凶杀、爆炸以及挟持人质等各种恐怖活动,其目的在于推翻中亚国家现行的世俗政权,进而建立政教合一的伊斯兰国家"。②

四、阿富汗战争后的中亚"三股势力"

"9·11"事件后,反恐战争给中亚"三股势力"以沉重打击:政治上失去了塔利班的支持,军事上失去了在阿富汗的基地,外部的经济来源也被切断;据称"乌伊运"的军事领导人纳曼干尼也在阿富汗战争中被击毙。从外部来讲,恐怖组织所处的国际环境极度恶化,这使得地区之外的恐怖组织无暇顾及中亚;从内部来讲,美国于 2001 年 9 月 20 日正式将"乌伊运"界定为恐怖组织。另外,为了打击塔利班和维护自己在中亚的利益,美国还与中亚政府联手对恐怖组织进行打压并在中亚地区驻军,这无疑使"三股势力"的生存面临巨大压力。但是,在阿富汗开展的反恐行动并没有彻底破坏中亚"三股势力"的组织体系和生存环境。

从外部来看,虽然塔利班政权被推翻了,但是美国并没有在阿富汗建立起有

---

① 赵长庆:《中亚五国与中国西部大开发》,昆仑出版社,2004 年版,第 338 页。
② 赵长庆:《十年巨变·中亚和外高加索卷》,东方出版社,2003 年版,第 159 页。

序的国家体制和社会秩序,阿富汗依然处于一片混乱之中,且阿富汗塔利班有东山再起之势。美国及其所扶植的阿富汗政府不断受到反对派的挑战,这种混乱状态为极端组织提供了良好的栖身之地。阿富汗国内的各种恐怖活动并没有消失,并且在这些活动中依然可以发现中亚"三股势力"残余分子的身影。据吉尔吉斯斯坦内务部披露的消息称,"乌伊运"于 2003 年 2 月在阿富汗北部山区出现,并与中亚地区的其他极端主义组织联合成立了"中亚伊斯兰运动",建立了新的恐怖主义网络,继续鼓励当地民众响应宗教极端组织建立"大哈里发国家"的号召,并扬言要袭击美国在中亚各地的军事基地。另外,美国在阿富汗战争之后,不顾世界上大多数国家的反对,匆忙发动了对伊拉克的战争,这使中亚周边又多了一个混乱的国家,为中亚"三股势力"又提供了一个较好的藏身之处。并且,随着伊拉克战争的开始,伊斯兰世界的反美情绪更加高涨,在中亚也出现了这种情况,即在乌兹别克斯坦有人称"布什是头号恐怖分子,伊斯拉姆·卡里莫夫是二号恐怖分子,他让美国人使用自己的基地,以便他们能够把穆斯林消灭掉"。[1] 在中亚还有人认为美国是中亚极权政府的帮凶,帮助中亚政府对伊斯兰势力进行镇压。这些都可以被"三股势力"用以吸引民众并发展自己。同时,由于美国将战略重点从阿富汗转移到伊拉克,中亚对于美国来讲作用有所下降,所以美国不可避免地要减少对中亚国家的支持,这就减轻了"三股势力"所面对的压力。并且,随着伊拉克战争的开始,中亚周边的恐怖活动也高涨起来,这为中亚的"三股势力"重振力量提供了良好的外部环境。塔利班残余势力不断在阿富汗滋事,"基地"组织也在世界各地频频制造各种恐怖爆炸事件,这都助长了中亚的"三股势力"的发展势头。

从中亚内部来看。虽然"三股势力"受到了重创,但是并没有遭到致命打击,就连"乌伊运"军事头目的死亡,也只是一个传闻,并没有确切的证据。"乌伊运"的组织体系基本上完好无损,并吸收了其他组织的一些残余分子,这些残余分子比以往的组织成员危险性更大,他们大多是活动在恐怖活动前线的中坚分子。另外,各种残余势力还在中亚联合成立了新的组织"中亚伊斯兰运动",这个组织较之以往的组织,由于经历了各种打压,组织的隐蔽性更强;由于与伊斯兰解放党的理论结合水平更高,与政府力量相比更加处于弱势地位,开展活动的手段相对也更加狭隘,因此造成的后果也就更加恶劣,如"人体炸弹"这种极端不人道的方式也开始在中亚出现,并且活动的目标从政府公务人员转移到平民。他们的资金也主要来源于中亚地区,即依靠中亚地区同情者的支持。这

---

① Edward Schatz. "Islamism and Anti－Americanism in Central Asia". Current History. October 2002. p. 339.

所有的一切都让中亚各国政府更加难以应付。

同时,中亚的社会环境并没有发生大的改变,特别是经济和政治问题依然没有得到根本的解决。美国在中亚驻军虽然给中亚各国政府带来了巨大的经济利益,但是这些并没有给老百姓带来实惠。另外,中亚政府还利用这个机会对各种反对派进行打压,维护自己的统治地位。他们对各种势力不加任何区分地进行压制,温和的政治伊斯兰和极端势力受到同样的待遇,就连反对极端主义的伊斯兰组织也不能幸免。中亚某些政府的这种做法,在阿富汗战争之后不但没有改善反而更加恶化了。这就使得急切想了解伊斯兰教的中亚民众无法了解真正的伊斯兰教,而给各种极端势力通过各种手段不断地将极端教义提供给中亚民众创造了机会。更甚的是中亚某些国家的相关官员将反恐当作索贿的手段,对普通的民众或虔诚的穆斯林进行威胁,如果不给好处就将他们当作恐怖分子逮捕,这对于这些官员来说是轻而易举的事情,在无形中却扩大了反对政府的势力范围。

由于以上种种原因,在阿富汗战争之后,中亚"三股势力"再度高涨,并出现了一些新的特点,如手段更加恶劣、目标范围更加广泛、危及平民和外国人员以及恐怖活动国际化等。从2002年底到2003年6月,"乌伊运"极端分子先后在吉尔吉斯斯坦地区制造数起爆炸事件,并袭击了贾拉拉巴德市中心的两个警察哨所。据报道,该组织还从境外国际恐怖组织手中得到大量活动经费,准备在中亚进行新一轮恐怖活动。2004年3—4月间,"乌伊运"分子在乌兹别克斯坦塔什干等城市制造了包括使用"人体炸弹"手段在内的一系列恐怖袭击事件,造成44人死亡、60多人受伤。7月30日,"乌伊运"的一个极端组织"伊斯兰圣战团体"在塔什干的美国和以色列大使馆及乌兹别克斯坦总检察院附近制造了3起自杀性炸弹袭击事件。极端分子制造的其他恐怖事件也不断发生。2003年1月5日,吉尔吉斯斯坦比什凯克市内的"贝塔商场"咖啡馆发生爆炸,4名员工被炸死。另据报道,在伊拉克战争期间,伊斯兰解放党还在吉、塔等地组织签名活动,散发传单,鼓动成立"志愿军"赴伊拉克援助反美"圣战"。中亚国家的强力部门还多次起获了伊斯兰解放党等极端组织印制的宣传品和暴力活动器材。这些都显示了极端组织准备开展暴力和恐怖活动的苗头。2005年3月下旬,在吉尔吉斯斯坦政局剧变中,一些民族和宗教极端分子在费尔干纳的奥什等地乘机作乱,掀起打砸抢狂潮;5月12—13日,位于费尔干纳谷地的乌兹别克斯坦东部城市安集延发生了严重骚乱事件。骚乱分子袭击了检察院和边防部门,夺取了300套武器装备,并攻击监狱,要求释放被称为是"阿克罗米亚"组织的成员,后又占据了行政大楼,造成176人死亡,273人受伤。这些都表明,中亚"三股势力"依然是中亚地区社会稳定的重大威胁。

五、对中亚地区"三股势力"的评析

"三股势力"是在中亚这个特殊的地区、苏联解体后的特殊时期和世界总体和平发展伴随局部动荡的大环境下产生的,是与当今社会不兼容的副产品。首先,无论从哪一个方面来说,它都与当今世界向积极方向发展的潮流不相协调。其最终目标是要建立政教合一的"哈里发国家",而当今国家政体主流是政教分离,宗教在精神领域发挥其应有的作用而不参与政治,可见其寻求的目标和国际社会发展潮流是背道而驰的;它主张将所有的伊斯兰国家联合起来建立一个统一的政教合一的伊斯兰国家,这严重侵害了当今国家的主权完整,也不符合民族国家独立原则;它为达目的不择手段,伤及无辜,这和越来越受到尊重的人道主义原则不相符合,并且其采取的恐怖手段是全世界打击的对象;就其自身来讲,经常参与一些人类社会共同认定的犯罪活动,贩毒是其活动资金的来源之一,并且各股势力之间为了争夺贩毒路线而相互残杀,造成社会秩序的混乱。所以总的来讲,它是与世界主流背道而驰的一股消极势力。

其次,由于其矛头直指现有世俗政权并公开对其进行挑战,所以这些势力为中亚国家所不容,它们大多处于反对派阵营,且不具有合法地位。由于其活动手段极端恶劣,与国际上的恐怖组织有很多共同点,所以往往被中亚国家界定为恐怖组织,并希望世界上其他国家也将其界定为恐怖组织。

再次,通过上述分析,我们知道"三股势力"给中亚国家的政治稳定、社会安宁和经济发展造成灾难性的后果。除了人员伤亡、经济损失、应对开支和难民等可以直接感知的消极影响之外,还有许多次生灾害。在国际上,由于对该问题处理不当造成国际关系恶化,如1999年8月乌兹别克斯坦单边封锁了乌、哈、吉边界以防止"祸水外流";2000年哈、乌之间发生边界冲突等。在国内,各国政府为了稳定社会打击"三股势力",对政治反对派的打压更加激烈,政治改革的前景更加暗淡,这就更加刺激了"三股势力"的发展,形成恶性循环的政治气候。

最后,这些组织开展的活动还处于社会运动的初级阶段。这些组织自身的理论基础相对薄弱,没有成熟的理论指导其活动;其群众基础也相当薄弱,其追求的政治目标在群众中并没有得到多少共鸣,即使加入这些组织的人,有很多也是被生活所迫,甚至对其政治纲领一无所知。在国外,也没有在现代社会建立伊斯兰政教合一的"哈里发国家"的成功经验可以借鉴。所以,这些组织开展的运动还处于社会运动的初级阶段,对现有政治体制并不能造成威胁。所谓的遍布整个中亚的极端伊斯兰威胁并不是大规模的运动,而是威胁到领导人生命安全和当地政权稳定的武装袭击。"三股势力"的目的就是要制造混乱,并利用混乱进一步破坏目标政权的稳定性。它们希望在混乱中获得机会,但是它们似乎对

从本质上讲长久并且很实际的大规模政治组织并不感兴趣。为了行动的成功，它们彼此之间也进行合作，但是平时却常常处于敌对状态，长久以来无力执行一个有效的合作战略。关于恨什么和爱什么，它们或许或多或少存在着同样的看法，但就是在这些问题上也往往存在公开的分歧，而且它们根本不可能团结在一起制定一个一致的、覆盖全部哈里发领土的穆斯林日程。"伊斯兰"只不过是中亚的自然语言、文化象征、宗教和民族符号，它还没有成为在政治上觉醒的强大阶层，也不具有大规模招兵买马的力量。

"三股势力"所擅长的依然是如何破坏一个旧世界，而对如何建立一个新世界却知之甚少。它们对将一个堕落的社会改造成一个公正的社会并不感兴趣，同样它们也不关心向其追随者提供真正的工作、教育或社会福利。虽然它们为贫困人口提供了一些工作机会，但那只是开展活动的手段而已。它们既没有经济宣言，也没有优化管理和政治制度建设的计划。在能蛊惑人们效忠的领袖或埃米尔和民主合法的组织或党派之间，它们更倾向于前者。它们相信，领袖的政治才干、教育或经验不如其品德、虔敬和纯洁能够使他去领导新社会。它们对履行沙里亚法(伊斯兰教法)执迷不悟，然而，它们没有将沙里亚法看作是创造公正合理社会的途径，而只是将它视为控制个人行为以及向穆斯林套用道德准则的工具——这是歪曲很多世纪以来伊斯兰传统、文化、历史甚至伊斯兰教本身的一种观念。可见，在很多时候他们只关注自身利益的实现。

第二节 "双泛"思潮:先热后冷

"双泛"思潮，指的就是泛伊斯兰主义(Pan‐Islamism)和泛突厥主义(Pan‐Turkism)。这股思潮在现实生活中表现为两种社会潜流，对中亚社会政治稳定构成威胁和冲击。

一、"双泛"思潮的内涵

泛伊斯兰主义属于伊斯兰民族主义的范畴，是一种广义上的伊斯兰民族主义。它由哲马路丁·阿富汗尼于19世纪中期创立，是伊斯兰世界为反对西方殖民主义侵略，复兴伊斯兰教的一种宗教政治思潮。它的基本主张是全世界不同民族的穆斯林联合起来，拥戴一位哈里发，在伊斯兰教法的基础上，建立一个超国家、超民族、超地域的统一的伊斯兰帝国，共同反对基督教国家的进攻；主张在遵守伊斯兰基本教义的前提下学习西方的科学技术，改善伊斯兰国家贫穷落后的状况，振兴伊斯兰教。它是伊斯兰世界对西方入侵和伊斯兰教内部寻求改革的反映。初期，它在反对殖民主义、解放被压迫民族方面起到了一定的积极作用。二战后,泛伊斯兰主义在总结以往的失败教训之后产生了新泛伊斯兰主义。新泛伊斯兰主义"不再要求恢复哈里发制度,也不谋求建立统一的伊斯兰国家或者联邦,而是强调全世界穆斯林共同的宗教信仰、共同的文化遗产和各个穆斯林民族之间的传统联系,倡导在当代加强伊斯兰国家之间的团结,开展在政治、经济、文化、科学和教育领域的合作,促进各国的繁荣和发展;在国际事务中采取一致立场,维护伊斯兰世界的共同利益,反对外来势力对伊斯兰世界的干预和控制"。① 尽管在伊斯兰世界内部存在着诸多的矛盾、纠纷和冲突,但在泛伊斯兰问题上,大多数伊斯兰国家的观点是一致的,能够协调行动。一个多世纪以来,泛伊斯兰主义一直广泛流传,并发展成为一个具有广泛国际影响的社会政治力量。从这个角度来看,泛伊斯兰主义运动仍具有某些积极意义,但无论是新泛伊斯兰主义还是旧泛伊斯兰主义,到后期都扮演了不光彩的角色:它不但没能使伊斯兰世界振兴,挽回奥斯曼帝国解体的命运,反而成为了某些国际势力推行其"卑劣"政策的工具。

泛突厥主义思潮最早萌发于 19 世纪 70 年代沙俄统治下的克里米亚和伏尔加河流域的鞑靼知识分子阶层中间。18 世纪以来,深受大俄罗斯主义压迫之苦的鞑靼人中间开始出现颇为活跃的商业资本集团,并开始同俄罗斯商业资本展开竞争。针对泛斯拉夫主义的压力,泛突厥主义恰好为这个中产阶级提供了合适的思想武器。克里米亚鞑靼人伊斯马伊勒·伽斯普林斯基(1851—1914 年)是泛突厥主义早期的代表人物,被称为"泛突厥主义之父"。他将泛斯拉夫主义、泛伊斯兰主义和自己的思想相结合产生了最初的泛突厥主义,即主张将所有突厥语民族联合起来建立一个统一的国家。他的活动主要集中在教育、语言改革和报刊宣传方面,最重要的努力是企图创造一种适用于沙俄帝国所有穆斯林突厥人的民族统一性,其象征是其著名的口号"语言、思想和行动的团结一致"。到 20 世纪初,在沙皇俄国的高压政策下,包括伽斯普林斯基、阿克舒拉在内的许多泛突厥主义人士流亡到奥斯曼土耳其,对那里的青年知识分子和青年土耳其党产生了重大影响。青年土耳其党人公然宣称,凡属奥斯曼帝国范围的民族,必须土耳其化,主张突厥语各民族必须统一讲突厥语言,联合成一个突厥民族实体;扬言要把从达达尼尔海峡到阿尔泰的突厥民族统统纳入到土耳其的统治与管辖之下。如果用宣传解释不能实现这个主张,就用武力保证其实现。孜牙·乔加勒甫是土耳其泛突厥主义的奠基人,他认为突厥人只有一种语言和文化,并提出土兰的小、中、大方案。泛突厥主义在其初期带有大量的民族独立因素,代表了中亚地区刚刚被征服民族坚持自己传统信仰和民族渊源,抵制泛斯拉夫主

---

① 　徐亚青:《中亚五国转型研究》,民族出版社,2003 年版,第 111 页。

义政策的反抗情绪,但后来开始向大国的政治工具蜕变。二战期间,泛突厥主义企图获得大国的支持以实现自己的目标而倒向法西斯德国,打出了反苏反共的大旗,狂妄叫嚣要"解放"突厥各民族,梦想建立"大土耳其"。二战后,其掺杂的大国政治目的越来越多,其宣扬的政治手段也越来越偏激。

二、"双泛"思潮在中亚地区兴起的历史和国际背景

"双泛"思潮能够在中亚五国兴起,有着复杂的原因,这与中亚以往的历史文化背景和中亚独立后所处的国际环境密切相关。

泛突厥主义和泛伊斯兰主义是在中亚五国独立以前就曾在中亚地区产生过影响的思潮。"泛突厥主义之父"伽斯普林斯基曾访问过布哈拉、塔什干和撒马尔罕等地,宣传他的俄国所有信奉伊斯兰教的人联合起来成立一个统一国家的政治主张。他主持编辑的《翻译者》杂志在南俄、中亚等地发行量达 5000 ~ 6000份。当时,泛突厥主义思潮在饱受沙俄压迫的、突厥语的中亚各民族中有广泛的影响……以色列学者雅各布·莫·兰道甚至认为,泛突厥情绪是 1916 年中亚人民起义的基本推动因素之一"。①主张将泛突厥主义从文化领域转向政治领域的阿合买提·维利迪·托甘教授在十月革命时组织了总部设在布哈拉的"突厥斯坦民族委员会,目的就是在中亚地区——布哈拉、希瓦、费尔干纳和谢米列契等地建立一些独立国,然后将它们联合起来,实现宏伟的泛突厥计划"。② 俄国十月革命后,泛突厥主义继续发展,一部分泛突厥主义分子参加了以中亚的反动封建巴依为社会基础的巴斯马奇叛乱,泛突厥主义和泛伊斯兰主义成为他们反对苏维埃政权的两面旗帜,有一部分曾打入苏维埃政权内部,其代表人物是曾高居民族事务委员部委员的鞑靼族俄共党员苏丹·加里耶夫。苏丹·加里耶夫派在十月革命后的最初年代,作为"同路人"参加革命,但是其目标是促进苏联东部地区"土兰国家"的形成,倡导建立一个包括伏尔加—乌拉尔和中亚地区的大突厥国家。泛伊斯兰主义和泛突厥主义同样有着深厚的历史根源。中亚是一个传统的伊斯兰地区,伊斯兰教传入中亚地区已有 1 000 多年的历史,中亚居民的80% 以上都是穆斯林。"泛伊斯兰主义之父"哲马鲁丁·阿富汗尼曾说过:"联合中亚、南亚地区的穆斯林大众共同抗拒沙俄是唯一可选择的对策。"③泛伊斯兰主义受到奥斯曼帝国的青睐,为实现其利益到处宣传泛伊斯兰主义。在沙俄统治下的中亚地区,泛伊斯兰主义思潮也颇为活跃,"俄国穆斯林在彼得堡和喀

---

① 赵长庆:《中亚五国概论》,经济日报出版社,1994 年版,第 189 - 190 页。
② 王淑梅:《泛突厥主义的历史考察》,《世界民族》,2000 年第 2 期。
③ 吴云贵:《穆斯林民族的觉醒》,中国社会科学出版社,1994 年版,第 65 页。

山创办了两家宣扬泛伊斯兰主义的刊物,布哈拉的埃米尔亲自领导当地的泛伊斯兰运动……奥斯曼帝国苏丹曾派遣代理人到包括中亚在内的一些地区招募穆斯林王公贵族的子弟进行培训,作为从事'圣战'的骨干力量"。①

"双泛"思潮在当代中亚兴起的国际背景是第三次民族主义浪潮的兴起和苏联的解体。20世纪80、90年代,原社会主义联邦国家纷纷解体,诸多新兴的民族独立国家建立,国际上出现了第三次民族主义浪潮。无论是泛伊斯兰主义还是泛突厥主义都可以称得上是一种民族主义,在第三次民族主义独立浪潮的冲击下,从未消失的"双泛"思潮企图东山再起。苏联的解体、中亚五国的独立为其提供了绝佳的机会。首先,前苏联一直是"双泛"势力发展的障碍,它在全国推行无神论教育,严格限制伊斯兰教的发展,更不允许泛伊斯兰主义对其权威进行挑战;对泛突厥主义而言,二战时期苏联在中亚地区对其实施打击使之一蹶不振,苏联的解体为"双泛"势力在中亚地区发展扫清了一大障碍。其次,中亚四国(塔吉克斯坦除外)属于突厥语民族国家,中亚地区有80%以上的人口信奉伊斯兰教,在其独立后民族独立观念和民族主义情绪迅速上升,并且这一地区是"双泛"势力自从产生以来就一直苦苦追求的天然领地。最后,随着俄罗斯从中亚地区的撤出,该地区遂形成了政治、经济、文化和权力的真空,并且新独立的中亚国家面对独立后在国民经济建设方面的实际困难和国际强权试图构建冷战后单极世界"新秩序"的野心,以及在脱离"大苏联"后的心理调适过程中,自然也会从"文化亲缘国家"的角度寻求国际支持,这些都为土耳其等有政治经济能力推行泛突厥主义和泛伊斯兰主义并可以利用宗教和语言纽带的国家提供了机会。

三、"双泛"思潮在中亚地区的表现

(一)泛伊斯兰主义的表现

苏联解体以后,将自己视为伊斯兰世界领袖的伊朗,以宗教为纽带,利用同中亚穆斯林在宗教信仰、语言文字、生活习惯和历史渊源等方面的传统联系,凭借石油美元积累起来的实力不断向中亚地区进行政治、经济、文化和思想的渗透,推广伊斯兰教,这其中也难免夹杂泛伊斯兰主义的思潮;试图利用地缘优势插手苏联解体后的中亚事务,以此填补中亚各国的"政治真空"。伊朗曾派出大量宗教人士前往中亚传播伊斯兰原教旨主义,免费赠送《古兰经》,为朝觐者免费提供食宿,接收留学生,资助修建清真寺等等,使泛伊斯兰主义思想得以推广。从1991年底开始,伊朗多次派政府要员访问中亚各国,向其提供经济援助,开放

---

①　赵长庆:《中亚五国概论》,经济日报出版社,1994年版,第184页。

边界,联通航空、公路和铁路,它还是世界上第一个在塔吉克斯坦首都杜尚别设立大使馆的国家。伊朗还尽力将中亚国家拉入由其主导的合作组织。根据伊朗的倡议,由土耳其、伊朗和巴基斯坦参加的地区经济合作组织,于1992年将阿塞拜疆、乌兹别克斯坦、吉尔吉斯斯坦和土库曼斯坦接纳为该组织的观察员。伊朗领导人表示,希望看到经济合作组织将成为建立某种"伊斯兰共同市场"的基础。为了突出自己的形象,伊朗还按土耳其的"黑海倡议"模式于1992年建立总部设在德黑兰的"里海沿岸国家合作组织"。伊朗、阿塞拜疆、哈萨克斯坦、土库曼斯坦和俄罗斯成为该组织的成员国。另外,各种名目的伊斯兰组织作为传播伊斯兰教的载体,也积极介入中亚事务,利用宗教优势频繁扩展和施加自己的影响。它们当中有伊斯兰会议组织、伊斯兰开发银行、国际伊斯兰教育协会、国际伊斯兰通讯、伊斯兰广播事业联合体和伊斯兰发展基金会等,这些组织和机构为传播伊斯兰教发挥了重要作用。

在内外因素的作用下,伊斯兰教在中亚迅速兴起,并出现了与伊斯兰原教旨主义既相互交叉、相通,又对峙、分庭抗礼的现象。中亚五国独立后不久,该地区就出现了带有浓厚的泛伊斯兰主义和原教旨主义色彩的政党,其代表是全苏伊斯兰复兴党。这个政党的宗旨就是要推翻现有制度,确立伊斯兰的统治地位,建立政教合一的伊斯兰国家。它在除吉尔吉斯斯坦以外的中亚国家都建立了基层组织,其中尤以塔吉克斯坦伊斯兰复兴党实力最为雄厚。此外,类似的政党还有乌兹别克斯坦"统一"运动、"吉尔吉斯运动"和哈萨克斯坦"九月党"等。另外还有一个重要的现象就是,在中亚地区出现了"瓦哈比"宗教政治运动。在中亚,"该运动主要集中在乌兹别克斯坦,对吉尔吉斯斯坦的奥什和贾拉拉巴德地区的乌兹别克族居民也有一定影响……它们同乌兹别克斯坦伊斯兰复兴党的主张并不完全相同,伊斯兰复兴党想要参加议会,而瓦哈比派并不想参政,它们想要的是'革命'"。[①] 1991年,乌兹别克斯坦的一些狂热"瓦哈比派"极端分子甚至组建了"宗教狂"机构——"伊斯兰卫队",其在1992年遭到严重镇压后曾一度消沉,但是后来再度兴起,并且政治性、暴力性和恐怖性越来越明显,斗争的矛头直指现政权,进行了一系列恐怖暴力活动。

(二)泛突厥主义的表现

进入20世纪90年代,冷战后特定的国际背景为泛突厥主义思潮在中亚地区的泛起提供了宽松的氛围。土耳其同其他国家一样急切地进入了中亚,企图填补"政治真空",泛突厥主义的思潮与活动开始在中亚抬头。其主要活动方式有:召开国际会议、派要员访问中亚各国、推广泛突厥主义以及在中亚境内进行

---

① 赵长庆:《中亚五国概论》,经济日报出版社,1994年版,第187页。

泛突厥主义的宣传等。

1990 年 12 月,原苏联中亚突厥语共和国和其他国家突厥语代表等在伊斯坦布尔举行了突厥斯坦国际代表大会。会议主张突厥人要在政治上协调一致,建立以土耳其为模式的突厥人联合体。1991 年 4 月,原苏联四个突厥语加盟共和国和六个自治共和国均派代表参加了在鞑靼斯坦首府喀山召开的突厥民族问题讨论会,会上重申了伽斯普林斯基提出的“语言、思想和行为一致”的口号,并提出了诸如建立“完整的突厥社会”等富于政治色彩的口号和主张。1992 年 10 月,首届突厥语国家首脑会议在土耳其首都安卡拉召开。中亚突厥语国家领导人都出席了会议,签署了以发展经济为主要内容的《安卡拉宣言》。在会上,不仅泛突厥主义受到各国的一致支持,更为激进的“土兰主义”也被提了出来。两年以后,又在土耳其的伊斯坦布尔举行了第二届突厥语国家首脑会议,“突厥语国家走向一体化”是这次大会的主要议题。在这次会议上,卡里莫夫和阿卡耶夫都发表了支持泛突厥主义的言论。1993 年 3 月,在伊斯坦布尔召开的“突厥民族会议”决定推进哈萨克斯坦、阿斯特拉罕和克里米亚鞑靼人之间的联系。早在 1990 年 8 月,土耳其就派出所谓“突厥世界调查团”前往中亚“考察”,广泛结交各界人士。1992 年 4 月,土耳其总理德米雷尔首次对新独立的中亚突厥语国家进行正式访问,呼吁所有突厥人互相接近,建议成立一个“突厥大市场”,并允诺向中亚国家提供 10 亿美元的援助。之后,土耳其国家要员频频出访中亚。1992—1997 年,土耳其总统三次访问哈萨克斯坦,签订涉及政治、经济、军事和人文等各个领域的大量文件。在中亚境内进行泛突厥主义宣传是土耳其的另一项重要活动,“作为其推广土耳其语为共同语言政策的一部分,土耳其的中亚和高加索地区卫星电视网络每晚向这些地区播放 3 个小时的节目。……土耳其还承担了大量中亚学生和公务员的教育和培训工作”。① 帮助中亚各国建立中学,为其提供师资、教科书和打印机等。土耳其还向中亚国家推广其经济发展模式,并派大批专家对其进行帮助。

在境外泛突厥势力的影响和推动下,中亚国家内部的泛突厥主义思潮也有所表现。首先就是泛突厥主义组织纷纷恢复活动。这些组织有哈萨克斯坦的“解放党”和设在阿拉木图的“全苏突厥文化中心”,乌兹别克斯坦的“乌兹别克民主党”、“统一人民阵线”和“团结会”,其中“被认为是哈萨克斯坦三大民族主义组织之一的‘阿拉什’持有明显的极端泛突厥主义的观点。该组织主张恢复突厥和伊斯兰传统,把泛突厥思想、伊斯兰教和民主结合在一起。它声称要建立

---

① ［美］佩马尼著,王振西译:《虎视中亚》,新华出版社,2003 年版,第 84 页。

一个从伊斯坦布尔到海参崴的'大土耳其斯坦',组成'独立的突厥国家联邦'"。①

四、中亚泛伊斯兰主义和泛突厥主义的关系

泛伊斯兰主义和泛突厥主义是伴随着民族主义产生和发展的,是民族意识觉醒的另一种表现形式,是伊斯兰世界寻求抵御外部强敌、实现自强的一种思想表现和实践运动。因而西方学者称泛伊斯兰主义和泛突厥主义都是一种"民族主义",只不过因其主张将所谓的共同语言、历史或宗教联系的"突厥同胞"或"伊斯兰教徒"统一在一个国家里,所以是一种极端的民族主义。

泛突厥主义与泛伊斯兰主义在中亚孪生且连体。首先,从宗教信仰和民族上来讲,中亚地区的突厥语民族大都信仰伊斯兰教,这就先天决定了两种思潮的不可分割性。其次,中亚地区的泛突厥主义和泛伊斯兰主义几乎同时发生,它们的最终目标相似,因而在传播过程中相互支持,不断融合,有时甚至合二为一。比如它们曾推行的"扎吉德运动",既是实践泛突厥主义的"在语言、思想和行动上联合起来"的"三统一",又是对旧的伊斯兰宗教教育制度的改革。可以说,俄国的泛突厥主义与泛伊斯兰主义在"扎吉德运动"中找到了联系的纽带,这是其在传播过程中的一个显著特点。

虽然中亚的泛突厥主义认为泛伊斯兰主义是反动的,在泛伊斯兰主义产生初期曾认为泛伊斯兰主义和沙俄的统治是突厥民族进步的最大障碍,但是始终却没有同它公开分裂,只是偶尔对它有所攻讦,"泛突厥主义者面对伊斯兰教在突厥语族广大群众中有广泛、深刻影响的现实,从来就没有打算同宗教界人士占统治地位的泛伊斯兰主义思想体系分手,相反地竭力加强同它们的联系,有时简直就像个泛伊斯兰主义者,有意不表现出与泛伊斯兰主义的差别"。② 在泛突厥主义产生初期,伽斯普林斯基的泛突厥主义就是在"扎吉德运动"中找到了与泛伊斯兰主义联系的纽带。1905 年以后,他的活动开始政治化,组织了俄国的"穆斯林联盟"、"促进穆斯林文化发展协会",其公开宗旨是把俄国的穆斯林团结在共同语言的旗帜下,小心翼翼地用泛伊斯兰主义来掩盖其泛突厥主义。并且,泛突厥主义的宗教观与泛伊斯兰主义并无实质上的区别,苏丹·加里耶夫派就说:"根据伊斯兰教义,宗教和民族是同一的。在伊斯兰教义面前,只有唯一的国际伊斯兰,只有一切民族在伊斯兰教的旗帜下的团结和统一"。③

---

① 李静杰总主编,赵长庆主编:《十年巨变·中亚和外高加索卷》,东方出版社,2003 年版,第 141 页。

② 赵长庆等:《中亚五国与中国西部大开发》,昆仑出版社,2004 年版,第 316 页。

③ 潘志平:《泛伊斯兰主义简论》,《西北民族研究》,2004 年第 2 期(总第 41 期)。

五、"双泛"思潮在中亚的未来

在中亚国家独立初期,伊朗和土耳其率先进入中亚这个苏联解体留下的真空地带,同时它们宣扬的泛伊斯兰主义和泛突厥主义在中亚地区也迅速兴起。但是后来中亚国家认清了"双泛"思潮的本质,开始冷静地对待"双泛"思潮,并对其进行抵制。随后,"双泛"思潮沉寂一段时间,但是随着国际极端势力的兴起,中亚的"双泛"思潮也开始走向了极端,同时也意味着开始走向了末路。"双泛"思潮作为一种政治运动在中亚注定是要失败的,这是因为:

首先,宣扬"双泛"思潮的外部政治力量的实力不足。软实力的推广需要有强大的硬实力做后盾,硬实力不足,软实力也就无法发挥作用,"双泛"思潮作为一种软实力同样要受制于硬实力。伊朗和土耳其之所以在中亚地区宣扬"双泛"思潮,就是为了利用在语言或宗教上的联系将自己的势力延伸到中亚地区,使中亚地区处于自己的影响之下。但是这两个国家的实力与在中亚地区角逐的其他力量相比相差甚远,"在军事安全领域,土耳其实际上不能向中亚国家提供任何帮助,而它在中亚的经济角色也没有重要到足以保证自己处于优越的地位。结果它只能求助于社会因素和文化活动。实际上,土耳其在伊、土和俄三国的竞争中日益处于靠边的地位,因为它在满足中亚的需要方面所起的作用越来越小"。① 土耳其外长曾坦率地承认"我们过去确有不切实际的想法",②因而中亚国家对土耳其也越来越失望,不得不转而依靠其他国家。伊朗在财力上同样力不从心,伊朗的贸易额仅占中亚国家的1%而已,"伊朗对中亚国家最为重要的是地缘政治和经济利益……至于安全领域伊朗所能发挥的作用相对有限"。③

其次,中亚国家自身的状况造成"双泛"思潮在中亚的失败。境外国家在中亚地区宣扬"双泛"主义并不是真的为了建立一个联合国家,而是为了通过所谓的建立联合国家尽力控制中亚地区,扩大自己的政治影响力。而中亚国家对任何政治安排中的二流位置都没有兴趣,它们不想放弃已经获得的独立地位,割断与邻国的关系,寻求另一个"老大哥"来取代前苏联这个"老大哥"。经过10多年的发展,中亚地区的新民族国家已基本定型,各国经济的进步,民族语言和文化的发展,进一步巩固了各国的民族自我意识。中亚地区的民族宗教情况也决定了"双泛"思潮必然失败。中亚民族的构成相当复杂,今天该地区的突厥语民族,并非拥有共同血统、共同政治历史传统的共同体,而是吸收了许多人种的复

---

① ［美］佩马尼著,王振西译:《虎视中亚》,新华出版社,2003年版,第228页。
② 杨曼苏:《土耳其向何处去》,《西南亚研究》,1996年刊,第23页。
③ 王桂芳:《中亚战略格局与中国安全》,军事科学出版社,2004年版,第127页。

合体,可以说只是语言上的集合名词。而且,由于历史上突厥王朝统一时间短,社会长期处于分裂状态,造成中亚的突厥社会缺乏向心力。而对于伊斯兰教来说,它既没有像西亚国家那样的自上而下的伊斯兰机构和土耳其以伊斯兰教大法官为首的教权阶层,也没有像西亚国家那样伊斯兰教与政权紧密结合的历史,因而伊斯兰在中亚很难发挥聚集民族内部团结的政治功能。中亚国家间的关系也不适合履行"双泛"主义,"中亚国家之间存在各种各样的矛盾。哈、乌作为中亚两个大国,都想在该地区充当领袖,存有龃龉。土库曼斯坦坚持'永久中立',奉行'事不关己高高挂起'的方针,在一些问题上不同其他中亚国家联合行动。在这种情况下,中亚国家本身尚且难以真正实现联合",①就更不要说和其他国家共同构建联合体了。

再次,中、俄等国反对"双泛"思潮。中国反对"双泛"思潮是为了维护国家的统一。中亚五国中有三国与中国拥有共同边界,同时中国与中亚国家存在多个共同信仰伊斯兰教的同源跨国民族。无论从地缘的相互依存还是民族的相关性而言,中国与中亚国家都休戚相关。"双泛"在中亚地区的兴起,势必影响中国西部地区信奉伊斯兰教的突厥语民族,而且"双泛"运动最终想要建立的联合体均包含着中国的新疆地区,直接威胁着中国的国家安全和领土完整。"东突厥斯坦"就是利用"双泛"思潮以及和中亚地区的同族同教的感情,以中亚为基地从事分裂中国的行动。所以,中国对"双泛"思潮十分厌恶,将其作为极端反动思想对待。俄罗斯同样不能容忍"双泛"思潮的泛滥。(1)俄罗斯一直将中亚地区视为其传统势力范围,俄罗斯对中亚地区外交的成败不仅影响它在独联体中的地位和声望,更事关俄罗斯在国际战略格局中的地位。在北约东扩步步紧逼、俄罗斯的战略空间日益缩小的情况下,处于欧亚大陆腹地的中亚是俄罗斯保证自身安全和维系大国地位的重要屏障。中亚地区还是俄罗斯经济发展的重要伙伴地区和资源供应地,也是俄罗斯传统产品的庞大市场,它绝不会轻易放弃其在中亚地区的优势地位。而"双泛"运动的目的之一就是将中亚地区置于伊朗或土耳其的控制之下,这是俄罗斯所不能忍受的。(2)"双泛"思潮的泛滥同样会对俄罗斯的国家安全造成威胁。俄罗斯南部地区和中国西部地区的情况有相似之处,都和中亚存在同源同教跨国而居的民族。俄罗斯将中亚地区作为其保卫其南部边界安全的屏障,无论是泛突厥主义还是泛伊斯兰主义在中亚地区的泛滥,无疑都会对俄罗斯境内突厥语民族和穆斯林起到示范效应,威胁俄罗斯的国家稳定和领土安全,所有这些都决定了俄罗斯不会放任"双泛"思潮在中亚地区的泛滥。

---

① 赵长庆:《中亚五国概论》,经济日报出版社,1994年版,第194页。

最后,"双泛"思潮自身的特征决定了其作为政治运动是注定要失败的。泛突厥主义所鼓吹的"民族自决"根本不是解决民族问题的出路,当代国际社会也不存在接受这种要求的体制,"在民族聚居区域,若每个民族都提出建立单一民族国家的要求,那么实现的途径只能是移民或种族清洗"。① 在当前的国际大背景下,按照民族对国家再划分已经成为一种过时的现象,它会遭受到几乎所有国家的反对。况且泛突厥主义所宣扬的"突厥民族"并不真正存在,是泛突厥主义者主观臆造出来的,它只不过在语言上有相似性而已,并不是现代意义上的民族,所以也就不适合民族自决理论。因此,无论在理论上还是在现实中,泛突厥主义的命运注定都是要失败的。泛伊斯兰主义主张将所有的穆斯林团结起来建立政教合一的国家,则完全忽视了各伊斯兰国家和民族的不同利益,而把伊斯兰教的利益置于这些国家和民族的根本利益之上,企图以共同的宗教信仰把各伊斯兰教国家和民族联合在一起。这与视国家利益为最高利益以及主张政教分离的现代国家理念不相符合,因此试图以伊斯兰教利益取代国家利益,建立以伊斯兰教为基础的统一的伊斯兰教国家的泛伊斯兰主义的这一主张,是根本不可能被各国穆斯林接受的。

虽然作为一种政治运动的"双泛"运动不可能成功,但是由于"双泛"思潮有伊斯兰文化和突厥语文化作为自己的留守阵地,它不可能因为"双泛"政治运动的失败而消失;它会退守到文化领域,等待合适的机会,以求东山再起。

第三节　霸权主义:欲"霸"不能

美国的全球霸权战略决定了其战略利益遍布全球,所以美国的霸权主义在全球各地都可能有所表现,这取决于个别地区在美国全球战略中的地位以及美国在这些地区所拥有的利益。中亚地区在独立后以其重要的地缘战略位置和丰富的能源,尤其是在里海丰富的油气资源被发现后,受到美国越来越密切的关注。但是由于地理环境、政治类型、宗教信仰和社会文化等条件的限制,美国一直没有机会大规模扩大在中亚地区的影响。反恐战争给美国提供了一个入驻中亚的绝佳机会,特别是在"9·11"后,美国在中亚地区的影响力迅速增加,并成功地驻军中亚。但是,中亚是一个全球各大势力都想施加影响的地区,美国暂时还无力主导中亚,这些决定了美国现今的中亚战略。

一、美国"霸权主义"的内涵

冷战结束后国际局势发生了巨大的变化,以往的两极格局被打破,美国成为

---

① 花永兰:《国外学者关于当代民族主义研究综述》,《国际资料信息》,2004 年第 8 期。

世界上唯一的超级大国,在政治、经济、军事和科技等领域都具有绝对优势,没有哪一个国家拥有对其地位形成挑战的实力。在这种背景下,美国对旧霸权主义进行了继承和发展,形成了新霸权主义。"美国新霸权主义是冷战后美国推行的以利用经济全球化浪潮推动资本主义经济制度全球化为特征的新经济殖民主义、以通过输出西方民主价值观和干涉别国内政途径建立全球机制化霸权体系为特征的新干涉主义、以预防战略为指导思想和以强化军事同盟以及发展军事革命为途径建立新的'霸权和平'为特征的新炮舰政策的综合体"。[①] 其目的是为了建立以美国为主导的单极世界和在全世界的领导作用;保持美国的超强地位,不允许任何国家对其地位进行挑战;向全球兜售其价值观,将民主推向全球,建立全部由"民主国家"组成的世界。与旧霸权主义相比,美国新霸权主义由"遏制"和"争霸"转向"进攻"和"称霸",是一种更具全球扩张性的霸权。它以欧亚大陆为其地缘政治中心,以"北约"和"日美同盟"为基础"东西并进",企图控制整个欧亚大陆,进而控制世界。在手段上,在以政治、经济和军事等"硬权力"为主要支持力量的同时,也注重"软权力"的作用。"'软权力'扩张的实质是利用美国在意识形态的广泛传播和美国主导的国际机制的优势,将其他国家纳入到美国主导的国际体系中来,遵守美国所倡导的国际机制、规则、秩序,成为美国意义上的守规矩、负责任的国家,从而不对美国的霸权地位和霸权体系构成挑战"。[②] "文化扩张"是美国"软权力"全球扩张的方式之一,通过价值观念的输出支配国际政治秩序,是美国实现霸权战略的基本手段。另外一个新特点就是推行制度霸权,利用国际规范、国际制度和机制来制约其他国家,维护自己的霸权利益,其代表的不仅仅是一个国家的利益,而是整个国际资本的利益,其中主要是发达国家的利益。

二、中亚在美国全球战略中的地位及美国的中亚战略

(一)中亚在美国全球霸权主义战略中的地位

中亚地区位于欧亚大陆的腹地,不仅是连接欧亚大陆和中东的要冲,还是大国势力东进西出、南下北上的必经之地,地缘战略位置十分重要。历史上,许多大国曾在这里展开激烈的争夺,曾经的英俄之争就是一个生动的例子。麦金德关于"世界中心说"的三断式言论的影响也从来没有消失。美国全球霸权战略的地缘政治中心就是欧亚大陆,虽然其西有"北约",东有"日美同盟",形成东西夹击之势。但是,如果美国不能在欧亚大陆的心脏地带找到立足点,那么美国推

---

① 周柏林:《美国新霸权主义》,天津人民出版社,2002年版,第6页。
② 韩玉贵、王域霞:《冷战后美国霸权主义的新特点》,《当代世界与社会主义》,2006年第2期。

行的东西共进的欧亚大陆政策就缺少内在的张力,从而难以形成真正完整的
"合力"。所以,美国需要扩大其在中亚的影响,将其东、西、南各个周边地带连
为一体,进而控制整个欧亚大陆。在建立全球霸权的总目标下,所有这些决定了
美国不可避免地要高度重视中亚。与中亚地区地缘环境相关的另一个因素是其
周边地缘环境。在美国的霸权主义中,较为重要的一点是保持霸权地位,避免来
自任何潜在国家的挑战,而美国认为在中亚周边存在多个对其霸权地位存在挑
战性的力量,即中国、俄罗斯和伊斯兰世界。如果美国能够成功经营中亚,那么
中亚地区就有可能成为美国全球战略链条中的关键环节,成为配合和支撑美国
欧亚大陆东西两向战略的重要支点;还可以对其假想的潜在挑战者进行遏制,如
北可以进一步压缩俄罗斯的生存空间,彻底切断其南下印度洋的出路;东可以配
合其亚太战略和南亚战略,对崛起的中国进行围堵;南可以对伊斯兰世界以及极
端主义进行抵制打压;西可以将其影响扩大到里海和高加索地区,确保能源战略
的多元化;并可以在整个地区控制大规模杀伤性武器的扩散,这对保卫美国的国
家安全利益来讲也是十分重要的。美国霸权主义的推行必须依靠强大的硬实
力,硬实力的关键是经济的强大,碳氢能源又是现代经济的重要支柱。对于要称
霸全球,又对国外石油严重依赖的石油消费大国美国来讲,控制世界重要石油产
区,垄断国际石油市场,建立所谓的"石油霸权"对其全球霸权战略十分重要;这
样它不但可以确保本国石油供应以维持经济高速增长,还能实现对依赖进口石
油国家的间接控制。中亚的里海地区有"第二个波斯湾"之称,是 21 世纪世界
经济发展的最大能源库之一。舆论认为,在与油气资源相关的地缘政治图谱中,
谁能控制了中亚的石油,谁就能在全球能源战略格局中争取主动。所以,对于美
国的全球霸权战略而言,中亚地区的能源战略地位非常重要。

(二)美国的中亚战略

　　虽然中亚地区的战略地位十分重要,但是由于美国和中亚在历史上没有任
何关系,所以美国的中亚战略并不是从一开始就十分明确的,而是经历了一个逐
渐调整的过程。根据美国全球霸权战略和中亚的实际情况可以将美国的中亚战
略描述为:"直接战略目标是:利用冷战后俄罗斯持续衰落的有利时机,以政治
和文化影响为先导,以经济援助为主要手段,以军事进入为支撑,在这块曾长期
属于苏联和俄罗斯传统势力范围的地区削弱俄罗斯在这一地区的力量,抑制中
国逐渐增长的影响,遏制伊朗伊斯兰原教旨主义势力的蔓延;控制和获取中亚丰
富的能源;建立并扩大打击恐怖主义的基地。其长远目标是:通过逐步经营中
亚,在欧亚大陆的中心地带塑造一个有利于美国的地缘政治环境",[①]进而使中

---

① 朱成虎主编:《十字路口:中亚走向何方》,时事出版社,2007 年版,第 234 页。

亚成为美国在欧亚大陆上的全球霸权战略枢纽,为其霸权主义服务。只不过,在具体的阶段其侧重点有所不同。在中亚国家独立初期,美国的中亚政策还相当模糊,其重点是防止核武器扩散,为此美国在初期曾和俄罗斯进行过合作;另一重点是保证中亚国家的独立性,布热津斯基在《大棋局》中反映了美国这一战略的侧重点,他写道:"美国的首要利益是帮助确保没有任何一个大国单独控制这一地缘政治空间,保证全世界都能不受阻拦地在财政和经济上进入该地区。"其后,随着俄罗斯和西方"蜜月期"的结束,俄美双方都认识到了中亚地区的重要性,并开始加大对中亚地区的重视程度,尤其是对中亚地区的地缘和能源的关注程度。美国在经济、能源和政治改革方面加大了对中亚的渗透力度。"9·11"事件以后,美国虽然为了打击恐怖主义而在民主方面放松了对中亚的要求,但没有完全放弃对中亚进行民主化的改造。这一时期其战略重点在打击恐怖主义、民主改革和能源三个方面。美国务院助理国务卿伊丽莎白·琼斯这一时期将美国中亚战略长期而重要的三个目标描述为:"防止恐怖主义蔓延;帮助中亚国家进行经济和政治改革,推行法治;确保里海能源资源的安全透明化开发。"①在2005年的"安集延事件"之后,美国对中亚政策又进行了调整,推行大中亚战略,以此提升中亚的战略地位,计划将其和南亚联合起来,并加大民主改造力度,但"不是推翻政权,而是通过积极的变化实现民主的稳定"。② 它还首次提出用"平衡的方式"同时推动"反恐、能源和民主"三组利益,把"推进民主理念"改为"推动政治经济改革"。

(三)美国在中亚地区推行霸权主义但不寻求地区称霸

美国在中亚的战略目标是进行民主化改革,使中亚国家投入西方的怀抱;控制中亚的能源资源;遏制潜在挑战者,这些都服务于美国的全球霸权战略。但是,推行霸权主义并不代表就要寻求地区霸权;由于历史因素和现实条件的影响,美国的中亚战略只是为其全球霸权主义服务,而不是直接寻求地区霸权。它尽力避免俄罗斯等势力独霸中亚,但自己也不打算称霸中亚,而是采取一种"即不统治也不排他"的战略,以"利益均沾"作为中亚秩序的前提,建立所谓的"政治多元化"。之所以如此,并不是说美国不想在中亚称霸,而是由于种种因素的限制,使得它无法称霸;只能尽力扩大自身在中亚的影响,并保证中亚不被某一个势力独占,将自己排除在外,为其全球霸权战略提供服务。影响美国在中亚地区寻求霸权的因素主要有以下几个方面:

---

① A. Elizabeth Jones. "U. S. – Central Asian Cooperation Testimony to the Subcommittee on Central Asia and the Caucasus". Foreign Relations Committee. U. S. Senate. December 13, 2001: 9.

② Richard Boucher. Keynote speech on the First Kabul Conference on partnership: "Trade and Development in Greater Central Asia." April 2006. p. 14.

　　首先,美国自身条件的限制。美国虽然强大到了没有任何实力可以对其进行挑战的地步,但是它还没有强大到可以解决一切问题的程度,在诸如反恐和武器扩散等方面还需要其他国家的帮助和认可。尤其是在中亚这些历史上处于苏联控制,现如今依然深受俄罗斯影响并且存在反美势力的地区,美要称霸难度就更大。另一方面,虽然美国极力对该地区进行渗透和施加影响,但是美国不是欧亚大陆国家,与中亚地区相距太远,在民族和文化上也没有内在联系,在政治上也不是亲西方的民主政体;这些地缘政治文化环境决定了美国不可能在短期内成为中亚的主导力量。还有一个因素就是,中亚在美国的全球战略中并不像其他地区那样受重视。"从 1992 年到 2002 年,美国对中亚五国的外交援助不到 30 亿美元……美国给中亚五国提供的只不过是象征性的帮助,用于它的经济、政治和社会重建"。[①] "2007 年 2 月 5 日公布的布什政府 2008 年度财政预算显示,美国对中南亚的援助金额增加了 6%……对中亚五国的援助金额则比 2006 年度减少了 24%,其中对乌兹别克斯坦和哈萨克斯坦的援助减少得最多",[②]这与其中亚政策口头上的高调形成了鲜明的对比。同时,美国也担心涉足中亚过深会招致俄罗斯的反对,为了同中亚国家发展关系而牺牲同俄罗斯的关系,既不符合美国的现实利益,也不符合美国的长远战略。

　　其次,美无法排除其他主要竞争对手的影响,尤其是俄罗斯和中国,只能与其共存。关于俄罗斯,其与中亚国家在原苏联体制中共同生活了 70 多年,在政治、经济、文化、军事和安全等方面与中亚地区有着割舍不断的联系,中亚国家在这些方面对俄罗斯的依赖程度非常强。即使是在独立后,中亚地区的能源输出、地区安全等重要方面依然离不开俄罗斯。普京上台后,俄罗斯经济高速发展,国家实力大大提高,俄罗斯开始加大对中亚的外交力度,打算重振大国雄风。另一方面,如果美国要想在中亚地区占居主导地位,就必须维持中亚地区的稳定,而俄罗斯在该地区发展中积极的经济参与对这一地区的稳定是必不可少的。中国是与中亚地区直接相邻的另一个大国,与中亚地区有着漫长的边界和同源跨国民族。随着中国经济的发展及实力的增强,这将不可避免地使中国在中亚有着巨大的地缘政治利益和能源需求。中国对美国在中亚的举动不会视而不见,其必将以上海合作组织为依托,利用地缘优势,争取实现在中亚地区的利益最优化,这必将削弱美国在中亚的影响力。中亚地区爆发"颜色革命"后,美国再次认识到中俄在中亚地区的影响力,认为其地缘优势是美国无法企及的。不管美

---

　　① [美]玛莎·布瑞尔·奥卡特著,李维建译:《中亚的第二次机会》,时事出版社,2007 年版,第 74 页。

　　② Joshua Kucera. "US Aid to Central Asia:The Rhetoric and the Numbers are at odds with one other." http://www.eurasianet.org/depatrments/insight/articles/eab020607.shtml.

国的政策有多好,它在减少俄罗斯或中国在中亚地区作用的存在方面,影响甚微,这是因为地理位置给了俄中两国更多的杠杆。由此,美国在中亚地区所追求的并不是绝对排他的统治,而是绝无仅有的中亚事务的仲裁者。

三、美国霸权主义在中亚的表现

虽然美国暂时并不打算在中亚地区称霸,但这并不代表美国永远不想在该地区称霸。美国的中亚政策是服务于其全球霸权战略的,它想在中亚形成有利的战略态势,以维护和加强其在世界的领导地位,所以美国在全球推行霸权主义的一些手段同样被运用到了中亚地区。美国从政治、经济、军事、安全和文化等各个方面对中亚地区进行拉拢、渗透和影响。

首先,在政治上进行拉拢,推行民主化改革。中亚独立初期,美国就在政治上与之开展交往,促使其保持独立,摆脱俄罗斯的影响,并以此挤压俄罗斯的生存空间。在中亚国家独立后,美国立即与它们建立外交关系,推行"积极接触"的政策,与中亚各国发展双边关系。在中亚独立之初,美国不但派出大批高级官员访问中亚,进行考察,如贝克、基辛格、巴克和布热津斯基等都曾访问过中亚,而且它还频频邀请中亚领导人访美。在"9·11"事件之后,美国与中亚国家的双边和多边政治交往进一步加强,政府高层往来密切。美国旨在以这种密切的高层接触,伺机施加影响,促进中亚国家推进"政治和经济改革",拉其靠拢西方。美国还尽力扶植亲美势力,试图在中亚各国建立亲美政权。此外,美国还利用自己的经济优势对中亚进行渗透。美国在1992年颁布的《支持自由法案》的推动下,每年向中亚国家提供大量无偿经济和技术援助。据统计,在1992—1995年间,美国向中亚各国提供了12.3亿美元的经济援助。美国还利用世界银行和国际货币基金组织等国际金融机构以提供优惠贷款为诱饵,附加条件,鼓励其摆脱俄罗斯的影响。另外,美国还利用包括以上的政治、经济手段在内的各种方式迫使中亚进行民主化改革。因为,在美国看来,只有"民主制度"的普遍建立才能切实保障中亚国家的独立地位,从而有效地抵制俄罗斯主导中亚事务的企图。同时,推行民主也是其全球霸权战略中的一项重要任务,这是美国中亚战略目标中的重要一项。克林顿总统曾表示只要中亚国家能"推行改革","我们就和他们在一起"。他还一再对来访的中亚国家领导人施加压力,要他们接受西方的人权观念和价值观念,实行"民主选举"和确保"言论自由"。可见,美企图从政治上和经济上把中亚纳入西方体系。

其次,在经济上进行控制,尤其是对油气资源的攫取。美国支持和鼓励美国公司在中亚投资,这些投资和美国以国家名义提供的援助一样不是纯经济性的,而是试图通过扩大经济合作,利用参与能源开发、帮助建立市场经济和扩大投资等手段,逐步控制一些国家的经济命脉。这些投资主要集中在基础设施、能源开采等对国民经济具有重要意义的领域,如"1993—2004 年,美国对哈萨克斯坦的直接投资达 66 亿美元,主要用于资源开发。目前,仅在乌兹别克斯坦就有美国投资企业 453 家,其中美国独资企业 124 家。可见,美国是乌兹别克斯坦采矿、石油天然气、农业机械制造、食品和运输基础设施建设的最大投资者"。① 中亚地区的油气资源是美国加大对中亚渗透力度的一个重要原因,美国将能源资源定位为美国中亚三大战略之一。从 1990 年代中亚地区发现大量的石油资源开始,美国就积极介入中亚地区的能源资源开发。美国的石油大亨埃克森美孚、谢夫隆和阿莫科等公司在中亚都有投资。由于美国等西方国家起步早,资金和技术雄厚,又有国家的背后支持,这些大公司在中亚地区获得了大部分的开采权。据报道,到 2006 年美国公司已经控制哈萨克斯坦最大的田吉兹油田 75% 的石油资源。由于中亚地区是内陆国家,其油气资源需要通过油气管道输向外界,所以美国对中亚地区油气资源的控制还表现在油气管道的控制上。以前中亚的油气只能通过俄罗斯油气管道输往西欧,美国为了打破俄罗斯对该地区的垄断局面,力争修建绕开俄罗斯的油气管道并取得了很大成就。"2001 年,里海管道集团长达 1 580 公里的管道投入使用,将哈萨克斯坦的石油从田吉兹输送到黑海……2005 年 5 月 25 日,绕开了俄罗斯,巴库 - 第比利斯 - 杰伊汉输油管道正式开通……与之并行建设的南高加索天然气管道,也将于 2006 年巴沙赫德尼兹海上油田的天然气输送到土耳其"。②

再次,在军事上介入。美国在中亚开展最早的军事方面的行动是以北约的"和平伙伴计划"为框架,企图使中亚国家摆脱独联体安全体系,向西方靠拢。至 2001 年中亚五国都成为"和平伙伴计划"的签约国。对中亚五国而言,加入该计划就相当于加入了北约的外围组织,但是对美国来说这是为美国对中亚进行军事方面的干涉以及在必要时刻直接军事介入中亚事务提供了依据。美国将中亚国家纳入北约的和平伙伴计划后,就积极敦促中亚国家在武器装备、指挥体制和作战思想等方面逐步完成"北约化"改造,并通过频繁的联合军事演习来巩固这种改造。为此,1996—2000 年美国在中亚持续举行了军事演习。美国还于1999 年将中亚五国划入中央战区总部司令的"责任区",也就是说将中亚五国划入了美军的实际作战区。美国军事介入中亚的重大事件是阿富汗战争后在中亚的驻军。美国借反恐之机,不仅获得了使用中亚五国的领空权,而且还与乌兹别

---

① 朱成虎主编:《十字路口:中亚走向何方》,时事出版社,2007 年版,第 235 页。

② 赵良英,沈田:《"9.11"事件以来美国的中亚战略及其影响》,《世界经济与政治论坛》,2006 年第2 期。

克斯坦、吉尔吉斯坦和塔吉克斯坦三国达成了使用原苏联在这三国境内的军事基地和军事设施的协议。至2002年7月,美国在乌、吉、塔共获得了5个军事基地的使用权。此外,美国还向中亚国家转让军事技术、培养军事人员和提供军事援助等各种形式的国家安全和军事合作。"其意图是与中亚国家建立一种安全合作的法律框架,使中亚各国能够以此安全框架为基础开展与美国和西方的合作,从而使美国能够以安全和军事合作为平台,牵引甚至主导与中亚国家的双边或多边安全和军事安排"。①

最后,利用各种软实力进行渗透,为其制度性霸权服务。美国积极推动中亚国家改革政治、扩大人权、发展教育,积极向中亚国家推行西方民主观念,以求将中亚从前苏联阵营中的一分子变为自己的一分子。美国一直对中亚国家的集权统治和人权状况指手画脚。每当中亚有总统或议会选举时,以美国为首的西方国家就会派观察员参加,进行所谓监督。美国还频频与中亚国家就人权和民主化问题进行对话,指责中亚国家在人权和宗教信仰自由方面的不良记录,要求其改善这些状况。与此同时,美国还试图以文化进入的方式输入西方价值理念。美国在土耳其设立了针对中亚的"独立解放台",在"美国之音"节目中增设了对中亚地区的广播,并在塔吉克斯坦设立了电台。在过去的10多年间,美国等西方国家的文化对中亚国家的报刊、影视和教育产生了重大影响,几十万中亚青年接受了不同形式的美国教育,许多中亚青年和知识分子进入西方公司任职,并正在形成一个具有亲美倾向的社会阶层,其中具有深远意义的是交换生项目。美国对中亚地区实施了多项教育交流计划,邀请中亚国家优秀青年学生及专业人士到美国访问、深造,以使他们对美国的民主、自由市场制度加深了解和认识。美方认为,"交换生项目和那些毕业生的活动为土库曼斯坦的未来创造了基础,正是这些学生,才是这个国家的未来。并且一位负责交换生项目的负责人说'对土库曼总统的最好制裁就是将交流数量提高三倍'"。② 此类项目涉及的范围正在日益扩大,已经从城市中的精英阶层扩展到了边远的山区,美国为此投入的经费也在扩大。在美国的"大中亚"新战略中,也有资助中亚国家有前途的中青年政府官员和企业家到南亚学习的项目。在政府开展的各种活动之外,还有政府资助的非政府组织在为美国的利益服务。美国政府对在中亚活动的非政府组织、独立媒体、新闻记者和反对派领导人进行资助,以它们为工具对中亚进行渗透。它们在中亚地区填补了美国政府手段的不足,为美国在中亚地区使用灵

---

① 朱成虎主编:《十字路口:中亚走向何方》,时事出版社,2007年版,第238页。

② A. ELIZABETH JONES. "Central Asia:Terrorism,Religious Extremism and Regional Stability". July,2003. p. 10.

活的策略提供了帮助。美国等西方国家非政府组织对自己在"颜色革命"中的作用并不讳言，美国国会资助的国际共和学会负责人杰弗里在吉尔吉斯斯坦政变后承认："要不是美国在吉尔吉斯斯坦所做的一切，阿卡耶夫应该仍在执政。"

四、美国霸权主义在中亚地区的负面影响

美国在中亚地区推行的政策，在经济上对中亚有一定的帮助，但是美国中亚战略的根本目的并不是为了帮助中亚，而是有着自己的利益诉求，其最终目标是服务于其全球霸权战略。从这方面来看，美国的中亚战略不可能从中亚的根本利益出发，制定服务于中亚长远利益的策略。因此，美国在中亚的活动不可避免地会产生一些消极影响。另一方面，任何事物都具有两面性，美国的中亚战略也不例外。通过观察美国中亚行动的后果，我们可知美国的中亚战略在以下几个方面对中亚社会产生了消极影响：

首先，美国的中亚战略可能造成中亚国家内部分裂。中亚国家是俄罗斯的传统势力范围，就是在中亚国家独立后，俄罗斯在中亚地区依然保留着驻军，对中亚的政治经济影响也是其他力量无法企及的；中亚国家新领导人大多是苏联时期的共产党高级官员，这使他们和俄罗斯在政治上具有天然的联系，俄罗斯对中亚的影响也主要是通过他们来实现的。而美国的中亚战略目标之一就是打破俄罗斯的支配地位，将中亚拉入自己的阵营，在中亚社会内部培养亲美势力。中亚各国独立初期的当局领导人及其政党阵营对于美国来说是无法突破的，所以美国就将反对派作为自己的扶持对象。在各国政权交接期间，有选择地扶植亲美势力，左右各国政权模式向美国及西方认可的方向发展。美国的介入大大助长了反对派的气焰，要求改变国内政治体制，实行民主化和市场化的呼声高涨，给各国造成了巨大的压力。但是，中亚国家在政治上继承了苏联的政治体制，反对派在中亚国家无法取得合法地位，它们在美国的支持下所主张的民主政治也得不到政府当局的认可。这就有可能在中亚国家内部促成代表不同势力的政治团体，从而加深中亚国家内部的矛盾与分裂。另外，美国的中亚战略还可能对本来就不坚固的中亚一体性造成破坏，对于美国所造成的这种消极影响，美国国务卿鲍彻在其关于美国的"大中亚战略"中也曾发表过相同看法："它将破坏整个中亚地区的一体性，从而导致中亚内部的纷争。"

其次，美国在中亚的出现会刺激伊斯兰极端活动的兴起。中亚地区的宗教极端势力和中东地区的伊斯兰极端势力一样具有反美倾向，认为美国在"9·11"以后开展了一场反对穆斯林的新一轮"十字军东征"。伊斯兰解放党一位中亚地区领导人曾说："我们十分反对犹太人和以色列……犹太人必须离开

中亚。有犹太人的美国是伊斯兰的敌人"。① 配合美军开展反恐行动的中亚国家领导人也遭到了极端分子的攻击,他们对中亚国家允许美国使用自己的军事基地,并配合美国的军事行动曾公开提出批评。阿富汗战争后,美国加大在中亚地区的存在,对极端分子来讲无疑是一个刺激,并提供了袭击目标。2005 年美国务院曾公开发表声明说:"美国政府不断收到恐怖组织要在中亚发动袭击的情报。美国政府机构、美国公民和相关利益群体都有可能成为袭击目标。"②此外,反美的极端分子公开表明他们的目的就是摧毁美国、它的价值和生活方式。美国在中亚推行其民主政治和自由经济等西方价值理念,无疑极大地刺激了伊斯兰极端势力,从而造成价值理念上的强烈冲突。

最后,强行推行民主会造成国家混乱。中亚以前并没有民主政治的历史,当今的中亚社会也不存在适宜民主化改革的政治、经济和社会环境。中亚国家国内问题重重,政治、经济和社会问题突出并且相互交织,安全形势严峻。美国在这种情况下在中亚"传播民主",进行"颜色革命",不仅会加剧民族冲突,导致多民族和多种族地区的国家分裂,还会被极端分子所利用,趁机作乱,这无疑会造成社会混乱。吉尔吉斯斯坦"颜色革命"后的混乱状态就是一个很好的例证。美国中亚问题专家玛莎·奥尔考特曾说:"在当今中亚,任何将'颜色革命'的前景浪漫化的做法都是错误的。该地区获得民众支持的一次和平政权更迭并不必然产生民主的结果。"③在中亚有实力的民主反对派不足以对国家造成威胁,而真正构成威胁的是那些极端组织。这些极端组织,出现了利用美国推行民主改革的机会夺取政权的趋向。他们因美国的需要进行改组,对外宣传自己支持政治改革,是集权政治的受害者。在中亚各国"大选年"期间,这些难以通过合法途径参与国家政治权利分配的极端组织必然会利用非正常手段来谋取自认为本应该属于自己的利益。但是,这些组织对民主和自由并不关心,他们所追求的是极端主义和原教旨主义。一旦他们掌权,中亚必无安宁之日。

第四节　大俄罗斯主义:欲退还进

苏联解体后,俄罗斯为了能够轻装上阵,加快自己的发展速度,尽快融入西方,曾一度将比较落后的中亚地区当做"包袱",极力想甩掉这个累赘,人为地切

---

①　Ahmed Rashid. ''Asking for Holy War.'' International Eurasian Institute for Economic and Political Research. at iicas. org/english/enlibrary/libr—22—11—00—1. htm.

②　《新京报》,2005 年 05 月 01 日 01:45,http://www. sina. com. cn.

③　Lionel Beehner, "Shrinking U. S Clout in Central Asia." April 28, 2006. http://www. cfr. org/publication/10553/shrinking U. S in central asia html1.

断和中亚地区的经济联系,强迫没有做好准备的哈萨克斯坦退出卢布区,尽量避免使俄罗斯卷入中亚各国内部冲突。这一系列做法严重破坏了中亚五国的政治经济稳定。同时,俄罗斯在中亚地区的影响力也大大降低,中亚地区成为真空地带,这为伊斯兰和西方势力进入中亚提供了机会。后来,随着俄罗斯对国际环境认识的变化,其针对中亚的这种策略很快发生了转变。随着俄罗斯加入西方计划的落空、北约的东扩和伊斯兰极端势力的泛滥,俄罗斯认识到了中亚地区对于保卫国家安全,恢复大国地位,振兴本国经济等方面的重要性。俄罗斯在中亚的战略利益越来越突出,中亚对于俄罗斯来讲也越来越重要,这些促使短暂消失的俄罗斯大国主义在中亚地区迅速再现,表现出欲退还进的态势。

一、大俄罗斯主义的内涵及历史

大俄罗斯主义产生于 19 世纪上半期,由俄罗斯民族主义逐渐演化而来,具有浓厚的政治色彩和扩张性质。大俄罗斯主义是俄罗斯对大国地位追求在民族主义中的表现,是建立在俄罗斯民族能征善战和对外扩张的民族个性上的一种民族主义。它是随着俄罗斯国家的建立而出现和俄罗斯帝国的不断扩张而发展起来的;是俄罗斯民族实现强国梦想的精神动力;是沙皇统治时期对少数民族实行压迫、歧视和奴役的殖民政策的产物;是一种强调国家思想的一元化和帝国俄罗斯化的世界性征服思想体系。它的最终目标是建立世界性的俄罗斯帝国,其一切理论都服务于沙俄的对外扩张,服务于俄罗斯的强国梦想。

专制、正教、民族以及帝国的统一和不可分割等是其基本原则。大俄罗斯主义认为:“专制”是俄罗斯完整、巩固、强大和尊严的基础,没有它,俄国就不能存在。俄罗斯是不可分割的整体,它的领土只能扩大,不能缩小,只能“统一”进来,不能分离出去。“民族”只是指大俄罗斯民族。俄罗斯民族是优秀民族,只有它才能在国家中享有统治的权利。“异民族”是“历史废物”,注定成为统治的对象。“正教”是从精神上掌握了俄罗斯民族的真正宗教,它确立和巩固了上述俄罗斯民族固有的特征。祖先遗产继承论、弥赛亚精神和帝国转移论等是其核心内容。从彼得大帝时代起,大俄罗斯主义在历史演进中逐渐发展成为一种世界性的征服思想体系。俄罗斯民族主义思想中有弥赛亚意识,即俄罗斯民族所特有的使命感。这种弥赛亚意识使民族的政治理论升华为一种信念,即:民族政治理想的实现是神法事先注定的,必须按照上帝的旨意去战斗、去实现。这种认为“上帝赋予俄罗斯民族这一神圣使命”的观念,是基于俄罗斯民族所特有的性格。16 世纪初,东正教普斯科夫修道院长老菲洛费臆造出“三个罗马”的理论,将帝国转移理论融进大俄罗斯主义思想体系中。认为“东正教拜占廷帝国消亡后,俄罗斯人成为上帝的选民,是真正上帝意志的体现者和捍卫者,俄国应该成为基督教的中心和世界性的国家,担负着统一和拯救基督教世界的使命",①将永远存在。帝国转移理论加深了俄罗斯民族的弥赛亚意识,并要求俄罗斯人民全身心地献身于这种民族理想。

无论是沙俄还是后来的苏联都以大国的身份活跃在国际舞台上,这使大俄罗斯主义深入扎根于俄罗斯国家和民族之中,对俄罗斯的内政和外交都时不时地产生着影响。虽然列宁曾对大俄罗斯主义进行过严厉的批判,但是也没有能够在苏联将其根除。斯大林大力奉行大俄罗斯主义,在苏联内外曾造成恶劣的影响。大俄罗斯主义在苏联解体中起到过很重要的作用。苏联解体后,虽然俄罗斯的综合国力下降、国际地位空前衰落,使得它不得不放弃争霸世界的梦想,但是俄罗斯从未放弃过自己的大国梦想。俄罗斯作为曾一度辉煌的沙俄帝国和苏联的继承者,承袭了贯穿俄罗斯整个历史进程的大国主义传统。从叶利钦时代以"老大哥"的身份对独联体国家的傲慢姿态,到普京恢复在俄罗斯传统势力范围内的大国地位的战略,都能够发现"大俄罗斯主义"的身影。在苏联解体初期,俄罗斯将本国利益置于其他国家之上,推行利己的民族政策,利用自己的优势和其他国家争夺前苏联遗产,获得了大部分前苏联的动产与不动产,前苏军的绝大部分亦转变为俄罗斯军队。俄罗斯还采取"甩包袱"的策略对待独联体国家,从自身的利益制定经济政策,对独联体国家造成严重损害。后来随着俄罗斯亲西方政策的失败,北约东扩的成功,西方国家打压俄罗斯政策的实施,使俄罗斯逐渐认识到独联体国家的重要性,开始着手加强对独联体国家的影响,企图再次控制独联体国家。叶利钦早在 1995 年 9 月 14 日签署的《俄罗斯联邦对独联体国家战略方针》中就强调,"独联体国家是俄罗斯的特殊利益地区",并把该地区列为俄外交重点之一。该方针的主要任务是"加快独联体国家一体化进程……增强俄罗斯在独联体国家关系中的主导作用"。② 它不但通过控制独联体各种机构,还通过占据各机构领导职位的方式突出其"首领地位",并建立以俄罗斯为主导的集体安全体系。普京执政伊始就提出"重振俄罗斯昔日雄风"的口号,力图以自己的新思想、新作风和新政策将俄罗斯带进全新的"普京时代"。在 2000 年 7 月的国情咨文中,普京对俄罗斯的未来做出明确的定位,即:"俄罗斯唯一现实的选择是选择做强国,做强大而自信的国家。"

---

① 张振、陈香兰:《论国家民族主义对普京执政以来俄罗斯外交政策的影响》,《俄罗斯中亚东欧研究》,2008 年第 4 期。

② 海运、李静杰主编:《叶利钦时代的俄罗斯·经济卷》,人民出版社,2001 年版,第 153 页。

二、俄罗斯大国力量再现中亚

（一）中亚地区对俄罗斯恢复大国地位具有重要意义

苏联解体以后，俄罗斯奉行融入西方的"一边倒"战略，企图依靠西方实现俄罗斯的现代化，但是俄罗斯得到的却是经济倒退、国力衰落和国际地位的下降。西方社会不但没有提供俄罗斯想象中的援助，还实行了北约东扩，进一步打压俄罗斯。这一切迫使俄罗斯改变以往一边倒的对外战略为务实的多变外交战略，从依赖西方转向寻求自己的大国地位。对于寻求恢复大国地位的俄罗斯来讲，中亚地区具有原则性和战略性的意义。"苏联解体后，俄罗斯的东面有重新巩固的日美联盟，西面有日益延伸的北约东扩，地缘战略环境已经大为恶化。如果再失去中亚，俄罗斯将真正成为被西方包围的困兽，恐怕再难翻身"。① 北约的首轮东扩，已使俄罗斯在西线丧失了上千公里的战略纵深。北约东扩的下一步目标显然是俄罗斯周边国家，也就是前苏联的各加盟共和国。在俄罗斯南部，北约正在向中亚和高加索地区大力渗透。这种渗透一旦得手，将使俄南部"软腹部"直接暴露在北约面前，给俄国家安全造成严重威胁。为了缓解因北约东扩而变得日益严峻的安全环境和压力，俄罗斯必须使中亚地区成为其稳固的战略后方，把其作为战略上可以退守的空间加紧营造。并且，中亚地区在俄罗斯追求大国梦的历史中一直具有重要的战略意义，是其进入印度洋的必经之地，而获得入海口是俄罗斯实现大国梦的目标之一。另外，中亚地区可谓是俄罗斯的"软腹地区"，来自这里的攻击极易直接威胁其核心地区，所以中亚地区是俄罗斯稳定发展不可或缺的"战略屏障"和"前进基地"。俄罗斯一再强调其在"近邻国家"拥有"特殊利益"，不能容忍其他国家在该地区的扩张。而俄罗斯早期奉行的战略给外部势力进入中亚提供了机会，尤其是西方势力在中亚地区的影响越来越大，并在该地区成功策划了吉尔吉斯斯坦的"颜色革命"，这促使俄罗斯更加注重中亚的战略地位，加大了对中亚的影响力度。

（二）中亚地区是其保卫国家南部安全的重要屏障

除了将中亚作为抵御外部势力影响和入侵的重要屏障之外，中亚还是防止该地区内部发生冲突波及俄罗斯和防止伊斯兰极端势力影响的缓冲区。"中亚处于包括独联体南部边界在内的所谓'不稳定弧形地带'的一端，是俄罗斯同动荡的阿富汗、伊斯兰世界……之间的'隔离带'"。② 中亚地区的稳定关系到俄罗斯联邦的稳定和统一。俄罗斯联邦南部是穆斯林聚居区，与外高加索和里海

---

① 杨丽、马彩英主编：《转型时期的中亚五国》，甘肃人民出版社，2003 年版，第 117 页。

② 朱成虎主编：《十字路口：中亚走向何方》，时事出版社，2007 年版，第 195 页。

国家接壤。近几年来,这一地区宗教、民族矛盾和领土纠纷错综复杂,地区冲突不断,影响到俄南部边境地区的稳定,如塔吉克斯坦、阿富汗的内战持续多年;在外高加索,有格鲁吉亚阿布哈兹冲突、亚美尼亚与阿塞拜疆冲突,一旦中亚地区卷入其中,那俄罗斯将和不稳定地区直接接触。并且,俄罗斯境内9个以穆斯林为主的共和国大多在南部,2 000万穆斯林与中亚在地理上相距不远,极易受到中亚局势和境外伊斯兰极端势力的影响。"伊斯兰极端势力对中亚的潜在威胁将会在俄罗斯引起'多米诺骨牌效应',即伊斯兰原教旨主义向中亚渗透可能会激起动乱,威胁俄罗斯的安全,并在俄罗斯境内的穆斯林少数民族中引起骚乱"。① 况且车臣共和国、北奥塞梯、印古什地区的局势仍不稳定,并和中亚地区相邻,一旦中亚地区陷入混乱,这些地区的矛盾将进一步激化,直接威胁到俄罗斯联邦的稳定和统一。因此,俄罗斯要加大其在中亚地区的影响,确保中亚国家不成为伊斯兰原教旨主义控制的区域,保证中亚地区处于自己主导下的稳定秩序。在这方面,中亚地区也起到了缓冲区的作用。

（三）中亚地区的经济和能源是俄罗斯实现大国复兴的重要战略资源

"俄罗斯认为,经济领域的利益是最大的国家利益……很大意义上讲,俄罗斯将获取经济利益作为其对中亚政策的最高目标"。② 中亚国家对俄罗斯的依赖性很强,同时对于俄罗斯的经济发展也具有重要意义。苏联解体后,中亚地区是俄罗斯重要的工农业原料供应地和商品市场。目前,中亚国家与俄罗斯的贸易额占到本国外贸总额的30%～50%,俄罗斯的产品在中亚仍有巨大市场。同时,由于苏联时期形成的劳动分工,俄罗斯的许多企业都需要中亚国家的支持。例如,俄罗斯乌拉尔钢铁联合企业使用的铁矿石和煤炭就来自哈萨克斯坦,俄罗斯纺织企业使用的原料——棉花,就有相当一部分来自乌兹别克斯坦。对俄罗斯来说,中亚国家是俄罗斯重要原料的传统供应地。俄罗斯从独联体国家进口的产品中,中亚国家的产品占29%,"中亚地区拥有丰富的矿藏:哈萨克斯坦的钨、铬储量居世界第一,铜、铅、锌储量居亚洲首位。俄罗斯的钢铁工业需要哈萨克斯坦的铁矿石、锰、钼和铬矿石,哈萨克斯坦的铜、铝、锌及稀有、稀土金属也主要供应俄罗斯"。③ 到2015年,欧盟和美国的铀矿储备将消耗殆尽,没有中亚地区的铀矿,俄罗斯将难以确保自身安全。"在2006年,普京提议建立'欧亚核能集团'以此来拉拢该地区的国家,尤其是哈萨克斯坦和乌兹别克斯坦。哈萨克斯坦计划到2015年将每年的产量从3 000吨增加到12 000吨,以此来寻求世界

① [英]《生存》杂志,1994年秋季号。
② 朱成虎主编:《十字路口:中亚走向何方》,时事出版社,2007年版,第194页。
③ 郭思勉:《俄罗斯与中亚国家关系的两重性》,《和平发展》季刊,1999年第3期。

产铀大国的地位。乌兹别克斯坦生产苏联军事工业系统所需要的大部分铀"。①
另外,中亚地区油气资源丰富,这对俄罗斯确保能源大国地位十分重要。

（四）要保护中亚地区的俄罗斯人

俄罗斯境外的2 500万俄罗斯族人中有一半生活在中亚各国,保障这部分
人的利益既是俄罗斯政治权威的直接体现,也与俄罗斯的安全稳定有一定的关
系。对于一个谋求国际影响力的大国来说,保护其境外公民及同胞的权益是维
护国家安全的重要内容之一。如果连境外同胞的权益都无力保护,大国地位也
就无从谈起。为此,俄罗斯政府多次表示,保卫居住在独联体国家内俄罗斯人的
"权利"是其一项"重要战略任务"。另外,中亚局势的稳定与否,不仅关系到俄
侨民的利益,也关系到俄国内的稳定。如果因为中亚的不稳定因素导致其利益
遭到侵害,这种带有民族性质的问题就极有可能引起俄罗斯国内政治的激烈动
荡,进而有可能转变为使俄罗斯国家安全受到威胁的因素。

三、俄罗斯在中亚推行大国外交的工具

由于相邻的地缘环境和在历史上形成的复杂联系,中亚国家在政治稳定、经
济发展和军事安全等方面对俄罗斯有严重的依赖性。俄罗斯对于中亚国家的重
要性是进入中亚的其他力量所无法替代的。中亚国家的这些依赖也是俄罗斯能
够重新在中亚恢复其地区领导地位,推行其大国主义的主要依据。俄罗斯国内
一直有人认为对于俄罗斯的大国地位来讲中亚地区是必须控制的地区,他们反
对放弃中亚的策略,随着俄罗斯国内民族主义的兴起,其对俄罗斯对外政策的影
响也越来越大。俄罗斯在政治、经济和军事上加紧对中亚地区的影响和控制,在
政治上支持现有政权的政体,尤其是亲俄政体;在地区合作上加大集体安全条约
组织和上海合作组织的影响,在经济上支持欧亚经济共同体并加大俄罗斯公司
对中亚地区能源的控制。

（一）双边关系

俄罗斯大力发展与中亚国家的双边关系,以此来保证中亚政局的稳定和亲
俄倾向。为了增加中亚国家对于俄罗斯的向心力,俄罗斯在与其他力量的竞争
方面,要尽力增加自己的影响,削弱以美国为首的西方势力的影响;在中亚内部
要确保现任总统长期执政,并选择好具有亲俄倾向的接班人。俄罗斯先后与乌
兹别克斯坦和塔吉克斯坦等国建立"政治联盟",通过密切往来拉紧与各国的关

---

① Mouthpart Dzhakishev. "Uranium Production in Kazakhstan as a Potential Source for Covering the World Uraium Shortag." World Nuclear Association Annual Symposium 2004.

http:// www. world – nuclear. org/sym/2004/dzhakishev. htm（July 22, 2007）.

系。尤其是普京,特别重视发展与中亚国家的关系,他上任伊始就频频出访中亚。1999 年 11 月,时任俄罗斯政府总理的普京就访问了塔吉克斯坦。同年 12 月,还访问了乌兹别克斯坦,双方签署了关于进一步加强两国军事合作的条约。2000 年 5 月,普京将乌兹别克斯坦和土库曼斯坦定为其当选总统后首次访问的国家。2000 年 10 月 9 日,普京访问哈萨克斯坦,双方签订《联合公报》、《哈俄两国里海合作声明》和《能源合作协议》等一系列文件。以后普京和俄罗斯政要更是频频出访中亚国家,签订一系列重要文件,加强与中亚各国领导人的联系,试图在美俄的中亚角逐中抢占优势地位。中亚国家已经独立近 20 年,第一代领导人面临政权更替的问题,这对俄罗斯来讲,培养和扶植下一代亲俄领导人也成为其中亚战略的重要部分。在针对中亚政权更替的问题上,俄罗斯放弃了不切实际的"帝国思想",而是"利用中亚国家对俄罗斯的历史认同感和俄罗斯的地缘、政治优势,重视运用文化、语言、宗教、历史等向心力因素深化同中亚国家的政治合作;利用各国内部仇美的民族主义情绪,不断整合外交资源,妥善处理与中亚各国的遗留问题,以加强各国的亲俄力"。①

(二)将地区组织作为控制政治和经济的工具

俄罗斯最先可以利用的地区组织是独联体。但是,由于独联体成立初期俄罗斯采取"甩包袱"的政策,并不看重独联体的作用,所以独联体在中亚独立初期的作用并不大。后来,为了应对高加索和中亚地区的伊斯兰极端势力的威胁,确保在中亚地区和美国的争夺中占有优势,俄罗斯开始加强独联体的作用和影响。在俄罗斯领导人的敦促下,"希望在俄罗斯成立一个各国的协调机构,俄在其中有决定权,确保其能够控制所有成员国经济体系中的关键领域,并让俄在它们外资战略中的决定作用制度化"。② 在俄罗斯的支持下,独联体迅速发展,2000 年成立了独联体反恐中心;2001 年集体安全理事会决定建立"中亚集体快速反应部队",使集体安全体系取得了实质性进展;为了减弱美国的影响力,2002 年俄罗斯倡议将独联体集体安全条约提升为独联体集体安全条约组织;2003 年决定成立以俄武装力量总参谋为基础的联合司令部和快速反应部队,以此应对中亚的安全威胁;2006 年乌兹别克斯坦重新加入于 1999 年曾经退出的集体安全条约组织。至此,除了保持中立的土库曼斯坦,中亚四国均加入了该组织。自此,在战略层面上,俄罗斯通过集体安全条约组织对中亚实行了控制。在经济领域,俄罗斯在中亚大国地位的恢复是通过欧亚经济共同体来实现的,"欧

---

① 朱成虎主编:《十字路口:中亚走向何方》,时事出版社,2007 年版,第 211 页。
② [美]玛莎·布瑞尔·奥卡特著,李伟健译:《中亚的第二次机会》,时事出版社,2007 年版,第 59 页。

亚经济共同体具有强制性的特点,它被授权制裁那些不忠于组织规则的国家",①这为俄罗斯干涉中亚经济提供了工具。俄罗斯为了增强其在中亚的经济影响力,还于2004年10月加入中亚合作组织,"俄罗斯加入这个组织的目的是将中亚合作组织和欧亚经济共同体融合为一个组织,从而将具有脱离俄罗斯的乌兹别克斯坦重新拉入自己的怀抱,因为它是中亚经济合作组织的成员而未加入欧亚经济共同体"。② 在俄罗斯的努力下,乌兹别克斯坦于2006年欧亚经济共同体,自此中亚四国共同加入了一个能和俄罗斯实现部分一体化的经济平台。另外,上海合作组织也是俄罗斯加强其在中亚影响的一个中亚地区组织。

（三）对中亚经济资源的影响和控制

经济资源是俄罗斯重返中亚的重要工具之一。至今,俄罗斯仍然是中亚主要的贸易伙伴。2006年它成为哈萨克斯斯坦主要的贸易伙伴,并再次成为乌兹别克斯坦的最大商业伙伴,还是吉尔吉斯斯坦第二代商业伙伴,塔吉克斯坦的最大进口国。另外,俄罗斯在中亚资源的开采和运输方面也具有重大的影响力。在普京总统的带领下,俄罗斯国有企业和大型私人企业对中亚的能源资源进行了大量投资,"俄在'里海石油国际财团'拥有44%的股份……还是哈里海大陆架开发的最主要合作伙伴……自2003年4月以来,土库曼斯坦天然气出口量中有90%实际上是在俄罗斯天然气工业股份公司的控制之下"。③ 除了在中亚的油气资源开采中大举进军之外,俄罗斯在中亚的油气输出方面的传统优势地位也无人可及,"俄罗斯很大程度上支配着中亚的油气输出市场:在天然气部门,哈萨克斯坦和乌兹别克斯坦的产品现在仍然100%的需要通过俄罗斯输出"。④ 2007年,普京又取得了一个新的外交胜利:俄罗斯、哈萨克斯坦和土库曼斯坦达成协议,计划修建一条环里海的新输气管道,"这不但能使俄罗斯保持其对中亚天然气运输的控制,还能削弱美资助的跨里海工程的收益"。⑤ 除了油气资源之外,俄罗斯公司对前景良好的电力部门也进行投资,主要通过俄罗斯统一电力公司来实行,该公司的目标之一是利用中亚地区不断增加的输出能力,创建一个

① See the institutiong web site：www. evrazes. com.

② Marlène Laruelle. "Russia's Central Asia Policy and the Role of Russian Nationalism." Central Asia – Caucasus Institute & Silk Road Studies Program, April 2008, Printed in Singapore, Distributed in North America by：The Central Asia – Caucasus Institute. p. 18.

③ 朱成虎主编:《十字路口:中亚走向何方》,时事出版社,2007年版,第218页。

④ Marlène Laruelle. "Russia's Central Asia Policy and the Role of Russian Nationalism." Central Asia – Caucasus Institute & Silk Road Studies Program, April 2008, Printed in Singapore, Distributed in North America by：The Central Asia – Caucasus Institute. p. 24.

⑤ "Prikaspiisky Pipeline：Temporary Delay or Fundamental Problem?" Eurasianet. org. June 26, 2007. http://www. eurasianet. org/departments /insigh t/articles/eav062607. shtml（August 3, 2007）.

"欧亚电力市场"。为了达到此目的,俄罗斯计划修建南北之间的联系桥梁,以此将中亚五国的发电厂统一起来,以便使俄罗斯进入前景看好的亚洲市场。

(四)在中亚的军事存在

中亚国家国力较弱,但它们所面临的安全威胁却特别多,尤其是伊斯兰极端主义曾多次对各国的稳定和安全造成冲击。塔、吉南部边界不时遭到极端反对派的攻击,国内伊斯兰极端组织的活动也是国家稳定的一大隐患。这些情况决定了中亚国家在安全方面需要外部援助,俄罗斯是能够提供安全保障的最重要的国家,所以中亚国家在军事上对俄罗斯的依赖性很大,这也为俄罗斯影响中亚提供了另一个重要工具。在俄罗斯国内,许多普通的俄罗斯人和俄罗斯军方都认为中亚的稳定和地缘战略利益十分重要,所以强烈支持俄罗斯应该在中亚保持有限驻军的主张。尤其是普京上台以后,在美国以反恐名义驻军中亚的强烈刺激下,俄罗斯更加努力地加大其在中亚地区的军事影响。除了在集体安全条约组织的名义下组建了中亚快速反应部队之外,俄罗斯还以自己的名义加大了在中亚的驻军,巩固与中亚地区的军事合作,以此加强向中亚地区的渗透。2003年,俄在吉尔吉斯斯坦坎特市开设了空军基地,这是苏联解体后俄罗斯在境外开设的第一个军事基地,该基地具有明显的对抗美国的意图。2004年,俄和塔达成协议将俄驻塔第201摩步师改编后部署在杜尚别、库尔干秋别和库里亚布,将此三地构成了俄罗斯的第四军事基地。2005年,俄又在塔艾尼机场建立了一个新的空军基地。在军事合作方面,"从2000年签署《集体安全条约国家军事技术合作基本原则的协定》起,俄罗斯开始以优惠的条件为各国军队中属于联军的部队提供军事订货,并逐步扩展到为条约各成员国武装力量开发和列装新型武器装备,以及进行相应的军事干部培训"。[①] 俄罗斯通过这些军事合作来争取其在中亚的地缘政治利益。

通过以上各种方式,俄罗斯在中亚的影响越来越大。并且,随着中亚国家和美国反恐蜜月期的结束,以及美国急于推行民主化革命给中亚领导人造成的不安,中亚国家出于自身安全稳定的考虑,加强了与俄罗斯的联系。就连脱离俄罗斯倾向较为严重的乌兹别克斯坦在"安集延事件"之后也逐渐疏远美国,与俄罗斯的关系越来越亲密。"颜色革命"后的吉尔吉斯斯坦也没有采取反俄立场,而是从自己的国家利益出发采取务实的策略,发展与俄罗斯的关系。由此,我们可知俄罗斯在中亚地区的影响依然很大,它在中亚地区所起的作用也是其他力量所无法取代的。

---

① 朱成虎主编:《十字路口:中亚走向何方》,时事出版社,2007年版,第222页。

四、俄罗斯大国主义在中亚的前景

大国梦的观念已经深植于俄罗斯国家政治和民族文化中,昔日的辉煌历史又使它们为自己的梦想找到了历史证据。一旦这个国家和民族进入发展的低谷,这种大国主义就很容易在外部的刺激下再度兴起,如最初大俄罗斯主义产生和曾经在欧洲国家压力的刺激下兴起一样,俄罗斯现在正处在这样一个时期。苏联的解体使俄罗斯的国家地位大大降低,还面临着沦为二流国家甚至有成为三流国家的危险。在这样的一种背景下,大俄罗斯主义在爱国思潮的推动下也慢慢发展了起来,并对俄罗斯的国家外交政策产生了深刻的影响,促使"大国战略"再度成为俄罗斯的内外战略。而中亚正是俄罗斯借以恢复大国地位的战略要地,也是俄罗斯现在依然能够影响的地区。所以俄罗斯为了实现自己的梦想,就要利用和中亚国家在历史上形成的政治、经济、文化、民族和宗教等各方面的联系对中亚国家进行控制。从俄罗斯的收获来看,它在中亚的活动总体上来讲是成功的,中亚国家的亲俄倾向越来越强,尤其是在 2005 年以后,这种趋势更加明显。

俄罗斯之所以能够取得如此大的成功,还与中亚国家自身的情况有关。中亚国家在政治、经济和军事安全上对俄罗斯的依赖性很强。苏联时期的经济分工使其很多产业都必须依赖俄罗斯才能生存,政治上的天然联系使其更容易受到影响,军事上的软弱使其不得不依靠俄罗斯。尤其是在共同面对西方"颜色革命"的威胁之下,使它们更加乐于与俄罗斯站在一起。所以,尽管大俄罗斯主义是一种消极的思潮,但是俄罗斯在中亚扩展自己势力的情况下,也对中亚各国的国家稳定和经济发展产生了一定的积极作用。没有俄罗斯的军事力量,中亚对恐怖主义的打击能力就会大大缩水;俄罗斯对中亚当局的支持和对中亚反对派的打压可以为刚从前苏联独立出来的中亚国家的政治转型争取更多的时间,也为政治稳定过渡提供了重要保障。所以,无论从俄罗斯还是从中亚国家来讲,俄罗斯大国主义在中亚都有一定的市场,并且短期内不会消失。同时,它既会在俄罗斯强大的时候产生,也会在俄罗斯处于发展的低谷阶段出现。

但是,由于现在的俄罗斯毕竟不是当初的苏联,其实力大大下降,无力恢复前苏联时期那样对中亚地区的控制。并且,在中亚国家独立后,其他势力纷纷进入中亚地区,尤其是实力雄厚的西方国家,对中亚的渗透势不可挡。所以,俄罗斯不可能再次形成在中亚地区一家独霸的情形。俄罗斯也清楚地认识到了这一点,所以并不极力排除在中亚存在的其他势力。即便如此,由于实力悬殊,俄罗斯在和西方进行争夺的时候常常力不从心,其主导优势地位也面临威胁。所以,俄罗斯的大国主义在各种力量的牵制下并不能在中亚为所欲为。总体来讲,短期内俄罗斯大国主义在中亚是一种有克制的存在,但也会发挥重大的作用。

第五节　中国威胁论:别有用心

由于中国近年来经济的快速发展,综合国力的迅速增强,整体显现高速发展之势,这一度让持冷战思维的西方国家及其拥护者感到不安。由此,它们制造"中国威胁论"给自己重新定位的同时,给中国的发展制造障碍,企图遏制中国的发展。由于地缘和历史原因,这种"中国威胁论"在中国西部邻接地区的中亚,也有不同程度的表现。但是,事实终归证明,中国的发展不是中亚的威胁,而是中亚的机遇。

一、中国威胁论及其本质

"'中国威胁论'是指认为中国的经济发展会导致军事实力的增强,从而对亚洲及世界的和平与稳定构成威胁的观点、理论和思潮。"[①]它是主导现存国际秩序的以美国为首的西方社会对迅速崛起的"非西方"中国的一种消极反映,也是与中国有着种种矛盾或竞争关系的周边国家因近邻的迅速强大而对自身安全与发展的担忧,更是对中国未来走向以及对外战略行为的一种西方思维方式的推测。其国际背景是冷战后中国成为世界上最大的社会主义国家,西方抱住冷战思维不放,需要寻找敌人来界定自己;其现实基础是中国以快速发展的经济为前奏,综合国力的迅速增加,整体上显现快速崛起之势,冲击了相关的势力和秩序;其理论基础是在现代国际关系学术中占霸主地位的西方国际关系理论,尤其是"权力转移"理论;其历史渊源是历史上曾经兴起的"黄祸论"和以排华为目的的"中国威胁论"以及中国和周边国家之间在历史上发生的纠葛。

"中国威胁论"在冷战后最早由日本学者村井龙秀在《论中国这个潜在的威胁》中提出的。欧美冷战后,"中国威胁论"的先河之作是《当中国醒来时》和《觉醒的巨龙:亚洲的真正威胁来自中国》。罗斯·芒罗和理查德·伯恩斯坦合写的《即将到来的中美冲突》成为宣扬"中国威胁论"的巅峰之作。这种言论出现之后在亚洲很快就引起了回应。出于与中国存在各种矛盾和竞争关系的考虑,这种思想在中国周边国家也具有一定的市场,出现了各种版本的"中国威胁论"。

"中国威胁论"的表现形式有多种多样,有经济威胁论、军事威胁论和文明威胁论等等,"但其共同点是:宣扬中国经济的迅速发展必将导致包括军事实力

---

① 陈岳:《中国国际地位分析》,当代世界出版社,2002年版,第13页。

在内的综合国力的增强,从而对亚太地区乃至整个世界的和平与稳定构成威胁"。① 具体来讲有以下几种说法:(1)军事威胁。有些外国人认为中国的崛起不利于维护冷战后亚洲地区的安全和稳定,经济发展必然使中国成为一个军事大国,其对亚太地区"真空"的填补给亚太地区的安全和秩序造成威胁。中国军事力量的快速发展不但使中国可能倾向于使用武力解决国际争端;还破坏了亚洲地区的军事平衡,在亚洲引起新一轮的军事竞赛。中国的核能力和导弹技术的发展对美国来说是一个直接的威胁,认为中国小型核弹头洲际导弹的目标就是美国。(2)经济威胁。某些国家对中国经济进行过高的估算,认为中国在不久的将来一定会超过美国。还认为中国的贸易也是个威胁,它们认为中国依靠低廉的劳动力成本大量向外部倾销产品,不但造成贸易失衡,还造成产品输入国工人大量失业。此外,还"认为'中华经济圈'是对东南亚、美国和日本经济发展的挑战",②虽然中国从来没有过如此的主张。它们还认为,中国经济发展将不可避免地加剧亚洲发展中国家之间对国际市场和国际资金的争夺,以及对非洲一些国家实行"经济殖民主义",对这些国家进行能源和资源掠夺。(3)"意识形态威胁"和"文明威胁"。中国是冷战后最大的社会主义国家,一些学者认为虽然中国已经放弃了教条式的马列主义意识形态,但中国仍然反对西方的价值观念,所以中国崛起后仍有可能成为非西方意识形态国家的领导。这必然对西方的民主、人权、平等和自由等观念形成挑战。另外,西方国家将包括"中华文明"在内的非西方文化看成是世界稳定的威胁和冲突的根源。亨廷顿认为"冷战后文明的冲突将左右世界政治,西方面对的主要敌对文明是儒教和伊斯兰文明的扩张"。③ (4)资源环境威胁。认为中国的现代化进程会严重破坏人类的生存环境,理由是中国的能源消耗量的极大增加将严重破坏中国的环境,并殃及邻国。另外,由于中国人口的快速增加,未来中国需要进口的粮食将超过世界粮食出口能力,这不仅造成中国的粮食危机,还将威胁世界其他国家人口的生存。最后,中国经济的迅速发展还将导致中国的能源危机,从而形成对全球能源的"潜在威胁"。(5)中国是现存国际秩序的挑战者。这个理论的持有者认为中国以强大的经济实力作依靠,以文化优越感和民族主义为铺垫,将加速实现军事现代化,并向外显示力量,谋求地区霸权,从而对美国的地缘和战略利益构成重大挑

---

① 参见美国新闻记者和学者罗斯·芒罗的论著《正在觉醒的龙——在亚洲真正的威胁来自中国》,[美]《政策研究》,1992 年(秋季号);以及罗斯·芒罗和理查德·伯恩斯坦合著的《即将到来的美中冲突》,(新华出版社,1997 年)是这一种理论的代表作。

② 葛旸:《浅析"中国威胁"论》,《亚太论坛》,1994 年第 4 期。

③ 塞缪尔·亨廷顿:《未来的文明冲突就是西方同其他地方的冲突》,《纽约时报》,1993 年 6 月 6日。

战,成为美国领导 21 世纪的巨大阻力。这将破坏美国主导的国际规制。因此,"秩序稳定论者"将中国视为国际秩序的潜在破坏者。

"中国威胁论"的大多言论都无现实证据,但是它能够一再出现主要是因为有人不希望看到中国的强大,想方设法给中国的发展制造麻烦。"就现实而言,'中国威胁论'的目的明显是为遏制中国与孤立中国寻求依据。而从思维方式上来说,'中国威胁论'则是用西方的历史经验及其行为准则来理解中国的战略行为的产物。……在这种西方式的语境下,中国的崛起只能被解读为新一轮的霸权开始"。① 中国将成为现代国际秩序的挑战者,而不是参与者;它必将在全球对美国的霸主地位以及在亚洲对日本的主导地位提出挑战,在其周边国家之间倾向于使用武力来解决历史遗留问题,并寻求地区霸权。尽管中国文明是一种自足的、建立在内涵式发展基础上的、不需要对外扩张的文明,中国的历史和现实也证明"实力—扩张"法则并不适用于中国。但是,无法否认的是"中国威胁论"在国际上具有一定的市场,尤其是在害怕中国挑战其霸主地位的美、日鼓吹下,不时在国际舆论上兴风作浪。同时,在与中国存在各种矛盾或竞争关系的周边国家也有一定的影响力,出现了各种版本的"中国威胁论",中亚地区的"中国威胁论"就是其中的一种。

二、中亚地区产生"中国威胁论"的根源

独立后的中亚五国与中国关系取得了巨大发展,政治互信增强,经贸往来日益密切,曾经严重困扰双边关系的边界问题也在"上海五国"框架内得到了和平解决。但是,在中国与中亚国家关系的发展过程中也存在一些不和谐的因素,中亚有人出于不同目的歪曲中国的中亚战略,声称"中国和中亚五国的长远关系还不明确,现在中国和中亚五国稳定关系只不过是以后猜疑和紧张关系的前奏;虽然中亚五国和中国的关系在表面上亲密友好,但是他们始终不信任中国,甚至对中国的发展持一种悲观的态度"。② 这主要是因为:

第一,中亚版的"中国威胁论"不过是西方国家主导的"中国威胁论"和俄罗斯早年提出的"黄祸论"潮流中的一种。随着地缘与能源价值的突显,中亚地区越来越受到世界关注。以美国为首的西方国家极力向中亚渗透,推行民主政治、培养亲西方反对派、力图建立亲西方政权,同时想方设法加强舆论影响,宣扬与己有利的言论,诋毁竞争对手。由于中亚地区存在一些对中国的负面情绪,这为

① 陈岳:《中国国际地位分析》,当代世界出版社,2002 年版,第 249 - 250 页。
② Adiljan Umarov & Dmitiry Pashkun. "Tensions in Sino - Central Asian Relations and their Implications for Regional Security. " Conflict Studies Research Centre. Central Asia Series. January, 2006. p. 2.

西方提供了宣扬"中国威胁论"的机会。

第二,中亚国家和当今俄罗斯的共性,决定了中亚版的"中国威胁论"带有浓厚的俄罗斯色彩。中亚国家与俄罗斯曾同属苏联,苏联时期中苏关系不仅影响着俄罗斯,同样也影响着中亚国家。因此,中亚和俄罗斯都存在一些对"中国威胁论"情有独钟的人。当代中亚同中国发展关系时,也面临着许多与俄罗斯相似的问题,如水资源问题、人口问题和能源问题等,这就使中亚更容易受到俄罗斯版的"中国威胁论"的影响。

第三,中亚国家与中国的地缘关系。中亚国家和中国有3000多公里长的边界线,其中塔、吉、哈与中国接壤。由于中国的改革开放取得了巨大的成功,经济实力和国际地位不断上升,与中亚国家之间的差距迅速扩大,并且出于自身发展的需要,中国也加大了对中亚地区的投资。与这样一个新兴大国毗邻,深受冷战思维影响的中亚国家难免产生不安,"中国威胁论"即随之出现。

第四,面对新兴大国,中亚国家有些学者常常提及历史上中华帝国对中亚的控制,使得中亚国家不可避免地对中国产生负面情绪,并对中亚与中国之间的关系造成消极影响,尤其是在外部势力的鼓动和煽动下更是如此。

总之,中亚的"中国威胁论"根植于双方存在的历史问题,并受到当今国际政治环境和中国与中亚地缘关系的影响,表现为对中国未来中亚战略的担忧。

三、中国威胁论在中亚的表现

中亚的"中国威胁论"与其他地区本质相同,但具有一些地区特点。具体来讲,中亚版的"中国威胁论"表现在如下几个方面:

（一）地区霸权论

这种观点认为,不断强大的中国可能会在中亚寻求地区霸权,恢复历史帝国的地位。历史上,中亚是丝绸之路的枢纽,中华帝国的强大常伴随着对中亚的争夺,汉唐如是,清朝亦如是。这使中亚国家认为"中国一直对中亚地区抱有幻想,并打算将它变为一个具有重要战略价值的边境重镇"。[①] 现今中国处于一个新的成长期,经济持续快速增长,综合国力迅速增强,国际地位不断上升,为中国在中亚影响的扩大提供了现实基础。中苏在中亚地区形成的力量平衡,也随着前苏联的解体被打破,给中国提供了一个在中亚重新发挥影响的机会。这些都使得中亚国家担心中国会重新在中亚地区寻求霸权。近20年来,虽然中国与中亚各国关系良好,中国政府也一再强调绝不会在中亚寻求地区霸权,要的是合作

---

① Adiljan Umarov & Dmitiry Pashkun. "Tensions in Sino-Central Asian Relations and their Implications for Regional Security." Conflict Studies Research Centre. Central Asia Series. January, 2006. p. 3.

不是控制,但是仍有人担心,随着中国经济、政治和军事力量的增长,中国的中亚战略会发生改变,在适当的时候中国会对中亚进行控制。

(二)经济威胁论

这种观点认为,随着与中亚国家经贸关系的发展,中国可能会控制中亚国家的经济命脉。

中国和中亚五国的贸易量增长迅速,早在 1994 年,中国就成为吉尔吉斯斯坦最大的出口国和第二大进口国,中吉经济贸易合作委员会还制定了包括 500 多个项目的大规模长期合作计划。哈萨克斯坦成为中国在中亚第一、独联体内第二大贸易伙伴,中哈之间的贸易额早在 2001 年就超过了 33 亿美元。2004 年中国和中亚五国的贸易量达到 270 亿美元,比 2000 年的 1.5 倍还要多。2005 年前 9 个月的双边交易额就相当于 2004 年 1 年的数量,"快速增长的非官方贸易和边境贸易还未被计算进来,据估计,其在规模上相当于中国和中亚地区的正式双边贸易量"。① 此外,中国在中亚的投资不断迅速增加,尤其是在能源领域,中国已经花重金买下了中亚地区石油公司的股份。

这使得有些人认为,与中国相邻的哈萨克斯坦、吉尔吉斯斯坦和塔吉克斯坦极易受到中国的影响,并可能逐渐被中国控制,至少在经济领域亦如此。例如在 1994 年就"有观察家认为,如果将潜力巨大的非正式边境贸易考虑在内,中国将在 5 年内控制吉尔吉斯斯坦的经济",②吉尔吉斯斯坦首都的列宁广场更名为邓小平广场就是一个征兆。由于中亚国家落后设备的制造品无法与中国的廉价产品相竞争,"中亚国家担心中国将摧垮它们虚弱的产业并抑制新行业的产生。中国经济的强力增长使中亚国家产生了不安全感,并对与中国的贸易进行限制,以此来限制中国商品的流入"。③

(三)人口威胁论

这种言论与俄罗斯版的"中国威胁论"相似,认为极度膨胀的中国人口将入侵人口相对稀少的中亚。

与中国相比,中亚和俄罗斯一样,地广人稀,而且许多领土在历史上曾臣属中国。所以,他们担心中国会向外输出过剩的人口,以此逐渐"收复"失地。

另外,中国和中亚国家的非法移民问题造成了中亚所谓的"黄祸论"。"黄

---

① O. G. Mirutina. "Prospects for cooperation between China and Kazakhstan and its importance to Russia." website for social – humanitarian and political science education in the Russian Federation. http://www. humanitiews. edu. ru/db/msg/19819.

② Ross Munro. "Central Asia and China." Michael Candelabrum(ed.), Central Asia and the World, New York: Council on Foreign Relations Press. 1994. p. 232.

③ Rollie Lal. "Central Asia and Its Asian Neighbors security and Commerce at the Crossroads." Prepared for the United States Air Force. Published 2006 by the RAND Corporation. P. 9.

祸论"认为,中国人以非法的形式偷渡到中亚,尤其是哈萨克斯坦和吉尔吉斯斯坦,并想方设法在那里长期定居,从而占据中亚,双方共有并容易穿越的边界肯定会对中亚国家的领土完整造成威胁。"还有很多分析家认为,如果这种情况以现在的规模继续下去,中亚国家的政治、经济和文化将被扭曲,以至于对国家利益的破坏将无法避免,即使中国对这种情况不加以利用"。①

（四）领土诉求论

中国与中亚国家的边界问题依然是一个比较敏感的话题。如今中亚很大一部分在 19 世纪仍属中国,沙俄鲸吞中亚后,借中国内乱之际派军入侵中国新疆,迫使清政府签署了一系列不平等条约将这些领土割占。由此,中国与沙俄及后来的苏联在中国西部领土一直存有争议。

苏联时期,中亚成为中苏斗争的前线。出于自身利益考虑,前苏联在中国西部推行大国沙文主义,甚至企图控制中国新疆地区。中苏之间为了解决边界问题举行过会谈,但在苏联解体前边界问题始终没有解决。由此,"在一些学者看来,中国依然认为肥沃的费尔干纳谷地是中国的领土。虽然北京尽力避免在公开场合提起这些领土争议,但是它从来没有忘记在中亚地区的历史领土,并且会利用苏联解体的机会加强在中亚地区的领导地位"。②

在中亚,认为与中国的友好关系只是暂时的观点普遍存在,这种情感源于对中国真实意图的深度不信任。中亚国家虽然对友好关系进行频繁的声明,但事实上也存在许多问题,如哈萨克斯坦的一些报纸严厉地批评 1999 年春天国家议会批准的关于边界问题的一个协议。2003 年吉尔吉斯斯坦议会批准了一项早在 1999 年达成的协定,这引起了全国上千人的抗议,该协定规定将 95 000 公顷有争议土地划给中国。另外,许多哈萨克斯坦专家也不认为 1999 年的协定完全解决了中哈之间的边界问题,中国还会提出更多的要求,虽然事实是中国在与中亚的领土问题上做出了很大的让步。

这些历史遗留问题以及在其处理过程中出现的分歧,导致中亚国家产生中国会对中亚地区有领土诉求的担忧,形成了中国所谓的中亚"领土诉求论"。

（五）水资源威胁论

这种论调是由中亚国家对中国利用跨国河流的担忧而引起的,其中典型的案例是黑额尔齐斯河问题。黑额尔齐斯河是中亚国家认为中国可以用来威胁中亚水资源的河流之一,中国为了利用该河流的水资源,曾开凿引水运河,引起哈

---

① Adiljan Umarov & Dmitiry Pashkun. "Tensions in Sino-Central Asian Relations and their Implications for Regional Security." Conflict Studies Research Centre. Central Asia Series. January, 2006. p. 8.

② Lillian Craig Harris. "Xinjiang, Central Asia and the Implications for China's Policy in the Islamic World." The China Quarterly. No. 133. March, 1993. p. 114.

萨克斯坦和俄罗斯的担忧。

他们认为,中国这条运河将把额尔齐斯河的支流——黑额尔齐斯河水引向中国西部,夺走俄哈两国的水资源,使流入哈萨克斯坦东部和中心地区的水量进一步减少,造成这些地区经济和环境的恶化。"鄂木斯克州环境监察局局长亚历山大·谢尔巴科夫认为,中国的引水计划可能造成极为严重的后果。哈萨克斯坦境内的额尔齐斯河沿岸居住有 250 万人,沿岸建有巴甫洛达尔等庞大的工业中心。额尔齐斯河是哈萨克斯坦中部地区的用水来源,如果无节制地从黑额尔齐斯河引水,额尔齐斯河就会干涸,城市引水设施将无水可引……副局长谢尔盖·叶廖明说,'现在额尔齐斯河近 10%的水量被中国利用。在 2020 年前中国还计划每年增加从黑额尔齐斯河的引水量。而最主要的是,我们没有任何机制可以控制中国的引水量并减轻由此造成的后果'"。①

除了言论,中亚的"中国威胁论"还涉及能源威胁和核试验威胁。与俄罗斯的担心相同,中亚国家认为中国的经济发展是能源消耗型的,自身能源不足以支持经济的高速增长,为了保持经济的发展,在和平手段失效后,中国可能会使用武力掠夺世界的能源。中亚地区近在咫尺,国力较弱,并且中国在中亚的能源领域已经具备了一定的影响力,这将使中亚成为中国能源掠夺的首选地。核试验问题,是指中国西部地区的核试验一直是中亚国家指责的对象,认为这将对中亚的环境造成影响,如可能对中亚造成核辐射。

四、中国的发展对中亚不是威胁而是机遇

自独立以来,中亚五国与中国关系健康发展,在"上海五国"机制内解决了双方边界问题,建立了军事互信机制,又在"上海合作组织"框架内开展安全、经济、军事等多方面的互信合作,为双方带来了巨大的利益。中国一贯坚持和平共处五项原则,执行睦邻友好政策。无论是从战略还是现实行动上,中国都不是中亚的威胁,中国的迅速崛起反倒是中亚的机遇。

（一）中国没有威胁中亚的条件

关于中国为了实现在中亚的利益宁愿动用全部政治和军事力量的说法是毫无根据的,因为现今的中国通过经济、外交等手段完全可以满足自身的所有需求。中国军事力量的发展,是为了维护其自身主权和领土的完整,其军事战略是防御性的。对于中国,中亚不是最先考虑的地区,中国军事力量关注的焦点是台湾,其安全政策的重心在东北亚和东南亚,中亚处于一个次要的位置,除非那里爆发了大规模的民族分裂活动。

---

① ［俄］《消息报》,2005 年 9 月 14 日。

　　另外,俄罗斯军事力量在中亚地区的存在,将阻止中国任何未与其达成一致意见的军事活动,如果中国与吉尔吉斯斯坦或塔吉克斯坦发生军事冲突,将会引起中国与俄罗斯的军事冲突,而中国的战略利益不允许其与俄罗斯发生军事冲突。中俄在遏制美国在该地区寻求地区霸权方面具有一致的战略利益。并且,中国致力于与俄罗斯发展睦邻友好合作共赢的政策,在维护地区稳定、打击宗教极端主义和泛突厥主义等方面的利益也是一致的。中国不会在中亚采取过激的政策,以挑战俄罗斯在中亚的主导地位。

　　美国在中亚的存在,也会牵制中国在中亚的活动。中亚地缘政治的复杂性、中国所处国际环境和中国对外长远战略,都决定了在任何情况下中国都会极为慎重地对待中亚的军事活动。

　　至于中国将控制中亚经济命脉的说法,也没有可信的理由。中国想在中亚国家具有支配性的影响力"必须至少满足两个条件:必须满足目标国重要的经济需求,还不能够轻易地被其他的国家或国家集团代替"。① 从目前的情况来看中国并不能满足任何一个条件,中国仍然是一个发展中国家,自身的发展仍需要大量的资金,没有过多的资本对外部进行支援。同参与中亚竞争的其他对手相比(尤其是欧美),中国不但不是不可替代的,很多情况下是不重要的。中国在中亚的投资虽然呈增长之势,但在数量上远不及欧美和俄罗斯。中国只不过是中亚多个潜在市场和资金的来源之一,在整个中亚扮演重要而不可替代的角色的能力是十分有限的。

　　中亚国家自身维护国家独立的能力,已经趋于完善。在各种外部势力之间中亚各国已采取平衡策略,使它们相互制衡,自己从中取利。"中亚地区也不存在'权力真空'等待外部力量来填补,并且在该地区多极的力量平衡机制正在形成,这使得任何一个国家想建立地区霸权都十分困难"。②

　　(二)中国的发展是中亚各国的机遇

　　中国主张建立"和谐世界",以"和平共处五项原则"为行为准则,反霸而不称霸,坚持走合作共赢、互惠互利的和平发展道路。对周边国家采取"睦邻、安邻、富邻"的外交政策,在中亚亦是如此。中国对中亚政策的战略目标是:维持地区稳定,保障能源安全,促进经济合作。这些战略目标对中亚国家来讲都是机遇,而不是威胁。

---

　　①　Mark Burles. "Chinese Policy Toward Russia and Central Asia Republics." Prepared for the United States Air Force by RAND's Project AIR FORCE. 1999. p. 51.

　　②　This is the conclusion reached, among others, by the International Institute for Strategic Studies. See "Caspian Oil: Not the Great Game Revisited." in Strategic Survey 1997/98. International Institute for Strategic Studies. London. 1998. p. 22 - 29.

中国五国独立以后,政局曾一度动荡,内部极端宗教势力和恐怖主义问题严重,稳定是一个十分紧迫的问题。中国以经济建设为中心进行国家建设,需要稳定的国际国内环境。中亚和中国西部的新疆地区在地缘、政治、民族和宗教等各方面都有着紧密的联系,中亚发生的任何事件都极易波及中国的新疆地区。中国与中亚共同打击"三股势力",有利于保障中国西部边疆的安全稳定,也有利于中亚各国的和平稳定。因而,在安全上中国和中亚地区具有共同的利益。

中亚是前苏联重要的原材料生产基地,石油、天然气和有色金属等资源极为丰富,中亚各国资源的供给量远远超过自己经济发展的需求量,大部分油气资源需要出口。随着经济的发展,中国将成为能源消耗大国,对外部能源的需求日益增长,为中亚能源资源的出口提供了广阔的市场。

中国为中亚各国的产品提供了一个有活力并且容易进入的庞大市场。中国经济的迅速发展成为世界经济增长的动力,对周边及世界产生了很大的溢出效应,中亚也必将从中受益。双边贸易额不断增长,在各自对外贸易中的重要性逐渐突出,尤其是中国日益强大的经济不但为中亚地区需要出口的能源资源提供了一个巨大的市场,还为中亚提供了各种可供选择的商品,满足了中亚市场的需要。中亚各国还可以利用自身的能源资源优势,吸引中国丰富的外汇储备、劳动力和引进较发达的轻工业技术以及各种质优价廉的产品,促进自身经济的发展繁荣。

中亚各国大部分油气资源需要出口,经济发展也依赖能源出口,但中亚各国地处欧亚大陆内部,远离外部市场,要经过一个或多个国家才能到达海岸线。中国作为中亚的紧邻,拥有绵长的海岸线,中亚地区的各种商品可以通过中国直接进入国际市场。在这种情况下,中国不仅是中亚能源一个重要的潜在市场,而且还是其能源走向国际市场的重要通道。

中亚交通运输潜力的发挥离不开中国。中亚是连接欧亚大陆两端的重要交通枢纽,古代陆上丝绸之路的重镇,现代第二大陆桥的必经之地,并且有各种管道穿越,在交通运输上的地位十分重要。中亚虽然是欧亚大陆陆上交通的枢纽,但并不是终点站,是整个路线上一个重要的中转站。中国是这条交通线上重要的货物提供地和输入地,没有中国境内的交通组成部分和中国的货物运输需求的存在,中亚的交通运输意义将大大缩水。随着中国在中亚投资的增加,加大铁路、公路和管道建设,不仅可以满足中国的运输需求,也可以从各个方面带动中亚各国经济的发展。

由此可知,中国和中亚国家在安全、能源、运输和经贸方面有着广泛的共同利益和巨大的合作潜力。在总体战略上,中国是中亚合作的极佳伙伴,中国不是中亚的威胁而是机遇。

第六节　各种消极文化因素作用下的
中亚政局及中亚的应对策略

　　"三股势力"、"双泛思潮"、"霸权主义"、"大国主义"和"中国威胁论"这些消极文化力量虽然对中亚政局的发展不可能起到主导作用,但也不能忽视它们所具有的影响力,在中亚政局的发展变化中总是可以见到这些力量的身影。它们的合流与竞争同样也表现在了中亚政局的变化中。

一、各种消极因素的现实力量代表及其相互之间的关系

　　"三股势力"的发展和"颜色革命"的爆发是中亚政局发展变化中的重大事件,以上各种力量之间的相互关系也基本上通过它们而表现出来。

　　首先,中亚社会内部当局与反对派之间是一种斗争关系,其中尤其以政治伊斯兰中的极端势力与当局之间的斗争最为激烈。宗教极端势力的产生就与政府当局的各种问题密不可分,自产生初期就直指当局弊端;政府当局视宗教极端势力和各种反对派为自身统治地位的最大威胁,从而尽力加以铲除。这两股力量和外部力量之间又因情况的不同而存在各种合作或斗争。

　　"三股势力"的产生虽然直接起因于中亚的社会状况,但是也和"双泛思潮"有密切的关系。"双泛思潮"为"三股势力"的产生发展提供了思想、资金和人力支持。"三股势力"的宗教理论主要是从外部引进的,它的兴起也与伊斯兰世界为了扩大其在中亚的影响而对宗教事业的支持密不可分,尤其是伊斯兰世界的宗教极端势力为中亚的"三股势力"提供了各方面的帮助。所以,"三股势力"和"双泛思潮"之间的关系主要是支持和利用的关系。

　　"三股势力"与美国之间的关系就相对复杂一些。从"三股势力"这方面来讲,美国即是其痛恨的对象,同时又是其寻求帮助的力量;从美国方面来讲,"三股势力"是其需要打击的目标,同时也是可资利用的势力。伊斯兰宗教极端势力的主要特点之一就是仇美情绪,而且美国在全世界范围内开展反恐活动,中亚的一些宗教势力都被美国列入恐怖组织的名单,这是双方冲突的一面。但是,双方在改变现存政权上具有共同之处。基于这一点,"三股势力"有向美国寻求帮助来推翻现政权方向发展的趋势,它们尽力将自己伪装成政治迫害的对象和非暴力反对派。而美国为了在中亚建立亲西方政府,推行民主,开展"颜色革命",需要在中亚扶植反对派,中亚的政治特点又导致除宗教极端势力之外很少有其他反对派可供扶植,所以美国对中亚各国当局的打压活动时常提出批评,为反对

派提供支援。但是,最终目标的不一致也决定了双方不可能开展密切合作。在中亚当局与美国之间也是矛盾和合作并存。美国的反恐活动需要中亚国家的支持,它在中亚扩大影响力也离不开与政府当局的合作,但是中亚当局是非西方的、非民主的,所以对它既支持也指责。而中亚各国的经济发展和国内反恐需要美国的支持,但是对美国的民主化并不感兴趣,导致中亚各国当局对美国既需要又排斥。

"三股势力"与中亚国家及中俄之间的关系相对较为简单。由于中俄两国国内都受到"三股势力"的困扰,且都希望中亚地区保持稳定,所以在打击"三股势力"方面,中国、俄罗斯和中亚国家拥有共同的利益。这也决定了中俄对中亚国家的支持以及对"三股势力"的反对。

其次,在中亚有着重大影响的各种外部力量之间除了存在竞争关系之外,还有其他更为复杂的关系。从美国来讲,总体上对"双泛思潮"持反对态度,尤其是对以"邪恶轴心"伊朗为首的"泛伊斯兰主义"更加反对,认为伊斯兰文明是对西方文明的挑战,伊斯兰世界是仇视西方的,伊斯兰世界的发展壮大就是对西方的威胁,但是对以土耳其为首的"泛突厥主义"却有另外的考虑。土耳其是伊斯兰世界中将宗教和世俗社会之间的关系处理得较好的一个国家,美国打算将土耳其作为伊斯兰世界西方化的一个样板推广。土耳其也是伊斯兰世界最亲西方的国家,一直致力于加入欧盟,是西方向伊斯兰世界进军的桥头堡。因此,土耳其扩大在中亚的影响未尝不是一件好事。美国对中俄的态度比较简单,并且具有共同性。美国进军中亚的主要战略目标就有压制俄罗斯,遏制中国。所以它在中亚尽力与俄罗斯争夺主导地位,对中国则是尽力排斥。但是,美国知道自己在中亚的行动离不开俄罗斯的配合,所以在竞争的前提下还是有一定程度的合作。中俄之间的主要战略利益是一致的,中国支持俄罗斯在中亚地区继续保持主导地位。在遏制伊斯兰极端势力,应对美国的挑战,支持政府当局权力的稳定过渡和非亲西方性等方面具有相同的利益需求,所以中俄在这些方面是合作一致的。

二、各种消极文化力量作用下的中亚政局

"三股势力"的活动是中亚内部消极文化力量的主要体现方式,是内部反对派对政府当局提出挑战的主要形式。它们打着宗教的旗帜,以极端恐怖的手段来实现其建立宗教国家和其他的非法目的。"三股势力"在中亚五国独立初期就已开始活动,以宗教政党的形式参与政治活动,要求建立政教合一的国家。在苏联解体、中亚国家伊斯兰复兴的大环境下,宗教政党的活动曾一度高涨,后随着各国政府对宗教政策的转变而处于被政府打压限制的地位。但是,在宗教势力较大的塔吉克斯坦,宗教势力曾挑起内战,欲依靠武力建立宗教国家,直至1997年双方才妥协,以签订和平协议的方式停息了内战。内战造成了塔吉克斯坦经济的倒退,人员的伤亡;还造成中亚地区的不稳定,使塔吉克斯坦还成为"三股势力"的天然避难所,如极端分子多次以塔吉克斯坦为跳板对中亚其他国家进行攻击。在中亚其他国家,尤其是乌兹别克斯坦,宗教政党虽然被压制了下去,但是宗教极端势力却发展迅速,其最初的袭击目标只是政府官员和政府设施,手段也相对落后。随着国际上恐怖活动的增加,其组织也趋向于国际化、一体化,活动方式越来越极端,平民也时常受到他们的危害。"三股势力"被一致认为是中亚地区稳定的一颗毒瘤。现在中亚地区的极端组织主要是乌兹别克斯坦伊斯兰运动和伊斯兰解放党(伊扎布特)。其中"乌伊运"已被美国列入恐怖组织的名单,虽然它在美国开展的阿富汗战争中损失惨重,但是美国并未能够根除这个组织。据有关报道称,该组织和其他极端组织的残余一起组建了一个"中亚伊斯兰运动",继续开展活动。伊斯兰解放党虽然一直称自己为非暴力的,但是最近也出现了暴力的倾向。其暴力言论出现的频率也越来越高,而且有内部分裂的趋势,主张暴力的派系一旦分离出去将成为新的主张开展恐怖活动的极端宗教组织。可见,中亚五国早期的政局动荡,与宗教反对派和宗教极端势力有着密切的关系。

　　随着美国在中亚的出现及其在中亚地区对民主战略的推广,中亚地区的政治反对派除了开展暴力袭击之外,还有了向政府当局进行挑战的新武器,那就是寻求美国的帮助,利用中亚地区存在的各种社会问题向政府发起挑战,在中亚地区权力过渡的特殊时期开展"颜色革命",以和平的方式夺取政权。"颜色革命"成为中亚当局一个新的挑战,与"三股势力"一起成为影响中亚政局变化的重要因素。2005年3月的吉尔吉斯斯坦骚乱和同年5月乌兹别克斯坦的"安集延事件",就是"颜色革命"运动插手中亚的直接后果。"安集延事件"还生动地表现出"民主化"运动在中亚与"三股势力"不期而遇,搅成一团的趋势。"颜色革命"是美国在全球推广民主化的重要方式,通常做法是用种种借口制造政治危机,通过非暴力的街头抗议去推翻原来由选举产生的合法政权,换上一批亲美的政治领导人。中亚地区的"颜色革命"据称也是由美国一手主导的,其目的是推翻亲俄当局,建立亲美政权,扩大自己在中亚地区的影响,将自己的同盟扩大到中亚地区,进一步压缩俄罗斯的生存空间,从中国的西部对中国进行包围。美国的这一目标也决定了各种力量在"颜色革命"这一事件上与其他力量的对抗与合作关系。由于美国在中亚地区对民主的推广,对现政权领导人的统治地位造成挑战,让中亚国家的领导人认识到了美国的威胁性,美国与中亚政府当局之间因"反恐活动"建立起来的密切关系也因此逐渐开始破裂。俄罗斯对美国在中亚地区的活动更是敏感,本来对美国保持在中亚的军事存在就戒心重重,对美国在中亚地区搞"颜色革命"更是极力反对,所以俄罗斯对中亚政府当局给予了坚决的支持。美国的活动不但造成了自身与中亚国家关系的恶化,还促使了中亚国家对俄罗斯更深的依赖。例如在"安集延事件"中美国对乌兹别克斯坦的批评和不信任,最终造成了美乌关系的恶化,美军被迫撤离乌兹别克斯坦军事基地,乌还退出了西方国家主导的"古阿姆"组织,并再次加入俄罗斯主导的独联体集体安全条约组织和欧亚经济合作组织。由此,其他中亚国家对美国的态度也发生了变化,对美在自己国家的影响表示担忧。在"上海合作组织"内部,对美不友好的言论,要求美军撤离中亚的提议也经常出现。

三、中亚国家的应对策略

中亚各国当局作为中亚地区的合法政府,任何力量的一举一动都和它们有着必然的联系,无论是消极作用还是积极作用,最终都要通过它们表现出来。作为整个中亚地区的主人,中亚各国政府需要面对影响中亚地区的各种力量。为了中亚地区的发展和稳定,为了巩固国家政权,为了保护自己的独立地位,它们需要趋利避害,需要应对各种力量的挑战。总体来看,中亚地区的应对策略可以分为两部分,一部分是对内部因素的策略,另一部分是对外部因素的策略。

(一)对内部"三股势力"的打压

"三股势力"素有中亚地区稳定发展的毒瘤之称,中亚国家对此更是恨之入骨。在独立之初虽然出于各种考虑曾经放任宗教势力的发展,但是它们对宗教参与政治,组建宗教政党等从来都持反对态度。中亚国家宪法都明确规定自己是政教分离的世俗国家,宗教可以在社会问题上发挥作用,但是绝对不允许参与政治。各国还纷纷立法限制宗教政党的发展,宗教团体的成立要经过国家宗教管理部门的审核,要符合国家规定的标准,并将对国家的忠诚作为是否批准其成立的重要标准。独立后不久,中亚各国还在教育、言论等方面限制宗教势力的发展。在中亚地区,宗教学校远远不能满足伊斯兰信徒的需要,而且都被国家严格控制着,其教学内容和方式受到国家严格的监管。此外,出国留学也受到严格的限制,不但外出留学的名额极少,留学归来的学生也在中亚地区无法找到合适的工作。在出版物方面,宗教方面的刊物出版受到特别组织的监管,任何过激的言论都无法通过正规的渠道出版;私人涉足出版业也是被严格禁止的,以防这些人脱离国家的控制,从事宣传极端宗教主义的活动。此外,中亚各国还建立了专门管理宗教事务的组织,但是这些组织的领导人是忠于政府的官员,而不是宗教方面的专家。这些组织拥有任命宗教领袖的权力,但是他们任命的标准也以是否忠于政府为准则,而不是他们在宗教方面的水平。这些措施虽然对宗教势力的发展造成了重创,但是由于无法满足民众对宗教知识的渴求也促使了极端思想的发展,造成了极端组织的出现。宗教极端组织出现伊始就受到中亚各国的严酷打压。在国内对嫌疑极端分子进行大规模的逮捕,动用警察、边防人员,甚至发动群众对极端分子进行打压。它们还动用军事力量对极端组织进行围剿,设法将极端分子一网打尽。在地区层面上参与各种地区安全合作组织,与周边国家组成联盟,对恐怖组织进行打击。中亚各国大多时间都是独联体集体安全条约组织、上海合作组织等的成员,在这些组织的任务中,打击"三股势力",确保地区稳定和安全是一项重要的内容。中亚各国还积极配合美国主导的国际反恐行动,为美国提供空中通道和军事基地,对境内外的极端恐怖分子进行打击。

(二)对外部势力采取务实的平衡外交政策

中亚各国独立后,特别是"9·11"事件后,随着该地区战略地位的提升和油气资源的开采,世界大国和大国集团纷至沓来,竞相角逐。在此情况下,中亚各国在大国之间游走,利用大国的竞争从中周旋,推行多元务实外交,以谋取最大的国家利益。因此,对外政策多元务实是中亚国家外交战略的一大特色。

具体来讲,中亚各国政治上游走于大国之间,用一个大国对付另一个大国,用一种力量制衡另一种力量,在大国博弈中分散风险,寻找自己的有利位置。与土耳其之间,对其提供的经济和文化援助欣然接受,但是始终抱有戒心,不愿在刚送走一个"老大哥"后,迎来一个新的"老大哥"。在与俄罗斯之间,一方面,在经济安全领域需要俄罗斯,依赖俄罗斯;另一方面又担心俄会再出现"帝国野心",而不得不防范。中亚各国独立后大力发展本国主体民族的语言和文化,实施"淡俄化"政策。在政治上不愿单纯与俄结盟,而是希望将莫斯科的作用"减到最低限度"。独立后,特别是"上海合作组织"建立以来,它们积极与中国发展战略伙伴关系,实际上就是要利用中国平衡俄罗斯在中亚的影响。在与西方的关系上,对西方批评该地区领导人集权和独裁,在该地区推行"民主改造"表示不满;认为中俄不同于西方,它们不批评这一地区领导人"破坏民主",只注重于"发展经济合作和安全",因此"获得了这些国家执政者的信任",它们"越来越将中国和俄罗斯看做是对西方的一种抗衡"。① 同时,中亚国家又看重西方特别是超级大国美国的经济实力和技术水平,因而对其暗送秋波。对美国能提供的抵消俄罗斯和中国影响的力量,它们乐意接受;自独立后,它们"一直就各种问题向全世界第一大国征求意见,从民主发展到能源勘探"。② 经济上通过全方位合作和利用大国竞争谋求最大国家利益。区域内经济合作多样化是中亚国家对外

---

① [俄]《独立报》,2005年1月24日。
② 香港《南华早报》,2006年6月14日。

经济交往的最初形式。中亚国家独立后,由于和前苏联特别是俄罗斯特殊的历史和地缘政治关系,参与了各种功能不同的经合组织,如中亚合作组织、中亚共同市场、欧亚经济共同体和统一经济空间等。中亚国家还积极参加区域外的经济一体化进程,在北部是俄罗斯,南部是南亚,东部是中国。中亚国家还利用大国对能源的竞争,穿梭交易,有机会便在提高价格、改善运输条件和在其他合作领域获取让步,如在管道问题上,与中国、俄罗斯和西方国家都有合作,但不单独依赖哪一方。安全上致力于建立多重安全保障机制。参与建立各具特色的安全合作组织,如独联体集体安全条约组织、中亚联盟、欧洲安全与合作组织,以及上海合作组织等。哈、乌、吉、塔还是北约"和平伙伴关系计划"成员国。

总结本章,我们认为,"三股势力"、"双泛思潮"、"霸权主义"、"大国主义"和"中国威胁论"是全球主要文化力量中的消极因素,也是对中亚地区产生重大影响的主要消极因素。在这些消极文化力量因素背后都有一种强大的实力作为其后盾,同时各种消极文化力量在中亚的出现又是服务于其背后现实力量的中亚战略的。"三股势力"的最终目标是,推翻中亚现政权,在中亚地区建立政教合一的"哈里发国家";"双泛思潮"的目的是,以泛突厥主义和泛伊斯兰主义为借口以扩大土耳其或伊朗在中亚地区的影响力;"霸权主义"的目的是,在中亚地区加大其影响力度,保证其可以自由进入中亚,为其全球霸权服务;"大俄罗斯主义"则是俄罗斯大国思想在保持其大国地位而在中亚地区突显出来的一种情绪甚至行动;"中国威胁论"则是中国的竞争对手遏制中国、丑化中国的一个舆论工具。

第六章 "颜色革命"
——多种文化力量较量的一次演练

在中亚独立近 15 年的时候,各国政权(塔吉克斯坦除外)总体上保持了稳定的态势。不过各种社会问题也逐渐暴露出来,如两极分化严重,腐败现象普遍等等,引起了各国民众的不满。在此期间,中亚作为全球战略枢纽的地位也越来越突出,全球各种文化力量竞相进入:以美国为首的西方文化力量强势推进,力图对中亚进行民主改革并主导中亚;感到"后院"起火的俄罗斯文化力量,加紧在各个方面巩固在中亚的固有影响力;带有明显"双泛"倾向的"三股势力"更是伺机而动,中亚政局可谓是扑朔迷离。

第一节 多种文化力量在中亚"颜色革命"中的较量

正如 2005 年 3 月 26 日俄罗斯《苏俄报》分析的那样:"吉尔吉斯斯坦政变的根本原因是民众对经济情况、高失业率、政府腐败、行政及司法部门专横和裙带关系的不满。不依靠大规模的抗议,任何'颜色'的革命都不可能爆发。"哈萨克斯坦总统纳扎尔巴耶夫的观点也印证了上述看法,他认为吉尔吉斯斯坦政权更迭的背后原因是该国缺乏发展战略,经济改革没有取得具体成果,导致贫困和失业,而这成为孳生公众对政府不满的土壤。[①]吉尔吉斯斯坦"颜色革命"的爆发之所以如此迅猛,主要原因在于国内原因:经济落后和民众贫困动摇了政权的根基;腐败现象严重,使政权基础受到了侵蚀;国内"民主化"进程过热,为反对派势力提供了滋生和发展的土壤;阿卡耶夫政权软弱无能,为反对派夺权提供了方便。

但是,如果没有以美国为首的西方文化力量长期的渗透和直接对吉尔吉斯斯坦这次事件的推波助澜,所谓的"颜色革命"是不可能发生的。中亚政局的震荡,全球各种强势文化力量在其中更是扮演了重要的角色。西方文化力量的主

---

① 赵龙庚:《吉、乌政治动荡与中亚地缘局势》,《外国问题研究》,2005 年第 3 期。

要代表美国对俄罗斯步步紧逼;而俄罗斯在自己的传统势力范围受到威胁时也采取了措施,但表现乏力,有节节后退之势;伊斯兰极端势力混杂其中,使得美俄双方都不得不有所提防。

一、以美国为首的西方文化力量的强势进攻

布热津斯基曾经说过:"在广阔的欧亚中部高原以南有一个政治上混乱但能源丰富的地区,它对于欧亚大陆西部和东部的国家,以及最南部地区那个人口众多、有意谋求地区霸权的国家来说,都有潜在的重大意义。"美国要成为棋局的赢家,就必须把"棋盘中间地带逐步地并入扩大中的由美国主导的西方势力范围"。① 2005 年布什在取得连任之后,更是把促进中亚国家的民主化作为美国中亚政策的战略目标之一。以美国为首的西方策划在中亚国家的吉尔吉斯斯坦发动"颜色革命",力图建立起亲美的政权。

首先,美国以提供经济援助为诱饵推动中亚国家实现向"民主制度"的转轨。一方面,美国下大力气在这些国家物色和培植反对派,以通过"本地代理人"实现"民主改革"。为此,美国制定和实施了"造就未来一代精英"的计划,物色政治反对派、激进青年、商界领袖、非官方媒体人士、非政府组织人员,或利用西方国家早期在中亚国家建立的非政府组织对他们就地进行培训,或通过非政府组织出资邀请他们到美国进行访问与交流。仅 2004 年,美国对吉尔吉斯斯坦在这方面的援助资金就高达 1 200 万美元。

其次,美国积极资助建立亲西方媒体,使得这些媒体多数受到西方特别是美国的支持,在资金、信息等方面享有对官方媒体的绝对优势。吉尔吉斯斯坦最有影响力的就是反对派的报纸《MSN》(意为《我的重要新闻》)。它大量、准确地报道反对派的声音,宣传反对派的政治主张,全面影响社会舆论。反对派往往以"民主"、"自由"作为自己政治理念的基础,以"社会公正"和"消除贫困"为自己的施政目标。而其媒体的任务就是以各种报道方式美化这些理念,并对反对派领导人进行精心包装,在大众面前塑造一个新的"救世主"形象。此类舆论一旦形成就和执政当局领导人的"腐败、无能"的形象以及积重难返的社会现实形成鲜明的对比,从而使得民众对民主充满了幻想,对新的政治力量充满了"期待",由此也妖魔化了执政当局及其领导人,全面激化了社会矛盾。反对派媒体有组织、有计划地报道所在国政府腐败、社会不公、经济落后和生活穷困等方面的负面新闻,一步一步加剧了普通群众对政府的不满。2005 年 2 月,就在吉尔吉斯

---

① [美]兹比格纽·布热津斯基:《大棋局——美国的首要地位及其地缘战略》,上海人民出版社,1998 年版。

斯坦议会选举进行前夕,《MSN》刊载了一幅正在修建中的阿卡耶夫总统"豪宅"的照片。此举立即在吉尔吉斯斯坦引起强烈反响,激起了民众对阿卡耶夫政府的不满。此后,该报不断刊登所谓"民调",继续火上浇油。当时反对派领导人成卡车地把该报在全国范围内免费分发。"革命"开始后,该报的日印刷量居然达到了 20 万份,而吉尔吉斯斯坦人口只有 500 万。在革命进行过程中,反对派媒体不仅动员民众上街,还及时报道游行的时间和地点,为反对派在各地的分支提供行动信息。吉尔吉斯斯坦的《MSN》一方面大量报道南部地区的"起义"活动,号召全国民众参加游行示威,并刊载游行的集合时间和地点,为吉尔吉斯斯坦的"郁金香革命"发挥了重要的组织指挥作用,成为吉尔吉斯斯坦"革命"的先锋。2005 年 3 月 24 日,吉尔吉斯斯坦局势发生突变。大量示威者聚集到首都,在闯入并控制了政府大楼后,迅速占领国家电视台。黄昏时分,反对派控制的媒体就报道总统已经逃离该国,总理也已经辞职。于是,反对派在数小时内就控制了局势。有国际观察家认为,媒体对于总统阿卡耶夫逃跑的报道,"迅速使得原政府失去了权威以及法律统治权",鼓舞了反对派的士气。

美国一家非政府组织联盟负责人恰如其分地道出了美国与中亚"颜色革命"之间的关系:"没有这种援助,发生这种事件(指 2005 年吉尔吉斯斯坦的"颜色革命")是绝对不可能的。"①

与此同时,美国还加大对俄罗斯国内民主化的攻势,使得俄罗斯自顾不暇,难以腾出手来关注中亚。在前苏联地区一些国家爆发"颜色革命"后,以布什和赖斯为代表的美国政府一方面开始制造舆论,公开批评俄罗斯的"民主退步",从而将"民主化改造"的矛头指向俄罗斯。2005 年 7 月,与美国联系密切的欧洲议会提交了 300 多页的报告,对俄罗斯民主状况提出了严厉的批评,认为俄罗斯已经很难称得上是一个民主国家了。同时,美国在另一方面积极采取行动,加紧对俄罗斯的'民主化'攻势。"2005 年 7 月 20 日,美国国会两院分别批准在 2006 财政年度专门拨款 5 亿多美元,用于支持包括俄罗斯在内的前苏联地区的'民主化'进程,其中针对俄罗斯'民主化'的款项为 8 500 多万美元,比上一财政年度多出一倍"。②

二、俄罗斯文化力量的节节防守

在中亚独立以来,俄罗斯虽然把中亚视为其无可置疑的势力范围,但是由于

---

① [美]克雷革·史密斯:《美国的帮助为吉尔吉斯斯坦革命铺平了道路》,《纽约时报》,2005 年 3 月 31 日。

② 徐海燕:《"颜色革命"背景下俄美政治较量》,《百年潮》,2006 年第 1 期。

国力下降和政策失误,俄罗斯文化力量在中亚的影响力明显萎缩。从而使得以美国为首的西方文化力量"乘虚而入",影响不断扩大。实际上,10多年来,俄罗斯严重缺乏对中亚各国国情和现状的深入研究,缺乏系统的符合中亚各国实际情况的外交政策。①

为避免在俄罗斯内部发生"颜色革命",普京当局从思想和实践两方面着手,采取了一些应对措施:与西方首脑开展民主对话;限制政治反对派的活动;成立金融信息监测署,构筑金融安全网;公开包括高官在内的收支和账户;规范政党秩序,完善选举制度;加强青少年工作,成立亲政府的青年政治组织;成立对外文化交流和宣传机构,加强俄罗斯对外形象包装宣传;对新闻媒体进行严格的控制和监督等等,使得政局得到稳定。

同时,俄罗斯为了保住自己的"后院"和维持自己的战略生存空间,一方面不断批评美国等西方国家;另一方面,利用历史纽带联系和各种手段向中亚施加影响。在政治和经济上,俄罗斯积极与中亚各国进行会晤、磋商,尽最大努力争取与各国合作的机会;表示支持各国的经济发展政策,继续对中亚进行经济援助;试图通过欧亚经济共同体和统一经济空间框架内的经济合作机制带动独联体经济一体化,维系独联体,保持俄罗斯的向心力。同时,俄罗斯还通过与独联体合作进行联合军演来对抗"颜色革命"。为了加强独联体的集体力量,从2005年4月4日起,俄罗斯主导的独联体集体安全条约组织成员国"边界—2005"联合军事演习开始在塔吉克斯坦境内举行。演习方案临时增加了武力对抗"颜色革命"的科目,其主要目的是吸取吉尔吉斯斯坦"革命"的教训,提高集体安全条约组织成员国军队对抗"颜色革命"的水平。② 但是,这些措施效果并不明显,俄在此次与美国在中亚的争夺中明显处于下风。

三、伊斯兰宗教极端势力趁机搅局

中亚是民族宗教特别复杂的地区,独立以来伴随着宗教复兴和民族主义的复兴,伊斯兰宗教极端势力和恐怖主义组织在中亚地区的活动非常频繁,在费尔干纳谷地尤为剧烈。费尔干纳盆地位于乌、吉、塔三国交界地带,乌兹别克斯坦伊斯兰运动、伊斯兰解放党("伊扎布特")和"东突"势力在这一带十分活跃。吉尔吉斯斯坦事变有无伊斯兰极端势力从中搅和,是值得人们注意的。但是,有一点可以肯定,一旦在政局失控的情况下,它们是不会袖手旁观的,"安集延事件"就是明证。虽未有准确详情,但可以肯定两点:一是它受到吉尔吉斯斯坦3

---

① [美]胡曼·佩马尼著,王振西译:《虎视中亚》,新华出版社,2002年版,第174页

② 李亚洲:《颜色革命与俄罗斯的应对》,《评论周刊》,2006年第3期。

月政局剧变的直接影响;二是极端势力从中作乱。据报道,"安集延事件"是伊斯兰极端组织"阿克罗米亚"组织所为。①"安集延事件"生动地表现出"民主化"运动在那里与宗教极端活动不期而遇并且搅成一团的局面。这使得"颜色革命"在中亚已经变了调,中亚局势的发展变得更加复杂起来。

在这次交锋中,美国强力推动"民主政治",欲趁势使西方文化力量成为中亚的主导;宗教极端势力以伊斯兰运动为号召,伺机发动恐怖活动甚至夺取政权;俄罗斯以"独联体"为安全诉求,力图保持俄罗斯文化力量在中亚的传统影响——三方力量在中亚,特别是吉、乌两国交汇、冲撞。

第二节 "颜色革命"与俄罗斯对独联体控制力的下降

"颜色革命"表明俄罗斯对独联体和中亚国家的控制力正在逐渐下降,俄罗斯的传统势力范围正在逐渐丧失。

20 世纪 90 年代苏联解体,但是作为苏联的继承者——俄罗斯联邦并没有得到西方的足够尊重。西方世界认为它是"冷战的失败者",一是没有立即将其引入西方世界的门槛,二是给它贴上了"后共产主义"、"后集权主义"和"转型国家"等标签。西方并不把已经从超级大国沦为地区性大国的俄罗斯作为平等伙伴对待,美国前国家安全事务助理布热津斯基对俄罗斯的形象做出了尖刻的评价:"他们很容易自欺欺人地把自己看作是一个超级大国的领导人","对美国来说,俄罗斯实在太虚弱了,不配成为伙伴"。为了防止俄罗斯再次挑战以美国为首的西方,美国采取了压缩俄罗斯战略空间的做法,正是在此动机的推动下,独联体一些国家爆发了"颜色革命"。

从 2003 年开始,"颜色革命"像一个幽灵在欧亚大陆的独联体国家跳来跳去。在不到两年的时间内就席卷了三个独联体国家,即格鲁吉亚的"玫瑰革命"、乌克兰的"橙色革命"或"栗子花革命"、吉尔吉斯斯坦的"黄色革命"或称"柠檬色革命"、"郁金香革命"。何为"颜色革命"? 这是一个源自西方的说法,目前有两种不同的界定:一种定义比较宽泛,指 21 世纪初期一系列以颜色命名的、以和平的、非暴力方式进行的政权变更,除了三个独联体国家的颜色革命之外,还包括伊拉克的"紫色革命"(伊拉克民众选举时,涂上紫色墨水按手印,故名)、黎巴嫩的"雪松革命"(雪松为黎巴嫩国树)等,甚至还包括一些其他地区国家的政治变革。另一种是比较狭义的定义,专指某些独联体国家在 2003—2005

---

① 潘志平、胡红萍:《中亚将何去何从——"颜色革命",还是"反恐"?》,《俄罗斯中亚东欧研究》,2006 年第 2 期。

年期间以和平的、非暴力方式进行的政治变革。"颜色革命"与20世纪苏联东欧剧变时捷克斯洛伐克的"天鹅绒革命"一脉相承。所谓"天鹅绒革命",是与暴力革命相对立的一种革命类型,是借天鹅绒的平和柔滑来比喻和平转移政权的政治主张和革命过程。其滥觞指捷克斯洛伐克于1989年11月发生的反对共产党统治的"民主化革命"。由于这场革命从头至尾没有发生以往社会变革的激烈对抗,在不发生流血冲突的情况下实现了政权更替,故西方人形容这是一次"天鹅绒般的革命"。后来这一名词也泛指20世纪80年代末在中东欧国家先后发生的政治剧变。"颜色革命"之所以得名,一是因为格鲁吉亚、乌克兰和吉尔吉斯斯坦的"革命"都是在某种颜色的标志下进行的,二是西方政界和舆论推崇这种以群众示威行动迫使国家政权易手的"天鹅绒革命"斗争方式,故以美好的花朵和颜色加以褒扬。从主导因素或者结果来看,"颜色革命"的最终目的并非为了实现民主化,而更多的是想通过这种手段以遏制俄罗斯。

为何会爆发"颜色革命"?在动因上学者们的看法大体是一致的,即贫穷、落后和腐败等内因是基础,以美国为首的外部因素的煽动和催化是导致革命发生的导火索。也有的认为,从这轮"颜色革命"的外部背景来看,主要是俄罗斯与西方尤其是美国的地缘战略争夺。俄美欧之间的战略博弈是"颜色革命"的一个重要诱因。西方国家通过各种手段对后苏联地区各国施加影响,使之与俄罗斯保持最大距离,这正是美国和欧洲在这次"颜色革命"中的重要目标。还有学者认为,所谓"颜色革命",实质上就是"披着革命花环的一种政变",是以美国为首的西方国家对前社会主义国家进行的第二次"和平演变",是美国在欧亚大陆推广其民主制度的重要战略步骤,是对俄罗斯战略空间的进一步挤压。在大国地缘战略角逐中,中亚和独联体国家被美国为首的西方国家当作一个具有双重功能的必要环节:一方面是控制一个业已失败了的前超级强国,使之不可能在任何时候卷土重来;另一方面是对付一个很可能崛起的未来超级强国,预防它侵蚀或冲击美国的显著优势。"颜色革命"不仅是西方和俄罗斯政治影响的一次较量,也被称为是西方形象与俄罗斯形象之间的一场较量。格鲁吉亚和乌克兰先后抛弃俄罗斯倒向了西方,俄罗斯文化形象一度大大受损。俄罗斯报刊指出,乌克兰发生"橙色革命"与其说是俄罗斯外交的失败,不如说是俄罗斯形象的失败。一个国家的对外形象与国际影响力是密切相关的,国家形象奠定了国家在国际事务中被接受的程度和国际信誉,同时它还影响其他国家对这个国家的对外政策。拥有良好形象的国家,对内能增强民族自尊心和自信心,对外能得到国际上的尊重、理解和支持,对国家的发展能够产生积极的影响。

对俄罗斯来说,保持对独联体和中亚国家的控制权是其政策的核心,因为无论从地缘战略来说还是从经济利益来说,这些前苏联加盟共和国对于俄罗斯都是至关重要的,而衡量控制权的重要指标就是保留苏联时代的政权精英。但是,随着"颜色革命"的推进,"亲俄"的一些领导人纷纷下台,而许多"亲美"领导人则纷纷上台,在美国的支持下经常向俄罗斯"说不",并要求俄罗斯撤出其在自己国家境内的军事基地,挑战俄罗斯的权威,使俄罗斯的安全环境日益严峻。作为前苏联主要遗产继承国的俄罗斯,在这轮"颜色革命"中充分体现了俄罗斯国际控制力的明显下降,其原因有:

首先,这主要归因于俄罗斯的"硬实力"和"软实力"均发生了较大下降。俄罗斯面对转轨时期处境困难的独联体各国,表现出"心有余而力不足"的窘境,无力向它们提供相应的援助,降低了俄罗斯在各国人民中的"领导威信"。所有这些使得美国等西方国家乘虚而入,影响不断扩大。显然,"颜色革命"爆发的背景之一就是俄美竞争。但是,与冷战时期的苏美竞争有所不同,这场竞争的制胜手段不是坦克和飞机的数量,而是"软国力"和"软力量"。在这场竞争中,美国处于明显的上风,拥有战略进攻的态势;俄罗斯无论是在"硬国力"上还是在"软国力"方面,均处于下风。在政治文化上,俄罗斯提不出可以与美国和西方的自由、民主和人权相抗衡的理念;在经济模式上,俄罗斯并非值得仿效的样板;俄罗斯的生活方式对年轻一代也缺乏吸引力。在独联体国家的年轻人中,亲俄的感情已日渐式微,而亲美和亲西方的情绪却不断高涨。所有这一切都使得俄罗斯在与美国的争夺中举步维艰。这一总的态势在今后相当长一段时间内恐怕也难以改变。

其次,俄罗斯对独联体的政策存在失误。俄罗斯一直把独联体视为其无可置疑的势力范围,完全寄希望于以前苏联时期高官为主的当权派身上,与各国反对派之间缺乏联系。俄罗斯的做法激起了各国反对派的反对和广大民众的不满。实际上,10多年来,俄罗斯严重缺乏对各国国情和现状的深入研究,缺乏系统的符合各国实际情况的外交政策。当"颜色革命"爆发后,俄罗斯显得有些不知所措、无可适从,甚至是无可奈何,眼睁睁地看着美国和西方挖自己的墙角。

"颜色革命"对俄罗斯的政治、经济和安全产生了巨大影响,具体表现在:

首先,从欧亚的总体战略角度看,独联体和中亚的"颜色革命"使得俄罗斯与西方战略角逐的力量发生了对比。北约与欧盟双双东扩后,一些独联体国家在"颜色革命"后纷纷加入了这两个组织。这对其他独联体国家可能产生"溢出效应",这将对俄罗斯聚拢独联体和重振大国地位的计划是一个沉重的打击。

其次,独联体国家摆脱俄罗斯控制的步伐加快,并进入了实质性阶段。1997年10月由格鲁吉亚、乌克兰、阿塞拜疆和摩尔多瓦四国总统倡导成立了"古阿姆集团",这个组织是里海和黑海沿岸国家为加强各国间相互合作、促进地区安全与稳定、加强各国政治与经济交流,以及同国际恐怖主义、有组织犯罪和毒品走私作斗争而建立的。1998年,乌兹别克斯坦加入"古阿姆"。该组织的职能逐渐扩大到解决地区冲突、建立亚欧运输走廊和共同建设里海通向欧洲的输油管道等内容。成立伊始,"古阿姆"就具有明显的抗衡俄罗斯的色彩。2001年6月,"古阿姆"五国总统在乌克兰的雅尔塔举行首脑会晤,签署了《雅尔塔宪章》,规定了"古阿姆"集团的运作机制。至此,"古阿姆"这一非正式组织遂转变成为一个正式的地区联盟组织。事实上,"古阿姆"组织是地区两种主要地缘政治力量(以俄罗斯为首的地缘政治力量和以美国为首的西方地缘政治力量)消长的产物和地区各国为提高自身地缘政治力量而努力的结果。这是一个区域性的合作组织,其最初目的是讨论欧洲常规军事力量条约的侧翼限制。尽管该组织在合作发展中没有明确表明"亲西疏俄"的方针政策,但其实际行动中却明显体现出了这一倾向。

第三,俄罗斯经济加速发展的势头受到了某种程度的制约,俄罗斯的很多企业在独联体和中亚国家都有分支,很多公司在独联体国家都有投资。"颜色革命"后,这些中亚国家把经济发展的注意力转移到了西方,对俄罗斯在其境内的企业重新定位,从而使得俄罗斯资本在这些国家的存在和影响受到不同程度的冲击。俄罗斯积极推动独联体大国搞经济一体化的努力也遭到一定程度的挫折。

第四,俄罗斯的安全环境有所恶化。俄罗斯在军事安全领域相对于北约而言显得很是脆弱,一旦俄罗斯和北约发生军事冲突,俄罗斯广袤的中部地区将无险可守。由于独联体和中亚国家越来越强调国家主权,俄罗斯在海外的军事基地正在逐渐丧失,如俄罗斯位于乌克兰赛瓦斯托波尔的海军基地面临着撤出的危险,俄罗斯在黑海的传统出海口的丧失也只是一个时间早晚的问题。

第三节 "颜色革命"后各种文化力量在中亚的重新组合

在吉尔吉斯斯坦"颜色革命"中,奥什和比什凯克等地骚乱骤起,紧接着乌兹别克斯坦安集延爆发严重骚乱事件。美国一手策划的和平演变——"颜色革命"到了中亚却发生了嬗变。这让美国在中亚战略上出现了踟蹰,是要继续进行"民主化",还是遏制宗教极端势力的发展?如果继续对乌兹别克斯坦政府施压,无异于帮助极端恐怖组织,一旦乌兹别克斯坦失控,塔利班残余势力、基地组织和中东伊斯兰原教旨主义则会乘虚而入,这对于中亚来说将是灾难性的。

一、宗教极端势力趁机跟进,西方文化力量心愿未偿

在吉尔吉斯斯坦,以美国为首的西方国家极力谋求的那种在格鲁吉亚和乌

克兰出现的亲西方"民主"政权并未出现。如果继续在中亚有着一定伊斯兰文化基础的国家搞所谓的西方式"民主",极有可能被宗教极端势力所利用,从而引发中亚社会的动荡。到那时,非但美国希望的民主制度不能建立,而且极有可能导致一个为恐怖主义提供新的温床的伊斯兰极端政权的出现,这无异于搬起石头砸自己的脚。

另外,中亚其他国家对美国在中亚策动的"颜色革命"保持着高度警惕,它们纷纷采取措施稳定政权,加强了对政党、非政府组织以及传媒的控制力度。外交方面一度疏远美国,使美国在中亚的民主输出战略显得有劳无果。在2005年7月的《上海合作组织会议宣言》中,中亚各国纷纷要求美国从中亚撤军。7月29日乌兹别克斯坦外交部要求美军在180天内撤离汉纳巴德空军基地内的飞机、人员和设备。这样,美国在中亚只剩下吉尔吉斯斯坦的空军基地,给美国的中亚战略部署以较大的打击。

在中亚地区,西方国家巨大的投入未能得到相应的产出,各国出现的反西方情绪,使美国也逐渐认识到在中亚这个"文明冲突"最为激烈的地区,要实现西方文化力量对该地区的完全控制尚需要一个过程,即中亚社会自上而下的对西方价值观逐渐认同的过程。

二、俄罗斯文化力量触底反弹,保留了在中亚的传统影响

"颜色革命"在中亚的爆发,从一个侧面说明了俄罗斯文化力量在中亚地区绝对主导地位的丧失,但不能说俄罗斯文化力量在中亚失去了影响力。

哈萨克斯坦总统纳扎尔巴耶夫在吉尔吉斯斯坦发生"颜色革命"一周后对俄罗斯进行访问,讨论应对措施,之后在国内采取了各种稳定形势的举措。乌兹别克斯坦在"安集延事件"平息后,美国和欧盟谴责卡里莫夫政权的武装镇压,要求其实行开放的政治制度,加大改革力度,以此作为改善与西方国家关系的政治筹码。而卡里莫夫从此次暴乱中幡然醒悟,美国并不能确保其政权安全,因此"放弃对美国的指望,转投俄罗斯的怀抱"。乌兹别克斯坦最终宣布退出与独联体对抗的"古阿姆"集团,投向俄罗斯。2005年4月20日塔吉克斯坦副外长萨托罗夫说:"塔吉克斯坦主张保留独联体,因为具有保留这一机制的迫切需要。"吉尔吉斯斯坦临时政府也宣称,它们把吉俄关系置于对外政策的优先方向。

可以说,这一切正是俄罗斯文化力量在中亚传统影响力在关键时刻的显现。正如吉尔吉斯斯坦总统战略研究所所长瓦连京·博加特廖夫指出的那样,中央集权的权威统治结构都保留了,执政的也是前苏联时代的旧臣,国内沿袭的也是前苏联的旧体制,其在体制转换时,这些国家更多保留着前苏联时期的痕迹。不仅在历史传统和政治体制上,中亚各国在经济和安全领域对独联体也有着深刻

的依赖,如哈萨克斯坦、乌兹别克斯坦等国外贸总额的 30% ~40% 是对俄贸易。因此,出于地理位置、经济、安全等因素的考虑,不管是否发生"颜色革命",中亚国家都不可能远离俄罗斯的影响。

这些,为俄罗斯文化力量能够在中亚进一步渗入提供了可能。

三、重新组合后的各种力量对比情况

在"颜色革命"中的宗教极端恐怖活动对整个中亚政局稳定的威胁,成为美俄得以缓和的重要因素。在一个动乱的阿富汗周边,为了各自利益,谁都不愿看到一个动乱的中亚。双方为了各自的利益最终选择了维护中亚政治局势的稳定,维护各自在中亚的既得利益,在某种程度上达成默契,把打击极端恐怖活动作为其共同的首要目标。至此,经历了短暂的"颜色革命"之后,各种文化力量再次在中亚重新组合。

美国在力保其中亚军事存在的同时,继续加强对中亚"民主化"进程的推进,扩展西方文化力量对中亚社会的影响。据俄新社 2006 年 3 月 1 日报道,美国国会众议院秘书处 2 月 28 日宣布,众议院开始审议和表决《中亚民主和人权决议法案》。该法案将对"中亚地区的民主和人权事业提供经济援助",并规定从 2006 年开始美国政府向中亚五国拨款 1.88 亿美元,资助中亚非政府组织,由其推动中亚的"民主进程"。此外,美国还提出要资助中亚五国的独立媒体,并从当年开始,为"美国之音"和"自由之声"拨款 1 500 万美元,资助这两家电台用当地语言在中亚五国进行广播宣传。另据《日本经济新闻》2006 年 6 月 16 日报道,美国正着手"积极重建"对中亚国家的新政策,即"把能源开发与经济援助、建立共同安保体制和促进民主化作为对该地区外交战略的基础",强化中亚"与印度、巴基斯坦及阿富汗等南亚亲美国家的关系,改革其政府组织",以便"最终实现经由南亚,把中亚纳入世界经济体系。"

普京时代,俄罗斯国力得以迅速恢复,确立了新的中亚战略,在吉尔吉斯斯坦"颜色革命"后,更是加大了对中亚的投入。首先,积极与中亚各国进行政治交流,加强政治互信。其次,进一步加强与中亚各国的经济联系,如与哈、土等国续签石油和天然气协定,与美国石油公司展开能源争夺,并保障其油气依靠俄管道外运。再次,军事方面加强对中亚安全领域的影响,如计划将驻吉部队的数量翻一番,向吉提供数百万美元的军事援助;在塔建一座空军基地;与哈、吉、塔建立"军事联盟";与乌签订联盟关系条约等。①

"颜色革命"的戏剧性变化给俄罗斯以机会,最终使西方文化因素和俄罗斯

---

① 赵龙庚:《"颜色革命"后中亚形势的变化》,《亚非纵横》,2006 年第 3 期。

文化因素在中亚一定程度上达成了某种平衡。当然,宗教极端恐怖势力在中亚社会也不会在短时间内销声匿迹,各种力量交错也为其提供了生存空间,因而仍将是影响中亚政局的因素之一。而中亚内部的宗教和民族问题依旧存在,很可能会受到内外因素的刺激而爆发。与此同时,中亚周边其他文化力量也在不断壮大并对中亚地区产生影响。

四、颜色革命后的中亚政治局势

2005 年 12 月哈萨克斯坦大选在宁静中结束,总统纳扎尔巴耶夫以绝对优势获胜,使"颜色革命"在中亚黯然失色,中亚局势逐渐稳定下来。但是,美俄在中亚的竞争并未因此而停止。

尽管如此,中亚各国政局稳定与否还要取决于其内部情势的发展。独立多年来,这些国家的基本状况是:经济长期得不到发展、人民生活贫困、政府官员贪污腐败等等。吉尔吉斯斯坦政局的变化已经引起了邻国的高度警惕,各国都在吸取教训,积极采取应对措施。为了从内部消除引起政局动荡的根源,中亚各国政府采取了相应的内政措施,出台了提高社会福利、改善人民生活的举措。在政治上,它们注意完善政治体制,改革选举法,以缓解社会矛盾,如哈萨克斯坦总统纳扎尔巴耶夫表示,哈萨克斯坦将根据本国的情况在宪法框架内积极稳妥地进行国家政治、经济改革。认为现在的经济发展状况已经允许哈萨克斯坦把工作的重点转向政治机构进一步现代化和发展民主的工作上来。他还具体提出政治体制改革的任务:进一步分散权力;推行地方行政长官选举制,到 2007 年将选举制逐步推广到区、镇、村一级;制定法律文件,区分国家管理机关职能权限,规定哈的区域自治制度;提高政府工作效率。哈还出台了反腐败的一系列举措。[①]乌兹别克斯坦总统在"颜色革命"后加强了政府的控制强度;另一方面,多次表示乌兹别克斯坦在未来将逐步实施多党制。

回望"颜色革命",中亚政治局势虽然经受了一次剧烈震荡,但是各国在"颜色革命"之后基本保持了各自的发展模式,各国政治发展方向并没有发生根本性的变化。可以说,中亚各国经过独立多年来的艰难探索,多数中亚国家准确选择了适合自身发展的道路,建立了具有本国特色的国家政治体制,因而经受住了所谓"颜色革命"的考验,基本上维护了政权的稳定。同时,各国经济开始稳步回升。外交方面,经过多年的实践和"颜色革命"的洗礼,中亚各国的平衡外交政策已经完善起来。随着各自国力的加强和地区战略地位的提升,中亚各国开始更加主动自信的吸引各种文化力量进入中亚地区,并借助于它们的影响力以

---

① 赵龙庚:《"颜色革命"后中亚形势的变化》,《亚非纵横》,2006 年第 3 期。

维护国家政局的稳定,并在它们相互竞争的缝隙中寻求发展的机会。中亚各国在国际政治舞台上的独立性也越来越强,各国国家主权的独立性从而变得更加巩固起来。

第四节 "颜色革命"的实质及其经验教训

回顾发生在独联体国家的系列"颜色革命",它们都有这样一些共同点:第一,革命都发生在原苏联边界地带,都处在几大文化力量板块的结合部,如格鲁吉亚位于欧亚交界处,是西方、俄罗斯和伊斯兰等几大文化力量的交汇点;乌克兰位于欧俄地缘政治的交叉点,是欧洲和俄罗斯文化力量直面交流的平台;吉尔吉斯斯坦是中国经中亚通往欧洲通道的重要组成部分,是中国、伊斯兰、俄罗斯和西方等多种文化力量均可触及的地方;乌兹别克斯坦位居东西、南北交流的十字路口,处在伊斯兰、俄罗斯和西方文化力量的直接影响之下。整个中亚则是全人类现有强势文化力量北上南下、东进西出的集散地。从以上几点分析可以得出,谁控制了这些结合部谁就打开了向前推进其文化力量的突破口。第二,革命都发生在俄罗斯想极力保持其传统势力范围而西方欲千方百计推进其战略目标的敏感地带。第三,政治腐败、官僚主义盛行,经济落后、贫富悬殊,民众不满日渐上升,而原有领导人又无力找到解决问题的途径,因此很容易受到外界的操纵或蛊惑而反对原有政权及其领导人。这一点也是这一系列革命爆发的最直接的诱因。

那么,系列"颜色革命"爆发的深层次原因和实质究竟何在?究其原因,第一,苏联解体后,人类发展史上现有几大文化力量的大交流、大较量时代业已开始。格鲁吉亚、乌克兰和吉尔吉斯斯坦革命表现为俄罗斯和西方文化力量的交锋;乌兹别克斯坦骚乱则既有俄罗斯和西方文化力量的较量,同时也有伊斯兰文化力量的趁势跟进。第二,美俄对势力范围、能源的争夺和价值观的较量已经具体到了各国政治层面,这将关乎两国甚至伊斯兰极端势力日后能否在这些地区继续施加影响。第三,具体到各国新老政权交替这样一些事实,那么可以说这既是各种文化力量多年来暗中较量的一次集中爆发,同时也是新生代领导人接替原有政权领导人的一次总演练。究其实质而言,系列"颜色革命"表明多年来西方价值观的渗透已颇具成果,俄罗斯影响力继续下降,伊斯兰极端势力(如乌兹别克斯坦的例子)从未放弃在费尔干纳乃至整个中亚地区创建伊斯兰国家的"宏伟目标"。

从目前美俄双方各自的优势看,美国拥有资金、价值观和制度优势,俄罗斯则具有民族、地缘和传统优势;在培植新生力量方面美国明显占据着上风,在保持传统势力方面俄罗斯占有先入为主的优势,但随着执政者个人的不断老龄化,亲美新生力量的上台毋庸置疑。在这股浪潮中,美国具有无与伦比的优势,俄罗斯仅居守势,最多只会表现出局部的反击,但无力挽回颓势。再如,在格鲁吉亚撤军问题上,内外因素都不利于俄罗斯。第一,格鲁吉亚革命的成功让美国倍感满意,现政权得到美国支持;俄罗斯驻军格鲁吉亚只是一厢情愿,并不符合格鲁吉亚的民心。如不发生突发事件,俄罗斯撤军将是大势所趋。俄罗斯在格鲁吉亚的这种地位或多或少也折射出了俄罗斯在中亚目前的地位,主要仍然表现为不可遏止的颓势,但俄罗斯在中亚的影响深度和广度要强于在格鲁吉亚等地区的影响。而且在对待中亚地区的极端主义问题上,中亚各国有时还得求助于俄罗斯。

那么,今后中亚局势将朝什么方向发展?我们认为,随着原有政权领导人年龄的老化,新老政权的更替不可避免,这有可能在中亚引发一系列重大事件。此前,乌兹别克斯坦的骚乱能否视为颜色革命的一部分,自当仁者见仁、智者见智,但它是反对现政权及其领导人的激进事件却无庸置疑;而且重要的是,这次骚乱不管怎么说都受到了系列"颜色革命"的鼓舞和刺激,是"颜色革命"给它以可乘之机。正所谓:"螳螂捕蝉,黄雀在后"。显然,美苏都不愿看到伊斯兰极端势力乘机窃取政权。因此,乌兹别克斯坦骚乱既对美国和俄罗斯,又对国际社会,同时也对中亚各国现有政权领导人敲响了警钟。如果中亚各国领导人不能就此从系列"颜色革命"和乌兹别克斯坦骚乱中吸取教训并及早做出政权的主动交接,那么这些国家将难免深受"颜色革命"引发的连锁反应的影响而陷入被动。在中亚接下来不可避免的政权更替中,将有三种最为重要的外部力量发挥作用,那就是美国、俄罗斯和伊斯兰极端势力;在个别国家,伊斯兰极端势力的表现将会非常突出,这可能是中亚国家政权更替有别于独联体其他国家的地方。可以肯定地说,中亚地区最大的隐患应在费尔干纳盆地,来自该地区的极端势力将会直接影响到乌兹别克斯坦、吉尔吉斯斯坦和塔吉克斯坦政局的稳定。由于中亚伊斯兰极端势力多年来一直致力于反对乌兹别克斯坦现政权及其领导人卡里莫夫,所以乌兹别克斯坦陷入极端势力威胁的危险性较之其他几国要大,这是中亚及其周边国家乃至国际社会应予关注的问题。

在此,我们不难总结和预测独联体国家新老政权更替的几种方式:第一,像俄罗斯一样主动交接;第二,像"颜色革命"一样被动交接;第三,吸取"颜色革命"的教训主动交接;第四,可能出现极端势力趁机夺取政权从而引发混乱的现象。

第五节　2010年吉尔吉斯斯坦
大规模骚乱及其相关问题

2010年4月7日,吉尔吉斯斯坦境内发生大规模骚乱,反对派支持者占领重要政府机构,随后宣称组建临时政府,接管国家政权并任命罗萨·奥通巴耶娃①为该国新领导人,总统巴基耶夫被迫飞离首都比什凯克。吉尔吉斯斯坦,这个曾经号称是中亚地区最民主的国家在发生了"郁金香革命"5年后再次出现了反对派率领民众以暴力手段争夺政权的一幕,该国的政局变化令世人关注。

吉尔吉斯斯坦骚乱爆发的导火索是反对派领导人"阿塔—梅肯"(祖国)党副主席谢尔尼亚佐夫被巴基耶夫政府所拘捕,随后数月现政府被指控一直在残害一些反对派领导人,这一系列事件激起了反对派的强烈抗议。而骚乱爆发的深层原因则是政治体制方面不断冲突、经济发展停滞不前和商品价格不断上涨等引发的民众的强烈不满、现任领导人的腐败(该国是世界上最腐败的20个国家之一)、南北贫富差距的不断扩大等,而这些因素和5年前的"郁金香革命"的爆发有诸多相似之处。

一、吉尔吉斯斯坦骚乱爆发的社会因素

（一）政治体制方面冲突不断

在2005年的"郁金香革命"中,前总统阿卡耶夫被迫辞职,"革命的胜利者"、前总理巴基耶夫通过"街头政治"登上了吉尔吉斯斯坦总统的宝座,并于2009年成功连任。自此之后,国内各派势力一直在政治体制改革方面纠缠不清。在接下来的两年中,伴随着多次集会和示威游行,吉尔吉斯斯坦曾多次修改

---

①　奥通巴耶娃出生于纳伦,在奥什和比什凯克接受教育。1950年8月23日出生,吉尔吉斯人。1972年毕业于莫斯科大学哲学系,并在该系攻读研究生。在完成了题为《法兰克福学派假马克思列宁主义哲学辩证法批判》的副博士论文答辩后,主持吉尔吉斯大学马克思列宁主义哲学教研室的工作。在15年里担任了不同的党内职务,在苏维埃吉尔吉斯斯坦共和国的行政机关工作过,担任过吉尔吉斯斯坦部长会议副主席。曾经三次担任吉尔吉斯斯坦外交部部长,担任过第一任吉尔吉斯斯坦驻美国和加拿大的大使,然后又担任驻英国大使。在联合国系统工作过,从2002年起,担任联合国秘书长协调格鲁吉亚—阿布哈兹冲突的专职副代表。2004年9月回到吉尔吉斯斯坦,领导了她创立的反对派联盟"祖国"。2005年期间,罗萨·奥通巴耶娃还是吉国内"郁金香革命"的核心人物之一,"郁金香革命"直接导致当时的吉总统阿斯卡尔·阿卡耶夫下台。对于此事,罗萨·奥通巴耶娃于2005年对俄媒体表示,那时她和她的团队只想在广场静静地抗议,以驱赶阿卡耶夫下台。罗萨·奥通巴耶娃还称,"我们想要我们的革命表现得漂亮些,在奥什,我们到处搜寻郁金香,但商店和市场都关门了,奥什不进口荷兰的郁金香"。2007年,罗萨·奥通巴耶娃成为了该国议会的议员之一。

宪法,巴基耶夫总统也数次解散政府。2006 年 11 月 9 日,吉尔吉斯斯坦议会通过了实行议会共和制的新宪法,总统巴基耶夫签署了旨在重新界定议会与总统权力的宪法修正案。新宪法使议会权力得以扩大,总统权力大为缩小。政府由议会多数党来组织,总统只是象征性的国家元首,政府总理由议会提名,经总统同意批准后生效。新宪法虽然是由总统签署、议会通过的,但是巴基耶夫的这种做法只是为了缓解当时国内政治压力而做出的权宜之计。新宪法签署后,巴基耶夫又立即组织修改新宪法的班子,经过与议会的激烈辩论,议会于 2006 年 12 月 30 日又通过新宪法小组修改的宪法文本,巴基耶夫随即在 2007 年 1 月 15 日又签署了此宪法文本。按照这一宪法规定,巴基耶夫又夺回了本已丧失的总统大权,实际上恢复了阿卡耶夫时代的宪法。吉尔吉斯斯坦民主政治改革只是昙花一现,真正的民主并没有渗透到国家最重要的环节当中,这种泛民主在政治体制方面表现出了极大的"水土不服"。吉尔吉斯斯坦虽然接受了美国糖衣炮弹攻击下的民主,但这种民主在吉尔吉斯斯坦并没有生根发芽的基础。吉尔吉斯斯坦引入民主制度以来,一是无法解决长期存在的经济问题,二是无法解决政治权力的和平运作。本来民主制度最大的优势之一就是权力的和平转移,是对立双方的妥协,然而在吉尔吉斯斯坦却是一场革命取代另一场革命。在政治体制方面,吉尔吉斯斯坦虽然表面上一直在不断完善政治体制,但其本质上并未迈入民主化的门槛。而且,国内政治冲突变得越来越激烈。自 2010 年 3 月份开始,巴基耶夫当局在全国各地展开了逮捕反对派的行动,这其中包括对反对派领导人、社会民主党主席、独立电视台记者、人权分子等的逮捕。政治体制的名不副实,社会结构的僵化,致使吉尔吉斯斯坦形成了每年春秋两季进行游行示威的惯例,这次吉尔吉斯斯坦骚乱是当局缺乏解决渠道和各种矛盾恶化的一次总爆发。

(二)经济发展停滞不前

苏联时期,吉尔吉斯斯坦的经济在所有加盟共和国中是最落后的,苏联解体之后,这一状况并未得到缓解,持续的经济衰退给吉尔吉斯斯坦造成的社会灾难愈益严重。1999 年,在吉尔吉斯斯坦全国 500 万人口中,生活在贫困线以下的居民占到 60%。1999 年之后,吉尔吉斯斯坦经济开始缓慢复苏,不过到 2002 年全国的贫困人口仍达 52%。吉尔吉斯斯坦的工业化程度比较低,农村人口占全国人口的 66%,农村的贫困现象更加严重。有些地区(如纳伦州),生活在贫困线以下的人口超过 80%,塔拉斯州为 72%。吉尔吉斯斯坦 70% 的乡村没有自来水,41% 没有医院和保健机构,60% 没有交通服务和公路。吉尔吉斯斯坦居民的贫困接近赤贫,居民的基本工资非常低,月收入一般不超过 20~30 美元,一些月收入甚至不到 10 美元,全国有 13% 的居民处于极度贫困线以下,他们的收入只够用来购买食物,以维持最基本的生存。① 这是 2005 年"郁金香革命"爆发前吉尔吉斯斯坦的经济状况,"郁金香革命"不仅没有改善原本就处于崩溃边缘的经济形势,相反却使其雪上加霜。2005 年的"革命"使吉尔吉斯斯坦宏观经济状况成为该国近 10 年来最差的一年,国内生产总值下降了 0.6% ,工、农业产值分别减少了 12.1% 和 4.2%。2006 年吉尔吉斯斯坦的经济形势略有好转,但国内生产总值仅增加了 2.7% ,而通货膨胀率则达到 5.6%。2007 年初,吉尔吉斯斯坦国内的失业率达到了 17%。② 由于政府和议会长期的紧张关系,政府提出的施政方针在议会中难以通过,其中包括 2007 年政府的财政预算。除此之外,俄罗斯也开始实施新的有关外籍劳工管理的法律,大约 10 万在俄打工的吉公民被迫返乡,极大地减少了吉尔吉斯斯坦的财政收入。随着 2008 年全球经济危机的到来,吉尔吉斯斯坦重要的经济合作伙伴俄罗斯的经济也遭受巨大冲击,吉尔吉斯斯坦脆弱的经济基础陷入了更加深重的困境之中。

(三)商品价格上涨引发民众强烈不满

吉尔吉斯斯坦"示威季"的这次游行示威为何会演变成声势如此浩大的政权更迭骚乱,不可忽视的一个因素就是近几年物价上涨到了民众无法忍受的程度。这次示威,全国各地民众的基本诉求几乎是一样的,他们都对自身的生活状况极为不满,他们强烈呼吁当局降低各种税费。近 4 个月来,吉尔吉斯斯坦的生活费用疯狂飙升,热水、供暖和电费分别上涨了 150% ~ 400% ,手机服务费、天然气、食品和烟草等的价格也有所上涨,巴基耶夫当局还开始征收不动产税,而且吉尔吉斯斯坦政府公开表示,最近的涨价并不是最后一次,下半年起市政服务费还将继续上涨。由于对巴基耶夫当局以上做法的强烈不满,示威群众要求总统巴基耶夫和部长们辞职,而这次示威将这一呼声推到了顶点。稳定的商品价格是民众满足基本生活的基础,商品价格的随意增长打破了民众满足基本生活的意愿;经济的落后和贫困本来就使他们的生活举步维艰,价格的疯涨更是将他们推向了死亡的边缘;此时不通过抗议来获得诉求的满足,更待何时?"吉尔吉斯斯坦经济结构比较单一,遭受金融危机冲击之后,吉尔吉斯斯坦成为中亚五国中经济状况最不好的国家。去年还能控制,但目前物价上涨,人民生活水平下降,是导致骚乱爆发的另一个重要原因。"③

近几年来,物价上涨是中亚各国普遍存在的问题,如何抑制物价上涨是各国当局必须考虑的首要问题,民以食为天,国以民为天,若当局一再忽视民众的基

---

① Проблемы борьбы с бедностью в странах Центральной Азии в условиях глобализации. Институт мировой экономики и политики при Фонде ее Первого Президента РК. Алматы. 2004. с. 61.

② 新浪新闻中心国际新闻:"吉尔吉斯斯坦骚乱专题",2010 年 4 月 8 日。

③ 万国才:《骚乱源于私有化造成的利益分配不公》,中国日报网,2010 年 4 月 8 日。

本生活问题时,动荡的种子也就开始萌芽了。

（四）当局贪污腐败和任人唯亲

2005 年的"郁金香革命"使阿卡耶夫政权倒台,腐败是其原因之一,然而获得新政权的巴基耶夫并未能够有效改变这一情势。"郁金香革命"成功后,巴基耶夫不仅没有改变前政府的贪污腐败现象、解决民生和经济问题,反而通过两次修改宪法,一方面试图稳固自己的权力,另一方面准备把儿子扶植为接班人。他的做法不仅让民众的普遍不满情绪持续增长,甚至连巴基耶夫当年的政治盟友也日益担心被他的"家长式"权力中心排斥在外,而奥通巴耶娃就是受此危害的一个典型代表。吉尔吉斯斯坦是世界上 20 个贪腐程度最高的国家之一:2008 年吉尔吉斯斯坦的贪污感知指数是 1.8(0 为腐化,10 为最廉洁),由此可见巴基耶夫政权当中的腐败现象有多严重。吉尔吉斯斯坦临时政府表示,巴基耶夫最有可能去的地方是阿联酋,因为那里有他的大笔资产。如若不是贪污腐败,为何在国外会拥有大量资产? 巴基耶夫曾在评价他参与领导的革命时说,贪污腐败是吉尔吉斯斯坦许多社会灾难和经济问题的根源,也是引起民众愤怒的主要原因。① 而且,巴基耶夫在由他主导进行的政府改革中将财政大权交给自己的儿子——马克西姆·巴基耶夫。巴基耶夫自己则直接控制安全委员会和外交部等重要部门。巴基耶夫将马克西姆-巴基耶夫任命为发展、革新和投资部部长,让其控制主要的财政大权,此后国内外投资项目的谈判、审批和监督工作均由马克西姆负责,重要的国家发展基金如来自俄罗斯、美国等国的贷款和援助也归马克西姆负责。除此之外,巴基耶夫的家族成员也在政府中占据要害部门,巴基耶夫的三位兄弟分别担任国家保卫局局长、驻德国大使和驻中国贸易专员,巴基耶夫的大儿子是吉尔吉斯斯坦的国家安全顾问。

巴基耶夫任人唯亲和推行裙带关系的做法,最终将自己带入了政治生涯的尽头。总统家族的这种裙带关系极易激起民众的反感,对反对派引发革命也起到了推波助澜的作用。就因为他的这些做法,反对派指责巴基耶夫打算将自己的儿子培养成为总统接班人,并在吉尔吉斯斯坦搞君主专制。因此,2010 年的这次骚乱,反腐败和反任人唯亲也是反对派直击巴基耶夫政权的有力武器。各国发展历史证明,官僚腐败会严重破坏政府权力在道义上的合法性和公信力。②

二、吉尔吉斯斯坦骚乱中的民族和部族因素

吉尔吉斯斯坦之所以再次陷入了"骚乱怪圈",其根本原因是本国的情势所

---

① Куманбек Бакиев. "Во всем виновата коррупция. " Независимая газета. 8 Апреля, 2005.
② 竹效民:《独联体国家发生"颜色革命"的成因探析》,《云南行政学院学报》,2006 年第 2 期。

致,特别是脆弱的民族国家和滞后的部落认同因素是其中不能忽视的因素。

（一）脆弱的民族国家

吉尔吉斯斯坦历史上从来没有过自己的"民族国家",也从来没有为建立过自己的"民族国家"而努力奋斗过。1991年,苏联解体,原苏联的加盟共和国才获得独立。1990年10月27日,非共产党人阿卡耶夫在共和国最高苏维埃第二次非例行会议上,击败吉共中央主席马萨利耶夫当选总统。1991年10月12日阿卡耶夫在独立后的全国大选中胜出,成为共和国的首任民选总统。在以后的两届总统大选中(1995年12月和2000年10月)阿卡耶夫获得连任,这也就是说,自苏联解体,阿卡耶夫已做了15年的总统。阿卡耶夫和多数独联体国家总统最大的不同在于,他不是过去苏联时代的党政官僚,而是一位物理学家出身的科学院院士、院长。他并无从政经验,在苏联崩溃之际脱颖而出,特别是在原吉共中央贸然支持"紧急状态委员会"而名誉扫地、吉尔吉斯斯坦处于政治真空期间登上了总统宝座。在其任职期间任人唯亲,高层腐败盛行,国家经济掌握在领导者家族和亲信手中。像航空、石油、天然气这些垄断行业则全部掌握在阿卡耶夫家族手中,与此相对应的是,医生、教师、公职人员的平均工资在一段时间里均不能满足基本生活需求,民众的消费水平和生活质量极度低下,失业人数急剧增加。在2005年爆发的"颜色革命"中,以巴基耶夫为首的反对派正是利用司法机关和其他强力部门表现出的绝对无能,掌控了这些保卫国家安全利益的机关。后来阿卡耶夫自己承认:"我恰恰没有重视巩固政权机关,特别是护法机关。因此所有的人都批评我们,说我加强的是个人权力的制度。这些事件表明,我从来没有巩固自己的个人权力。因为个人权力需要的正是庞大的、强有力的护法机关,而我恰恰没有这样做。当我在3月24日夜晚到25日看到发生了抢劫和纵火(我简直就像在恶梦中不能醒来。新的统治者挑唆动乱者夺取政权,然后又放纵他们掠夺整个城市)时,我才明白了一个错误。如果我能够预料到,我就会行使权力动用所有力量来实行紧急状态,保护公民免受强盗、抢劫者和纵火者造成的动荡和屈辱。面对我们的人民我感觉到自己犯了大错。"①

阿卡耶夫辞职后,"革命胜利者"、前总理巴基耶夫随后当选为吉尔吉斯斯坦总统并于2009年成功连任。巴基耶夫当年51岁,于1949年8月1日出生于吉尔吉斯斯坦贾拉拉巴德州苏扎克区泰伊特村的一个前苏联内务部部务委员家庭。"3·24"事件后,巴基耶夫被议会选为代总理,代行总统职务。颇具竞争实力的总统候选人、"尊严党"领导人库洛夫权衡利弊之后,决定退出竞选转而支

———————————

① 雅·尤菲洛娃.阿斯卡尔·阿卡耶夫对《俄罗斯报》的访谈:《我的最后命令——不许开枪!》《俄罗斯报》,2005年3月30日。

持巴基耶夫,两人结成"巴库联盟"。2005 年 7 月 10 日,巴基耶夫以 88.9% 的高得票率成为吉独立以来的第二位总统。2006 年 10 月 15 日,巴基耶夫组建了自己的政党"光明道路",且当选为党主席。2009 年 7 月 23 日在总统大选的第一轮投票中,巴基耶夫以 76.43% 的高支持率蝉联总统。①

"颜色革命"被描述成民主社会取代专制政权,但实际上则是统治精英内部权力斗争的结果。吉尔吉斯斯坦前总统阿卡耶夫纵容亲属操控国家资产,致使自己众叛亲离,特别是失去了强力部门的支持;而在"郁金香革命"后上台的巴基耶夫也陆续失去了所有盟友,本来他指望通过巩固总统权力避免重蹈前任的覆辙,可还是使自己走上了与前总统相同的道路。

由此我们可以看出,尽管吉尔吉斯斯坦在独立后确立了多党制的政治方向,实行立法、行政和司法三权分立和相互制约的国家体制,实行全民公决和普选制,确立了国家公职人员任期制以及总统治理国家的政治体制,并且实践也表明,西方的多党制的确具有不可抗拒的吸引力和效仿优势,但是让久经集权制度熏陶的各共和国放弃一党专政的惯性统治方式,尚需假以时日。但是从另一个角度讲,适当限制多党制的发展,加强总统的权力,可以提高国家对应急事件的处置效率和对社会秩序的有效控制,有利于国家的稳定和社会的发展。② 相反,正是由于权力分散,互相制衡无力,最高权力层对于国家形势的驾驭能力受到限制,容易形成社会动乱的"多米诺骨牌"效应。③ 由于政治国家转型中的失误造成了各种势力可以借成立合法政党的机会大肆发展,最终导致国家失去有效控制,社会发生动荡和混乱。

吉尔吉斯斯坦独立以来民族国家的机构、运行机制和凝聚民族国家的意识形态,全都是白手起家。虽然独立已近 20 年,这些问题远未解决,其"民族国家"的脆弱程度是非常理可以理解的。④ 吉尔吉斯斯坦独立后的实践表明:中亚各国更多的倾向于总统集权趋势,但都不言放弃民主。实际的集权与表面的民主形成一对既相矛盾又互为补充的统一体。当然,集权无疑具有对社会秩序进行高效率控制的优点,但是集权往往又意味着不受监督、不受约束,很容易出现腐败。阿卡耶夫和巴基耶夫两任总统执政期间吉尔吉斯斯坦社会普遍存在的政府和执法部门的腐败现象正好印证了这一点。而如何处理西方三权分立、相互制衡的西方模式和继承前苏联原有的集权模式之间的失败也显现出这次骚乱既在意料之外,又在情理之中。

---

① 胡梅兴:《吉尔吉斯斯坦总统巴基耶夫》,《国际资料信息》,2009 年第 9 期,第 35 页。
② 汪金国:《多种力量作用下的现代中亚社会》,武汉大学出版社,2006 年版,第 91 页。
③ 汪金国:《多种力量作用下的现代中亚社会》,武汉大学出版社,2006 年版,第 96 页。
④ 王智娟、潘志平:《"双泛"与"三个主义"》,《西北民族研究》,2005 年第 4 期。

（二）滞后的部落认同

认同有自我认同和集体认同,随着现代社会的发展,在不同地区和国家产生了超国家认可的现象。基于利益和地区差异所导致的社会的"碎片化"、"去中心化"也强烈冲击着传统的国家认同。①"国家不得不认可它的公民们所持有的那些相互竞争的、交叉性的忠诚,这些忠诚的相互竞争性和交叉达到了甚至包括对别的国家的忠诚在内的程度。"②吉尔吉斯斯坦被称为"山地之国",境内90%以上的国土在海拔1500米以上。受崇山峻岭的阻隔,历史上吉尔吉斯民族内部的各个部落间相对独立。"吉尔吉斯"一词的含义既有"40个部落",也有"40个姑娘"的意思,吉尔吉斯斯坦国旗上那40束光芒,便代表着这40个部落。③但是,吉尔吉斯斯坦相对其他几个中亚国家来说,显得非常"脆弱",除了面积小,国家经济较落后外,吉尔吉斯斯坦还是一个"部落认同感"强于"民族国家认同感"的国家。

吉尔吉斯斯坦拥有80多个民族,其中吉尔吉斯族是主体民族,人口为280多万,占全国人口的60%。其他主要民族有:俄罗斯人(占14.6%)、乌兹别克人、鞑靼人、东干人、维吾尔人、哈萨克人、塔吉克人、土库曼人、土耳其人、阿塞拜疆人、朝鲜人、德意志人、白俄罗斯人、亚美尼亚人、拉脱维亚人和犹太人等。十月革命前夕,中亚各民族间的界线还模糊得连学者都弄不大清楚。直到1924年苏维埃政权才将哈萨克、吉尔吉斯、乌兹别克、塔吉克、土库曼"民族识别"出来。可悲的是,吉尔吉斯族至今还没有完全达到对自己民族的认同,在某种程度上还停留在部落认同上。在一个多民族国家内部,任何一个民族的利益都应受到尊重和重视,任何一个民族都有自由发展的权利,但是,毫无疑问,国家利益永远高于任何一个民族的利益。④世人一般看到吉尔吉斯斯坦南北分野,多从南北权力分配、经济发展的角度来认识,但深层次的是吉尔吉斯斯坦南北间有个部落断裂带,这一定程度上是历史文化上的断裂。2000年南方的奥什被确定为第二首都,实际上体现了吉尔吉斯斯坦的二元结构。从2002年贾州骚乱到此次"三月事变",都有南北分野的背景。西方面对自己鼓动的"颜色革命"何以演变成"打砸抢"也大感不解。其实,在部落认同的地方推行西方的"民主"运动,怎能不

---

① 郭艳:《全球化时代的后发展国家:国家认同遭遇"去中心化"》,《世界经济与政治》,2004年第9期,第39页。

② 马丁阿尔布劳著,高湘泽、冯玲译:《全球时代:超越现代性之外的国家和社会》,商务印书馆,2001年版,第237页。

③ 《吉尔吉斯国力积弱处境艰难,民众期待明智领导》,环球网,2010年4月14日文章。

④ 汪金国:《中国与中亚国家跨国民族关系对中国西部开发的影响》,《世界民族》,2003年第3期,第16页。

走调。[1]

吉尔吉斯斯坦的南方和北方在人文、经济、自然条件以及生活方式等方面有明显的差别。从地理和历史上说,流经吉尔吉斯斯坦的锡尔河传统上是中亚地区游牧地区和农耕地区的一条大致界线,锡尔河以南是农耕地区,属于农耕文化,锡尔河以北是游牧地区,属于草原文化区。中亚地区的农耕文化和草原文化虽然属于同一个文化整体,但两者也有重要的差别。除了自身固有的特点外,中亚农耕地区接受伊斯兰教的时间更早,伊斯兰化程度更深。在独立初期,仅在南部的奥什州就新建了 700 座清真寺。[2] 因此,农耕文化地区伊斯兰教影响大,民众宗教意识浓厚,社会生活习俗比较传统保守。吉尔吉斯斯坦南方地区基本属于农耕地区,在地理上它与中亚有名的费尔干纳谷地相连,费尔干纳是中亚伊斯兰教的中心,南方的奥什和贾拉拉巴德都是费尔干纳著名的历史古城。此外,南方和北方在部族上也有差异,南方的吉尔吉斯人由额德格纳和蒙古什等部落组成,它们与乌兹别克人、塔吉克人居住在一起,与乌兹别克人和塔吉克人关系密切,北方的吉尔吉斯人则与南西伯利亚各民族相接近。[3]

连绵的大山将吉尔吉斯斯坦南北两部分隔开,南北交通不便,现代经济发展也不均衡。以农业为主的南方在国家经济结构中不占优势,这里人口多,收入低,居民相对更加贫困,社会问题更为严重。因为贫穷,且距阿富汗较近,南部的毒品与恐怖主义也日益严重。北方是国家经济比较发达的地区,国家的大工业基本在北方,经济情况相对较好,居民也相对富裕。同时北方也是国家政治和文化生活的中心,受俄罗斯影响更大一些。南方和北方的矛盾与竞争是吉尔吉斯斯坦国家政治和社会生活中的持久因素,对吉尔吉斯斯坦政治和社会影响极大,吉尔吉斯斯坦国家政治权力和经济利益的分配都不能不考虑这一因素。南方和北方都强调自己才是"真正的吉尔吉斯斯坦"或"核心",所以在独立后一直存在"南北分权"的现象,总有一方的人当总统,另一方的人当总理。"部落认同"加上"家族统治"使吉尔吉斯斯坦没能取得像邻国哈萨克斯坦那样的经济上的发展,并发生以非和平手段实现政权更迭的暴力事件。事实上,吉尔吉斯斯坦长久以来存在的南北矛盾一直未能解决。

新的吉尔吉斯部族并不是某种有影响的家族或者家族集团,这是地区联合体,有着自己的利益和某种政策,他们在此基础上开展活动,参加政治斗争并争

---

① 王智娟、潘志平:《"双泛"与"三个主义"》,《西北民族研究》,2005 年第 4 期。
② 孙壮志:《中亚安全和阿富汗问题》,世界知识出版社,2003 年版,第 152 页。
③ 艾莱提:《中亚民族政治情势及民族关系的前景》,载潘志平主编:《中亚的民族关系:历史、现状与前景》,新疆人民出版社,2003 年版,第 122 页。

261

夺政权。① 这一关系制度必然带有保护伞关系特征,把亲戚和同乡聚集在权力金字塔周围,保证他们的工作并保护他们。这种"庇护"关系自上而下地贯穿于整个社会。例如,某个种族代表发生不利情况时,马上就可以不费吹灰之力地组织起几千人来进行反抗。这一地方政治文化特色极其有利于对群众的政治动员。2005 年吉尔吉斯斯坦爆发的"郁金香革命"则是由南方率先发起,现任总统巴基耶夫就来自南部。而巴基耶夫连任总统以后,并没有从根本上解决长期存在的南北矛盾。2010 年的骚乱则是由北方发起,逐渐从北方向首都蔓延。

中亚稳定的主要因素是执政上层的稳定性及其控制形势和保证在一个具体社会中对权力继承的能力。权力的继承实际上意味着保持现代化已取得的水平,即保持执政上层权力必需的水平。最主观的因素——执政上层在苏联解体后保证权力继承的能力,在极端缺乏时间以寻找自身发展的途径和方向的情况下成为中亚新独立国家具体社会处于一种稳固和安定的关键因素。② 从阿卡耶夫到巴基耶夫,再到现在的临时政府负责人奥通巴耶娃,发动"革命者"最终落到了"被革命"的境地,由此也说明在保证权力继承性及相应地保证中亚新独立国家地区统一安全体系的过程中,吉尔吉斯斯坦是非常失败的。

三、吉尔吉斯斯坦骚乱背后的大国博弈

美国在冷战结束后为继续遏制俄罗斯而企图进入中亚,"9·11"事件发生后美国以"反恐"的名义在中亚建立军事基地,部署军队。时至今日,塔利班政权虽早已被推翻,但美军却深陷阿富汗困境之中。由于中亚位于欧亚大陆的腹心地带,不仅是连接欧亚大陆和中东的要冲,还是大国势力东进西出、南下北上的必经之地。对中亚军事永久化是美国全球控制战略的重要部分,名义上是打击恐怖主义、彻底肃清拉登基地组织残余和阿富汗塔利班的需要,实质上是看中了中亚地区所拥有的丰富的资源,在完成中东地区的控制之后,中亚的石油资源也成为了其收入囊中的目标。除此之外,另一个重要原因是,在遏制俄罗斯、威慑伊朗的同时,直接钳制中国西部地区。

中亚各国原本都是苏联的加盟共和国,俄罗斯一直都将它们看做自己的"后院"。于是,美国势力在这里的存在和不断加强,日渐成为俄罗斯的一块"心病"。这也是为什么美国在吉尔吉斯斯坦建立了军事基地之后,俄罗斯也在其35 公里之外投巨资重新修建坎特空军基地的原因。2001 年,美军还以同样的名

① 杨心宇:《吉尔吉斯"郁金香革命"的若干问题》,《俄罗斯研究》,2006 年第 4 期,第 52 页。
② C.M. 阿基姆别克夫著,杨恕、汪金国译:《阿富汗焦点和中亚安全问题》,兰州大学出版社,2002年版,第 103 页。

义进驻乌兹别克斯坦的哈纳巴德空军基地。2005年,乌兹别克斯坦总统卡里莫夫在成功访俄后下令美军撤走。此后,玛纳斯基地就成为美军在中亚的最重要据点。

与此同时,俄罗斯方面也加大了游说力度,试图让吉尔吉斯斯坦政府早日关闭该基地。2009年2月3日,俄总统梅德韦杰夫在与到访的吉尔吉斯斯坦总统巴基耶夫举行会晤后宣布,俄方将向吉尔吉斯斯坦提供总额20亿美元的贷款以及额度为1.5亿美元的无偿援助。巴基耶夫随即在莫斯科宣布,吉尔吉斯斯坦政府已决定关闭玛纳斯美军基地。消息一出,立即引发美国的强烈抗议。

2009年6月23日,在经过4个月的磋商后,吉尔吉斯斯坦政府改口称,同意美军继续使用该基地,只不过得将名称更改为"货物中转中心",其功能也被局限在"向阿富汗战场提供物资中转"一项。美方为此支付的代价是,把租金从原来的每年1700万美元上涨至每年6500万美元,并同意再投资6660万美元在玛纳斯机场修建新的停机坪和仓库以及改善地面导航设备等。针对吉尔吉斯斯坦发生的乱局,俄罗斯政府总理普京在斯摩棱斯克指出,吉尔吉斯斯坦总统巴基耶夫忘记了前任的"前车之鉴",营私舞弊自食其果。

普京强调,吉尔吉斯斯坦动乱局势与俄罗斯无关,如果有人硬将"莫须有"的指责强加给俄罗斯,那就是挑衅和心怀叵测。吉尔吉斯斯坦应该检点经济状态,如果民不聊生,那么民众就会有类似于逼上梁山的过激做法。普京表示:"我回忆起当巴基耶夫总统夺取政权时,他大骂前总统阿卡耶夫在亲属执政问题,在经济和政治问题等滥用职权,在重要岗位安插亲信和亲属,我印象是巴基耶夫重上阿卡耶夫的不归船。"[①]普京于4月8日与吉尔吉斯斯坦反对派领导人——临时政府总理奥通巴耶娃通电话,表示从两国关系的特殊性出发,俄方愿意向吉尔吉斯斯坦提供人道主义援助。

作为一个独立不到20年的国家,吉尔吉斯斯坦有多重"身份":地理上是中亚国家,宗教上加入了"伊斯兰会议组织",苏联解体后它成为"独立国家联合体"的一员,此外吉尔吉斯斯坦还是上海合作组织的成员国。独立以来,该国在自身的民族文化基础上逐渐形成了明显不同于其他中亚国家的内外政策。在对外政策方面,初看其外交似乎与中亚其他国家没有什么不同,都是注重大国平衡,执行多元外交政策,十几年来,吉尔吉斯斯坦领导人在美俄之间"运筹帷幄",让两国在境内都建设了军事基地,争取到了不少利益。稍加注意观察就会发现,吉尔吉斯斯坦的多元外交远较其他中亚国家更为开放和大胆。吉尔吉斯斯坦是中亚国家中唯一加入了世贸组织的国家,其经济开放程度远高于其他中

---

① 《分析称吉尔吉斯骚乱背后隐藏美国与俄罗斯的较量》,《中国青年报》,2010年4月9日文章。

亚国家。在大国外交方面吉尔吉斯斯坦也走得更远,如同时容留美国和俄罗斯两大巨头在本国设立军事基地,放眼世界也仅有吉尔吉斯斯坦一国。俄美两大政治巨人间的你争我夺,对弱小的吉尔吉斯斯坦政权构成冲击是不可避免的事情。① 所以说,美国和西方国家声称俄罗斯是吉尔吉斯斯坦骚乱幕后的策划者就无可非议了。

包括"郁金香革命"在内的中亚"颜色革命"是美国在冷战多年后与俄罗斯较量的一次重大成功。这一系列"颜色革命"取得了一箭双雕的效果,一方面使美国在俄罗斯的后院有了一席之地,另一方面有效地遏制了俄罗斯在中亚的力量发展。美国在吉尔吉斯斯坦的胜利,可以使美国继续以打击阿富汗塔利班政权为由租用的吉尔吉斯斯坦首都最大的机场——玛纳斯机场,若没有这次吉尔吉斯斯坦骚乱,美国打算将这一机场扩建成一个功能齐全的军事基地。然而美国不断在中亚扩大其军事基地,其目的真的是要打击恐怖主义、围剿塔利班组织吗? 也许原因并不止在此,中亚地区拥有丰富的资源,美国通过伊拉克战争和阿富汗战争掌控中东之后,将目标移至中亚,这是美国全球控制战略的必然选择。而且一个更隐形的因素是,除了牵制俄罗斯、威慑伊朗之外,还可以直接牵制中国西部地区。乌兹别克斯坦铁尔梅兹美国新空军基地,离中国西部边境仅 600公里左右的路程。美军战机从这里起飞,只需半个小时左右,就可抵达中国西部边境附近空域;吉尔吉斯斯坦首都比什凯克的玛纳斯机场,离中国边境飞行时间是几十分钟;而在阿富汗的基地,距中国西部边界的飞行时间都大体在 1 个小时左右。

然而,美国因"9·11"之后的反恐战争和"颜色革命"在中亚所获得的亲西方政权并没有持之以恒的发展下去。"9·11"事件之后,乌兹别克斯坦一度成为中亚各国中最亲西方的国家。2002 年 7 月,美乌两国宣布结成战略伙伴关系。然而,在"颜色革命"向中亚国家蔓延的过程中,美乌两国的关系开始恶化。乌兹别克斯坦的"安集延事件",使两国关系急剧恶化,两国的战略伙伴关系几乎处于名存实亡的状态之中。美国牵头的"颜色革命"在中亚的两面性逐渐显现出来。"颜色革命"为中亚各国带来美式民主的同时,也引起了中亚各国对它的担心和戒心。美国在中亚的"颜色革命"似乎是战胜了俄罗斯这一传统的中亚邻邦,但是美国在中亚的胜利并没有给中亚各国带来它们所预期的那种实惠,这严重地降低了中亚各国对美国的信任和期望。吉尔吉斯斯坦 2010 年骚乱的手法和 2005 年"郁金香革命"如出一辙,为何会再次以同样方式出现,是因为他们有成功的先例。从苏联解体到中亚各国的"颜色革命",美俄在中亚的较量,

---

① 《吉尔吉斯国力积弱处境艰难,民众期待明智领导》,环球网,2010 年 4 月 14 日文章。

前者似乎是胜利者,可胜利的背后实质上却是各种矛盾的暗流涌动。

"颜色革命"之后,俄罗斯表示不把独联体看做是自己的世袭领地,无意与西方在后苏联空间进行竞争,俄罗斯也不认为美国的政策是针对俄罗斯的。①俄罗斯并没有像以往一样表现出针锋相对,而是在政治上作出高姿态,为自己保留了政治上的回旋空间。在独联体问题上,俄罗斯开始以积极客观的方式处理与独联体各国的关系,与独联体内有求于俄罗斯的国家加强联系,为它们提供强有力的经济支持,共同抵制美国"民主"泛滥的态势。对于倒向美国的独联体国家不再以优惠价格和条件向其提供能源和其他必需的商品。同时俄罗斯并没有放弃发生"颜色革命"的国家,积极努力争取双方在共同利益上的合作。在"郁金香革命"之后,俄罗斯一方面收留了阿卡耶夫,一方面也同不反对俄罗斯的临时政府对话,在物质上帮助吉尔吉斯斯坦渡过春播危机。"郁金香革命"的胜利者巴基耶夫,就任后首先访问了俄罗斯,并且签订了军事技术合作协议。巴基耶夫总统当时也表示:"俄罗斯过去是、将来也是吉尔吉斯斯坦在政治、军事、技术、经济、文化和人文方面的主要战略伙伴。"②

在中亚"颜色革命"浪潮之后,俄罗斯一方面以积极的方式抵御这次政治危机,同时以灵活手段采取有效措施,在当时不仅为俄罗斯的政局稳定立下了汗马功劳,也为俄罗斯在中亚的进一步发展铺设了良好的道路。吉尔吉斯斯坦2010年的骚乱,虽有美俄之间一直以来在中亚的较量存在,但更多的是吉尔吉斯斯坦的内部因素所致,俄罗斯虽然对巴基耶夫在玛纳斯空军基地做法上的出尔反尔不满,并对巴基耶夫政权进行了强烈的批评,但是没有证据证明它参与策划了这场骚乱。俄罗斯在今日中亚影响力的上升,关键还在于俄罗斯综合国力的提升。2008年8月的俄格冲突,俄罗斯占据了主动权承认阿布哈兹和南奥塞梯的独立就是其实力上升的一个表现。对俄罗斯来说,近年来在独联体的努力并没有白费,值得一提的是与原亲西方国家乌克兰关系的巨大改善,2010年4月5日,乌克兰新政府取消了努力加入北约的计划。2月就任总统的亲俄罗斯政治家亚努科维奇撤销了2006年的一项行政命令,该命令责成乌克兰政府让军队为最终加入北约做好准备。亚努科维奇的前任、亲西方的政治家尤先科主张乌克兰尽快加入北约。而且亚努科维奇当天还因复活节前往莫斯科拜访俄罗斯东正教大牧首基里尔,亚努科维奇还与俄罗斯总统梅德韦杰夫举行"非正式"会谈。亚努科维奇曾表示,俄罗斯是"乌克兰的天然盟友,我们必须与之建立最佳关系"。在

① С. В. Лаврова. Интервью Министра иностранных дел России // Политический журнал. 03. 05. 2005.

② Сергей Иванов. Авиабаза в Канте - долгосрочныйпроект. - http://www. strana. ru (21. 09. 2005).

此次吉尔吉斯斯坦骚乱中反对派夺取政权后,俄罗斯迅速承认反对派所建立的临时政府,并一再声明会对临时政府进行人道主义援助。俄罗斯声音的不断响起和中亚亲俄派的突显,均是俄罗斯大国地位复苏的体现。在此次吉尔吉斯斯坦骚乱中,俄罗斯虽没有直接参与意见,但从总体结果看,俄罗斯应该是此次骚乱的赢家,吉尔吉斯斯坦的独立分析人士马尔斯·萨里耶夫说:吉尔吉斯斯坦的变动非常清楚地表明,俄罗斯在吉尔吉斯斯坦乃至整个中亚地区的地位都在增强。实际上,俄罗斯已经获得了对吉尔吉斯斯坦的绝对指挥权。俄罗斯在"颜色革命"后卧薪尝胆,开始使俄罗斯在中亚逐渐稳步地收回其"势力范围"。"颜色革命"似乎开始凋谢,在"颜色革命"中上台的三位独联体国家领导人只剩下"玫瑰革命"的格鲁吉亚总统萨卡什维利还在坚守,不过他应该感觉到了前所未有的孤单。此次吉尔吉斯斯坦骚乱,美国并没有像 2004 年"橙色革命"时插手乌克兰国内事务一样插手吉尔吉斯斯坦事务,这一点对俄罗斯来说应该是鼓舞人心的。也许是美国已经感觉到它在吉尔吉斯斯坦问题上无回天之力,也许是奥巴马政府觉得用温和的方式来处理中亚问题会更好。但这一切都离不开俄罗斯实力增强和国际地位提高的影响。

　　总结本章,我们认为,在中亚"颜色革命"的交锋中,美国强力推动"民主政治",企图在中亚建立起亲西方的民主政权,其目的是使西方文化力量主导中亚。然而,俄罗斯以"后院"为安全诉求,力图保持俄罗斯文化力量在中亚的传统影响。一个强力进攻,一个节节退守。这其中还有中亚宗教极端势力以泛突厥主义和泛伊斯兰主义为号召,伺机发动恐怖活动甚至夺取政权的趁势跟进。三方力量在此汇聚,特别是在吉、乌两国交汇和冲撞。

　　2010 年吉尔吉斯斯坦爆发骚乱,其背后既有美俄等大国博弈的影子,更有民众的贫困、脆弱的民族国家和滞后的部族认同等造成的该国从独立后局势长期动荡和在短期内不会稳定下来的关键因素。在这次骚乱中,反对派对当权派的挑战不是针对现存国体和政体的革命,它不会改变吉尔吉斯斯坦国家的基本政体和制度。如果说它会带来国家政治的某些变化的话,充其量也只是在原有国家政治制度和机制框架下的政策变化。吉尔吉斯斯坦发生的骚乱只是该国政治变化的一种表现形式,可以确定,只要所有导致骚乱发生的因素存在,诸如"郁金香革命"和此次骚乱形式的事件还可能继续在这个转型国家发生,而建设一个强势的民族国家体制和强于"部落认同"的"民族国家认同"是其国家现代化建设中不可忽视的两个重要因素。

结　语

　　中国与中亚地区的哈萨克斯坦、吉尔吉斯斯坦和塔吉克斯坦三国有 3000 多公里长的边界线。地缘优势使然,中国文化影响中亚有其必然性。首先,苏联解体、中亚独立,原先被阻断的文化传播通道再次畅通,这是中国文化可以外渐的客观条件。其次,中国已基本摆脱了近代以来屈辱的历史,自身正在经历由"破"而"立"的重大变革。无论是综合国力还是民族自信都有了进一步的提高,这是中国因素可以外渐的先决条件。再次,中国深厚的传统文化自身所具有的丰富内涵在新时期又显示出其无穷的魅力。最后,中亚地区在政治、经济和文化等诸多方面出现的地缘优势,成为中国因素可以对其产生影响的又一重要原因。

一、全球文化力量在中亚地区消长引发的思考

　　地处欧亚大陆腹地的中亚,历来都是群雄争霸、纵横捭阖的历史舞台。希腊人、波斯人、匈奴人、突厥人、阿拉伯人、蒙古人和俄罗斯人都曾先后征服过这里;佛教、基督教和伊斯兰教先后传入;中国文化、印度—波斯文化、阿拉伯文化和斯拉夫文化在这里纵横交织。时至今日,世界主要文化力量仍在这里消长起落,绵延不绝。从中亚的历史和现状来看,文化对国际政治的影响可谓深远,并由此引发笔者对现代国际政治中文化、文明与国际关系的一些思考。

　　(一)非传统安全观下的文化安全

　　安全,作为一个人类概念,具有较为稳定性的一面。然而,在不同地域、不同时代,人们对安全的理解、看法和观念是不尽相同的。同时,安全的定义和范围随着科学技术、生产力和生产关系的发展而不断变化。"冷战"结束后,随着时代主题的转换,安全领域的扩大,安全概念的内涵逐渐产生扩展,传统安全与非传统安全的划分正体现了这一点。①

　　2002 年 9 月,我国外交部长唐家璇在联合国大会发表讲话时指出:"安全的内涵不断扩大。由领土、资源、民族矛盾等因素引发的军事对抗与冲突尚未消

---

① 楚树龙:《国际关系基本理论》,清华大学出版社,2003 年版,第 292 页。

除,以恐怖主义为代表的各种非传统安全问题又日渐突出。安全问题不再是单纯的军事问题,已涉及政治、经济、金融、科技、文化等诸多领域。"[①]

非传统安全观(或称新兴安全问题)是与传统安全(问题)相对而言的。它指传统的国家主权、领土完整、军事、军备、军控裁军等传统安全以外的安全问题,诸如环境保护、国际有组织犯罪、恐怖主义、走私、非法移民和贩毒等日益增长的国际问题及其对国家、社会和国际安全与稳定的影响。在这里,我们特别关注的是具有一定隐蔽性,容易被人们忽略的文化领域的安全问题,即文化安全。

1. 文化安全

文化安全是随着世界政治多极化、经济全球化和科学技术迅速发展而突显出来的、并且是任何国家(特别是发展中国家)均无法回避的一个重要的安全问题。

从外部看,全球化背景之下,在不同文化的交互作用过程中,个别奉行霸权主义和强权政治的西方国家,为了达到政治和经济上的目的,一刻也没有停止所谓的"文化殖民"政策,运用传媒和渗透等各种手段,对有别于自身的意识形态加以攻击,几乎达到无孔不入的程度。从内部看,随着市场经济的不断发展,物质利益的刺激,人们的急功近利思想日趋严重,国民(尤其是发展中国家的国民)在意识形态领域的认识逐渐淡化,面对多元文化的诱惑,失去正确的判断,人云亦云,亦步亦趋,给本国文化安全埋下隐患。

文化安全包含的内容十分宽泛,这种宽泛正是出自"文化"领域的宽泛。概括来讲主要包括以下基本内容:

首先,是语言文字的安全。"语言是思维的物质外壳";是政治、文化斗争最有效的工具;是保持和发展民族国家文化的重要内容。一旦一个国家的语言文字丧失,那么这个国家的后代国民将无从了解一切流传下来的典籍,进而丧失历史的延续性。一个丢失历史的国家,是一个无根的国家,这将是文化最大的安全隐患。

其次,意识形态和价值观安全。意识形态和价值观是文化的核心灵魂,它体现着一种文化的独有特色。一种文化的意识形态和价值观是经历漫长历史积淀下来并深入人心的品质,它决定文化的性质和方向。全球化时代,是思想碰撞激烈的时代,不能说一成不变的意识形态和价值观对国家的稳定发展就一定好,但是如果一个国家在意识形态和价值观领域动摇不定,就很容易被外来文化(尤其是带有意识形态和价值观色彩的文化)所侵袭,造成文化领域的危机状况。

再次,生活方式。每个国家或民族都有自身的生活方式。从某种意义上说

---

①　何泽洪、丁刚:《唐家璇在第五十七届联大上发表讲话》,《人民日报》,2002 年 9 月 16 日。

生活方式从微观层面反应文化的特性。生活方式改变的原因是多样的,如时代的进步,环境的改变,生活节奏的改变以及对生活舒适的期望值的改变等等,都会不经意间改变人们的生活方式,甚至思维方式。但是,需要注意的是,如今随着西方强势文化的肆意蔓延,在生活方式上有一股"追随西式生活"的暗流,推动着人们匆匆做出改变,甚至是"盲从"。从长远来看,这对于维护文化、价值观独立乃至文化安全是不利的。

由此,我们可以把文化安全的内涵归结为:一个主权国家的文化价值体系免于遭受来自内部或外部文化因素的侵蚀、破坏或颠覆,才能更好地保持自身的文化价值传统,并在自愿自主基础上吸纳和借鉴一切有益的人类文化精神成果并不断创新发展。①

2. 文化霸权主义

西方文化霸权主义正是导致文化安全问题的重要原因之一。在经济全球化进程中,一些西方国家依仗自己在经济、政治和文化的优势地位,企图以自己的意识形态一统天下。其实文化霸权主义只是霸权主义的一个领域,且由来已久。西方国家近代以来进行的全球范围的征服活动极大地改变了世界的面貌,这种改变不仅表现在物质生活方面,更表现在精神生活方面。"在征服者的枪炮和传教士的十字架的双重摧残下,印第安文化被掩埋在片片废墟之中,成为欧洲文化在美洲传播的牺牲品。"②欧洲早期殖民者对墨西哥文明的毁坏,美国"西进运动"对土著文化的灭绝都是铁证。

当前,西方文化霸权主义主要表现为以美国为代表的文化扩张与文化霸权,即通过对外经济援助、文化交流和借助大众传媒宣传等方式强制地或隐蔽地推行西方价值观念、民主、人权思想和生活方式。

无疑,西方国家的文化输出、文化霸权的夺取是为其整体霸权利益服务的,也就是通过文化领域的"同化",以达到主宰和控制别国乃至世界的目的。

3. 捍卫文化安全

首先,文化是维系一个国家、一个民族团结稳定的精神纽带,是一个国家综合国力的重要组成部分。捍卫文化安全有助于一个国家形成强大的民族凝聚力和文化认同感,并由此提高国家的整体安全度。一种对本土文化无限眷恋的情结,对于抵制外来文化侵袭是具有强大作用的。从某种意义上说,捍卫文化安全、提高文化归属感,是抵制文化浸透和侵略的最有效途径。

---

① 严兴文:《试论国家文化安全的内涵、特点和作用》,《韶关学院学报·社会科学》,2007 年 2 月第 28 卷第 2 期。

② 汤万文:《多元文化格局中的中国文化安全》,《理论与现代化》,2007 年第 2 期。

其次,世界是丰富多彩的。人类社会经过几千年的发展、积淀,形成了多种多样、千姿百态、各具特色、各有所长的文化,这就形成了文化的多样性。这种文化的多样性,是人类共同的财富,是应该得到整个世界保护的精神遗产。必须承认,在漫长的人类历史中,有很多文化曾遭受不公正的待遇,甚至从地球上消失,这是人类的损失。因此,维护国家的文化安全,对于保障世界文化多元性,维护人类共同精神财产具有积极意义。

作为对策,维护文化安全需要立足现实国情,从宏观和微观领域应予足够重视。确保文化安全,首先要树立"文化自觉"的意识,"所谓'文化自觉'就是要对自身文化的来源和历史发展及其特点(包括优点和缺点)等等自觉地作认真的思考。"①也就是说,作为一个合格的国民需要对本国文化有一个历史的、实事求是的认识和评价,挖掘出自身文化的真谛,反省自身文化的缺陷,去伪存真,自觉弘扬民族文化。其次,加强文化的整合与创新,任何优秀文化都不可能十全十美,要保持文化的生命力需要不断创新和发展。创新是一个民族的灵魂,是一个国家兴旺发达的不竭动力。我们维护文化安全,并不是拒绝接受外来文化,拒绝对原有文化的更新改造而故步自封。盲目排外过去没有成为维护文化安全的有效手段,今天更不可能真正维护国家的文化安全。全面推进国家文化创新能力系统的建设,取人之长补己之短,才是构筑文化安全发展的根本保证。

总之,文化安全的维护,需要国民实现"文化自觉";需要反对文化霸权主义;需要提高创新意识,不断发展,在发展中实现动态的安全。

(二)摒弃"文明冲突",构建和谐世界

自从亨廷顿在1993年夏季号的美国《外交》季刊上发表《文明的冲突?》以来,各国学者对此进行了10多年的争论,"9·11"事件及随后的一系列国际热点问题似乎验证了亨廷顿的预言,许多人认为文明冲突的时代已经到来,正如拥护该观点的学者所认为的那样:"人们不得不又一次回到亨廷顿那里,尽管人们无法甘心接受他的观点和结论,但是在心底里还是忍不住暗自佩服他目光的敏锐和思想的鲜活。"②然而,不同文明之间真的是冲突的吗?

1. 文明是冲突的吗?

从17世纪到20世纪末的几百年间,随着资本主义向世界的扩张,力量、权力、安全、经济利益争夺和意识形态纷争一直是世界的主要矛盾和基本矛盾,是国际关系的主要内容和特征。20世纪又被人们称为意识形态的世纪。③ 自

---

① 汤一介:《在经济全球化形势下的中国文化定位》,《中国文化研究》,2002年第4期。
② 韩晶奇:《文明的冲突还是利益的冲突》,《聊城大学学报·社会科学》,2007年第2期。
③ 楚树龙:《国际关系基本理论》,清华大学出版社,2003年版,第282页。

1917 年俄罗斯十月革命诞生人类历史上第一个社会主义国家之后,社会主义与资本主义的意识形态斗争同国家利益的纷争纠结在一起,并引发两次世界大战和一场同样残酷的冷战。随着 1980 年代末至 1990 年代初,柏林墙的倒塌、苏联的解体、东西方对抗的结束,意识形态不再成为国际关系的决定性因素。什么是冷战后世界的主要矛盾?"文明冲突论"应运而生。

笔者认为,"文明冲突论"的最大价值在于撇开力量、权力等传统要素,从一个崭新的或者说长久以来被忽略的文化层面和文化视角观察国际关系。对一些传统理论无法解释的现象,有了独到的见解。然而,就此确定文明是冲突的,文明的冲突将成为冷战后的主要矛盾则值得商榷。

第一,人类历史上总是存在着不同的文化、文明,它们彼此共存,当然也有过冲突和斗争,但是在几千年的人类历史中并没有出现过不同文化、文明之间长期对立、势同水火的情形,因此"文明冲突论"并不完全符合历史事实。文明之间有对立也有和谐,有冲突也有融合,更多的是一种交流和共存。

第二,发生在不同文明国家之间的战争和冲突未必可以归结为文明的冲突。冲突的根源是多方面的,但是不论过去、现在和将来,其主导因素仍旧是利益的冲突。2003 年,美国针对伊拉克的战争,就很难与文明扯上关系。在我们看来,这场战争是在一系列堂而皇之的借口之下,打着"正义"的旗号推行的活生生的霸权主义行径。正如伊拉克前总统萨达姆所说:"如果你想控制整个世界,那你就当首先控制石油,如果你想控制石油,那么首先就当控制伊拉克……"以石油为代表的利益才是真正引发这场冲突的根源。

第三,文明冲突论是亨廷顿作为一个美国学者,从维护美国国家利益的立场出发所发表的言论,言论的背景和主张显露了"虚张声势"和"欲盖弥彰"。诚然,冷战的结束,以美国为首的西方世界取得了国际政治领域的强势地位。然而,面对摒弃意识形态斗争后多元化的世界,多极化的发展趋势,加上美国自身发展过程中所遇到的障碍,始终标榜自由民主卫道士的美国,显得力不从心;赤裸裸的为利益、为意识形态的争夺也愈来愈不受欢迎。文明的冲突正是在这样的背景下,为美国的对外战略(尤其是针对中东和中国)提供了所谓的"依据"。

无论对待世界范围内的文化、文明间的不同,还是对待国家范围内民族、地区文化间的不同,人们所持的基本态度是对待不同具有浓厚的兴趣,愿意了解和欣赏不同文化和文明,这也是人们的基本心理。文化的差异是客观的,而文明冲突论则带有主观的色彩。综观世界发展大势,我们看到不同文化、不同文明的国家和人民相互交流和交往越来越频繁、越来越普遍的潮流和趋势,人类共同文化的要素正在日渐增多。我们认为,"文明冲突"不是人类社会发展的前景。

2. 在文化领域构建和谐世界

在中国文化语境中,"和谐世界"理念源于中国传统文化的"和合"思想。"和谐世界"即认同世界的和谐本质,以和平与合作的手段谋得利益,达到一种和睦而至大同的境界。和谐世界表现在文化领域就是世界范围内的文化和谐的创建。随着经济全球化和科技的进步,当代世界文化和文明出现了两种并行的发展趋向:一种是整体性、联系性和依存性越来越强,各种文化和文明互相融合不断发展的趋向;另一种是各种文化与文明的多样性和民族性越来越突出,文化的民族性不断发展,多样文化互相影响又矛盾并存的趋向。① 归根结蒂,只有实现多元文明共存共荣、相互促进才能实现文化的和谐发展。

第一,人类社会是由不同类型的文化构成的共同体,要实现文化和谐,只有首先在真正意义上尊重文化的多元性。由于历史、地域、民族和传统等诸多因素的不同导致了世界各地的人们在社会的生产方式、生活方式乃至思维方式上存在诸多差异,使整个人类文化表现出鲜明的多样性。从古至今,从来就没有出现过一个大一统的文化类型。各种文化都顽强地表现着自己的多样性,在多样性中生存和发展。正是文化的多元性维系了历史发展的延续性,文化所特有的信息储存和传递功能让人类文化一代一代连绵不绝。此外,文化的多元也是世界发展的不竭动力,它不仅让我们的世界丰富多彩,同时拥有不同文化的民族和国家彼此交往互相学习,取长补短,共同发展进步。

第二,积极倡导多元文化的和谐对话。我们否认文化差异是导致国际冲突的根本原因,但是从国际冲突和战争的社会历史根源分析,往往确实有不同程度的文化冲突的因素存在,并且其广泛性和持久性不可低估。国际冲突一旦染上文化色彩,冲突双方便会根据自己的价值尺度和标准对国际冲突进行认识和判断,并为自己的政治行为和目标寻找符合自身价值认同的文化解说,从而使利益和权力的争夺升华和内化为神圣的文化追求,使冲突丧失了妥协和让步的余地,极大地增加了通过协商和判断解决国际冲突的难度。② 文化差异本身并不意味着必然引发冲突,适当的、和谐的对话就是避免"文明冲突"的有效途径,因为文化的差异性同文化的统一性是相生相伴的。通过积极平等的对话,可以寻求共同的语言。文明的矛盾同样可以用"文明"的方式解决。正如我国著名人类学家费孝通先生所言:"各美其美,美人之美,美美与共,天下大同。"

第三,反对文化霸权主义,构建国际文化新秩序。在维护国家的文化安全里需要反对文化霸权主义,而在构筑和谐的世界文化上同样需要反对文化霸权主义。在反对文化的霸权、保持世界文化的多样性和创新性的同时,积极构建国际

---

① 房广顺:《多元文化的和谐发展与构建和谐世界》,《理论月刊》,2007 年第 7 期。
② 房广顺:《多元文化的和谐发展与构建和谐世界》,《理论月刊》,2007 年第 7 期。

文化新秩序是实现文化和谐的必由之路。在丰富多彩的世界文化之间,既有交流、合作的必要,又有发生矛盾、冲突的可能。如果能够趋利避害,除了通过沟通了解加强文明间的友好交流外,更需要建立一种公认的制度、程序和规范,即国际文化新秩序。在这种国际文化新秩序下,尊重文化多样性的理念应该成为人类普遍的共识;各种文化均保持平等的地位;每个国家拥有自主选择其主导文化价值和文化发展方向的权力。这样的新秩序不仅是推动国际间文化健康发展的平台,也是推动经济全球化和国际政治关系健康发展的需要。

全世界有 60 亿人口,上万个不同文化背景的民族或部落,200 个左右依据不同政治理念而建立的国家政权,数百个为不同利益而结合的国际组织。如此众多的人类文明共同体,如何才能和平共处于同一地球? 国际文化新秩序的构建从宏观角度为此提供了一个思路。"路漫漫其修远兮,吾将上下而求索",共同的世界课题需要人类持续不断的探索和实践。

二、影响现代中亚社会发展的中国文化因素

近代以来,中国因素从中亚的退出,并不是因为忽略了中亚对于中国的地缘政治意义,而是出于国力的衰落和内忧外患国情现实的无奈。随着中亚五国的诞生,新时期我国国力的日渐上升,中亚国家同我国的合作基础日益深厚。可以说,今日中国与中亚的关系是"丝绸之路"交往的自然延续。

（一）中国文化影响中亚的有利条件

第一,共同利益下的紧密联系。首先是地缘优势。中国与中亚地区的哈、吉、塔三国有着 3000 多公里长的共同边界,这为双方发展关系提供了得天独厚的地缘优势。中亚国家独立后,由于双方的努力,中国与哈、吉两国先后开设了 8 个口岸,从而大大方便了双边贸易和人员的往来。与此同时,双方的交通条件也在不断改善,1992 年连接中国与中亚的欧亚大陆桥正式开通运营,给中国与中亚国家发展注入了新的活力和生机。其次是经济上的互补性。中国与中亚国家在经济上具有明显的互补性,各有所长,互有需求,这是推动中国与中亚国家关系尤其是经贸关系不断发展的重要因素。中国与中亚国家之间经济上的互补性主要表现在:(1)资源互补。中亚地区蕴藏着 2000 亿桶石油(相当于 273 亿吨)和 8 万亿立方米天然气。而哈萨克斯坦的钨、铬储量居世界第一,铜、铅、锌储量则为亚洲第一;乌兹别克斯坦的黄金储量是世界第五;吉尔吉斯斯坦有金、铀、汞等矿藏,塔吉克斯坦则有丰富的铜矿。而中国的自然资源,尤其是油气资源则相对不足,目前中哈、中土的油气合作无疑是这一互补性作用的结果;(2)产业互补,中国的日用品、食品、家电和某些机械产品与中亚国家的棉花、羊毛、皮革、钢铁之间存在巨大的互补性,这为双方开展贸易关系和经济技术合作提供

了有利条件。多年来,中国与中亚国家贸易和经济合作的不断发展正是与这一互补性的存在密切相关。① 再次是共同的安全利益把中国和中亚国家紧密地联系在一起,有力地推动着中国与中亚国家的合作关系,尤其是安全合作关系向前发展。(1)前面提到,中国与中亚国家领土大片相连,加强边界地区的军事信任与合作,维护边界地区稳定与安全是双方共同的需求。(2)中国与中亚国家同属发展中的经济转轨国家,为了应对全球化带来的挑战,大力发展经济,增强综合国力是双方的共同任务,为此,双方都需要拥有一个长期稳定、和平的周边和地区环境。(3)中国与中亚国家都长期面临分离主义、恐怖主义和极端主义以及毒品走私、武器贩运、非法移民的严重威胁。在打击"三股势力"方面,亦具有共同利益。

第二,"上海合作组织"——中国与中亚交流合作的桥梁。2001 年 6 月 15 日,"上海五国"元首和乌兹别克斯坦总统在上海会晤,签署了上海合作组织成立宣言,打击恐怖主义、分裂主义和极端主义的上海公约和关于吸收乌兹别克斯坦加入"上海五国"机制的联合声明,宣告"上海合作组织"正式成立。"上海合作组织"的成立,是中国与中亚国家关系中一个具有里程碑意义的重大事件,它表明在经历了 10 年的观察和探索后,中国终于形成了明确的中亚战略,即在双边和"上海合作组织"的框架下,同中亚国家加强睦邻友好关系,发展在政治、经济、军事、安全、能源、交通和人文等个领域的合作,维护地区安全与稳定,促进各国共同发展与繁荣。"上海合作组织"为中国与中亚国家深化互利合作搭建了一个广阔的平台,而各成员国认同的"互信、互利、平等、协商、尊重多样文明、谋求共同发展"的"上海精神"和一系列具有现实重要性的任务的提出,则为"上海合作组织"的发展规划了美好的前景。②

经过多年的不懈努力,"上海合作组织"在国际和中亚地区局势多变的情况下经受住了种种严峻考验,凝聚力进一步增强,组织结构逐步完善和成熟,合作领域进一步拓展,国际影响力不断扩大,成为一个受到广泛承认的、充满活力的区域合作组织。在这一框架内,中国与中亚国家在政治、军事、安全、经济、人文等领域展开了广泛的合作,取得令人瞩目的成就。③

首先,在政治外交领域,"上海合作组织"的运行,深化了成员国彼此间的交流和互信,并为中国和中亚国家在国际舞台上的合作创造了更多的机遇。(1)在双边交往上,2002 年中国先后与吉尔吉斯斯坦、哈萨克斯坦签署睦邻友好合

---

① 邓浩:《中国与中亚国家关系:回眸与前瞻》,《国际问题研究》,2002 年第 3 期。
② 柳丰华:《中国在中亚:政策的演变》,《俄罗斯中亚东欧研究》,2007 年第 6 期。
③ 朱成虎主编:《十字路口:中亚走向何方》,时事出版社,2007 年版,第 366 页。

作条约,2004年中乌两国就进一步深化友好合作伙伴关系达成共识。(2)中国与接壤的中亚国家历史遗留的边界问题的解决,为进一步加强双边关系奠定了坚实基础。2002年5月17日,中国与塔吉克斯坦签署中塔国界补充协定,2003年9月2日两国互换了该协定批准书,至此,中国与哈、吉、塔三国全长3300公里的边界全部划定,并成为四国发展友好和合作关系的重要纽带。另外,2004年6月,塔什干峰会通过《上海合作组织成员国外交部协作议定书》,规定成员国外交部就重大国际和地区问题开展各种形式的磋商和协调,就涉及本组织利益的问题达成共识,对外以一个声音说话。成员国多次以"上海合作组织"的名义对外阐述其对世界多极化、国际关系民主化、经济全球化和人权等问题的立场,提出了建立新型全球安全架构,努力推动建立国际政治经济新秩序的倡议。在安理会改革问题上,2006年峰会宣言强调改革应遵循公平地域分配原则和最广泛协商一致的原则,不应为改革设立时限和强行推动表决尚有重大分歧的方案。①

其次,安全领域的合作始终是"上海合作组织"的工作重点和优先方面,也是维护该组织团结,推动其不断向前发展的有效手段。在"上海合作组织"框架内,成员国在打击"三股势力"及走私贩毒、跨国犯罪等方面密切合作,取得了丰硕的成果,这首先表现在合作机制的强化和完善。"上海合作组织"成立当天,成员国元首即签署了《打击恐怖主义、分裂主义和极端主义上海公约》,2001年、2002年分别在上海、莫斯科成功举行了"上海合作组织"国防部长会晤。2003年3月,成员国国防部长会晤机制正式启动。2004年"上海合作组织"地区反恐机构执委会在塔什干正式启动,表明"上海合作组织"安全机制化基本形成,具备了应对突发事件的运作机制。此外,在"上海合作组织"的框架内,成员国还大力开展联合演习、信息交流等务实性安全合作,例如2002年10月,中国与吉尔吉斯斯坦率先在"上海合作组织"框架内,在中吉边境地区成功举行了代号为"01"的双边联合反恐军事演习。这是中国历史上首次与外国军队联合举行实兵演习。2003年8月,中国、俄罗斯、哈萨克斯坦、吉尔吉斯斯坦和塔吉克斯坦五国举行"联合—2003"的联合反恐演习,是"上海合作组织"首次举行的多边联合反恐军事演习。2005年8月,在"上海合作组织"框架内,中、俄两国首次举行了"和平使命—2005"联合军事演习。一系列的联合演习充分昭显了"上海合作组织"成员国联合打击"三股势力"的立场、决心和力量。②

再次,经济合作是"上海合作组织"的另一重点合作领域。发展稳定的经贸

---

① 朱成虎主编:《十字路口:中亚走向何方》,时事出版社,2007年版,第368页。
② 朱成虎主编:《十字路口:中亚走向何方》,时事出版社,2007年版,第369页。

关系不仅符合"上海合作组织"的基本发展方向和目标,而且符合成员国人民的根本利益。近年来,"上海合作组织"框架内的经济合作发展势头良好,总体来看取得了骄人的成绩。中国与中亚国家通过签订经贸合作协议,协调贸易政策等方式,促进了贸易便利化,推动双边贸易不断发展。2002—2005 年,中国与中亚五国的年贸易额连年增长,分别是 23.88 亿美元、40.75 亿美元、58.43 亿美元、87.31 亿美元。① 从双边贸易额来看,除了与土库曼斯坦的贸易额有所波动外,中国与其他四国的贸易额均呈稳定增长态势。在 2006 年 9 月的"上海合作组织"总理会议上,温家宝总理还提出了经贸合作领域的发展目标,即到 2010 年中国同"上海合作组织"其他成员国的贸易额从现在的不到 400 亿美元增加到800 到 1 000 亿美元。中亚国家与中国经贸关系的蓬勃发展,充实了双方友好合作关系的内涵,进一步夯实了双边关系的物质基础。

最后,在文化领域,"上海合作组织"为成员国架起了一座友谊的桥梁。2002 年,"上海合作组织"第一次文化部长会议在北京举行,六国文化部长就未来开展文化交流与合作的基本原则、方向和相应的工作机制等进行了深入探讨。2005 年 7 月,在阿斯塔纳峰会期间召开的成员国文化部长会议通过了 2005—2006 年多边文化合作计划,同时举办了成员国首届文化艺术节。在教育合作方面,2004 年 11 月,中国教育部在哈萨克斯坦、吉尔吉斯斯坦先后举办了留学中国的宣传,吸引了大批中亚学子。在 2006 年"上海合作组织"峰会期间,成员国教育部部长共同签署了《上海合作组织成员国教育合作协定》。该协定是"上海合作组织"成员国开展教育合作的基础性法律文件之一。在加强人力资源领域交流与合作方面,在 2005 年阿斯塔纳峰会上,胡锦涛主席宣布 3 年内为其他成员国培训 1500 名不同领域的管理和专业人才,范围涵盖行政管理、经济发展、外交安全、专业技术、汉语等领域,包括短期培训和长期的学历学位教育。

经过 10 余年的发展,"上海合作组织"已经从雏形演变成一个日趋成熟的重要的区域性合作组织。相对于它的历史而言,其发展速度应该说是快的。在政治、经济、安全、文化诸多领域都取得了瞩目的成就,它为中国与中亚架设了一座沟通合作与友谊的桥梁。随着中国、俄罗斯与中亚国家间战略关系的进一步建立,互利合作的进一步深入,我们相信"上海合作组织"将会迎来更多的发展机遇和美好前景。

(二)中国文化在中亚传播的必然性

中国文化外渐中亚有其必然性。首先,苏联解体、中亚独立,原先被阻断的文化传播通道再次畅通,这是中国文化可以外渐的客观条件。其次,中国已基本

---

① 柳丰华:《中国在中亚:政策的演变》,《俄罗斯东欧中亚研究》,2007 年第 6 期。

摆脱了近代以来屈辱的历史,自身正在经历由"破"而"立"的重大变革。无论是综合国力还是民族自信都在进一步提高,这是中国因素可以外渐的先决条件。再次,中国深厚的传统文化自身所具有的丰富内涵在新时期又显示出了无穷的魅力。最后,中亚地区在政治、经济和文化等诸多方面出现的地缘优势,成为中国因素可以对其产生影响的又一重要原因。

尽管苏联解体使中亚周边原本不太复杂的地缘政治形势变得复杂起来,但是,在整个近代以来被俄罗斯阻断的陆路通道却因此而得以畅通,这不能不说是一个意外的收获。而且,中亚出现五个独立国家,显然对于正在发展中的中国来说,要比直接面对一个"强大"的苏联的压力小得多;事实上,中亚地区在某种程度上还充当着中国和俄罗斯之间缓冲地带的角色。总之,苏联解体给人类目前最重要的几种文化力量在中亚进行交流提供了机遇和场所,而中国正好也处在国力上升、文化影响力不断提升的重要变革时代。显然,这种机遇对中国来说来得正是时候,内外条件均决定它将在现代中亚社会的发展中发挥一定的影响力。

中国在世界影响力的提高正在引发世界各国对中国传统文化的好奇和深入探究,当然中亚地区也不例外。但是,就中亚地区来说,对中国的了解也只能说正处在由"猎奇"阶段向深入阶段的过渡时期。这其中首先表现在"汉语热"、"风水热"、"气功热"、"功夫热"或"成龙热",其次表现在对中国传统的儒家思想、道家思想、佛教和现代国家建设的研究上。随着中国综合国力的上升以及"上海合作组织"的日渐发展成熟,中亚与中国已经有了较为密切的联系。在这样一种背景下,利用地缘上的优势提升中国文化在该地区的影响力,对于进一步推进中国同中亚国家友好关系的发展是有积极意义的。

纵观中国历史进程,我们可以清楚地看到,在每一次文化与社会的大繁荣期到来之前,一定会出现本土文化(即传统文化)同外来文化的大融合与大交流的局面,而且传统文化同外来文化的结合并不矛盾。如若只注重传统文化的回归,则势必陷入保守和自我封闭之中。这是因为,中国文化及其载体——中国人——的弱点就是缺乏西方、俄罗斯和伊斯兰等文化传播的"主动"精神。如果一味地蔑视传统文化(毫不夸张地说,大多数人仍然还持这种态度),则有可能导致文化断层,深陷不知自我之窘境。"凡对以往历史抱一种革命的蔑视者,此皆一切真正进步之劲敌也。惟藉过去乃可认识现在,已惟对现在有真实之认识,乃能对现实有真实之改进。"①"过去我们爱讲祖国的博大精深。我以为,一个民族的博大精深,要看你现在的这一代人,对自己的文化知道多少,是不是为自己的文化感到骄傲和自豪,是不是有强烈的文化自尊。如果没有,就谈不上博大精

---

① 钱穆:《国史大纲》(修订本)上册,商务印书馆,1997年版,《引论》第2页。

深。我们的历史是博大精深的,但如果一个民族的历史,不能变成这一代人的精神财富的时候,那么我们只能说是一个失落的文明。经济的全球化是大势所趋。但是在国际化背景下,文化的本土化也是一股世界潮流。各国的文化都在向着自己的本土化方向发展,这是一个发展趋势。关键是看我们自己如何把握,一个民族,如果自己的文化还处于很零散、很微弱的状态,没有摸清,无法把握,更谈不上引以为自豪和骄傲,就很容易在国际化背景下失去自己,就很难形成真正的民族凝聚力。"①果真如此,也就更谈不上向外传播自己的文化了。事实上,我们自近代以来一直还处于这种文化的迷途之中,仅从最简单的对待语言文字和汉语文体的轻率态度和做法就可看出这一点。因此,改变国人对传统文化嗤之以鼻的态度便具有极其重要的意义。当国外就有关中国传统文化方面的专著一本接着一本出版的时候,我们还没有从自己的文化偏见中走出来。而且,重要的是,"文化传统并非身外之物可随意抛弃。文化传统来自地域、语言、社会结构、社会生产方式、心态民俗及原始概念等因素。它长期积累,潜入生命,积淀于民族心理结构之中,因而传统文化在现实中国社会发生作用是不以人的意志为转移的。"②

　　无论是从历史的还是从现实的角度分析,本书作者认为,由衷地崇尚和发扬本民族的优秀传统文化,真诚地尊重和吸纳外来的先进文化,这是自古至今中国文化在世界文化之林长盛不衰的原因和我们今天仍然应该信守的公理。同样,在现代中亚社会的发展中,在中国文化同中亚已有的文化还是外来多种文化的交流中,在施加自身文化影响的同时,无疑也可以借鉴和吸收许多我们所不具有的有益成分。因此,加强文化交流与传播的主动性则显得非常重要。这是因为,"各民族在自己的文化发展过程中,必须互相学习,互相充实,互相继承,这是人类文化发展的必然规律。学术文化是人类共同享有的,每一个民族必须向别人学习,也必然有自己独特的文化,历史上绝对没有任何民族,在文化上专门引进,毫无创造;也没有任何民族,专门创造,毫无引进。"③更何况,从地缘政治利益出发,自古迄今,"中国政府在天山南北之活动,直接影响于中亚细亚,而中亚细亚人民对中国之叛服,亦直接影响于天山南北之安危。若以国防言之,天山南北为中国之城垣,中亚细亚则为中国之外郭"。④ 由此,加强中国同中亚各国的政治、

　　① 刘东平:《"抢救民间文化,关注民众精神"——中国民间文艺家协会主席、作家马骥才访谈》,《今日中国》,2003 年第 2 期,第 68 页。
　　② 郝侠君、毛磊、石光荣主编:《中西 500 年比较》,中国工人出版社,1989 年版,第 758 页。
　　③ [埃及]艾哈迈德·艾敏著,纳忠译:《阿拉伯——伊斯兰文化史》第一册《黎明时期》,商务印书馆,2001 年版,《译者序言》第 5 页。
　　④ 曾问吾著:《中国经营西域史》,上海书店据商务印书馆 1936 年影印本,第 2 页。

经济和文化往来,增强文化传播的主动性,具有现实和长远意义。

中国文化力量因素作为曾在历史上对中亚产生过重要影响的因素,为中亚地区历史人文背景的塑造做出过非常重要的贡献,苏联解体给了它一个再次发挥影响力的机会。而且从目前的情况看,这种影响力正在逐渐上升,中亚社会内部对中国了解的需求也在不断增强;从地缘优势分析,这种影响将是持久的和互动的。只是目前我们还处在自身文化的重新审视和再认识阶段,尚不知道以传播什么样的文化为最好的切入点。但无可争辩的是,同现代性相结合的传统文化思想的传播仍然具有不可替代的重要地位。

总而言之,随着中国综合国力的上升和"上海合作组织"的日渐发展成熟,中亚与中国已经有了较为密切的联系渠道。在这样一种背景下,利用地缘上的优势提升中国文化在该地区的影响力,对于进一步推进中国与中亚国家的友好关系是有积极意义的。但是,从目前的实际状况看,中国文化在中亚的传播仍然存在诸多局限。首先,在以美国为代表的西方文化"大肆"传播的时代,我们还没有明确定位当代中国文化及其传播等问题。为解决这一问题,就需要我们对自身文化加以系统认知、清晰梳理、去伪存真,同时把中国传统文化的当代价值融合为一种服务于现代国家利益的、长远的、有连贯性的政治道德体系运用到对外文化交流中。其次,我们还没有创造一种良好的文化传播交流环境。尽管,在过去的近20年间,中国与中亚邻国不断发展着友好关系,在各个领域开展着积极合作,但是周边地区的猜疑、戒备和防范情绪仍然不免掺杂其中,有些人甚至将中国视为本地区的潜在威胁。"中国威胁论"的阴霾,持续不散。但是,无论如何,经过多年的发展、磨合和"上海合作组织"的正常运行,中国因素已经在影响中亚未来发展的诸多因素中占据了一席之地。整体影响力的提高是显著的,也是备受关注的。但是,相较突厥语诸民族、俄罗斯、伊斯兰文化因素和携强势力量的西方因素而言,仍显微弱。

因此,面对全球文化力量在中亚地区消长的态势及其所带来的挑战,中国应积极应对,努力做好如下几点:进一步促进自身文化建设,积极构建社会主义核心价值体系;弘扬中华民族精神,增强民族凝聚力;继承创新,弘扬中华民族的优秀传统文化;吸取外来优秀文化,发展有中国特色社会主义文化;积极发展文化产业和文化事业,增强文化的竞争力;积极参与包括中亚国家在内的国际事务,构建和提出自己的国际理念,在国际上树立负责任的大国形象。

参考文献

（一）汉文文献

1. ［美］阿尔伯特·甘霖. 基督教与西方文化［M］. 赵中辉,译. 北京:北京大学出版社,2006.

2. 俞新天. 强大的无形力量——文化对当代国际关系的作用［M］. 上海:上海人民出版社,2007.

3. ［俄］叶琳娜·米哈伊洛夫娜·斯科瓦尔佐娃. 文化理论与俄罗斯文化史［M］. 王亚民,张淑明,黄宏伟,等译. 兰州:敦煌文艺出版社,2003.

4. ［美］塞缪尔·亨廷顿. 文明的冲突与世界秩序的重建［M］. 周琪,刘绯,张立平,王圆,等译. 北京:新华出版社,2005.

5. 张小明. 冷战及其遗产［M］. 上海:上海人民出版社,1998.

6. 张秉民. 近代伊斯兰思潮［M］. 银川:宁夏人民出版社,1999.

7. ［美］罗伯特·阿特. 美国大战略［M］. 郭树勇,译. 北京:北京大学出版社,2005.

8. 王缉思,袁明,陈志瑞. 北大国际论丛（2006）［C］. 上海:上海人民出版社,2006.

9. 姚海. 俄罗斯文化［M］. 上海:上海社会科学院出版社,2005.

10. 牛军. 冷战时期的美苏关系［M］. 北京:北京大学出版社,2006.

11. ［美］曼纽尔·卡斯特. 认同的力量（第二版）［M］. 曹荣湘,译. 北京:社会科学文献出版社,2006.

12. 郭树勇. 大国成长的逻辑——西方大国崛起的国际政治社会学分析［M］. 北京:北京大学出版社,2007.

13. 刘国平. 美国的民主制度输出［M］. 北京:社会科学文献出版社,2006.

14. 唐晋. 大国崛起［M］. 北京:人民出版社,2006.

15. 莫岳云. 全球化与当代社会主义［M］. 北京:人民出版社,2006.

16. 沈壮海. 先进文化论［M］. 北京:高等教育出版社,2003.

17. 宋志明,吴潜涛. 中华民族精神论纲［M］. 北京:中国人民大学出版社,2006.

18. 高放著. 纵览世界风云[M]. 北京:中国书籍出版社,2002.

19. [美]亨利·基辛格. 大外交[M]. 顾淑馨,林添贵,译. 海口:海南出版社,2006.

20. 毛泽东选集(5卷本)[M]. 北京:人民出版社,1966.

21. 邓小平文选(3卷本)[M]. 北京:人民出版社,1993.

22. 江泽民文选(3卷本)[M]. 北京:人民出版社,2006.

23. 黄宗良,孔寒冰. 世界社会主义史论[M]. 北京:北京大学出版社,2004.

24. [美]汉斯·摩根索. 国家间的政治——为权力与和平而斗争[M]. 杨岐鸣,等译. 北京:商务印书馆,1993.

25. 黄宗良,林勋健. 冷战后的世界社会主义运动[M]. 北京:北京大学出版社,2003.

26. 李少军. 国际政治学概论[M]. 上海:上海人民出版社,2002.

27. 朱锋. 人权与国际关系[M]. 北京:北京大学出版社,2000.

28. 王联. 世界民族主义论[M]. 北京:北京大学出版社,2002.

29. 汪金国. 多种文化力量作用下的现代中亚社会[M]. 武汉:武汉大学出版社,2006.

30. 潘志平. 中亚的民族关系历史现状与前景[M]. 乌鲁木齐:新疆人民出版社,2003.

31. 潘志平. "颜色革命"袭击下的中亚[M]. 乌鲁木齐:新疆人民出版社,2006.

32. 潘志平. 中亚政局走势微妙[M]. 乌鲁木齐:新疆人民出版社,2005.

33. 杨丽. 转型时期的中亚五国[M]. 兰州:甘肃人民出版社,2003.

34. 朱成虎. 十字路口——中亚走向何方[M]. 北京:时事出版社,2007.

35. 陈联璧,刘更岑,吴宏伟. 中亚民族与宗教问题[M]. 北京:中央民族大学出版社,2002.

36. 王鸣野. 美国欧亚战略与中南亚五国[M]. 乌鲁木齐:新疆大学出版社,2003.

37. 杨洁勉. 国际恐怖主义与当代国际关系[M]. 贵阳:贵州人民出版社,2002.

38. [哈]C.M.阿基姆别科夫. 阿富汗焦点和中亚安全问题[M]. 杨恕,汪金国,译. 兰州:兰州大学出版社,2002.

39. 石岚. 从新千年第一战谈起[M]. 乌鲁木齐:新疆人民出版社,2003.

40. 赵常庆. 十年巨变——中亚和外高加索卷[M]. 北京:中共党史出版

社,2004.

　　41.杨恕.转型的中亚和中国[M].北京:北京大学出版社,2005.

　　42.张新平.地缘政治视野下的中亚民族关系[M].北京:民族出版社,2006.

　　43.赵常庆.中亚五国概论[M].北京:经济日报出版社,1999.

　　44.[哈]卡·托卡耶夫.中亚之鹰的外交战略[M].塞力克·纳雷索夫,译.北京:新华出版社,2002.

　　45.[英]加文·汉布里.中亚史纲要[M].吴玉贵,译.北京:商务印书馆,1994.

　　46.[前苏联]威廉·巴托尔德.中亚突厥史十二讲[M].罗致平,译.北京:中国社会科学出版社,1984.

　　47.[前苏联]加富罗夫.中亚塔吉克史[M].肖之兴,译.北京:中国社会科学出版社,1985.

　　48.[美]兹比格纽·布热津斯基.大棋局·美国的首要地位及其地缘战略[M].中国国际问题研究所,译.上海:上海人民出版社,1998.

　　49.[美]埃斯波西托.伊斯兰威胁:神话还是现实?[M].东方晓,等译.北京:社会科学文献出版社,1999.

　　50.[前苏联]埃·捷尼舍夫.突厥语言研究导论[M].陈伟,陈鹏,译.北京:中国社会科学出版社,1982.

　　51.[前苏联]菲·米列尔.土耳其现代简明史[M].朱贵生,等译.北京:三联书店,1973.

　　52.[巴基斯坦]赛义德·菲亚兹·马茂德.伊斯兰教简史[M].吴云贵,译.北京:中国社会科学出版社,1985.

　　53.[美]托马斯·李普曼.伊斯兰教与穆斯林世界[M].陆文岳,英珊,译.北京:新华出版社,1985.

　　54.[德]卡尔·布罗克尔曼.伊斯兰教各民族与国家史[M].孙硕人,等译.北京:商务印书馆,1985.

　　55.[英]G.H.詹森.战斗的伊斯兰[M].高晓,译.北京:商务印书馆,1983.

　　56.孙壮志.中亚新格局与地区安全[M].北京:中国社会科学出版社,2001.

　　57.马大正,冯锡时.中亚五国史纲[M].乌鲁木齐:新疆人民出版社,2005.

　　58.文云朝.中亚地缘政治与新疆开放开发[M].北京:地质出版社,2002.

　　59.赵常庆.中亚五国与中国西部大开发[M].北京:昆仑出版社,2004.

　　60.邢广程.中国与中亚[M].北京:社会科学文献出版社,1999.

　　61.邢广程.崛起的中亚[M].北京:三联书店,1992.

62. 邢广程. 中国和新独立的中亚国家关系[M]. 哈尔滨:黑龙江教育出版社,1996.

63. 陈延琪. 泛突厥主义文化透视[M]. 乌鲁木齐:新疆人民出版社,2000.

64. 薛宗正. 突厥史[M]. 北京:中国社会科学出版社,1992 年办

65. 张铭著. 现代化视野中的伊斯兰复兴运动[M]. 北京:中国社会科学出版社,1999.

66. 陈联璧. 中亚民族与宗教问题[M]. 北京:中央民族大学出版社,2002.

67. 王治来. 中亚近代史[M]. 兰州:兰州大学出版社,1989.

68. 王治来,丁笃本. 中亚国际关系史[M]. 长沙:湖南出版社,1997.

（二）外文文献

1. Joe Cribb, Georgina Herrmann. After Alexander: Central Asia before Islam. Oxford: New York: Oxford University Press, 2007.

2. Elizabeth Van Wie Davis, Rouben Azizian, Islam, oil, and geopolitics: Central Asia after September 11. Rowman&Littlefield Publishers, Inc, 2007.

3. John L. Esposito, John O. Voll, Osman Bakar. Asian Islam in the 21st century. New York: Oxford University Press, 2007.

4. Adeeb Khalid. Islam after communism: religion and politics in Central Asia. Berkeley: University of California Press, 2007.

5. Michael Radu. Islamism and terrorist groups in Asia. Philadelphia: Mason crest, 2006.

6. Vitaly V. Naumkin. Radical Islam in Central Asia: between pen and rifle. Lanham: Rowman&Littlefield. 2005.

7. Charles Warren Hostler. The Turks of Central Asia. Westport, Conn. : Praeger, 1993.

8. G·kalp, Ziya. Principles of Turkism. Leiden: E. J. Brill, 1968.

9. Zenkovsky, Serge A. Pan – Turkism and Islam in Russia. Cambridge: Harvard University Press, 1960.

10. Hostler, Charles Warren. Turkism and the Soviets: the Turks of the world and their political objectives. London: G. Allen & Unwin; New York: F. A. Praeger, 1957.

11. Eugene Rumer, Dmitri Trenin, Huasheng Zhao; Armonk, N. Y. : M. E. Sharpe, Central Asia: views from Washington, Moscow, and Beijing, 2007.

12. Dorothy Kavanaugh. Islam in Asia: facts and figures. Philadelphia: Mason Crest Publishers, 2006.

13. Anita Sengupta. Russia, China, and multilateralism in Central Asia. Delhi: Shipra, 2005.

14. Yaacov Roi. Islam in the Soviet Union from the Second World War to Gorbachev. London: Hurst, 2000.

15. Ahmed Rashid. Taliban: Militant Islam, Oil and Fundamentalism in Central Asia. New Haven: Yale University Press, 2000.

16. U. S. Policy in Central Asia: Balancing Priorities (Part II), Testimony prepared for the Committee on International Relations, Hearing on The Middle East and Central Asia April 26, 2006, Prepared by Martha Brill Olcott Senior Associate, Carnegie Endowment for International Peace

17. China and Central Asia: a new GreatGame or traditional vassal relations? NIKLAS SWANSTROM Journal of Contemporary China (2005), 14(45), November, 569 - 584

18. The United States and Central Asia: In the Steppes to Stay? Svante E. Cornell, Central Asia - Caucasus Institute. Cambridge Review of International Affairs, Volume 17, Number 2, July 2004

19. Central Asia's Security: Issues and Implications for U. S. Interests, Jim Nichol, CRS Report fou Congress, Updated April 26, 2007

20. Mark Beeson. The Rise of the 'Neocons' and the Evolution of American Foreign Policy, University of Queensland, Working Paper No. 107, August 2004, National Library of Australia. ISBN: 86905 - 881 - 9, ISSN: 1037 - 4612.

21. "Roots of Rage: Militant Islam in Central Asia" Edward W. Walker University of california. Berkeley. presentation from "Central Asia and Russia : Responses to the "War on Terrorism," a panel discussion held at the buiversity of California , Berkeley on october 29, 2001

22. Islamic Extremism in Uzbekistan: Is it a threat? Mattias Eriksson Stanford's Student Journal of Russion, East Europen, and Eurasian Studies , Volume 2 Spring 2006

23. Абусеитова М. Х.. История Казахстана и Центральной Азии. Алматы, 2001.

24. Адель Абишев. Каспий: Нефть и Политика. Центр внешней политики и анализа. Алматы. 2002.

25. Белокреницкий В. Я. и др. Мусульманские страны у границ СНГ (Афга - ннистан, Пакистан, Иран и Турция - современное состояние,

история и перспективы). М. : Институт востоковедения РАН , 2001.

26. Белокреницкий В. Я. , Егорин А. 3. и Миронова Г. В.. Ислам и Политика (взаимодействие ислама и политики в странах Ближнего и Среднего Востока, на Кавказе и в Центральной Азии). М. : Институт востоковедения РАН, ? Крафт + ИВ РАН?, 2001.

27. Брусина О. И. Славяне в Средней Азии: Этнические и социальные процысссы (Конец XIX—Конец XX века). М. : Издательская фирма "Восточная литература" РАН, 2001.

28. Бурханов К. Н. , Т. Т. Исмагамбетов, А. Е. Беримжарова. Китай: между прошлым и будущим. Алматы, 2001.

29. Вагиф Гусейнов. Каспийская нефть: экономика и геополитика. Москва, 2002.

30. Галины Витковский. Современные этнополитические процессы и миграционная ситуация в Центральной Азии. Московский Центр Карнеги / Cornegie Endowment for International Peace. Москва. 1998.

31. Ермухамет Ертысбаев. Казахстан и Назарбаев: логика перемен. Астана: Елорда, 2001.

32. Журавский А. В. Христианство и ислам. Социокультурные проблемы диалога. М. , 1990.

33. Ислам Каримов. Узбекистан по пути углубления экономических реформ. Ташкент: Узбекистон, 1995.

34. Иванов В. ,Трофимов Я. Религии Казахстана. Справочник. Высшая школа права. Алматы, 1999.

35. Косиченко А. Г. и др. Ислам и христианство: возможности духовной консолидации народов Казахстана. Алматы, 2001.

36. Конституции государств—участников СНГ. Институт законодательства и сравнительного правоведения при Правительстве Российской Федерации. Издательская группа НОРМА—ИНФРА · М. Москва, 1999.

37. Косиченко А. Г. и др. Современный терроризм: взгляд из Центральной Азии. Алматы, 2002.

38. Кушкумбаев С. К. Центральная Азия на путях интеграции: геополитика, этничность, безопасность. Алматы, 2002.

39. Мехли Санаи. Отношения Ирана с центральноазиатскими странами СНГ (Социально - политические и экономические аспекты). Москва, 2002.

40. Назарбаев Н. А. На пороге XXI века. Алматы. 1996.

41. Назарбаев Н. А. Казахстан—2030. Лослание Президента страны народу Казахстана. Алматы,1997.

42. Назарбаев Н. А. В потоке истории. Алматы, 1999.

43. Наталья Романова. Этнополитические процессы в Республике Казахстан. Алматы, 1998.

44. Основные законодательные акты о языках в Республике Казахстан. Официальные тексты по состоянию на 1 января 2002 года. Алматы, 2002.

45. Питер Марсден. Талибан: война и религия в Афганистане. М.: Городец – издат. , 2002.

46. Развитие межэтнических отношений в новых независимых государствах Центральной Азии. Бишкек, 1995.

47. Сужиков М. Напряженность или гармонизация? (Развитие межнациональных отношений в Казахстане). Алматы, 1991.

48. Султангалиева А. К. Ислам в Казахстане: история, этничность и общество. Алматы. 1998.

49. Султанов Б. К. и др. Политика и интересы мировых держав в Казахстане. Алматы, 2002.

50. Табышалиева А. Вера в Туркестане. Бишкек, 1993.

51. Тишков В. А. Национальности и национализм в постсоветском пространстве (исторический аспект) // Этничность и власть в полиэтничных государствах. М. : Наука, 1994.

52. Трофимов Я. Т. Религия в Казахстане. Алматы, 1996.

53. Чжен Кун Фу. Синьцзян – уйгурский вопрос и его развитие. Алматы, 2001.

54. Чжен Кун Фу. Сравнительное изучение регионов: дипломатия и безопасность. Алматы, 2002.